l'emprise du sens

structures linguistiques et interprétations

FAUX TITRE

Etudes
de langue et littérature françaises
publiées

sous la direction de Keith Busby,
M.J. Freeman, Sjef Houppermans,
Paul Pelckmans et Co Vet

No. 174

Rodopi

Amsterdam - Atlanta, GA 1999

l'emprise du sens

structures linguistiques et interprétations

Mélanges de syntaxe et de sémantique offerts à

Andrée Borillo

par un groupe d'amis, de collègues et de disciples

Textes réunis par

M. Plénat, M. Aurnague, A. Condamines,
J.-P. Maurel, Ch. Molinier, Cl. Muller

Comité Scientifique: Michel Aurnague
                           Anne Condamines
                           Jean-Pierre Maurel
                           Christian Molinier
                           Claude Muller
                           Marc Plénat
Chargée de fabrication: Nicole Serna

Ce volume est une réalisation de l'Equipe de Recherche en Syntaxe et
Sémantique (CNRS, Toulouse)

ISBN: 90-420-0798-2
©Editions Rodopi B.V., Amsterdam - Atlanta, GA 1999
Printed in The Netherlands

Sommaire

6

PRÉFACE

Les fins, la méthodologie et la cohérence d'une œuvre scientifique ne sont bien souvent perceptibles que par un groupe limité d'« initiés » — disciples, collaborateurs ou collègues — ayant pu suivre pas à pas la démarche et le cheminement de son auteur. Ce qui, dans les travaux réalisés par Andrée Borillo ces trente dernières années, frappe l'observateur extérieur c'est qu'à la lecture de son abondante bibliographie se dessine d'emblée la logique, le fil rouge qui parcourt et structure de bout en bout ses recherches.

Trois axes d'étude principaux — correspondant à des périodes précises ou bien se prolongeant dans le temps — semblent ainsi pouvoir être identifiés. Le premier d'entre eux (1973-1982) comprend d'importants travaux relatifs à l'expression des modes interrogatifs et assertifs en français (parmi lesquels une Thèse d'Etat). Différents types de constructions interrogatives (indirecte, totale) y sont décrits et analysés et le rôle joué par certains marqueurs grammaticaux (négation) ou lexicaux (adverbes, verbes (croire, savoir)) dans l'orientation de la demande ou dans la modalisation de l'assertion y est aussi abordé. L'année 1982 et la publication d'une comparaison entre temps notionnel et temps grammatical (à travers l'expression de la durée) marquent le début d'un ensemble imposant d'études sur le temps et l'aspect en français qui jalonnent jusqu'à aujourd'hui toute l'œuvre d'Andrée Borillo. Outre les articles portant spécifiquement sur des questions de temps (description de l'ordre temporel, conditionnel et corrélation hypothétique, étude comparée du temps notionnel et du temps grammatical mentionnée ci-dessus, etc.) ou d'aspect (nature compositionnelle de l'aspect, adjectifs et aspect, etc.), cet ensemble d'études s'est tout particulièrement attaché à décrire les propriétés syntaxiques et sémantiques de divers adverbes, prépositions ou locutions prépositionnelles indiquant la mesure temporelle et plus particulièrement la durée ou l'itérativité. Enfin, à partir de 1989, Andrée Borillo entreprend (parallèlement à ses recherches sur le temps et l'aspect) l'analyse d'une question linguistique fondamentale et pourtant bien peu étudiée jusqu'alors (en dehors de l'ouvrage précurseur de C. Vandeloise paru en 1986), à savoir la description et l'expression de l'espace en français. Cela la conduira à proposer une étude extrêmement fine des noms et des adjectifs de localisation ainsi que des prépositions et locutions prépositionnelles de lieu (formées à partir de ces noms). Les nombreux travaux réalisés dans le cadre de ce troisième axe de recherche s'intéressent également aux expressions et constructions faisant appel à des relations de partie à tout ou méronomies, aux noms collectifs et aux problèmes soulevés par l'anaphore spatiale.

Au-delà de la limpidité avec laquelle se dessinent les contours des champs d'investigation successivement ou parallèlement abordés par Andrée Borillo, une observation plus systématique de ses travaux révèle rapidement trois points qui paraissent essentiels au moment de caractériser la démarche et la méthode scientifiques adoptées.

Si les trois domaines mis en évidence précédemment (modalité, temps et aspect, espace) peuvent, pour l'essentiel, être qualifiés de sémantiques, l'analyse qu'en a proposée Andrée Borillo n'a pas pour autant négligé les aspects syntaxiques. L'autrice s'est, en effet, systématiquement appliquée à rendre compte, de manière aussi détaillée que possible, des propriétés syntaxiques caractérisant les expressions et constructions étudiées et s'est précisément basée sur ces manifestations tangibles de la langue pour envisager les phénomènes sémantiques et les variations de sens. Il n'y a là rien d'étonnant lorsque l'on sait qu'Andrée Borillo a été la disciple de Zellig Harris et de Maurice Gross. Une deuxième constante de la démarche adoptée réside dans le fait que bon nombre des travaux réalisés ont porté sur le lexique, qu'il s'agisse des marqueurs du temps et de l'espace ou des éléments impliqués dans l'expression des modes interrogatif et assertif. L'élément lexical (de type fermé ou ouvert, simple ou complexe) constitue en quelque sorte l'unité linguistique à partir de laquelle sont envisagées les propriétés syntactico-sémantiques et il joue donc le rôle d'un « point d'entrée » ou d'un médiateur susceptible de conduire à des phénomènes relevant de niveaux linguistiques supérieurs (phrastique ou discursif). Indiquons finalement — et c'est là la troisième caractéristique du positionnement scientifique d'Andrée Borillo — que le vaste travail de description réalisé ne prétend pas s'opposer aux recherches linguistiques appliquées ou formelles mais se veut, bien au contraire, le complément naturel de ces dernières et le socle empirique sur la base duquel elles pourront être menées à bien. Hormis les trois types de travaux descriptifs mentionnés, Andrée Borillo a d'ailleurs, tout au long de sa carrière, participé à de nombreux projets et études en ingénierie linguistique, sémantique formelle ou, plus généralement, en représentation des connaissances et ceci constitue, sans aucun doute, le quatrième volet de son programme scientifique.

Les travaux développés dans ce cadre ont tout d'abord porté (1968-1981) sur le traitement automatique de l'information textuelle et graphique contenue dans certains types de documents scientifiques (notamment en archéologie) puis se sont orientés vers divers domaines de spécialité (spécification de logiciels, géomorphologie, etc.) pour lesquels ont été considérés des problèmes techniques et théoriques spécifiques (traçabilité ou lien entre contraintes/exigences exprimées en langue naturelle, repérage de relations méronomiques, etc.) ou des catégories particulières d'énoncés (dialogues finalisés, textes procéduraux, etc.). Andrée Borillo a aussi pris part à diverses publications visant à proposer des outils formels pour la représentation du temps et de l'espace dans la langue.

La carrière d'Andrée Borillo pourrait en étonner plus d'un. Elle a commencé dans la période faste et exaltante des années soixante, alors que bouleversements théoriques et progrès technologiques semblaient ouvrir à la linguistique de vastes perspectives qui trouvaient à s'inscrire dans des projets grandioses. En compagnie de Mario, son mari toujours prompt aux enthousiasmes et fertile en projets, Andrée a participé à l'éclosion de l'informatique pour les sciences humaines en Europe, d'abord au CETIS (Centre Européen de l'Information Scientifique, laboratoire, EURATOM, Ispra), puis au LADL (Laboratoire d'Automatique Documentaire et de Linguistique, CNRS, Marseille). C'est dans cette atmosphère qu'elle fait ses premières armes de linguiste, d'abord dans le domaine de la traduction automatique, puis dans celui de la syntaxe. Mais, alors qu'une carrière de chercheur s'ouvrait à elle, Andrée entre à l'Université. Le besoin de trouver à son travail une justification immédiate et tangible et de faire partager ses connaissances et ses découvertes l'emporte sur l'attrait de l'indépendance.

L'immédiat après-68 était propice aux projets de renouvellement pédagogique. L'enseignement devait profiter des avancées les plus récentes de la science et les cours magistraux devaient céder la place à un apprentissage actif laissant aux étudiants une part personnelle plus grande dans la construction de leurs connaissances. C'est dans cet esprit qu'Andrée conçoit son rôle. Le livre d'exercices — un modèle du genre — qu'elle compose alors en collaboration avec ses jeunes collègues aixoises témoigne de cette attitude qui ne s'est pas démentie depuis. Les étudiants d'Andrée ont toujours été confrontés par elle à la fois aux problèmes concrets que pose la description linguistique et aux textes susceptibles de les orienter vers des solutions. Ils ont toujours eu à trouver leur route sous la conduite d'un guide exigeant et bienveillant à la fois.

Cependant, en linguistique, l'orthodoxie régnante était à peine entamée ; les luttes des clans et des appareils, la défense des positions établies laissaient peu de place aux projets nouveaux. Invitée en 1979 à présenter sa candidature à l'Université de Toulouse, Andrée accepte, sans se douter qu'elle va s'y trouver confrontée aux mêmes conservatismes et aux mêmes intérêts de chapelle ou de boutique, et à l'emprise toujours croissante d'une administration proliférante et tatillonne. La nouvelle professeur n'est pas accueillie à bras ouverts par tous ses collègues. Il faut dire qu'elle n'est pas un interlocuteur commode. Exigeante avec elle-même et se faisant une haute idée de l'Université, elle est aussi exigeante avec les autres et peu encline aux concessions. Son franc parler lui vaut le respect de ses pairs, il lui attire des sympathies ferventes, mais ces sympathies sont peu nombreuses. Il faudra beaucoup d'obstination de sa part pour que, peu à peu, certaines des solutions qu'elle propose soient acceptées.

C'est en dehors de son département qu'Andrée fédère. Dès son arrivée, elle regroupe autour d'elle un noyau de jeunes collègues de Lettres classiques et de Lettres modernes, admiratifs de ses travaux et avides de construire une grammaire scientifique des langues qu'ils étudient. En 1982, naît l'ERSS (Equipe de Recherche en Syntaxe et Sémantique, ERA 965, puis ERA 1033, et enfin UMR 5610 du CNRS). Andrée a dirigé cette équipe — notre équipe, puisque ce sont les principaux lieutenants d'Andrée qui ont pris l'initiative de ce volume d'hommages — pendant douze ans. Elle l'inspire toujours. Les discussions que nous avons eues ensemble, notamment au cours de nos séminaires, ont souvent été vives : l'équipe était un lieu de liberté, de confrontation et de création. Mais Andrée y a imposé sa marque. Elle s'est dépensée sans compter pour assurer la survie et le développement de l'équipe au cours d'une période sans doute plus réaliste, mais aussi plus mesquine et paperassière que celle de ses débuts. Elle a lancé et dirigé les opérations — sémantique de l'espace et langues de spécialité — qui ont fait la réputation du laboratoire. Enfin, elle a défini une ligne d'action — prépondérance de la description, modélisation et validation des résultats dans des disciplines extérieures à la linguistique proprement dite — à laquelle tous se sont ralliés. Nous lui sommes infiniment reconnaissants d'avoir joué ce rôle. Nous lui sommes aussi reconnaissants d'avoir été constamment attentive à nos joies et à nos peines et d'avoir trouvé les mots de réconfort dans nos difficultés.

L'ERSS, cependant, était très loin de mobiliser tous les efforts d'Andrée. Si elle et Mario, son mari toujours prompt aux enthousiasmes et fertile en projets, avaient décidé de s'installer à Toulouse, c'était qu'ils entrevoyaient la possibilité d'y développer des initiatives nouvelles en matière de sciences cognitives et de contribuer à faire de Toulouse un pôle important dans ce domaine. Tous deux participent dès 1981 à la création de l'ARC (Association pour la Recherche Cognitive) et organisent pendant quatre ans à Toulouse une Ecole d'été de linguistique pour informaticiens. Andrée, de son côté, s'investit aussi dans les divers Groupements de recherche nationaux où linguistes et informaticiens unissent leurs efforts. Dès 1988, avant même le lancement des programmes nationaux en sciences de la cognition, sur une idée de Mario, est créé PRESCOT (le Pôle de Recherche en Sciences Cognitives de Toulouse) qui réunit spécialistes de l'informatique, de la linguistique, de la neurologie, de la psychologie et de bien d'autres domaines. C'est dans cette ambiance de collaboration et de confrontation interdisciplinaires que sont formés une pléiade de jeunes chercheurs de l'ERSS et de l'IRIT, maintenant prêts à prendre la relève. Enfin, Andrée n'a jamais cessé d'entretenir des relations de travail et d'amitiés avec de nombreux collègues de par le monde, spécialement aux Etats-Unis et dans les pays nordiques. Le titre de docteur *honoris causa* que lui attribue l'Université de Stokholm en 1997 illustre ce rayonnement international.

Réunir les très nombreuses personnes qui, de par leurs activités de recherche ou d'enseignement, ont eu la chance de croiser la route d'Andrée Borillo et, parfois même, de faire un bout de chemin avec elle ne nous a pas paru raisonnable. Outre le fait qu'une telle entreprise aurait nécessité plusieurs volumes d'hommages, l'adéquation des thématiques traitées de même que l'homogénéité du contenu ne nous semblaient pas suffisamment garanties. Nous avons donc volontairement limité cet ouvrage à un petit nombre de contributeurs — toulousains ou extérieurs à Toulouse — ayant entretenu des liens étroits avec Andrée en raison de leurs centres d'intérêt scientifiques ou, plus généralement, du fait de leur action en faveur de la recherche. On retrouvera donc, parmi les auteurs de ce volume, les membres fondateurs et les permanents de l'ERSS de même que plusieurs linguistes français ou étrangers ayant travaillé, à titres divers, sur des questions de linguistique française et ceci, notamment, dans les domaines de la sémantique et de la syntaxe.

Les travaux présentés dans cet ouvrage couvrent (partiellement ou totalement, séparément ou simultanément) plusieurs des thèmes abordés par Andrée Borillo dans ses recherches, au nombre desquels figurent la sémantique du temps et de l'aspect (D. Godard & J. Jayez, C. Molinier, C. Muller, C. Vet, C. Vetters), la sémantique de l'espace (M. Aurnague, C. Vandeloise), les langues ou domaines de spécialité (A. Condamines, M. Roché) ou bien le discours (L. Danlos, C. Smith, C. Vet). De nombreuses autres contributions font également appel à des questions de sémantique et de pragmatique, qu'il s'agisse de l'accord en genre des adjectifs (I. Bartning), du pluriel (M. Gross), des noms propres (K. Jonasson), de la possession (M. Noailly) ou encore de la notion de contexte (G. Kleiber). Enfin, trois études portant sur des problèmes de syntaxe (D. Gaatone), de morphologie (M. Plénat) et de phonologie (I. Mel'čuk) sont là pour rappeler le rôle central que l'observation des formes linguistiques joue dans la démarche d'Andrée Borillo.

M. Plénat, M. Aurnague

ANDRÉE BORILLO
Publications

1968 (en collab. avec J. Virbel) Problèmes syntaxiques dans l'indexation automatique de documents, *T.A. Informations* 2.

1969 L'analyse prédictive, *La linguistique* 1, Paris.

1969 Quelques aspects de l'évolution des langages documentaires et des recherches en linguistique, *Cahiers de l'AUPELF* 3.

1970 (en collab. avec N. Bely, N. Siot-Decauville, & J. Virbel) *Procédure d'analyse sémantique appliquée à la documentation scientifique*, Paris : Gauthier-Villars, 260 p.

1971 *Constructions réciproques et constructions symétriques en français*. Thèse de 3ème cycle, Aix-en-Provence : Université de Provence.

1971 Remarques sur les verbes symétriques français, *Langue française* 11 : 17-31, Paris.

1973 (en collab. avec M. Borillo, L. Bourrelly, E. Chouraqui, W. de la Vega, J. Tognotti, A. Hesnard & J. Virbel) Description des outils mathématiques, informatiques et linguistiques dans la construction d'une chaîne automatique de traitement de l'information textuelle et graphique, *Information Storage and Retrieval* 9, New-York : Pergamaon Press.

1973 Analyse syntactico-sémantique des constructions interrogatives en français pour le traitement automatique des questions, *ICCL '73*, Pise.

1974 (en collab. avec J. Tamine & F. Soublin) *Exercices de syntaxe transformationnelle du français*, Paris : A. Colin, 172 p.

1974 (en collab. avec M. Borillo, L. Bourrelly, E. Chouraqui, W. de la Vega, J. Tognotti, A. Hesnard & J. Virbel) Premiers éléments d'une expérience d'une construction d'un système intégré du traitement de l'information textuelle et graphique, *Les banques de données en archéologie*, Paris : Ed. du CNRS.

1975 Analyse de texte, analyse linguistique, *Cahiers de linguistique d'orientalisme et de slavistique, Hommage à G. Mounin*, Aix-en-Provence.

1976 (en collab. avec M. Borillo) Analyse de texte, analyse linguistique, *Informatique et sciences humaines* 28.

1976 (en collab. avec M. Borillo & J. Virbel) Pour une approche empirico-criticiste de l'analyse des données textuelles, *Langages et société*, Paris.

1976 Les adverbes et la modalisation de l'assertion, *Langue française* 30 : 74-89, Paris.

1976 Remarques sur l'interrogation indirecte en français, in : J.-C. Chevalier & M. Gross, (éds), *Méthodes en grammaire française*, Paris : Klincksieck, 15-39.

1977 (en collab. avec J. Tamine) Syntaxe et lexique : quelques exemples de l'interdépendance des propriétés syntaxiques et sémantiques, *Cahiers de lexicologie* 31.II : 63-94, Paris.

1977 (en collab. avec M. Borillo) Analyse de texte - Analyse linguistique, in : M. Borillo & J. Virbel, (éds), *Analyse et validation dans l'étude des données textuelles*, Paris : Ed. du CNRS, 41-64.

1977 (en collab. avec M. Borillo & J. Virbel) Propriétés remarquables d'un système de représentation et de traitement pour l'analyse du discours relatif à un domaine scientique déterminé, in : M. Borillo & J. Virbel, (éds), *Analyse et validation dans l'étude des données textuelles*, Paris Ed. du CNRS, 223-237.

1978 (en collab. avec M. Borillo, J. Virbel) Formalisation du raisonnement dans un champ scientifique déterminé, in ; M. Borillo (éd) *Archéologie et calcul*, Paris : Union Générale d'Editions, Collection 10/18.

1978 La construction posposée et le mode interrogatif, *Cahiers de linguistique de l'Université du Québec* 8 : 17-42, Montréal.

1978 *Structure et valeur énonciative de l'interrogation totale en français*. Thèse d'Etat, Aix-en-Provence : Université de Provence.

1979 La négation et l'orientation de la demande de confirmation, *Langue française* 44 : 27-41.

1980 Problèmes de cohésion textuelle, *Cahiers du CISL* 3, Toulouse : Université de Toulouse-le Mirail.

1981 Linguistique et traitement des données textuelles, in : E. Chouraqui & J. Virbel, (éds), *Banques d'information dans les sciences de l'homme*, Paris : Dunod.

1981 Quelques aspects de la question rhétorique en français, *DRLAV* 25 : 1-33, Paris.

1982 Deux aspects de la modalisation assertive : croire et savoir, *Langages* 67 : 33-53, Paris.

15

1982 Temps notionnel, temps grammatical : quelques faits linguistiques concernant la durée, in : A. Borillo, M. Borillo, L. Fariñas del Cerro, J. Virbel, (éds), *Approches formelles de la sémantique naturelle*, Toulouse : CNRS-Université Paul Sabatier, 1-32.

1983 Les adverbes de référence temporelle dans la phrase et dans le texte, *DRLAV* 29 : 109-131, Paris.

1984 Pendant et la spécification temporelle de durée, *Cahiers de grammaire* 8 : 55-75, Toulouse.

1984 La négation et les modifieurs temporels : une fois de plus « encore », *Langue française* 62 : 37-58, Paris.

1985 Discours ou métadiscours ? *DRLAV*, 32 : 47-61, Paris.

1985 Un congé de trois jours, trois jours de congé, *Cahiers de grammaire* 9 : 3-20, Toulouse.

1986 La quantification temporelle : durée et itérativité en français, *Cahiers de grammaire* 11 : 117-156, Toulouse.

1986 Les emplois adverbiaux des noms de temps, in : *Actes du GRECO-GALF : Lexique et traitement automatique des langues*, Toulouse : Université Paul Sabatier, 11-23.

1988 Durée et fréquence en français, in : N. Tersis & A. Kim, (éds), *Temps et aspect* , Paris : Peeters/Selaf, 149-162.

1988 Pendant, longtemps, toujours..., in : *Grammaire et histoire de la grammaire. Hommage à la mémoire de Jean Stéfanini*, Aix-en-Provence : Presses Universitaires, 77-86.

1988 Quelques remarques sur *quand,* connecteur temporel, *Langue française : Syntaxe des connecteurs* 77 : 71-91, Paris.

1988 L'expression de la durée : construction des noms et des verbes de mesure temporelle, *Linguisticae investigationes* XII.2 : 363-396, Amsterdam.

1989 (en collab. avec M. Aurnague, M. Borillo & D. Laur) Verbes de localisation et prépositions spatiales. Analyses linguistiques et modèles formels, *Actes de Sémantique du temps, de l'espace et du mouvement dans le langage naturel*, Bruguières.

1989 Notions de *massif* et de *comptable* dans la mesure temporelle, in : J. David & G. Kleiber, (éds), *Termes massifs et termes comptables*, Paris : Klinckseick, 215-238.

1989 (en collab. avec M. Borillo & M. Bras) A temporal reasoning cognitive approach, *Semiotica*, 77.1/3 : 173-194.

1989 (en collab. avec M. Borillo & M. Bras) Sémantique du temps dans la phrase et dans le discours : de la théorie aux contraintes liées à l'implémentation, *Actes de Sémantique du temps, de l'espace et du mouvement dans le langage naturel*, Bruguières.

1989 Le lexique de l'espace : les noms et les adjectifs de localisation interne, *Cahiers de grammaire* 13 : 1-22, Toulouse.

1990 A propos de la localisation spatiale, *Langue française : Sur les compléments circonstanciels* 86 : 75-84, Paris.

1991 De la nature compositionnelle de l'aspect, in : C. Fuchs, (éd), *Travaux de linguistique et de philologie : Les typologies de procès*, XXIX : 97-102.

1992 (en collab. avec M. Aurnague, M. Borillo & L. Vieu), A formal representation of Naturel Language spatial concepts, in : *Proceedings of the workshop Spatial concepts : connecting cognitive theories with formal representations, ECAI92* ,Vienne.

1992 (en collab. avec M. Aurnague, M. Borillo & L. Vieu), Some elements for a formal semantics of space in language, in : *Proceedings of 26th Linguistics Colloquium*, Tübingen : Max Niemeyer Publishers, Linguistische Arbeiten.

1992 (en collab. avec M. Borillo, N. Castell, D. Latour & Y. Toussaint), Linguistic and Knowledge "Engineering for Software Specifications : the Traceability Control", *ECAI 92*, Vienne.

1992 Le lexique de l'espace : prépositions et locutions prépositionnelles de lieu en français, in : L. Tasmowski & A. Zribi-Hertz, (éds), *De la musique à la linguistique. Hommages à Nicolas Ruwet*, Ghent : Communication et Cognition, 176-190.

1992 Quelques marqueurs de la deixis spatiale, in : M.-A. Morel, L. Danon-Boileau, (éds), *La Deixi. Colloque en Sorbonne (8-9 juin 1990)*, Paris : PUF, 245-256.

1992 L'organisation syntaxique de la phrase, *Le courrier du CNRS* 79.

1993 Prépositions de lieu et anaphore, *Langages* 110 : 27-46, Paris.

1993 (en collab. avec M. Aurnague & L. Vieu) Vers une représentation formelle des concepts spatiaux dans la langue, *Actes du Colloque « Images et Langages »*, Paris : CNRS.

1993 (en collab. avec M. Aurnague, M. Borillo & L. Vieu) Connecting linguistic and visual space : a natural reasoning approach, in : *Proceedings of ICCS'93*, Donostia-San Sebastian.

1993 (en collab. avec M. Aurnague, M. Borillo & M. Bras), (éds), *Semantics of time, space, movement and spatio-temporal reasoning*, Toulouse : IRIT, Université Paul Sabatier/ERSS, Université de Toulouse-Le Mirail.

1995 A propos des dialogues finalisés, in : *Actes du Colloque International « Le dialogue en question »*, Toulouse : PUM, 229-243.

1995 Quelques schémas de syntagmes à redoublement, in : H. Bat-Zeev Shyldkrot et L. Kupferman, (éds), *Linguisticae investigationes : Tendances récentes en linguistique française et générale*, Amsterdam/Philadelphia : J. Benjamins, 95-109.

1996 Le déroulement temporel et sa représentation spatiale en français, *Cahiers de praxématique : Syntaxe et figuration du monde* 27 : 109-128.

1996 La relation partie-tout dans la structure [N1 à N2] en français, *Faits de langues* 7 : 111-120, Paris.

1996 Les adjectifs et l'aspect en français, in : A. Borillo, C. Vetters & M. Vuillaume, (éds), *Cahiers Chronos : Regards sur l'aspect* 2, Amsterdam/Atlanta : Rodopi, 177-189.

1996 Les relations temporelles entre phrases : subordination et parataxe, in : C. Muller, (éd), *Dépendance et intégration syntaxique*, Tübingen : Niemeyer, 127-139.

1996 Exploration automatisée de textes de spécialité : repérage et identification de la relation lexicale, *Linx* 34-35 : 113-124.

1996 Texte et communication, in : *Le traitement informatique des corpus textuels*, CNRS-INALF, Paris : Didier Erudition.

1997 Statut et mode d'interprétation des noms collectifs, in : C. Guimier, (éd), *Co-texte et calcul du sens*, Caen : Presses Universitaires de Caen, 105-121.

1997 Aide à l'identification des prépositions composées de temps et de lieu, *Faits de langues* 9 : 175-184, Paris.

1997 (en collab. avec M. Aurnague & L. Vieu) Représentation formelle des concepts spatiaux dans la langue, in : M. Denis, (éd), *Langage et cognition spatiale*, Paris : Masson (Collection Sciences Cognitives), 69-102.

1998 La construction absolue méronymique, in : M. Forsgren, K. Jonasson & H. Kronning, (éds), *Prédication, assertion, information. Actes du colloque d'Uppsala en linguistique française, 6-9 juin 1996*, Uppsala : Publications de l'Université d'Uppsala, 81-92.

18

1998 Les adverbes de référence temporelle comme connecteurs temporels de discours, in : S. Vogeleer, A. Borillo, C. Vetters & M. Vuillaume, (éds), *BCILL : Temps et discours* 99 : 131-145, Louvain la Neuve.

1998 Quand le complément direct d'objet est un lieu, in : D. Willems & L. Mélis, (éds), *Travaux de linguistique : Les objets. Relations grammaticales et rôles sémantiques* 35 : 51-65, Bruxelles.

1998 *L'espace et son expression en français*, Gap/Paris : Ophrys, VI-170 p.

1998 (en collab. avec C. Vetters & M. Vuillaume), (éds), *Cahiers Chronos : Variations sur la référence verbale* 3, Amsterdam/Atlanta : Rodopi, 345 p.

1999 Le conditionnel dans la corrélation hypothétique en français, *Travaux de linguistique* 39.

1999 Pratique et localisation spatiale : les noms de localisation interne, *Langages* 135.

1999 Le complément locatif et le genre descriptif, in : *Hommages Liliane Tasmovski*, Padoue : Unipress.

A paraître (en collab. avec M.-P. Péry-Woodley) Les textes procéduraux : modalités du dire comment faire.

Cas inessif du basque et connaissance du monde : l'expression de l'espace a-t-elle horreur du vide (sémantique) ?

Michel AURNAGUE
ERSS (UMR 5610, CNRS) - Université de Toulouse-Le Mirail

0. Introduction[*]

Dans ses travaux sur l'expression des relations spatiales en français, A. Borillo (1992, 1997) a montré qu'au-delà des seules prépositions « simples » (*sur, dans, à, devant, derrière,* etc.), les descriptions de l'espace font appel à plusieurs dizaines de locutions prépositionnelles de lieu (PREPL). Parmi ces constructions, celles - relativement nombreuses - qui associent la préposition *à* à un Nom de Localisation Interne (*à l'arrière de, à l'angle de, au bord de, au centre de,* etc.) présentent une tendance assez claire au figement, indiquant qu'il s'agit là de véritables prépositions « complexes ».

La localisation statique repose, en basque, sur un seul cas flexionnel qualifié d'inessif (*-n*) si bien que le recours à des locutions prépositionnelles combinant ce dernier marqueur à des Noms de Localisation Interne (NLI) - et parallèles, en quelque sorte, aux locutions du français de la forme *à + NLI* - revêt dans cette langue une importance toute particulière lorsque l'on souhaite accroître la précision des descriptions locatives. Les NLI du basque ayant déjà fait l'objet de plusieurs analyses (Aurnague 1996a, 1996b) nous souhaitons nous focaliser ici sur l'étude sémantique du cas inessif.

Nous tenterons tout d'abord de déterminer les diverses relations spatiales statiques entre une entité localisée (entité-cible) et une entité de référence (entité-site) pouvant être décrites au moyen de l'inessif. Sur la base de ces observations nous émettrons un certain nombre d'hypothèses concernant le fonctionnement de ce marqueur et les connaissances sur les entités spatiales qu'il semble mettre en jeu. Nous serons, en particulier, amené à distinguer les situations dans lesquelles l'association « directe » de l'inessif à un nom d'entité (la flexion suit immédiatement le nom désignant l'entité-site) est aisément interprétable de celles pour lesquelles ce type de construction pose problème, nécessitant, dès lors, l'usage d'outils linguistiques additionnels (on considérera tout particulièrement l'association

---

[*]   Je remercie vivement Laure Vieu pour les nombreuses remarques et suggestions dont elle m'a fait part concernant une version antérieure de ce travail.

« indirecte » de l'inessif à un nom d'entité au moyen d'un NLI). La troisième et dernière partie consistera à se demander si l'inessif est un marqueur au contenu sémantique « faible » voire « vide » et ceci nous conduira, plus généralement, à envisager la question de l'articulation entre ce contenu sémantique et la connaissance du monde nécessaire à l'interprétation.

Cette étude de l'inessif est basée sur l'analyse systématique des occurrences (spatiales et concrètes/non métaphoriques) de ce cas recueillies dans quatre ouvrages de la littérature basque couvrant une période allant du 17e siècle au 20e siècle (Axular 1643/1995 ; Duvoisin 1858/1996 ; Laphitz 1867/1995 ; Mirande 1970/1995). Les descriptions spatiales statiques auxquelles cette analyse est consacrée ont la structure syntaxique ci-dessous :

SNcible SNsite + inessif V statique.

Les syntagmes nominaux cible et site désignent, en principe, des entités disjointes puisque les relations méronomiques ont été, la plupart du temps, écartées[1]. Par ailleurs, le verbe apparaissant dans ces constructions est un prédicat statique « général » - tel que *izan* (être) ou *egon* (demeurer, rester) - introduisant une relation de localisation entre la cible et le site sans pour autant apporter d'information supplémentaire (telle que l'inclusion, le contact, etc.) quant à la configuration spatiale définie par ces entités.

L'exploitation du corpus nous a amené à assouplir quelque peu ce schéma de base et à prendre également en considération des énoncés faisant appel à des structures linguistiques plus complexes et souvent sémantiquement plus informatives (parmi lesquelles des verbes locatifs - statiques ou même parfois dynamiques - ainsi que des participes ou des adjectifs). Dans le cas de l'association « directe » de l'inessif à un nom d'entité nous avons cependant veillé à ce que l'utilisation du seul inessif ne

---

[1]   La localisation d'une partie dans un tout peut être toutefois rapprochée de celle de deux entités disjointes à travers l'application du principe de contraste (Vieu 1991) qui permet de conceptualiser une entité-tout à laquelle on aurait ôté la partie concernée puis de localiser cette dernière dans le tout ainsi amputé. Les diverses configurations spatiales mises en évidence plus loin pour saisir la sémantique de l'inessif - en particulier l'inclusion dans un intérieur et le support/contact - peuvent donc, à travers ce principe, s'appliquer à la localisation d'une partie dans un tout. Lorsque le principe de contraste ne peut être mis en œuvre (le locuteur ne disposant pas de l'information nécessaire sur la structuration en parties de l'entité-tout) ou que son application ne permet pas de se ramener à l'une des configurations mentionnées il est probable que l'inessif dénote alors la simple inclusion de la partie dans le tout (Aurnague 1995).

soit pas précisément rendue possible par l'introduction de ces marqueurs linguistiques complexes (en particulier par le sémantisme du verbe) et nous nous sommes chaque fois assuré de l'acceptabilité de la construction locative « simple » mentionnée plus haut. Lorsque l'inessif est combiné à des marqueurs additionnels (tels que des NLI) et donc indirectement associé au nom identifiant l'entité-site, la présence de matériel linguistique plus complexe (verbes ou adjectifs) ne constitue pas un problème et démontre, de façon plus nette encore, la difficulté à n'utiliser que ce cas flexionnel.

1. Interprétation de l'inessif et configurations spatiales statiques : inclusion, support et routines

Nous tentons de circonscrire, dans la suite, les divers types de configurations spatiales auxquels l'inessif permet de faire référence. Les trois cas de figure distingués - inclusion, support et routines - confirment et précisent les hypothèses déjà avancées dans (Aurnague 1995).

Bien que la plupart des énoncés cités soient issus des corpus analysés, un certain nombre d'exemples personnels ont également été utilisés[2]. Précisons enfin que la caractérisation des entités à laquelle il est fait parfois allusion (à travers, notamment, l'usage des termes « objet » ou « lieu ») s'appuie sur des recherches antérieures destinées à définir les distinctions entre entités spatiales opérées par la langue (Aurnague 1998; Aurnague *et al.* 1997)[3].

---

[2]   L'origine des passages cités est précisée au moyen des codes suivants :
Axu : (Axular 1643/1995) ; Duv : (Duvoisin 1858/1996) ; Lap : (Laphitz 1867/1995) ; Mir : (Mirande 1970/1995). Les exemples dont l'origine n'est pas mentionnée sont de nous de même que l'ensemble des traductions proposées entre parenthèses. Enfin, indiquons que, lorsqu'une traduction littérale est introduite, la préposition *à* du français est utilisée afin de signaler la présence d'un cas inessif.

[3]   Cette ontologie repose sur un critère fondamental permettant de définir un lieu comme étant une entité matérielle ayant une position fixe dans un cadre de référence particulier et par rapport à laquelle est définie une portion d'espace (les lieux géographiques mais aussi les entités désignées par les NLI répondent à ce critère). Cette définition conduit à opposer la classe des lieux à celle des objets, les entités mixtes - représentées essentiellement par des bâtiments ou habitations - pouvant, pour leur part, être considérées selon l'un ou l'autre de ces deux points de vue.

1.1. Inclusion de la cible dans une portion d'espace associée au site

Le premier emploi du cas inessif et peut-être le plus typique est celui qui consiste à localiser une entité-cible dans une portion d'espace associée au site. Cette portion d'espace peut être caractérisée comme étant un « intérieur » défini par l'entité-site (association directe de l'inessif au nom désignant le site) ou peut être aussi introduite au moyen d'un NLI (association indirecte de l'inessif au nom désignant le site)[4].

Conformément aux définitions proposées dans (Vieu 1991), nous distinguons trois sortes d'intérieurs selon que ceux-ci sont « contenants », de type « contour » ou bien encore de type « enchâssement ».

Les intérieurs « contenants » sont les plus classiques et, par conséquent, ceux qui viennent le plus immédiatement à l'esprit (ex : verre, armoire, voiture, maison). La propriété de contenance qui les singularise est définie par la capacité à s'opposer à l'effet de la gravité sur la cible mais aussi par la limitation des mouvements latéraux de cette dernière (Vandeloise 1986 ; Vieu 1991). L'inessif, directement associé au nom dénotant le site, est très fréquemment utilisé pour décrire l'inclusion - partielle ou totale - de la cible dans ce type d'intérieur :

(1)   *kontatzen du San Jeronimok Ejiptoko monasterio batean zela fraide gazte bat* (Axu) (Saint Jérôme raconte qu'il y avait, dans un couvent d'Egypte, un jeune moine)

(2)   *ogia bokheter batean ezarri-eta* (Duv) (après avoir mis le blé dans un baril)

(3)   *Zabier ez zen xalupan, untzian zen* (Lap) (Xavier n'était pas dans la chaloupe, il était dans le bateau)

(4)   *zigarrilloa patxadan itzali eta punta auts-ontzian leertu ondoren* (Mir) (après avoir tranquillement éteint la cigarette et écrasé son extrémité dans le cendrier)

Contrairement à ce que pourraient suggérer les exemples ci-dessus, les entités contenantes ne se limitent pas aux seuls objets et entités mixtes

---

[4]   Il est possible, en réalité, de définir un troisième type de portions d'espace (Vieu 1991). Il s'agit des trous qui, selon les cas, correspondent à une absence de matière par rapport à la structure habituelle de l'entité concernée ou bien induisent par leur présence un accroissement de l'ordre de connectivité topologique de cette entité (pour les ouvertures percées de part en part) : *arrailaduran sartzen duzunean xotxa* (Duv) (lorsque vous introduisez le greffon dans la fente). Pour des raisons de place et parce que leur traitement n'est pas très différent de celui des intérieurs "contenants" (bien que ne vérifiant pas systématiquement la propriété de contenance évoquée plus loin), nous ne considérerons pas ici cette catégorie de portions d'espace.

(bâtiments). En effet, l'étude des lieux géographiques montre que ces derniers définissent des portions d'espace dont les propriétés sont relativement proches de celles des intérieurs contenants (Aurnague 1998 ; Vieu 1991). Ces portions d'espace - contiguës à la surface au sol - sont délimitées dans le plan horizontal par les frontières des lieux concernés et présentent également une extension limitée dans le plan vertical. Ainsi, un oiseau volant au-dessus d'un pré pourra s'il ne dépasse pas certaines limites (horizontales et verticales) être décrit comme se trouvant dans ce pré (contrairement à un avion qui se trouvera normalement au-delà des limites verticales de l'intérieur du pré). En basque, les emplois de l'inessif destinés à décrire l'inclusion dans un lieu géographique sont très fréquents :

(5)   *zeren nola mindegian bir landatzeko landareak sortzen, eta hazten baitira* (Axu) (car comme l'on fait pousser et grandir les plants dans la pépinière)

(6)   *Frantziako zelhai ederretan ez-da, ez hiratze, ez eta othe ondo bakhar bat* (Duv) (dans les belles plaines de France il n'y a pas une seule fougère ni un seul pied de genêt)

(7)   *herri huntan edo auzoan bilhatuko darotzugu mediku bat* (Lap) (dans ce village ou dans son voisinage nous vous chercherons un médecin)

(8)   *zenbait aldiz arratsa igarotzen zuten parkeren batean* (Mir) (parfois ils passaient la soirée dans un parc)

On regroupe dans une deuxième catégorie certaines entités collectives (ex : foule, tas de pommes, etc.) ou discontinues (ex : ramure d'un arbre, chevelure, brouillard, nuage, etc.) qui ne sont pas à proprement parler contenantes mais auxquelles des intérieurs particuliers - dits de type « contour » - peuvent néanmoins être associés. Le calcul de l'intérieur résulte alors de l'application d'une fonction « outline » qui épouse au plus près les contours de l'entité (Herskovits 1982 ; Vieu 1991). L'inclusion - partielle ou totale - d'une entité-cible dans un intérieur de type contour associé à un site peut être exprimée par l'adjonction directe de l'inessif au nom correspondant au site :

(9)   *xerriak zikhinetan atzematen ditu gauza onak* (Duv) (le cochon trouve de bonnes choses dans les ordures)

(10) *sasietan heldu diren arbolak* (Duv) (les arbres qui poussent dans les broussailles)

(11) *gernu-ongarria...ezartzen da guphela batean eta isurtzen gutika, nahiz zorhoan, nahiz ogian, arthoan edo bertzeetan* (Duv) (on met l'engrais organique dans un tonneau et on le verse, avec mesure, aussi bien dans l'herbe/le pré que dans le blé, le maïs ou autres (cultures))

(12) *zozoa gereziondoan da* (le merle est dans le cerisier)

Enfin, l'usage de l'inessif peut faire référence à l'inclusion - partielle ou totale - d'une cible dans un site constitué d'une substance malléable (ex : un poisson dans l'eau). Dans ces configurations spatiales, l'entité-cible (ou du moins une partie significative de celle-ci) est complètement entourée par l'entité-site (on parlera d'intérieur de type « enchâssement »), les frontières de la première étant partout en contact avec celles de la seconde. Par ailleurs, et contrairement aux deux cas de figure décrits précédemment, les intérieurs considérés ici présentent un caractère éphémère et apparaissent intimement liés à la présence de la cible : ils « suivent » cette dernière dans ses déplacements et cessent généralement d'exister lorsque l'entité-cible n'est plus localisée dans la substance malléable.

(13) *etzeikan ausartu othoitztera....esku guztia urean sar zezala* (Axu) (il ne s'était pas risqué à lui demander de rentrer sa main tout entière dans l'eau)
(14) *airean kausitzen da gatzua edo nitre-gatza* (Duv) (on trouve dans l'air du sel de nitrate)
(15) *ezen ordukotz gerthatzen da aziendek odolean sarthua dutela izurria* (Duv) (car, pour lors, il se trouve que les animaux ont la maladie (rentrée) dans le sang)
(16) *suian sarthu zuen eskua* (Lap) (il rentra la main dans le feu)
(17) *uretan sartzen zirelarik biak* (Mir) (alors qu'ils rentraient tous les deux dans les eaux/l'eau)

Soulignons que la possibilité d'interpréter l'inessif comme un enchâssement est largement due, dans les exemples ci-dessus, à l'aspect malléable de l'entité-site. Lorsque le site présente un état solide ou se rapproche d'un telle structure, il devient en effet beaucoup plus difficile d'effectuer une telle interprétation inclusive. Les quelques cas de sites solides pour lesquels l'usage du seul inessif permet de décrire un enchâssement mettent en jeu des entités-cibles qui, du fait des relations qu'elles entretiennent habituellement avec le site considéré, conduisent à ce type d'interprétation. Si l'inclusion est ici rendue possible c'est donc grâce à la connaissance du monde associée à la cible plutôt qu'en raison des propriétés du site :

(18) *peretetan iosirik dauden harriek* (Axu) (les pierres qui sont fixées/enfoncées dans les murs)
(19) *aurthiki zuen harria...landatu zeraukan kopetan* (Axu) (la pierre/le projectile qu'il lança (avec une fronde), il la/le lui planta dans le front)
(20) *eztikete zauria senda, elhorria barrenean deiño* (Axu) (a)/*elhorria oinean da* (b) (la blessure ne peut guérir tant que l'épine est dedans(a)/l'épine est dans le pied (b))
(21) *zizka-uliak taulan dira* (les termites sont dans la planche)
(22) *harra sagarran da* (le ver est dans la pomme)

Indiquons également qu'il n'est pas toujours aisé de faire la distinction entre les intérieurs de type « enchâssement » et ceux de type « contour » et ceci tout particulièrement pour certaines substances malléables qui ne sont pas forcément connexes (ex : feu, nuages, brouillard, etc.).

Comme nous le notions plus haut, l'inessif peut, en dehors de l'inclusion dans un intérieur, exprimer la localisation dans une portion d'espace introduite par un Nom de Localisation Interne (*gain/goi* (haut), *aitzin/aurre* (avant), *hegi/bazter/ertz* (bord), etc.). Contrairement à d'autres classes de relations de partie à tout - parmi lesquelles les parties fonctionnelles identifiées par des noms de composants (*gider* (manche, poignée), *errota* (roue), *enbor* (tronc), etc.) -, les NLI semblent définir des portions d'espace adjacentes à la partie matérielle qu'ils désignent si bien que l'usage de l'inessif (en combinaison avec un NLI) n'implique pas forcément le contact avec le site mais dénote plutôt l'inclusion dans la portion d'espace considérée (Aurnague 1996a)[5] :

(23) *hainitzek bazka-zilhoak egiten dituzte errextasun baten-gatik mañateren gainean* (Duv) (pour des raisons de facilité, beaucoup placent les trappes/trous à nourriture au-dessus (littéralement : au haut) des mangeoires)

(24) *itsas hegian dabilan batez, arrantzari batzuer so baratzen da Franzizco* (Lap) (un jour qu'il se promène au bord de la mer, François s'arrête pour regarder des pêcheurs)

(25) *belhaunaren pean ez dut nahi trumpilorik, dio Iñaziok barberrer* (Lap) (je ne veux pas de bosse/tumeur sous le (lit. : au bas du) genou dit Ignace aux chirurgiens)

(26) *Theresaren aragiaren azal-pean irraida bat bezela borogatzen zuen su eztia* (Mir) (sous (lit. : au bas de) la surface de la chaire de Thérèse il percevait, telle une radiation, un doux feu)

1.2. Support de la cible par le site

Si les configurations inclusives décrites précédemment correspondent aux usages les plus typiques de l'inessif, ce marqueur permet de se référer à d'autres relations spatiales fondamentales et notamment à celle de support.

Trois situations de support peuvent être distinguées selon que la cible est située au-dessus du site qui la supporte (ex : un livre sur une table), au même niveau que ce site (ex : une affiche sur un mur) ou bien plus bas que

---

5   Alors que la phrase *zakua bizikletaren puskaketakoan da* (le sac est sur le porte-bagages (littéralement : au porte-bagages) du vélo) implique le contact du sac et du vélo, la construction parallèle *zakua bizikletaren aitzinean da* (le sac est devant le (lit. : à l'avant du) vélo dans laquelle l'inessif est associé au NLI *aitzin* (avant) plutôt qu'au nom de composant *puskaketakoa* (porte-bagages) ne suppose pas forcément le contact entre ces deux entités.

lui (ex : une mouche sur un plafond) (Aurnague 1991). Ces trois configurations[6] - que nous dénommerons respectivement support 1, 2 et 3 - ne caractérisent pas simplement la position par rapport à la verticale gravitationnelle des entités cible et site en contact (ou plus exactement la position des parties en contact de ces entités) mais supposent également que le site contribue effectivement à la stabilisation de la cible[7].

L'inessif directement associé au nom identifiant le site est non seulement apte à décrire ces trois types de configurations mais, dans le cas des supports 2 et 3, il semble même constituer le principal marqueur statique disponible (en dehors évidemment de la possible adjonction de verbes, participes ou adjectifs). Ainsi que cela a pu être mis en évidence (Aurnague 1995, 1996b), le recours au NLI *gain* (haut) suppose en effet que la cible soit localisée au-dessus du site (avec relation de support/contact entre ces entités ou pas) et, comme le confirme la quasi-totalité des textes étudiés, la locution *gainean* (au-dessus de, lit. : au haut de) ne permet donc (pour ce qui est des situations mettant en jeu le support) de se référer qu'à des configurations de type « support 1 »[8]. Les usages de *gainean* destinés à

---

[6]   A l'instar de l'analyse proposée pour la préposition *sur* du français (Aurnague 1991), les relations entre cible et site considérées ici combinent le support au contact. Cependant, il est important de noter que ces deux notions sont clairement indépendantes et que divers principes et règles pragmatiques peuvent - pour certains emplois de *sur* aussi bien que du cas inessif - amener à relâcher la contrainte de contact présente dans ces configurations de base.

[7]   Même si, dans les situations de type "support 1", l'action du site est généralement suffisante pour supporter la cible, celles de type "support 2" et "support 3" supposent que l'entité-site offre une surface permettant à la cible d'être stabilisée si bien que, dans ces dernières configurations, la première entité participe également à la stabilisation de la seconde. Par ailleurs, les configurations 2 et 3 semblent impliquer qu'en dehors de l'action de la cible elle-même (ainsi que d'éléments fixateurs agissant sur elle comme clous, vis, colle, etc.), le site constitue la seule entité spatiale extérieure contribuant à la stabilisation. Cette contrainte de "stabilisation totale" permet, en français, de distinguer la sémantique de *sur* de celle de *contre* (étagères fixées sur un mur et ne reposant pas sur le sol versus étagères placées contre un mur et reposant sur le sol) (Aurnague 1991).

[8]   On peut ainsi opposer *liburua mahaiaren gainean da* (le livre est sur (lit. : au haut de) la table) à *???kartela paretaren gainean da* (l'affiche est sur le (lit. : au haut du) mur) ou bien à **ulia selauruaren gainean da* (la mouche est sur le (lit. : au haut du) plafond). Indiquons également que si certaines configurations de type "support 1" dans lesquelles l'ensemble de la cible n'est pas situé au-dessus du site (ex : un individu assis sur une chaise) ne permettent pas, en principe, l'usage de *gainean* (le recours à ce marqueur supposerait que l'individu concerné soit debout sur sa chaise), d'autres

décrire des situations de support 2 ou 3 sont, pour la plupart, récents et résultent vraisemblablement d'un parallèle erroné entre ce marqueur et des prépositions du français ou de l'espagnol telles que *sur* ou *sobre*.

Lorsque le site - objet/lieu naturel ou bien construit (artefact) - est habituellement utilisé pour supporter d'autres entités spatiales - appartenant ou non à une catégorie particulière -, la combinaison de l'inessif au nom dénotant le site est souvent interprétée à travers l'une des trois configurations de support précédemment mises en évidence :

(27) *eta eskalera haren lehen pausuan eta maillean zegoela konde bat* (Axu) (et que sur la première marche de cet escalier se trouvait un comte)

(28) *bidean dohalarik, zaldi ederrean* (Lap) (alors qu'il est en chemin, sur un beau cheval)

(29) *lurrean etzaten da* (Lap) (il se couche sur le sol (lit. : à la terre))

(30) *erantzun zion gizonak....botoilla maian uzteko* (Mir) (l'homme lui répondit de laisser la bouteille sur la table)

(31) *kadiran exeri zen berriz* (Mir) (il s'assit à nouveau sur la chaise)

(32) *kartela abisu-taulan da* (l'affiche est sur le tableau d'affichage)

(33) *maripulisa kakoan da* (la veste est sur le portemanteau)

Ces exemples suffisent à constater que les entités qui, dans leur usage habituel, servent à supporter une cible, le font beaucoup plus fréquemment au moyen d'une configuration de type « support 1 » qu'en utilisant les supports 2 et 3.

Certains énoncés combinant l'inessif à des entités-sites pour lesquelles il n'est pas clair que la fonction ou l'usage habituel soit de supporter peuvent parfois donner lieu à une interprétation de type support. Cette interprétation découle alors des propriétés de la cible qui, dans son interaction avec le site considéré adopte habituellement une telle configuration. C'est donc la connaissance du monde associée à la cible davantage que les caractéristiques fonctionnelles du site qui conduit ici à interpréter l'inessif en tant que support. Il est probable que de nombreux emplois de l'inessif faisant appel aux supports 2 et 3 sont compris et analysés au moyen de ce type de

---

configurations similaires dans lesquelles la cible n'est pas en contact direct avec le sol (ex : un individu sur un vélo ou sur un animal) autorisent ce marqueur (Aurnague 1995, 1996b). De manière générale les situations de support 1 dans lesquelles la cible n'est pas directement en contact avec le sol (ex : tapis, patins à roulettes, skis, planche à voile, etc.) nécessiteraient une étude approfondie destinée à déterminer la possibilité, voire la nécessité, de recourir à *gainean*. En dehors du contact direct/indirect avec le sol, il est probable que l'emploi de ce marqueur soit alors gouverné par des propriétés telles que le contrôle de la cible par le site ou bien l'interaction éventuelle de ces deux entités pour parvenir à un certain équilibre.

connaissance plutôt qu'en se basant sur les caractéristiques propres au site (comme il a été souligné plus haut, peu de sites porteurs répondent aux schémas 2 et 3).

(34) *berak bere eskuz koroa buruan ibeni zioen* (Axu) (il lui mit de ses propres mains la couronne sur la tête)
(35) *kaperan sartzen da ezpata eta puñala gerrian* (Lap) (il rentre dans la chapelle l'épée et le poignard à la ceinture/au flanc)[9]
(36) *kartela muruan da* (l'affiche est sur le mur)
(37) *lanpara selauruan da* (la lampe est sur le plafond)

1.3. Routines impliquant la cible et le site

La troisième et dernière catégorie de configurations spatiales pouvant être décrites au moyen de l'inessif concerne les sites qui, dans la terminologie proposée par C. Vandeloise (1988), suggèrent une « routine sociale ». Un site est associé à une routine sociale lorsque la fonction ou, plus généralement, les conventions culturelles qui le caractérisent (dans une communauté donnée) supposent la réalisation d'un procès - plus ou moins bien déterminé - auquel prend part la cible mise en relation avec lui. On trouve parmi ces « sites intégrés » des entités variées pouvant être classifiées comme des objets (ex : piano, établi, bureau, table, four, réfrigérateur, etc.) aussi bien que comme des lieux (ex : toilettes, fenêtre, balcon, jardin, boulodrome, piscine, etc.). Pour être réalisé, le procès sous-tendu par le site (ex : piano : jouer du piano, four : faire cuire des aliments/substances, boulodrome : jouer aux boules, etc.) implique que des contraintes plus ou

---

9   Une analyse plus détaillée des descriptions spatiales mettant en jeu des parties du corps permettrait vraisemblablement de distinguer les parties qui, en raison de leurs propriétés géométriques et fonctionnelles (existence de portions d'espace éventuellement contenantes) et/ou de l'usage habituel qui en est fait, favorisent par elles-mêmes l'inclusion ou le support de celles qui ne donnent lieu à ces configurations qu'à travers les connaissances liées à une cible particulière. *Buru* (tête) et *gerri* (ceinture) apparaissant dans (34) et (35) peuvent ainsi être opposés à *soin* (corps en tant que surface porteuse) et *altzo* (giron) qui semblent assez étroitement liés à la notion de support :
orai zuk soiñean darabiltzatzun arropa horiek (Axu) (les habits que vous portez maintenant sur vous (lit. : à votre corps))
gizona exeri zen, altzoan artzen zuela aurra (Mir) (l'homme s'assit, prenant l'enfant sur ses genoux (lit. : à son giron)).
De la même façon, plusieurs noms de parties du corps paraissent, à des degrés divers, conduire à des interprétations basées sur l'inclusion dans une portion d'espace : *aho* (bouche), *eztarri* (gorge), *sabel* (ventre), *gorputz* (corps en tant que contenant), *beharri* (oreille), *sudur* (nez), etc.

moins strictes relatives à la nature de la cible aussi bien qu'à la position que celle-ci occupe par rapport au site soient vérifiées (ex : piano : humain assis devant ce dernier, les mains posées sur le clavier, etc.).

L'inessif du basque appliqué à un nom dénotant un site intégré peut être utilisé afin d'indiquer qu'une cible participe au procès suggéré par le site, ce qui, comme nous venons de le noter, suppose que ces entités soient disposées selon un certain type de configuration spatiale :

(38) *itsuek ere tornuan edo arrodan bedere hari behar zuten* (Axu) (même les aveugles devaient au moins travailler au tour ou à la roue)
(39) *ohean datzanari* (Axu) (à celui qui gît au lit)
(40) *alferretan othoiztu zuten heien mahainean jar zadin* (Lap) (ils le prièrent en vain de s'asseoir à leur table)
(41) *Theresa idaz-maian exerita zegoen* (Mir) (Thérèse était assise à son écritoire (lit. : à sa table d'écriture))
(42) *Schubert-en « Amaitu-gabea » ezarri zuen disko-inguratzallean* (Mir) (il mit l'« Inachevée » de Schubert sur le tourne-disque)
(43) *Antton pianoan da* (Antoine est au piano)
(44) *oilaskoa labean da* (le poulet est au four)
(45) *apeza kofesionalean da* (le curé est au confessionnal)

Soulignons cependant que la combinaison de l'inessif et d'un site intégré n'est pas obligatoirement interprétée à travers la routine associée au site. Ce type de construction peut en effet donner lieu à une lecture purement spatiale n'impliquant pas la réalisation du procès sous-tendu par la routine. Ce sera évidemment le cas si la cible ne satisfait pas aux contraintes catégorielles/ontologiques imposées par la routine mais également si, malgré l'adéquation de la cible, le procès attendu n'a pas lieu. L'interprétation de l'inessif se basera alors sur les concepts d'inclusion et de support décrits précédemment. Ainsi, l'existence d'un intérieur fait qu'une interprétation purement spatiale est possible pour l'ensemble des lieux (le curé de la phrase (45) peut être dans le confessionnal sans pour autant confesser) mais aussi pour certains types d'objets (le poulet de la phrase (44) peut être simplement stocké dans le four). Pour d'autres objets néanmoins, une interprétation spatiale concurrente est difficile, soit que l'entité-site concernée ne se prête pas à des configurations d'inclusion ou de support (38, 43), soit que les contraintes sur la nature de la cible liées à une inclusion ou un support éventuel ne soient pas remplies (40-41).

Il nous faut noter que le français permet de distinguer les situations faisant appel à une routine sociale des simples localisations spatiales en réservant la préposition *à* aux premières (ex : *au piano, à l'établi, au four, au confessionnal*, etc.) et en ayant recours, pour les secondes, à d'autres prépositions, qu'elles soient topologiques (*sur, dans* ; ex : *sur le piano, dans le four, dans le confessionnal*, etc.) ou projectives (*devant, au-dessus de,* etc ; ex : *devant l'établi, au-dessus du piano*, etc.). La préposition *à* présentant, à côté de l'emploi de type « routine » mentionné, un usage dans lequel elle est associée à des « lieux spécifiés » (ex : *Jean est à Toulouse, Jean est au Rocher de la Vierge Folle, Jean est au cabanon*, etc.) (Aurnague 1996a, Vandeloise 1988), une certaine ambiguïté - liée au choix entre une interprétation spatiale et une interprétation de type « site intégré » - peut toutefois subsister dans le cas des lieux (*Jean est au jardin* n'implique pas toujours que Jean jardine)[10].

Cette première partie nous a amené à esquisser une « grille d'interprétation » de l'inessif basée sur trois configurations spatiales essentielles. L'inessif permet tout d'abord d'exprimer l'inclusion d'une cible dans une portion d'espace, que celle-ci découle (plus ou moins) directement des propriétés du site (intérieurs contenants, intérieurs de type « contour », « enchâssement » dans entité malléable, portions d'espace introduites par des NLI) ou bien que sa création soit plutôt due aux connaissances relatives à la cible (enchâssement dans entité solide). Ce marqueur est également capable de se référer à des situations dans lesquelles le site supporte la cible, la relation de support étant alors déduite de l'usage habituel qui est fait du site ou bien, ici encore, des connaissances fournies par la cible. Le dernier cas de figure correspond aux sites intégrés qui, comme cela a été indiqué, induisent, à travers une routine sociale, la réalisation d'un procès contraignant tout à la fois la nature de la cible et la disposition spatiale de ces deux entités.

Il est extrêmement intéressant de noter que les trois classes de configurations - inclusion, support ou routines sociales - auxquelles l'inessif fait habituellement référence semblent également jouer un rôle fondamental dans le fonctionnement de marqueurs statiques polyvalents apparaissant dans d'autres langues que le basque au nombre desquelles le zoulou (Taylor 1996) et le japonais (Tagashira 1993). Ces observations convergentes

---

[10]   Comme le fait justement remarquer C. Vandeloise (1988), les emplois de *à* mettant en jeu un lieu spécifié et ceux faisant appel à un site intégré se distinguent souvent par le fait que l'article défini, quand il est présent dans ces constructions, a une valeur clairement référentielle dans le premier cas (ex : *au Rocher de la Vierge Folle, au cabanon*, etc.) et une valeur générique dans le second (ex : *à la fenêtre, à la montagne*, etc.). L'existence de ces deux valeurs de l'article défini est d'ailleurs susceptible de rendre compte de la possibilité d'avoir deux interprétations lorsque *à* est associé à un nom de lieu (ex: *Jean est au-gén jardin/à la-gén montagne, Jean est au-déf jardin/à la-déf montagne*). Une analyse plus précise de la valeur des articles définis devrait permettre de déterminer, pour chaque construction locative intégrant la préposition *à*, la nature des interprétations disponibles.

tendent à montrer le caractère universel et fondamental de ces notions pour la structuration linguistique et cognitive de l'espace. Elles nous paraissent aussi de nature à conditionner le débat sur le contenu sémantique de tels marqueurs polyvalents de la localisation, notamment pour ce qui concerne l'articulation entre informations linguistiques et connaissance du monde (voir section 3.).

Indiquons, enfin, qu'une observation détaillée des contraintes qui, dans l'interprétation de l'inessif, pèsent sur les entités-cibles - qu'elles portent sur la nature de ces cibles (contraintes ontologiques) ou sur leur position par rapport au site (contraintes dispositionnelles/configurationnelles) - fait apparaître des disparités importantes selon le type de configuration spatiale considéré. Ces contraintes semblent, en particulier, plus fortes pour le support que pour l'inclusion, les routines sociales présentant, quant à elles, le cadre le plus restrictif.

2. Interprétation de l'inessif, structuration de la connaissance du monde et prédictions

Nous tentons, dans la suite, de préciser la nature des connaissances sur les entités habituellement mises en œuvre pour analyser l'inessif. Nous faisons, ensuite - à partir de la grille d'interprétation proposée plus haut et de la catégorisation des connaissances utilisées - un certain nombre de prédictions relatives aux situations induisant le recours à d'autres marqueurs spatiaux que le seul inessif et nous montrons que nos hypothèses sont en grande partie corroborées par les exemples relevés dans les corpus.

2.1. Interprétation de l'inessif et connaissance du monde

L'interprétation de l'inessif nécessite, comme on a pu s'en rendre compte, la mobilisation de nombreuses informations concernant les entités spatiales en présence et portant, de façon plus large, sur la connaissance du monde. C'est en rapprochant ces connaissances et informations de la classification des configurations normalement décrites par l'inessif (que nous avons aussi appelée grille d'interprétation) qu'un locuteur du basque parvient à interpréter une occurrence particulière de ce marqueur. Notre objectif ici n'est certainement pas de proposer une description précise de la manière dont les connaissances sur les entités et les relations spatiales sont structurées et articulées mais plutôt de caractériser les principaux types d'informations qui paraissent nécessaires à l'interprétation de l'inessif.

Nous distinguons quatre catégories ou groupes principaux de données. Le premier ensemble regroupe des informations géométriques sur la structuration des entités spatiales précisant, entre autres choses, la forme globale d'une entité, les limites visuelles entre parties, l'existence de surfaces ou de concavités (et plus généralement de portions d'espace), etc. C'est essentiellement (mais pas exclusivement) pour connaître les propriétés du site (existence de portions d'espace ou de surfaces susceptibles de donner lieu à l'inclusion ou au support) que l'interprétation de l'inessif fait appel à ce type de données.

Le deuxième groupe comprend des informations fonctionnelles utilisées pour la caractérisation des entités-sites. Il s'agit par exemple de la propriété de contenance d'une concavité donnée, du type de support (1, 2 ou 3) offert par une surface et, plus généralement, de la position canonique de l'entité et de ses parties (ex : position par rapport à la verticale). Le fait que les entités ou les parties considérées sont habituellement utilisées pour contenir, supporter ou bien encore mener à bien certains procès est également indiqué à ce niveau, de même que les possibles restrictions ontologiques ou dispositionnelles sur les cibles éventuelles. Ces connaissances relatives aux cibles canoniques d'un site donné (ou de l'une de ses parties) permettent de construire des couples « cible-site » prototypiques. Lorsqu'un site possède plusieurs parties contenantes (ex : voiture) ou porteuses (ex : vélo) ou peut se prêter à plus d'une configuration parmi celles mises en évidence - inclusion, support ou routine - (ex : bureau, établi), ces couples serviront à choisir l'interprétation la plus probable étant donnée la nature de la cible[11].

Le troisième ensemble de connaissances concerne des entités introduisant, elles aussi, des configurations spatiales déterminées mais intervenant dans ces configurations en tant que cibles plutôt que comme sites (comme c'était le cas précédemment). La connaissance fonctionnelle véhiculée par l'entité permet donc de la mettre en relation avec un site qui, bien qu'il ne soit pas fondamentalement destiné à contenir ou à supporter, établit avec elle une configuration particulière (essentiellement inclusion (ex : termite/bois) ou support (ex : suspension/plafond)). On obtient donc ici encore des couples cible-site prototypiques et ceci à travers un procédé symétrique à celui noté plus haut.

Le quatrième groupe est consacré à des connaissances générales sur les entités (ex : les entités malléables peuvent « envelopper » d'autres entités, les

---

[11]   Soulignons que certaines données répertoriées ici - parmi lesquelles l'utilisation effective d'une partie contenante pour localiser ou la spécification de la nature des cibles pour un intérieur contenant donné - semblent relever du "principe de fixation" utilisé dans l'étude de la préposition *dans* (Vieu 1991) afin de rendre compte de la persistance/continuité des intérieurs lorsqu'ils sont disposés de manière non canonique (bouteille renversée) ou encore de la sélection par une cible d'un intérieur déterminé (parmi plusieurs).

mouches volent et se posent sur tout type de surface, etc.) ainsi qu'aux principes généraux de la physique de sens commun (ex : effets de la gravité). Ces diverses catégories de connaissances ne couvrent vraisemblablement pas l'éventail des données nécessaires à l'interprétation de l'inessif. Elles donnent cependant un aperçu de leur variété et de leur structuration. Par ailleurs, les quatre groupes proposés ne doivent pas être conçus comme des compartiments totalement indépendants. En effet, si la catégorisation d'une information est susceptible de changer au cours du temps (à la suite, par exemple, de l'évolution des habitudes et des conventions culturelles), il apparaît également que l'exploitation et la mise en œuvre de la connaissance du monde sous-tendant l'interprétation de l'inessif (à travers, notamment, les inférences géométriques et fonctionnelles et les choix pragmatiques) s'appuient, dans bien des cas, sur plusieurs des catégories mises en évidence.

2.2. Prédictions pour l'interprétation de l'inessif et recours à des marqueurs additionnels dans les textes

Les constructions spatiales statiques dans lesquelles la localisation d'une cible est exprimée au moyen du seul inessif (directement) appliqué au nom identifiant le site (sans NLI, ni verbe, participe ou adjectif susceptible de préciser la nature de la configuration : voir schéma syntaxique dans l'introduction) peuvent - à partir des observations effectuées à la section 1. - être classées en trois catégories selon (a) qu'il n'émerge aucune interprétation évidente/immédiate de la construction considérée, (b) qu'une interprétation unique ou prioritaire/prototypique existe ou bien (c) que plusieurs interprétations possibles se dégagent.

La grille d'interprétation de l'inessif introduite précédemment (section 1.) et la caractérisation des connaissances nécessaires à cette interprétation (section 2.1.) nous conduisent à effectuer diverses prédictions concernant les paramètres qui semblent favoriser l'intégration, dans les descriptions spatiales statiques, d'autres marqueurs spatiaux que le seul inessif. En effet, et bien que cette étude ait essentiellement considéré, jusqu'à ce point, l'analyse et l'interprétation de l'inessif, les propriétés mises en évidence nous permettent aussi de caractériser les configurations spatiales en nous plaçant dans la perspective de la génération d'énoncés. Sur la base de la classification des interprétations proposée plus haut (cas a, b et c), quatre types de situations nécessitant, à des degrés divers, l'emploi d'outils linguistiques additionnels semblent pouvoir être distingués.

Nous nous attachons, dans la suite, à caractériser ces situations ainsi qu'à illustrer les phénomènes auxquels elles donnent lieu au moyen de données extraites des textes étudiés. Les exemples proposés se singularisent

tous par le fait qu'une construction parallèle qui mettrait en relation la cible
et le site à travers un prédicat statique « général » (ex : *izan* (être), *egon*
(demeurer, rester), etc.) combiné à l'inessif (*SNcible SNsite+inessif
Vstatique*) ne parviendrait pas à saisir convenablement la configuration
spatiale concernée. On constatera également que, pour l'ensemble de ces
exemples, la manière de remédier au problème posé par l'emploi de cette
structure basique (association directe de l'inessif à l'entité-site) consiste à
adjoindre au nom identifiant le site un NLI auquel a été appliqué le cas
inessif (association indirecte de l'inessif). De telles constructions permettent
de localiser une cible dans la portion d'espace qu'introduit le NLI à
proximité du site (Aurnague 1996a). Même si divers éléments linguistiques
(en particulier des verbes) capables, eux aussi, de préciser la nature de la
relation spatiale en présence peuvent apparaître au côté des NLI dans les
énoncés considérés, ceci n'illustre que plus clairement encore la difficulté à
utiliser le seul marqueur inessif.

L'association indirecte de l'inessif à un nom de site est fréquente
lorsque l'usage d'une construction simple (schéma syntaxique mentionné
plus haut) ne peut être aisément rattaché à aucune configuration spatiale
connue (a). Ni les propriétés de l'entité-site, ni même les connaissances
éventuellement associées à la cible (couple cible-site prototypique) ne
permettent d'inférer une relation d'inclusion, de support ou bien encore une
routine sociale. C'est le cas par exemple d'objets solides tels que pierres,
plaques d'ardoise ou de ciment, planches, troncs, etc. qui ne définissent pas
de portions d'espace et ne constituent pas non plus des sites intrinsèquement
porteurs (ils n'ont pas pour fonction de supporter) ou intégrés (ils n'évoquent
pas une routine précise) :

(46)   *hura da lapitzaren gaiñean ereiten den hazia bezala* (Axu) (cela est pareil à la
       semence que l'on sème sur (lit. : au haut de) l'ardoise)[12]
(47)   *horra zertako asentu gainetan eta harri artetan....belhar batzu bizitzen diren*
       (Duv) (voilà pourquoi certaines herbes vivent sur (lit. : au haut de) la
       maçonnerie et entre les (lit. : aux intervalles/interstices des) pierres)

---

[12]   Ainsi qu'il a été indiqué à la section 1.2., la locution *gainean* (au-dessus de
       (lit. : au haut de)) permet de localiser une entité-cible dans une portion
       d'espace située au-dessus d'un site et ceci sans qu'aucune contrainte
       particulière ne soit introduite concernant la présence d'une relation de
       support/contact entre ces entités. C'est donc la connaissance du monde - et en
       premier lieu les informations générales sur les entités spatiales et la physique
       de sens commun (groupe 4) - qui, dans les exemples cités, conduit à inférer
       une configuration de support venant préciser le seul positionnement sur l'axe
       vertical exprimé par *gainean*.

(48) *omborren kopaduran gelditzen den ura pozoina da aziendentzat* (Duv) (l'eau qui s'accumule au creux (lit. : à la courbure) des troncs est un poison pour le bétail)

(49) *ospitaleak hetsiak izanez, jauregi batetako lorioan etzan zen, harriaren gainean* (Lap) (les hôpitaux étant fermés, il se coucha dans le porche d'un château, sur (lit. : au haut de) la pierre)

(50) *Ez badut untzirik, taula baten gainean noha* (Lap) (si je n'ai pas de bateau, je pars sur une (lit. : au haut d'une) planche)

Le fait que les propriétés du site et/ou de la cible orientent vers l'une des trois configurations évoquées jusqu'ici ne garantit pas pour autant que l'application directe de l'inessif au nom identifiant le site soit appropriée. Il se peut en effet que l'interprétation résultant de l'exploitation de ces connaissances ne coïncide pas avec la relation spatiale que définissent la cible et le site en présence (b'). Le recours à un NLI constituera donc le moyen de préciser la localisation de la cible en modifiant l'interprétation « immédiate » évoquée par le site et/ou la cible.

Lorsque le site définit (par lui-même) une portion d'espace (intérieur contenant, de type « contour » ou bien enchâssement dans entité malléable), l'emploi d'un NLI (autre que *barne* (intérieur)) permet ainsi de localiser la cible dans le voisinage du site ou en contact avec lui plutôt qu'à travers une inclusion dans cette portion d'espace. En d'autres termes le recours à un NLI conduit à situer la cible dans la portion d'espace introduite par ce marqueur (Aurnague 1996a) et non dans celle associée au site (voir aussi exemples (23-24)).

(51) *abiatu zen egun batez Iondone Petri, itsas gaiñean* (Axu) (St Pierre partit un jour sur (lit. : au haut de) l'eau)[13]

(52) *zeren halatan bildukoitutzu ikhatz biziak haren buruaren gaiñean* (Axu) (car de la sorte vous récolterez des charbons ardents sur (lit. : au haut de) sa tête)

(53) *gero hedatzen duzu lurraren gainean hiratze idor, lasto edo othe aphur bat* (Duv) (puis vous étendez sur le sol (lit. : au haut de la terre) un peu de fougère sèche, de paille ou d'ajonc)[14]

---

[13] *Gainean* (au haut de) dénote ici une relation de support/contact avec le site malléable que constitue la mer par opposition à une inclusion partielle ou totale dans ce site (opposition contact/inclusion). Signalons que ce même NLI est parfois utilisé pour indiquer qu'une cible n'est pas complètement immergée dans la mer mais se trouve plutôt partiellement incluse dans celle-ci (opposition inclusion partielle/inclusion totale) :
erditaraiño betheagatik itsas gaiñean dago (Axu) (à moitié plein, il reste sur (lit. : au haut de) l'eau (à propos d'un bateau)).

[14] Le mot *lur* (terre) est en basque, comme dans d'autres langues, éminemment polysémique. Si, dans la langue courante, il est souvent utilisé pour identifier

(54) *erletegiaren ondoan landatzen dira arbola aphal batzuek* (Duv) (on plante quelques arbres bas à côté de la ruche)

(55) *haur hori ezarri zuten Abilako ondoan* (Lap) (ils placèrent cet enfant à côté d'Avila)

(56) *etxe baten aitzinean khausitu zuen aire handitako andre bat* (Lap) (il rencontra devant une (lit. : à l'avant d'une) maison une dame à l'allure fière)

(57) *begira zegoen....mubleetan gainean zeuden irudi eta antze-lanei* (Mir) (il regardait les images et les œuvres d'art qui se trouvaient sur les (lit. : au haut des) meubles)

(58) *eta itsas-bazterrean ba zihoazen* (Mir) (et ils allaient/se promenaient au bord de la mer)

Dans le cas d'entités habituellement utilisées pour supporter (support 1, ex : terre/sol en tant que surface porteuse, étagère, chaise, etc. ; support 2, ex : tableau d'affichage, crucifix, etc. ; support 3, ex: portemanteau, etc.), le recours à un NLI peut servir à indiquer que la cible et le site sont liés par une relation autre que le support ou le contact (ex : inclusion, proximité, etc.) ou peut simplement souligner l'aspect non habituel de la configuration de support décrite (ex : personne se tenant debout sur une chaise (62a)) :

(59) *eta hartzaz erraiten du Pliniok egotzten duela duela neguan bere pozoiña eta lurrean barrena ehortzen duela* (Axu) (et, à propos d'elle (la vipère), Pline dit qu'elle rejette son venin en hiver et qu'elle l'ensevelit à l'intérieur de la terre (cas adlatif))

(60) *bazen athearen aldean ere kutxa bat....orai ere gure elizetan, kruzifikaren aldean, dagoen bezala* (Axu) (il y avait également près de la porte une caisse/tirelire similaire à celle qu'il y a aussi de nos jours à côté du crucifix)

(61) *landarea apalaren azpian da* (la plante est sous (lit. : au bas de) l'étagère)

(62) *Antton kaderaren gainean (a)/ondoan (b) da* (Antoine est sur (lit. : au haut de) (a)/à côté de (b) la chaise)

Comme on a pu le voir à la section 1.3., l'association de l'inessif à certaines entités (sites intégrés) paraît suggérer très fortement la réalisation d'une routine sociale, une interprétation purement locative de ce marqueur

le sol en tant que surface supportant des entités (il est alors conceptualisé comme un élément porteur par excellence : voir l'exemple (29) de la section 1.2. ainsi que l'exemple (59)) il peut également se référer à la substance (plus ou moins malléable) qui constitue la croûte terrestre de même qu'à un terrain, une étendue, un territoire (on aura, dans ces emplois, souvent un pluriel) et à bien d'autres choses encore. L'ouvrage de Duvoisin (1858/1995), d'où est extrait cet exemple, étant centré sur le domaine de l'agriculture il n'est dès lors pas étonnant que la plupart des emplois de *lur* recensés fassent référence à la terre considérée comme substance (pouvant se prêter à l'inclusion) plutôt que comme surface porteuse.

pouvant parfois être faite de manière parallèle (objets se prêtant à l'inclusion ou au support, lieux ; voir cas c et c' mentionnés plus loin). Pour celles de ces entités qui semblent uniquement permettre une interprétation de type « routine » (objets tels que pianos ou établis), l'adjonction d'un NLI au nom désignant le site peut indiquer que le procès lié à la routine concernée n'a pas lieu, la relation entre la cible et le site étant dès lors de nature exclusivement spatiale (dans (63) Antoine peut être devant son établi sans pour autant travailler). La configuration décrite pourra, en conséquence, être similaire (63) ou non (64) à celle habituellement impliquée par la routine. Plus généralement, l'insertion de NLI et de marqueurs linguistiques additionnels peut être destinée à mettre en évidence le fait que le procès associé à la routine se déroule dans des conditions inhabituelles (les contraintes ontologiques et/ou dispositionnelles n'étant pas remplies).

(63) *Antton lan-mahaiaren aitzinean da* (Antoine est devant (lit. : à l'avant de) l'établi)

(64) *Antton pianoaren azpian da* (Antoine est sous le (lit. : au bas du) piano

Le troisième cas de combinaison indirecte de l'inessif au nom dénotant le site (via un NLI) correspond aux situations pour lesquelles l'application directe de ce marqueur se révèle ambiguë (c). Une telle ambiguïté apparaît, par exemple, lorsque le site est susceptible de contenir ou de supporter (ex : bureau (meuble)) et ceci sans que les contraintes sur la cible permettent, le cas échéant, de faire un choix entre ces deux interprétations. L'insertion d'un NLI constitue alors le moyen de préciser la nature de la configuration concernée (65). Par ailleurs, nous avons noté que les interprétations de l'inessif impliquant une routine sociale sont parfois en concurrence avec une lecture purement spatiale de la relation entre la cible et le site (objets pouvant donner lieu à l'inclusion ou au support, ex : four, réfrigérateur, tourne-disque, etc. ; lieux, ex : confessionnal, toilettes, boulodrome, piscine, etc.). S'il n'écarte pas totalement la possibilité d'une interprétation de type « routine », l'emploi d'un NLI permet néanmoins, dans ce cas, de donner plus de poids et de plausibilité à la lecture spatiale (ainsi le curé de (66) n'est probablement pas en train de confesser).

(65) *liburua bulegoaren gainean da* (le livre est sur le (lit. : au haut du) bureau)

(66) *apeza kofesionalaren barnean da* (le curé est à l'intérieur du confessionnal)

Les emplois directs de l'inessif donnant lieu à plusieurs interprétations possibles (cf. entités-sites se prêtant à une double interprétation mentionnées ci-dessus : inclusion/support ou routine/inclusion-support) dont aucune ne correspond à la configuration spatiale décrite (c') constituent le dernier type de situation conduisant à l'adjonction d'un NLI. L'usage de ce marqueur additionnel découle alors du fait que la relation spatiale en présence est clairement différente des configurations suggérées par le site et/ou la cible (67-68) ou peut être dû, plus généralement, au non respect des contraintes dispositionnelles et/ou ontologiques imposées par ces configurations (69).

(67) *zakua bulegoaren ondoan da* (le sac est à côté du bureau)

(68) *egundaino ez zuten kofesional ingurutan haimbertze jende ikhusi* (Lap) (ils n'avaient, jusqu'alors, jamais vu autant de monde aux alentours du confessionnal)

(69) *ez zen berriz oean etzan bainan, haren ertzean jarririk, zigarrillo bat piztu zuen* (Mir) (elle ne se coucha pas à nouveau sur le lit mais, assise au bord, elle alluma une cigarette)

3. Discussion/conclusion : l'inessif est-il un marqueur sémantiquement vide ?

Nous tentons, pour conclure ce travail, de déterminer quel peut être le contenu sémantique d'un marqueur spatial statique tel que l'inessif (ou de marqueurs équivalents existant dans d'autres langues). Sur la base des observations effectuées jusqu'à ce point, deux solutions principales semblent émerger. On peut, tout d'abord, considérer que l'inessif introduit une relation spatiale « générale »/« non spécifiée » (Loc(x,y)) dont l'interprétation se fait à partir d'informations et de règles (non linguistiques) relevant de la connaissance du monde (en particulier connaissances sur les entités et sur la physique de sens commun). Une solution alternative consiste à dire que le contenu sémantique de l'inessif énumère - au moyen d'une disjonction - les diverses configurations (inclusion, support, routine sociale) pouvant être décrites par ce marqueur (Inc(x,y) $\vee$ Sup(x,y) $\vee$ Rout(x,y)[15]). Dans ce deuxième cas de figure, l'utilisation de la connaissance du monde permettrait, de décider, le cas échéant, quelle(s) relation(s) - parmi celles mentionnées - est (sont) susceptible(s) de s'appliquer à une situation donnée. Bien qu'une discussion détaillée de cette question ne soit pas possible ici, nous esquissons, dans la suite, trois types d'arguments qui paraissent plaider pour cette deuxième solution plutôt que pour un contenu sémantique général/non spécifié - voire vide - de l'inessif.

Le premier point s'appuie sur le fait que l'inessif permet, dans certaines situations (notamment dans les descriptions faisant appel à certaines parties du corps), d'introduire une relation spatiale entre deux entités tout en restant

---

[15] Divers outils formels permettant de saisir les configurations d'inclusion et de support décrites à la section 1. sont proposés dans (Aurnague *et al.* 1997) et (Vieu 1991).

délibérément flou sur la nature exacte de la configuration en présence (*zer lizateke bada, baldin....gorputzeko....iuntura eta parte guztietan.....oinhaze bazendu ?* (Axu) (qu'adviendrait-il si vous aviez des douleurs à toutes les articulations et les parties du corps ?) ; *baldin norbaitek drainadura batean bidegaberik egiten badu gaixtakeriaz* (Duv) (si quelqu'un fait des dégâts dans (lit. : à) un drain par malveillance) ; *lephoan bazituen handitsu batzu* (Lap) (il avait des tumeurs/grosseurs au cou)). Si cette propriété de l'inessif paraît, à première vue, aller dans le sens d'un contenu sémantique général de l'inessif (première solution), une observation plus attentive des deux solutions proposées plus haut montre que la définition disjonctive de ce marqueur (deuxième solution) permet, elle aussi, de rendre compte de ce type d'emplois « flous ». L'existence même de la disjonction ouvre en effet la voie à des emplois de l'inessif dans lesquels aucun choix précis n'aurait à être fait parmi les configurations listées (les conditions de ces emplois flous restant toutefois à préciser). L'avantage de cette solution disjonctive réside en réalité dans la possibilité qu'elle offre de gérer le flou lié à certaines constructions tout en contraignant linguistiquement la nature des configurations spécifiques (inclusion, support ou routines) pouvant être décrites par l'inessif.

Le deuxième point de cette discussion (et d'une certaine manière le troisième et dernier argument également) concerne précisément la part faite à la langue et à ses propriétés dans les solutions exposées. Notons, tout d'abord, que ces deux conceptions du fonctionnement de l'inessif reconnaissent le rôle essentiel joué par la connaissance du monde et la situation de discours dans l'interprétation de ce marqueur. Elles présentent, cependant, des différences majeures dans la manière d'articuler ces informations pragmatiques au contenu sémantique de l'inessif. En limitant ce contenu à une relation spatiale générale, la première solution suppose que le processus interprétatif est entièrement dirigé par la composante pragmatique, le calcul du sens reposant donc, pour l'essentiel, sur des paramètres extra-linguistiques. La perspective disjonctive établit, au contraire, un cadre dans lequel l'exploitation de ces données pragmatiques se fait sur la base des instructions fournies par le contenu sémantique de l'inessif (explicitation des divers types de configurations identifiables par ce marqueur). Tout en attribuant une place importante à la connaissance du monde et à la situation de discours, cette approche a donc la particularité de faire clairement intervenir les propriétés de la langue dans l'interprétation de l'inessif. Pour reprendre la terminologie utilisée dans (Ducrot & Schaeffer 1995), cette analyse de l'inessif serait basée sur une approche intégrée de la pragmatique (pragmatique intégrée à la sémantique) puisque le contenu sémantique du marqueur considéré spécifie la stratégie à suivre pour tirer parti de la situation de discours. Hormis la répartition des « tâches » entre

paramètres   linguistiques   versus   extra-linguistiques,   informations
sémantiques versus pragmatiques, etc. quelles conséquences plus générales
peuvent avoir de tels choix sur la cognition spatiale ? C'est ce que nous
tentons d'aborder dans le troisième et dernier point.

Nous avons souligné, dans le courant de cette étude, que diverses
langues possédant des marqueurs spatiaux statiques similaires à l'inessif
(parmi lesquelles le zoulou et le japonais) semblaient également faire appel,
pour leur interprétation, aux trois types de relations - inclusion, support,
routines - mis en évidence ici (et à eux seuls). Si des observations
interlinguistiques supplémentaires sont évidemment nécessaires pour
confirmer l'universalité supposée de cette combinaison de configurations
spatiales, on peut d'ores et déjà légitimement se demander dans quels termes
l'analyse de l'espace linguistique et cognitif pourrait rendre compte de ce
phénomène. La comparaison des deux modèles proposés plus haut pour
saisir le fonctionnement de l'inessif devra, en particulier, prendre en
considération leur capacité respective à expliquer cette question de
l'existence d'un possible universel sémantique/cognitif. Parce qu'elle situe la
presque totalité des informations et règles sous-tendant le fonctionnement de
l'inessif au niveau pragmatique et extra-linguistique, la première solution
implique par la même occasion que l'universalité de ce « trio » de relations
spatiales résulte de propriétés générales de l'espace cognitif. Dans les termes
de R. Jackendoff (1996, 1997), la restriction de l'interprétation à ces trois
configurations devrait alors découler des propriétés mêmes de la
« Conceptual Structure » (CS : encodage du sens indépendant d'une langue
particulière) et de la « Spatial Representation » (SR : représentation
« géométrique » et cognitive de l'espace); on pourrait ainsi imaginer que les
concepts mis en jeu par la localisation des entités spatiales (et construits à
partir de données de CS et de SR) soient limités aux trois relations
mentionnées. Le fait de justifier ce phénomène interlinguistique en termes
de propriétés cognitives générales est évidemment susceptible d'affecter
l'expression de l'espace dans son ensemble aussi bien que les relations entre
la langue et certaines modalités sensorielles (ex : langue/vision,
langue/action, etc.) ou encore l'interfaçage entre divers niveaux
d'informations non linguistiques (vision, action, proprioception, etc.). En
effet, et comme le propose R. Jackendoff (1996, 1997), les modules CS et SR
(qui seraient directement concernés par une telle hypothèse) jouent non
seulement un rôle central dans l'articulation entre structures linguistiques et
informations relevant d'autres composantes cognitives mais semblent
également intervenir dans la mise en relation de données issues d'activités
non linguistiques. En stipulant que le recours à la connaissance du monde
est régi par le contenu sémantique de l'inessif, le modèle disjonctif conduit
pour sa part (toujours dans les termes de Jackendoff) à considérer le

fonctionnement de ce marqueur à travers l'interface entre la « Syntactic Structure » (SS) et la « Conceptual Structure » (CS) (c'est-à-dire en se concentrant sur les règles d'interfaçage et les propriétés des (sous-)modules CILss (Conceptual Interface Level of syntax), et SILcs (Syntactic Interface Level of conceptual structure)). Dans une telle approche, le statut privilégié des trois configurations spatiales mises en évidence résulte donc de l'articulation entre les composantes SS et CS (ou, plus globalement, SS et CS+SR) et des régularités interlinguistiques observées à ce niveau plutôt que des seules propriétés de représentations et informations extérieures à la langue (CS+SR). En même temps qu'elle reconnaît le rôle essentiel des structures linguistiques dans l'émergence d'un éventuel universel spatial (via leur articulation avec la connaissance extra-linguistique), cette deuxième option présente également l'avantage de ne pas introduire de contraintes indésirables (ex : limitation des relations spatiales disponibles dans CS+SR) pour le fonctionnement de modules informatifs issus de facultés/activités autres que la langue. Si, comme le souligne R. Jackendoff, l'interface SS-CS est susceptible d'expliquer les différences relevées dans les langues au moment de combiner les concepts (notamment spatiaux) présents dans CS et SR, l'analyse disjonctive de l'inessif (et de marqueurs équivalents dans d'autres langues) laisse, par conséquent, supposer que ce même interface pourrait aussi être le lieu de régularités interlinguistiques.

Les diverses questions discutées ci-dessus - traitement de l'ambiguïté, rôles respectifs de la sémantique et de la pragmatique, caractère universel des configurations dégagées - nous font finalement penser que l'approche disjonctive du fonctionnement de l'inessif (deuxième solution) rend mieux compte des propriétés linguistiques et cognitives de ce marqueur qu'une analyse lui attribuant un contenu sémantique général/non spécifié (première solution). Cette approche confère à la langue un rôle central dans l'usage de l'inessif (à travers les règles sémantiques) et illustre la capacité à combiner flexibilité/polyvalence et précision dans les constructions spatiales étudiées (possibilité de décrire des relations spatiales variées mais pas indifférentes). Si ces hypothèses devaient être confirmées par les travaux portant sur des marqueurs similaires ou, de façon plus large, par d'autres études en sémantique spatiale on pourrait être amené à penser que l'expression de l'espace a bel et bien horreur du vide (sémantique) !

Références

Aurnague, M. (1991). *Contribution à l'étude de la sémantique formelle de l'espace et du raisonnement spatial : la localisation interne en français, sémantique et structures inférentielles*, Thèse de Doctorat, Toulouse : Université Paul Sabatier.

Aurnague, M. (1995). L'expression de l'espace en basque : à propos du génitif et de l'inessif, *Linguisticae Investigationes* 19, fasc.1 : 15-55.

Aurnague, M. (1996a). Les Noms de Localisation Interne : tentative de caractérisation sémantique à partir de données du basque et du français, *Cahiers de Lexicologie* 69, 1996-2 : 159-192.

Aurnague, M. (1996b). Petit dictionnaire raisonné des NLI du basque, *Cahiers de Grammaire* 21 : 1-44.

Aurnague, M. (1998). Basque genitives and part-whole relations : typical configurations and dependences, *Carnets de Grammaire* 1.

Aurnague, M., Vieu, L. & Borillo, A. (1997). Représentation formelle des concepts spatiaux dans la langue, in : M. Denis, (éd), *Langage et cognition spatiale*, Paris : Masson (Collection Sciences Cognitives), 69-102.

Axular, P. (1643/1995). *Gero*, Bilbo-Bilbao : Paideia.

Borillo, A. (1992). Le lexique de l'espace : prépositions et locutions prépositionnelles de lieu en français, in : L. Tasmowski & A. Zribi-Hertz, (éds), *Hommages à Nicolas Ruwet*, Ghent : Communication et Cognition, 176-190.

Borillo, A. (1997). Aide à l'identification des prépositions composées de temps et de lieu, *Faits de Langues* 9 : 175-184.

Ducrot, O. & Schaeffer, J. M. (1995). *Nouveau dictionnaire encyclopédique des sciences du langage*, Paris : Seuil.

Duvoisin, J. P. (1858/1996). *Laborantzako liburua*, Bilbo-Bilbao : Paideia.

Herskovits, A. (1982). *Space and the prepositions in English : regularities and irregularities in a complex domain*, Thèse de Doctorat, Université de Stanford.

Jackendoff, R. (1996). The architecture of the linguistic-spatial interface, in : P. Bloom, M. A. Peterson, L. Nadel & M. F. Garrett, (éds), *Language and space*, Cambridge, Massachusetts : MIT Press, 1-30.

Jackendoff, R. (1997). *The architecture of the language faculty*, Cambridge, Massachusetts : MIT Press.

Laphitz, F. (1867/1995). *Bi saindu*, Bilbo-Bilbao : Paideia.

Mirande, J. (1970/1995). *Haur besoetakoa*, Bilbo-Bilbao : Paideia.

Tagashira, Y. (1993). *Some aspects of relational nouns*, Handout of ICLA'93, Leuven.

Taylor, J. R. (1996). The syntax and semantics of locativised nouns in Zulu, in : M. Pütz & R. Dirven, (éds), *The construal of space in language and thought*, Berlin : Mouton de Gruyter (Cognitive Linguistics Research 8), 287-305.

Vandeloise, C. (1986). *L'espace en français : sémantique des prépositions spatiales*, Paris : Le Seuil.

Vandeloise, C. (1988). Les usages statiques de la préposition à, *Cahiers de Lexicologie* 53, 1988-2 : 119-148.

Vieu, L. (1991). *Sémantique des relations spatiales et inférences spatio-temporelles : une contribution à l'étude des structures formelles de l'espace en langage naturel*, Thèse de Doctorat, Toulouse : Université Paul Sabatier.

Stratégies d'acquisition dans l'emploi du genre et de l'accord adjectival en français parlé

Inge BARTNING
Université de Stockholm

1. Introduction[*]

Dans les études sur l'acquisition avancée d'une langue étrangère, on a vu que les apprenants ont des zones qui continuent d'être « fragiles » et que l'on y trouve des formes difficiles à acquérir et à automatiser. On se demande pourquoi ces zones ne se grammaticalisent pas et on a constaté une morphologisation tardive de certains domaines, notamment de la morphologie verbale et nominale (cf. Bartning 1997a, Noyau 1997).

Dans ce qui suit, il sera question de stratégies d'acquisition mises en œuvre par l'apprenant dit avancé et le domaine étudié sera l'acquisition du genre et de l'accord adjectival. Les données utilisées seront tirées du corpus InterFra de Stockholm[1]. Nous tenterons de décrire ces phénomènes à la lumière des théories récentes en acquisition — la théorie de la processabilité de Pienemann (1993ms, 1998) et celle de la grammaticalisation — et de les mettre en rapport avec la production orale spontanée dans l'acquisition d'une langue étrangère. Mais d'abord, nous donnons un aperçu sommaire du niveau avancé, des recherches antérieures et des catégories du genre et du nombre ainsi que de l'accord.

---

[*]   C'est pendant son séjour en tant que professeur invité à l'université de Stockholm, à l'automne 1995, qu'Andrée Borillo a pris un premier intérêt pour la variété de français qu'emploient les suédophones. C'est en souvenir de nos discussions sur cette variété que j'ai choisi un thème acquisitionnel pour ma contribution à ces *Mélanges* en son honneur.

[1]   Les données sur lesquelles se base cet examen sont extraites du corpus acquisitionnel du projet *L'interlangue française des apprenants adultes suédois — développement, interaction et variation (InterFra)* (Bartning 1997a). Le corpus est maintenant informatisé et contient des interviews, des récits de films vidéo et de bandes dessinées produits par 38 apprenants suédophones universitaires et 20 francophones (env. 45 heures d'enregistrement, 320 000 mots, dont 190 000 mots d'apprenants ; corpus francophone : 68 400 mots ; 95 interviews, 65 reproductions orales de BD et de vidéo ; pour le contenu de ces tâches, voir Bartning 1990). La plupart des étudiantes sont âgées de 20 à 25 ans et ont étudié le français entre 3 et 6 ans à l'école en Suède. La grande majorité ont passé entre 5 semaines et 18 mois dans un pays francophone.

Le niveau avancé

Dans des travaux antérieurs qui concernent les niveaux au-dessus de la « variété de base » dans l'acquisition d'une deuxième langue (Klein & Perdue 1992, 1997), on a pu voir que les domaines fragiles appartiennent souvent aux traits spécifiques des langues, notamment la morphologie verbale et nominale (Bartning 1997a). Selon Klein & Perdue (1997), les propriétés de la « variété de base » appartiendraient au noyau central de la capacité langagière humaine, tandis que certains phénomènes morphologiques, absents de la variété de base, seraient moins centraux ou universels. La « variété de base » est caractérisée par une structuration en topique–rhème, sans subordination et avec peu de flexion morphologique. La « variété avancée », dont il sera question ici, est au contraire une production qui relève du mode syntaxique, avec une structuration en sujet–prédicat, complexité syntaxique plus importante et qui est en principe « morphologisée », mais pas entièrement. On est cependant d'avis que l'apprenant avancé est faible en morphologie et fort en syntaxe (Bardovi-Harlig & Bofman 1994). On peut aussi dire qu'au fur et à mesure que le système langagier de l'apprenant se différencie, il se grammaticalise, et la polyfonctionnalité des formes simplifiées diminue.

Dans le présent travail, il sera question de phénomènes de grammaticalisation tardive dans la morphologie adjectivale (les formes flexionnelles et l'accord de l'adjectif). Pour l'apprenant avancé avec son but acquisitionnel, la morphologie grammaticale est importante. Il essaie donc de l'apprendre dès le début. De plus, la morphologie grammaticale est le signal majeur des structures grammaticales et discursives. Par les moyens grammaticaux il rend plus efficace son interlangue et il peut ainsi exprimer des relations sémantiques et fonctionnelles importantes dans la langue.

2. Recherches antérieures sur l'acquisition du genre et de l'accord adjectival

D'après deux études pilotes de quelques apprenants du corpus InterFra (Westerström 1996, Bartning 1990), on retrouve même chez les apprenants avancés des phénomènes repérés dans des stades précoces de l'acquisition du genre et de l'accord adjectival (Mossberg 1992 pour le français L2 en milieu naturel ; Chini 1995a, b pour l'italien L2 ; Müller 1995 pour le français et l'allemand L1 ; voir aussi Towell 1987, L1 anglais, Elo 1990, L1 finnois, suédois pour le français L2 des apprenants guidés). Ainsi, il y a de façon générale suremploi du genre masculin et le marquage du genre du pronom personnel sujet pose peu de problèmes. L'attribution du genre du déterminant défini est plus 'correcte' que celle du déterminant indéfini.

L'adjectif attribut serait, selon certaines études, plus difficile à accorder avec son nom tête que l'adjectif épithète (cf. Chini 1995a et b).

Comme on le verra dans la suite — et on se concentrera sur l'accord adjectival — il y a cependant des tendances contraires intéressantes chez les apprenants avancés du corpus InterFra : il semble que ce soit l'adjectif épithète plutôt que l'adjectif en position attribut qui pose le plus de problèmes pour l'accord, par exemple *des *vieux danses africaines, une *grand faute, les films *américaines*.

Dans ce qui suit, ces stratégies dans l'accord adjectival seront étudiées à la lumière des théories récentes, en particulier celle de « processabilité » de Pienemann (1993ms), qui va servir de point de départ pour notre étude. Il faudrait aussi les analyser en vue d'un modèle de la production orale spontanée (cf. Levelt 1989 et K. de Bot 1992).

Avant d'entrer dans ces théories, rappelons brièvement la réalisation des catégories grammaticales du genre et du nombre ainsi que le phénomène de l'accord en français parlé.

3. Les catégories du genre et du nombre et le phénomène de l'accord

Le genre est un système de classification nominale avec un volet syntaxique, l'accord (cf. Chini 1995). Comme on le sait, le français distingue entre deux genres, le masculin et le féminin. Le genre est marqué sur les déterminants (les déterminants définis *le / la*, indéfinis *un / une*, possessifs *mon / ma*, démonstratifs *ce / cette*), sur les adjectifs (marqué à l'oral, entre autres, par la présence ou l'absence d'une consonne finale : *grand / grande*), sur les pronoms personnels (*il / ils, elle / elles*) et quelquefois sur les noms (*conducteur / conductrice*).

Le genre est donc pertinent pour deux groupes de partie du discours : 1. les noms, qui sont *les contrôleurs* du genre, phénomène lexical et sémantique, et 2. les déterminants et les adjectifs, éléments *cibles* accordés avec le nom, phénomène syntaxique.

Le nombre est marqué sur les déterminants (*le,la / les, un, une / des, ce / ces*), les adjectifs (*grand / grands, grande / grandes, normal / normaux*) et les noms. Dans la majorité des cas, la forme nominale du pluriel ne diffère pas phonologiquement de celle du singulier (*maison / maisons*), puisque le *-s* de l'écrit ne se prononce pas. Il y a pourtant des formes différentes au pluriel pour quelques noms, en *-al* (*cheval / chevaux*) et en *-ail* par exemple, ainsi que des adjectifs du type *spécial / spéciaux*. Pour la formation du pluriel, les adjectifs suivent les mêmes règles que les noms (Riegel *et al.* 1994 : 360). Une particularité de la langue parlée est que les consonnes finales *-s* et *-x* se prononcent devant un nom qui commence par une voyelle, [le - z - ami] *les amis*, c.-à-d. le phénomène de la liaison.

Il est à noter qu'à l'oral, les deux tiers des adjectifs ne marquent pas l'opposition des genres, alors que plus de la moitié la marquent à l'écrit (Riegel *et al.* 1994 : 359). Voici les types majeurs d'adjectifs en ce qui concerne la variation en genre (Riegel *et al.* 1994 : 359 ss) :

1. adjectifs à forme unique à l'oral et à l'écrit : *riche, possible, magnifique* ;
2. adjectifs variant en genre à l'écrit seulement : *joli, -e, dur,-e* ;
3. adjectifs variant en genre à l'oral et à l'écrit :
    a. à l'oral on ajoute une consonne à la forme masculine :
       — sans variation vocalique (70 %) *petit, -e* ;
       — avec variation vocalique simple : *bon, bonne, léger, légère* ;
       — avec variation complexe : *beau, belle, vieux, vieille* ;
    b. le féminin s'obtient aussi par changement de la consonne finale *(neuf, -ve)* ou du suffixe *(-teur,-trice).*

Il est clair que c'est la catégorie 3 ci-dessus qui est impliquée et examinée dans nos données orales (voir section 5 ci-dessous).

L'accord

L'accord interne touche les éléments à l'intérieur du syntagme nominal : les déterminants, les quantifieurs, les adjectifs épithètes. *L'accord externe* contrôle les éléments entre deux constituants. Pour l'accord 'nominal', ce sont les pronoms personnels et les éléments nominaux du prédicat, les adjectifs attributs et les participes passés, qui sont concernés.

Outre tout le travail de perception, de compréhension, de saisie, de 'processing' et d'intégration, la tâche de l'apprenant est donc complexe : il doit savoir quels mots sont liés par les règles syntaxiques de l'accord (quel mot détermine quel autre mot ?) et il doit ajouter la bonne terminaison morphologique au bon mot et appliquer les règles phonologiques, tout ceci 'on line'.

Le suédois, quant à lui, a un système d'accord moins riche et n'a plus d'accord verbal. Nous montrons, en résumé, le système d'accord de l'adjectif en suédois. L'apprenant suédois n'est donc pas étranger au phénomène d'accord entre nom et adjectifs : *bil* 'voiture' est un mot du genre 'uter' et *hus* 'maison', du genre 'neutre' :

Epithète	Attribut
en grön bil 'une voiture verte'	*bilen är grön* 'la voiture est verte'
ett grönt hus 'une masion verte'	*huset är grönt* 'la maison est verte'
gröna bilar 'des voitures vertes'	*bilarna är gröna* 'les voitures sont vertes'
gröna hus 'des maisons vertes'	*husen är gröna* 'les maisons sont vertes'

4. La théorie de processabilité de Pienemann

La théorie de Pienemann propose que l'ordre du développement grammatical dans une L2 est déterminé par une hiérarchie de contraintes psycholinguistiques sur la processabilité des structures grammaticales. Pour citer Schlyter (1995 : 277) :

> Une des idées centrales de cette théorie est que l'apprenant doit attribuer à chaque mot une catégorie syntaxique, pour être capable de comprendre la structure syntaxique spécifique de la langue cible, et par conséquent, la manier librement. Au début de l'acquisition, l'apprenant acquiert les lexèmes, sans la morphologie adéquate et spécifique de la langue cible, ce qui résulte en une 'variante de base' extrêmement simple, dont l'ordre des mots suit l'ordre canonique S-V-O ou éventuellement un ordre transféré de la langue source [...]. Plus tard, l'apprenant attribue peu à peu aux lexèmes des catégories syntaxiques spécifiques de la langue cible, en reconnaissant et utilisant des morphèmes grammaticaux adéquats. Il peut alors y avoir un 'échange d'information' [...] entre les constituants, par exemple entre un adverbe antéposé et sa place post-verbale (supposée d'origine), ou entre le sujet et la désinence de personne du verbe. L'échange d'information concerne ainsi aussi bien l'ordre des mots que la morphologie.

Dans cette théorie, les structures morphologiques et syntaxiques (ordre des mots) sont donc placées selon une échelle générale des stades acquisitionnels. Comme le fait remarquer Hammarberg (1996), il y a deux critères derrière cette échelle. D'un côté, les positions saillantes, définies comme initiales et finales, sont considérées comme étant plus faciles à traiter par l'apprenant que les positions non saillantes, à savoir les positions internes. La capacité de processabilité d'un apprenant évolue ainsi selon l'échelle implicationnelle suivante (cf. Pienemann 1993ms) :

(1)   pas de séquence de constituants
(2)   pas d'échange d'information entre constituants — emploi de l'information locale
(3)   échange d'information entre constituants saillants
(4)   échange d'information entre constituants internes et constituants saillants (externes)
(5)   échange entre constituants internes
(6)   échange entre constituants internes dans les subordonnées

De l'autre côté, il y a aussi un critère de niveau de constituant : l'échange de l'information à l'intérieur d'un syntagme est plus facile à traiter que l'échange à travers les syntagmes dans la phrase (cf. stade X+2 et X+3 dans le tableau 1 ci-dessous). Le fait de 'traverser' les frontières syntaxiques majeures est un facteur important. Ainsi, selon cette théorie, la morphologie interne du syntagme est acquise plus tôt que la morphologie externe (inter-phrasale). On a donc une hiérarchie implicationnelle visant les niveaux des lexèmes, des syntagmes ainsi que des phrases simples et complexes. Ceci est illustré par le tableau 1 :

Tableau 1

Stade	Niveau de constituant	Exemple	
X	Local	maison vert maison est vert	Pas d'accord
X+2	Syntagme	une maison verte la petite fille	Accord dans le SN
X+3	Phrase simple	la maison est verte	Accord sujet-attribut
X+4	Phrase complexe	la maison qui est verte	Accord dans la relative

Ainsi, selon l'hypothèse de Pienemann (1993ms), un apprenant doit savoir manier l'information syntaxique plus tôt à l'intérieur du syntagme qu'à l'intérieur de la phrase. Ainsi l'accord de l'adjectif épithète s'acquiert plus tôt que l'adjectif attribut (*la / une maison verte* vs *la maison est verte*). Il faut souligner que la théorie de Pienemann concerne l'émergence de la première occurrence systématique d'un phénomène grammatical dans un contexte obligatoire. Ici nous nous permettons de l'appliquer à des données beaucoup plus 'avancées' pour essayer de comprendre le processus de développement grammatical tardif.

5. L'accord adjectival — résultats et discussion

Examinons maintenant à la lumière de la théorie de la processabilité quelques résultats d'un examen de l'accord adjectival dans les interviews de quatre apprenants longitudinaux du corpus InterFra. Ces apprenants ont fait entre 3 et 6 ans de français à l'école et ont été interviewés à quatre occasions pendant les trois premiers semestres de leurs études universitaires de français. Le tableau 2 montre les premiers résultats de l'acquisition de l'accord adjectival chez ces quatre apprenants :

Tableau 2. Distribution quantitative des cas normatifs et non-normatifs des fonctions attribut et épithète chez quatre apprenants

		attribut N / NN	épithète N / NN
Yvo	Int 1	10 (27) / 0	21 (1) / 5
	Int 2	11 (27) / 3	13 (9) / 4
	Int 3	17 (27) / 3	6 (10) / 4
	Int 4	12 (25) / 2	15 (6) / 1
	Total	**50 (106) / 8**	**55 (26) / 14**
Eva	Int 1	11 (29) / 5	11 (4) / 9
	Int 2	7 (9) / 2	3 (4) / 1
	Int 3	9 (31) / 1	1 (7) / 0
	Int 4	8 (21) / 0	3 (5) / 6
	Total	**35 (90) / 8**	**18 (20) / 16**
Lena	Int 1	8 (21) / 2	7 (7) / 2
	Int 2	7 (20) / 2	6 (18) / 3
	Int 3	13 (22) / 2	12 (9) / 5
	Int 4	20 (34) / 1	10 (7) / 1
	Total	**48 (97) / 7**	**35 (41) / 11**
Marie	Int 1	7 (10) / 1	9 (3) / 0
	Int 2	12 (17) / 0	12 (4) / 3
	Int 3	10 (15) / 4	10 (6) / 0
	Int 4	15 (15) / 0	5 (2) / 2
	Total	**44 (57) / 5**	**36 (15) / 5**
Total		177 / 28	143 / 46
% sur N+NN		205 / 28 = *13,7 %*	189 / 46 = *24,3 %*

Légende : N = occurrence normative ; NN = occurrence non-normative. Les chiffres entre parenthèses indiquent les occurrences des cas non-marqués à l'oral, du type *riche, bien, joli(e), dur(e)*. Les autres cas ont tous une possibilité de marquage morphologique masculin / féminin.

Les tendances qui se dégagent de ce tableau montrent clairement que dans la majorité des cas l'apprenant avancé sait manier l'accord de l'adjectif attribut et l'adjectif épithète avec son nom tête. Cependant, il est évident, selon ces mêmes données, que c'est l'accord de l'épithète qui lui pose le plus de problèmes, 24,3 % de formes non-normatives contre 13,7 % pour l'attribut, un résultat qui semble donc contraire aux prédictions de la théorie de Pienemann (1993ms). Pour le total de 394 adjectifs, ces chiffres correspondent à 11,7 % de cas non-normatifs de l'épithète et à 7,1 % de cas non-normatifs de l'attribut. On voit aussi qu'il n'y a pas de développement net sur l'axe diachronique (cf. Bartning 1990). Avant de lier ces données aux discussions théoriques, regardons quelles sont les formes qui se cachent derrière ces chiffres et la distribution des formes non-normatives.

Il y a trois cas de figures qui se présentent : 1. l'adjectif en fonction et position attribut, 2. l'adjectif en fonction et position épithète antéposée, et finalement 3. l'adjectif en fonction et position éptihète postposée. Dans ces trois positions on a des formes courtes (non-marquées) et des formes longues de l'adjectif cible, au singulier et au pluriel. Dans cette variété de français parlé, qui contient aussi beaucoup de formes correctes, on voit que les formes courtes des adjectifs s'emploient avec des noms ou pronoms 'contrôleurs' féminins et les formes longues avec des noms ou pronoms 'contrôleurs' masculins. La forme courte correspond à la forme masculine de l'adjectif et la forme longue correspond à sa forme féminine, à l'inverse du système normatif du français. Nous préférons parler ici de formes courtes et de formes longues plutôt que d'un suremploi de la forme masculine ou de la forme féminine pour mieux saisir les tendances interlangagières générales dans la morphologie nominale et verbale. L'apprenant semble utiliser ces formes courtes ou longues, sans forcément penser au genre masculin ou féminin. Quels sont les 'modèles' non-grammaticalisés, non-morphologisés, non-automatisés, qui se dessinent chez les apprenants ? Voici un premier schéma :

Tableau 3. Distribution qualitative des formes courtes / longues des cas non-normatifs

1. ATTRIBUT

A.

Forme courte sing. :	je suis *satisfait (Eva3) ; elle qui est *français (Eva1)
Forme courte pl. :	(les maisons sont *verts — forme non attestée dans notre échantillon)

B.

Forme longue sing. :	le niveau est *différente (Lena2) ; c'est trop *petite (Yvo I2)
Forme longue pl. :	les enfants étaient très *grandes (Eva2)

2. ÉPITHÈTE ANTÉPOSÉE

A.

Forme courte sing. :	une *grand famille (Yvo1) ; *un *petit maison (Eva1)
Forme courte pl. :	les *grands villes (Yvo2) ; des *vieux personnes (Eva1)

B.

Forme longue sing. :	un *vieille train (Eva1)
Forme longue pl. :	les *petites hôtels (Yvo1)

3. ÉPITHÈTE POSTPOSÉE

A.

Forme courte sing. :	d'origine *français (Lena2)
Forme courte pl. :	des pièces très *différents (Eva4)

B.

Forme longue sing. :	(un film *verte — forme non attestée dans notre échantillon)
Forme longue pl. :	les films *américaines (Eva1) ; des hivers *froides (Eva2)

Avant de commenter ces formes, considérons leur fréquence chez nos quatre apprenants (les chiffres se basent toujours sur le même échantillon qu'au tableau 2).

Tableau 4. Distribution quantitative des formes courtes / longues des cas non-normatifs

	Yvo	Eva	Lena	Marie	Total
1. ATTRIBUT (Total N + NN = 205)					
A.					
Forme courte sing. :	5	3	4	3	15
Forme courte pl. :	-	-	-	1	1
					16
B.					
Forme longue sing. :	1	3	3	1	8
Forme longue pl. :	2	2	-	-	4
Total	**8**	**8**	**7**	**5**	**28 = 13,7 %**
2. ÉPITHÈTE ANTÉPOSÉE (Total N + NN = 109)					
A.					
Forme courte sing. :	5	4	3	1	13
Forme courte pl. :	3	3	2	3	11
					24
B.					
Forme longue sing. :	1	2	1	-	4
Forme longue pl. :	1	2	-	-	3
Total APi	**10**	**11**	**6**	**4**	**31 = 28,4 %**
3. ÉPITHÈTE POSTPOSÉE (Total N + NN = 80)					
A.					
Forme courte sing. :	3	-	2	1	6
Forme courte pl. :	1	3	2	-	6
					12
B.					
Forme longue sing. :	-	-	-	-	-
Forme longue pl. :	-	2	1	-	3
Total PPi	**4**	**5**	**5**	**1**	**15 = 18,8 %**
Total APi+PPi	**14**	**16**	**11**	**5**	**46 = 24,3 %**

Total formes NN (= formes courtes et longues, Attribut + Épithète) : 74 = 18,8 %
Formes courtes : 52 = 13,2 %
Formes longues : 22 = 5,6 %
Total formes N + NN (Attr (205) + Épi (189)) : 394

On voit tout de suite que les apprenants ont recours aux formes courtes et longues dans les trois positions, attribut et épithète anté- et postposée. De plus, ils les emploient surtout comme épithète antéposée (28,4 % sur 109) et postposée (18,8 % sur 80). Le tableau montre que, globalement, la position épithète (24,3 % sur 189) pose plus de problèmes que l'attribut (13,7 % sur 205). Ces résultats ne confirment donc pas, de façon générale, les prédictions de la théorie de Pienemann. Ou, en d'autres termes, les prédictions de la théorie de la processabilité ne semblent pas généralisables pour l'acquisition du français parlé par l'apprenant au niveau avancé.

Cependant, si l'on regarde de près et que l'on considère le critère de la saillance des formes, souligné par Hammarberg (1996), les résultats du tableau 4 pourraient en partie confirmer la théorie de la processabilité : on voit que les formes finales, donc saillantes, de l'attribut (fin de phrase) et de l'épithète postposée (fin du syntagme) posent moins de problèmes que celles de l'épithète antéposée. En français, ces formes finales ont souvent l'accent tonique du groupe rythmique. Elles seraient donc plus faciles à percevoir et à produire que la forme non-accentuée d'un adjectif éptihète antéposé entre le déterminant et le nom, tel que *petit*, *grand*, etc. Il est évident que le degré de saillance des adjectifs postposés et attributs dépend de leur place dans la structuration de l'énoncé entier.

Ces données confirment que le français, avec ses deux possibiltés de placement de l'adjectif épithète, présente une complication pour l'apprenant (et pour la théorie...) : outre les règles de l'accord et sa morphologie, il faut connaître les règles (syntaxiques, sémantiques, etc.) de la place des adjectifs. Pourtant, les apprenants de notre corpus semblent ne pas avoir de problèmes avec la place de l'adjectif, surtout en ce qui concerne la place des adjectifs antéposés les plus fréquents. Ce qui leur cause des problèmes, au contraire, c'est de trouver la forme morpho-phonologique correcte et de l'accorder avec le nom et le déterminant. C'est ici que nous avons la deuxième partie de la théorie de Pienemann, le niveau du constituant, et celle-ci n'a pas été confirmée par nos données : l'accord interne devait être acquis avant l'accord externe. Or, globalement, selon nos données, l'accord interne avec un adjectif anté- ou postposé pose plus de problèmes que l'accord externe. De plus, la flexion d'une épithète antéposée apparaît comme étant le cas le plus difficile et tardif dans l'acquisition de la morphologie adjectivale en français parlé, ce qui ressort du Tableau 5 :

Tableau 5. Distribution des adjectifs épithètes antéposés et postposés normatifs (AP, PP=N) et non-normatifs (APi, PPi= NN)

	AP	APi	PP	PPi	Total N / NN
Yvo	26	10	28	4	54 / 14
Eva	11	11	7	5	18 / 16
Lena	21	6	14	5	35 / 11
Marie	20	4	16	1	36 / 5
Total	78	31	65	15	143 / 46
		28,4 %		18,8 %	

Total: (AP + APi) = 109 + (PP + PPi) = 80 = 189

Le tableau 5 montre que sur un total de 109 adjectifs antéposés, 28,4 % ont une forme non-normative, par opposition à 18,8 % (sur un total de 80) pour les adjectifs postposés. Rappelons que le taux non-normatif des adjectifs attributs était de 13,7 % (cf. Tableaux 2 et 4). Sur le total de 189 adjectifs épithètes de notre échantillon, 57,1 % sont antéposés et 42,9 % postposés, et parmi ces 57,1 %, il y a 16,4 % d'épithètes antéposées non-normatives (31 sur 189) et 7,9 % d'épithètes postposées non-normatives (15 sur 189). Ces résultats montrent donc que ce sont les formes de l'adjectif antéposé dans l'accord interne qui sont acquises en dernier lieu.

Vu le cadre limité de cet article, nous ne pouvons qu'évoquer quelques pistes à suivre pour pouvoir expliquer cet état des choses. Un facteur qu'il serait intéressant d'examiner est l'attribution du genre des noms et des pronoms et l'opposition animé (humain) / inanimé qui peut jouer sur la capacité d'accorder l'adjectif. Le genre naturel, puisque motivé, s'accorderait probablement plus facilement que le genre non naturel. Il faudrait tester si, dans notre corpus, l'adjectif attribut (*je suis suédoise*) a plus souvent un nom / pronom humain comme contrôleur que l'adjectif épithète (*une *grand ville*).

Une deuxième piste à suivre serait celle qui a trait à la production orale spontanée et aux connaissances déclaratives et procédurales (Anderson 1983, Towell *et al.* 1996). Il est probablement plus difficile d'automatiser les connaissances déclaratives en connaissances procédurales pour accorder l'adjectif épithète antéposé, vu sa position peu saillante et non-accentuée entre le déterminant et le nom. Il est aussi plus difficile de percevoir et de produire la flexion correcte de l'adjectif antéposé que celle de l'adjectif postposé ou de l'adjectif attribut. Il est naturel d'avoir recours à une forme de base non-marquée dans la position non-accentuée. On voit aussi, dans le tableau 4, que nos données corroborent une telle hypothèse : la forme courte, avec 22,0 % (24 sur 109), est plus fréquente en tant qu'épithète antéposée que les formes courtes de l'épithète postposée, avec 15 % (12 sur 80), et que celles de l'attribut, avec 7,8 % (16 sur 205). La suite Déterminant + Adjectif + Nom est certainement plus difficile à produire, à l'oral, que la suite Déterminant + Nom + Adjectif puisqu'il faut non seulement accorder l'adjectif antéposé avec le nom contrôleur mais encore tenir ce dernier en suspens dans la mémoire tampon (« syntactic buffer ») (pour la terminologie, voir Levelt 1989, de Bot 1992 et Dewaele 1996). Dans le cas inverse de l'adjectif postposé, on a déjà formulé le nom quand il faut accorder l'adjectif.

Les formes courtes et les formes longues

Examinons finalement les formes courtes et longues de plus près, pour évoquer les raisons morpho-phonologiques des cas de non accord. On voit que la forme courte correspond aux cas non-marqués du masculin lorsque le nom ou le pronom contrôleur est au féminin (cf. Tableau 3). Elle est formée sur le modèle du masculin singulier (ou pluriel) : *grand, *petit, *américain. La forme longue est formée sur le modèle du féminin singulier (ou pluriel) : *grande, *petite, *américaine. La forme courte est plus fréquente que la forme longue (52 formes courtes et 22 formes longues sur un total de 74 occurrences non-normatives, ce qui fait 18,8 % sur le total de 394 adjectifs, voir Tableau 4). La dominance de la forme courte ou invariable est due à un suremploi de la forme masculine selon les recherches antérieures. On peut dire aussi que l'emploi des deux formes des adjectifs suit la tendance générale en français parlé où les deux tiers des adjectifs ne sont pas marqués pour le genre (voir ci-dessus). L'apprenant applique le modèle morpho-phonologique le plus fréquent dans l'input à la flexion de ses adjectifs, c.-à-d. une forme non-marquée pour le genre.

Il est intéressant de comparer ces formes aux formes de base du paradigme verbal utilisées par les mêmes apprenants et trouvées dans beaucoup de corpus de français langue étrangère (Bartning 1997a). Ces formes verbales sont modelées sur le paradigme flexionnel du premier groupe verbal (Bartning, 1998). Elles suivent le même schéma, CV(C), forme de base courte (plus fréquente), et CVC(C), forme longue, et elles montrent que même l'apprenant avancé lutte avec l'opposition phonologique des consonnes finales des deux paradigmes : ils *met, il *mette, ils *vient, il *vienne et *petit maison, *petite garçon, maison *américain, film *américaine. Il est fort possible que la représentation mentale de ces oppositions phonologiques finales, chez l'apprenant, soit perturbée par la représentation de l'écrit. (Une autre stratégie notée chez les mêmes apprenants pour éviter l'accord de l'adjectif est le suremploi de la structure passe-partout *c'est Adjectif,* voir Bartning 1997b).

On trouve donc, même chez l'AA, des restes de formes non-normatives très régulières qui sont en développement vers une morphologisation complète. Comme nous l'avons fait remarquer, ces formes co-existent avec une majorité de formes correctes. Ces formes non-normatives persistent-elles là où la syntaxe devient plus complexe ? Il faudrait trouver une réponse à cette question dans la recherche des causes de la grammaticalisation tardive de la morphologie nominale et verbale des apprenants avancés.

6. Pour conclure

Cette étude a probablement soulevé plus de questions qu'elle n'a donné de réponses. Le résultat majeur, mais préliminaire, est pourtant que pour l'AA, la flexion de l'adjectif épithète antéposé est moins morphologisée que celle de son homologue postposé et que celle de l'adjectif attribut. Il s'ensuit que l'accord se fait plus tardivement avec les adjectifs épithètes qu'avec l'adjectif attribut. L'attribution du genre aux formes des adjectifs épithètes antéposés est la plus difficile à automatiser. Ce résultat ne suit pas les prédictions de la théorie de la processabilité selon laquelle l'accord au niveau de la phrase serait plus tardif que l'accord au niveau du syntagme.

Nous avons évoqué d'autres facteurs complémentaires en montrant que les formes non-grammaticalisées sont des formes courtes et des formes longues qui ont été trouvées dans les trois positions de l'adjectif. De plus, on a trouvé le même modèle de formation morpho-phonologique de ces formes (CV(C) et CVC(C)) dans le paradigme verbal au présent chez les mêmes apprenants. Ces formes peuvent aussi être interprétées comme des indications, chez l'AA, d'un décalage entre la représentation mentale des oppositions. phonologiques et les formes en français écrit. Ces premiers résultats sur l'accord adjectival ne sont qu'un début de l'étude de la morphologie adjectivale et de l'attribution du genre dans le corpus InterFra.

Références

Anderson, J. (1983). *The Architecture of Cognition,* Cambridge, Mass. : Harvard University Press.
Bardovi-Harlig, K. & Bofman, T. (1989). Attainment of syntactic and morphological accuracy by advanced language learners, *Studies in Second Language Acquisition* 11 : 17-34.

Bartning, I. (1990). L'acquisition du français par des apprenants universitaires suédois — quelques aspects, *Revue Romane* 25.2 : 165-180.

Bartning, I. (1997a). L'apprenant dit avancé et son acquisition d'une langue étrangère. Tour d'horizon et esquisse d'une caractérisation de la variété avancée, *AILE* 9 : 9-50.

Bartning, I. (1997b). Structuration des énoncés et stratégies référentielles à l'aide de la prédication *c'est X* chez des apprenants avancés et des locuteurs natifs, *Travaux de linguistique* 34 : 65-90.

Bartning, I. (1998). Procédés de grammaticalisation dans l'acquisition des prédications verbales en français parlé, *Travaux de linguistique* 36 : 223-234.

De Bot, K. (1992). A bilingual Production Model : Levelt's 'Speaking' Model Adapted, *Applied Linguistics* 13.1 : 1-25.

Chini, M. (1995a). *Genere grammaticale e acquisizione. Aspetti della morfologia nominale in italiano L2*, Materiali Linguistici 14, Pavia : Francoangeli.

Chini, M. (1995b). Un aspect du syntagme nominal en italien L2 : le genre, *AILE* 5 : 15-142.

Dewaele, J.-M. (1996). Effet de l'intensité de l'instruction formelle sur l'interlangue orale française de locuteurs néerlandophones, in : E. Engel & F. Myles, *Teaching Grammar : Perspectives in Higher Education*, Londres : Middlesex University Printing Services.

Elo, A. (1993). *Le français parlé par des étudiants suédophones et finnophones*, Annales universitatis turkensis, Ser. B. Tom 198.

Hammarberg, B. (1996). Examining the processability theory : the case of adjective agreement in L2 Swedish, in : E. Kellerman, E. Weltens & T. Bongaerts, (eds), *EUROSLA 6. A Selction of Papers. Toegepaste Taalwetenschap in artikelen* 55 : 75-88.

Klein, W. & Perdue, C. (1992). *Utterance Structure. Developing Grammars again*, Amsterdam : Benjamins.

Klein, W. & Perdue, C. (1997). The basic variety. Or couldn't natural languages be much simpler ?, *Second Language Acquisition Research* 13.4 : 310-347.

Levelt, W.J.M. (1989). *Speaking. From Intention to Articulation*, Cambridge : The MIT Press.

Mossberg, M. (1992). *L'acquisition du genre français par deux apprenants adultes en milieu naturel*, Mémoire de maîtrise, Institut des langues romanes, Université de Lund.

Muller, N. (1995). L'acquisition du genre et du nombre chez des enfants bilingues (français-allemand), *AILE* 6 : 65-100.

Noyau, C. (1997). Processus de grammaticalisation dans l'acquisition de langues étrangères : la morphologie temporelle, in : C. Martinot, (éd), *Actes du colloque international sur l'acquisition de la syntaxe en langue maternelle et en langue étrangère*, Besançon, 223-252.

Pienemann, M. (1993 ms). *Psycholinguistic Mechanisms in Second Language Acquisition*, Université de Sydney.

Pienemann, M. (1998). Developmental dynamics in L1 and L2 acquisition. Processability Theory and generative entrenchment, *Bilingualism. Language and Cognition* 1.1: 1-20.

Pienemann, M. & Håkansson, G. (à paraître). *A unified approach towards the development of Swedish as L2 : Processability Theory*.

Schlyter, S. (1995). Formes verbales et pronoms objets chez des apprenants adultes de français en milieu naturel, in : C. Martinot, (éd), *Actes du colloque international sur l'acquisition de la syntaxe en langue maternelle et en langue étrangère*, Besançon, 273-293.

Towell, R. (1987). *An Analysis of the Oral Language Development of British Undergraduate Learners of French*, 1.2, Diss, Université de Salford.

Towell, R., Hawkins, R. & Bazergui, N. (1996). The development of fluency in Advanced Learners of French, *Applied Linguistics* 17.1 : 84-119.

Westerström, E. (1996). *La maîtrise du genre chez des apprenants universitaires suédois*, Mémoire de maîtrise, Département de français, Université de Stockholm.

Analyse des structures « Nominalisation + de N », « Nominalisation + N », « Nominalisation + Adjectif relationnel » dans un corpus spécialisé

Anne CONDAMINES
ERSS (UMR 5610, CNRS) - Université de Toulouse-Le Mirail

1. Introduction

L'accès à des corpus sur support informatique permet la mise en place d'une analyse linguistique qui tient compte des usages réels et pas seulement de l'intuition linguistique de l'analyste. Cette approche par analyse de corpus est d'ailleurs incontournable dans le cas de l'étude des langues spécialisées pour lesquelles nous n'avons pas cette intuition linguistique, en tout cas pas totalement. Ainsi, l'étude des corpus spécialisés à l'aide d'outils informatiques ouvre un champ de recherche nouveau mais elle nécessite la mise en place de méthodes adaptées qui permettent d'identifier et de décrire des fonctionnements linguistiques qui sont propres à ces corpus. Un des objectifs de cet article est de montrer ce que pourrait être une linguistique de corpus spécialisés.

Je m'intéresse plus particulièrement à l'étude des nominalisations déverbales dans un corpus spécialisé. Je souhaite mettre en évidence des caractéristiques qui soient propres à ce corpus en faisant l'hypothèse que ces caractéristiques sont peut-être généralisables à l'ensemble des corpus spécialisés, c'est-à-dire, des corpus qui sont rédigés dans le cadre d'une activité scientifique ou technique particulière ; la validité de ces caractéristiques sera donc ultérieurement testée sur d'autres corpus spécialisés. Le corpus d'études m'a été fourni par la Direction des Etudes et Recherches (DER) d'EDF. Il s'agit d'un manuel de rédaction de spécifications en génie logiciel (MOUGLIS) qui comporte environ 350 pages. Une première étude, dont je rappellerai brièvement les résultats ici, s'est basée sur des méthodes statistiques ; elle mettait en oeuvre une approche comparative du fonctionnement des déverbaux dans le corpus MOUGLIS par rapport à des corpus considérés comme généraux quant aux domaines couverts : FRANTEXT d'une part et 15 mois du quotidien LE MONDE d'autre part.

Dans cet article, j'examine plus particulièrement les nominalisations déverbales prises dans des syntagmes, soit :

- Nominalisation + de + SN (exemple : *gestion de logiciel*)

- Nominalisation + Adjectif relationnel (exemple : *configuration logicielle*)
- Nominalisation + N (exemple : *conception composant*)

Contrairement à la première étude, les résultats font apparaître ici des conclusions d'ordre sémantique qui sont, bien sûr, beaucoup plus difficiles à identifier que de simples dénombrements. Après le rappel des résultats de la première étude, je présenterai les cadres syntagmatiques dans lesquels ont été étudiées les nominalisations puis, je détaillerai les résultats de l'analyse du fonctionnement de ces structures.

2. Rappel des résultats de la première analyse statistique
2.1. Objectifs de l'étude

Un premier travail sur les nominalisations (Condamines 1998) a eu pour objectif de mettre en évidence des caractéristiques de fonctionnement propres dans le corpus spécialisé étudié. L'idée directrice était que les corpus spécialisés ont un fonctionnement qui leur est propre et que l'on peut mettre au jour.

La mise en évidence d'un « fonctionnement propre » nécessite une approche comparative entre corpus spécialisé et corpus non-spécialisé ; il était donc nécessaire que je dispose d'un corpus « général ». Je laisserai ici de côté les questions qui concernent la possibilité pour un corpus d'être général, c'est-à-dire indépendant d'un domaine et d'un style. Toutefois, afin de neutraliser des biais qui viendraient du style, toujours possibles, j'ai utilisé deux corpus de référence : le corpus FRANTEXT (XIXe et XXe siècles) et 15 mois du quotidien Le Monde.

2.2. Mise en place de l'étude

Le corpus spécialisé étudié est un guide de rédaction de spécifications en génie logiciel d'environ 350 pages, fourni par EDF. Deux outils d'analyse de corpus ont été utilisés, d'une part Hyperbase (cf. ci-dessous) et d'autre part SATO, un outil d'analyse de textes construit au centre ATO (Analyse de Textes par Ordinateur) de Montréal.

Le corpus utilise 292 nominalisations ; seules 185 de ces nominalisations sont utilisées plus de 3 fois ; ce sont ces nominalisations qui ont été étudiées.

Trois caractéristiques ont été examinées
a) Dénombrement d'occurrences

Il s'agissait d'étudier le nombre d'occurrences de chaque nominalisation du corpus spécialisé par rapport au corpus de référence.

Hyperbase (outil d'analyse de textes construit par Etienne Brunet, de l'Université de Nice) fournit une caractérisation statistique, directement utilisable. Trois classes de nominalisations ont été ainsi définies à partir des trois caractérisations proposées par Hyperbase :

- lexèmes en excédent,
- lexèmes en déficit,
- lexèmes absents du modèle.

Les deux premières classes sont obtenues à partir de « la valeur absolue de l'écart réduit afin de mettre en relief ce qui est le plus significatif » (Manuel d'hyperbase) ; la troisième concerne les lexèmes absents du fichier dit « REFER » qui contient les 10000 formes les plus fréquentes du TLF (XIXe et XXe siècles) c'est-à-dire celles dont la fréquence dépasse 500.

J'ai considéré l'appartenance à l'une de ces trois classes comme significative d'un fonctionnement des nominalisations propre au corpus spécialisé étudié.

b) *Proportion de formes nominales par rapport aux formes verbales*

Le corpus du Monde m'a permis d'examiner deux caractéristiques. La première caractéristique concerne la proportion de formes verbales par rapport à la forme nominalisée (par exemple, formes verbales de *gérer* par rapport à *gestion*) et ce dans une perspective de comparaison du fonctionnement dans le corpus par rapport au corpus de référence. Ce premier élément avait pour but de vérifier l'hypothèse d'une utilisation de la nominalisation plus fréquente que la forme verbale et ce, dans les corpus spécialisés par rapport aux corpus généraux.

Pour chaque nominalisation, j'ai calculé le chi2 qui met en oeuvre quatre chiffres : nombre de nominalisations dans le corpus, nombre de nominalisations dans Le Monde, nombre de formes verbales dans le corpus, nombre de formes verbales dans Le Monde.

c) *Proportion de formes nominales au singulier par rapport aux formes nominales au pluriel*

Ce critère avait pour but de mettre au jour un nombre éventuellement « anormal » de formes nominales au pluriel ou au singulier. Je voulais vérifier si l'utilisation accrue des nominalisations en corpus spécialisé pouvait être due au fait que l'une des valeurs sémantiques de la nominalisation est plus fréquemment utilisée. On considère généralement qu'une nominalisation peut avoir (au moins) deux valeurs sémantiques : elle peut renvoyer soit au procès, soit au résultat (état ou objet tangible du procès). Une nominalisation au pluriel renvoie le plus souvent à la deuxième valeur (résultat, objet tangible) ; ainsi, *les achats, les constructions* s'interprètent avec cette deuxième valeur et s'intègrent très mal dans des constructions qui contraignent l'interprétation « processive » :

> *? pendant les achats
> *   pendant les constructions.

Ainsi un nombre significativement élevé de nominalisations au pluriel pouvait correspondre à un nombre important de concepts « objets créés » et montrer que l'utilisation des nominalisations ne vient pas remplacer l'utilisation des verbes.

2.3. Conclusions de cette première étude

Par manque de place, je ne peux pas donner ici les résultats détaillés de cette première étude ; je renvoie à (Condamines 1998) pour cela. Pour résumer, ce qui a été montré est que, dans ce corpus spécialisé, les nominalisations sont nettement plus utilisées que dans les corpus de référence, Le Monde et FRANTEXT. De plus, il semble bien que lorsque ces nominalisations sont utilisées, elles le sont à la place des formes verbales puisque les formes au pluriel ne sont pas nettement plus utilisées dans MOUGLIS que dans le corpus de référence.
On peut faire l'hypothèse que ce type de fonctionnement est lié à la nature spécialisée du corpus étudié, par opposition aux corpus FRANTEXT et Le Monde que l'on peut considérer comme généraux. Cette hypothèse doit être évidemment évaluée sur d'autres corpus spécialisés.

3. Mise en place de l'analyse des déverbaux en syntagme
3.1. Objectif de l'étude

La première étude sur les nominalisations mettait en oeuvre essentiellement une approche statistique, à base de dénombrements bruts. Il m'a semblé nécessaire de travailler d'un point de vue plus linguistique (sémantique en particulier) et d'examiner les nominalisations dans leurs contextes d'utilisation, lorsqu'ils apparaissent dans certaines structures syntagmatiques.
Une conséquence majeure de cette nouvelle étude est que le corpus de référence s'est trouvé fortement réduit. En effet, si le simple dénombrement d'occurrences, lorsqu'il est assisté par des outils, reste possible même avec des chiffres très élevés (par exemple, certaines nominalisations sont utilisées des milliers de fois dans le corpus du Monde), il n'est pas possible

d'examiner le fonctionnement sémantique précis de ces mêmes occurrences. Par ailleurs, l'outil utilisé pour assister le tri sémantique des occurrences (SATO) ne permet le traitement que d'environ 1000 pages au format Word. C'est donc 1000 pages du Monde[1], (soit quand même plus d'un million de chaînes de caractères), choisies au hasard dans les numéros de février 95 qui ont servi de corpus de comparaison. Bien que les résultats soient déjà très intéressants avec ce corpus de comparaison réduit, il serait sans doute un peu hâtif de considérer ce corpus comme un « corpus général », c'est-à-dire rendant compte d'une connaissance linguistique à peu de choses près partagée par l'ensemble des locuteurs du français. Cependant, les résultats obtenus font déjà apparaître des tendances qui pourront être réexaminées sur d'autres corpus spécialisés, avec d'autres corpus de référence.

3.2. Présentation des structures syntaxiques examinées

Trois types de structures ont été examinées :

- Nominalisation + de + SN
- Nominalisation + N
- Nominalisation + Adjectif relationnel.

Il est bien connu que dans certains cas, ces structures peuvent être alternatives.

> Il est certain que nos trois constructions sont directement concurrentes dans de nombreux cas [...] la construction prépositionnelle, de toute évidence, est à la fois la plus ancienne et la plus correcte, les groupes à adjectifs de relation, qui l'ont d'abord concurrencée, sont plus « modernes », plus « technocratiques », mais un peu lourd et d'un registre moins élégant [...] La construction directe, enfin, appartient, au moins dans ses emplois les plus hardis, à un langage plus jeune et plus réservé [...] (Noailly 1990 : 177).

L'objectif de l'étude n'a pas été de rechercher systématiquement ces alternances dans le corpus mais, en prenant la nominalisation comme pivot, de dénombrer et d'étudier les cas où elle apparaissait dans ces structures. Cependant, les cas d'alternances possibles à l'intérieur du corpus spécialisé ont été repérés lorsque ce phénomène prend un sens particulier dans ce corpus.
    Le nombre de nominalisations étudiées passe de 185 dans la première étude à 97 ; ce chiffre correspond au nombre de nominalisations qui apparaissent au moins trois fois en additionnant le nombre d'occurrences dans les trois classes de structures retenues.

---

[1]   A noter qu'un numéro du Monde correspond à environ 175 pages Word !

3.2.1. Nominalisation + de + SN

L'examen de la structure « Nominalisation + de + SN » a fourni deux types de résultats. D'une part, pour chaque nominalisation, le nombre de fois où elle apparaît dans cette structure a été noté, pour le corpus spécialisé et pour le corpus du Monde. Ces dénombrements ont été comparés à ceux des deux autres structures.

D'autre part, la nature sémantique du complément en « de SN » (rôle par rapport à la nominalisation) a été examinée, dans le corpus spécialisé par rapport au corpus de référence. L'objectif était de mettre en évidence un fonctionnement spécifique au corpus spécialisé.

Il est bien évident que ces deux types de recherche demandent une analyse assez approfondie des contextes. En effet, je ne souhaitais retenir que les structures où le « de + SN » joue un rôle de complément pour la nominalisation ; doivent donc être éliminées des occurrences comme *une construction d'une grande beauté, un traitement de faveur, une solution de compromis.* Par ailleurs, l'identification du rôle sémantique du complément en « de + SN » demande une prise en compte parfois assez fine du contexte pour lever des ambiguïtés. On cite souvent l'exemple de *le dessin de Paul* où *Paul* peut être, soit l'objet, soit l'agent du dessin. Pour ces deux types de repérage, aucun outil d'analyse n'est actuellement suffisamment fiable pour garantir une bonne sélection. Il a donc été nécessaire d'examiner chaque occurrence « à la main » pour lui donner la bonne interprétation sémantique.

3.2.2. Nominalisation + N

Pour cette structure, tous les cas qui pouvaient être interprétés comme SN1 + N2, avec SN1 = nominalisation, ont été retenus. Dans son livre sur les substantifs épithètes, Michèle Noailly (Noailly 1990) évoque ces structures en considérant que le N2 est substantif épithète.

Il est à noter que dans certains cas, il peut être difficile de savoir si l'élément qui suit la nominalisation est un nom ou un adjectif relationnel (cf. 3.2.3.), soit en raison d'une identité morphologique de la forme adjectivale et de la forme nominale, soit en raison d'une forme tronquée dont on ne sait pas si elle provient d'un nom ou d'un adjectif (*production télé = production télévisuelle* ou *production de la télévision*).

3.2.3. Nominalisation + adjectif relationnel

L'étude des adjectifs relationnels a donné lieu à de nombreux articles. Mon objectif n'étant pas ici de travailler exclusivement sur cette catégorie d'adjectifs, j'ai retenu essentiellement deux éléments bibliographiques.

1 - Pour sélectionner les adjectifs relationnels, je me suis basée sur la définition suivante :

> Du point de vue morphologique, les Adj.-R apparaissent comme dérivés d'une base nominale. D'autre part, on estime habituellement que les Adj.-R diffèrent des adjectifs qualificatifs en refusant: la construction attributive, la variation en degré, l'antéposition au nom, la coordination avec un adj.-Q (Bosredon 1988 : 3).

En réalité, pour ne pas alourdir le travail d'analyse des contextes, j'ai retenu seulement la dérivation nominale et l'impossibilité de variation en degré .

2 - Dans certain cas, je me suis heurtée à des difficultés d'interprétation car, comme le soulignent I. Bartning et M. Noailly :

> Nombre de ces adjectifs, parallèlement à une interprétation relationnelle, donnent lieu à une analyse qualificative, avec, dans certains cas une répartition binaire franche des différents emplois et, dans d'autres, un continuum d'effets de sens, qui rendent la description très délicate (Bartning & Noailly 1993 : 27).

Je dois préciser aussi que les critères que j'ai utilisés ne concernent pas le fait que l'adjectif relationnel soit ou non paraphrasable par un complément en « de + SN » (par exemple, *engagement législatif* n'est pas paraphrasable par *engagement des lois*).

4. Résultats de l'analyse

Comme pour la première étude, les analyses ont été faites d'une part en comparant les deux corpus, d'autre part en comparant les trois structures examinées.

4.1. Nominalisation + de + SN

Comme quelques auteurs l'ont constaté (par exemple, (Samvelian 1995), (Fabre 1996), (Bartning 1987)), tous les arguments du verbe dont est issue la nominalisation peuvent se trouver en position de compléments « de + SN » (par exemple, *la lecture de Paul, la lecture de la Bible*) :

> En disant qu'une nominalisation partage la structure argumentale du verbe dont elle est la nominalisation nous voulons tout simplement dire que le verbe et le nom sont les différentes réalisations syntaxiques d'un même prédicat, et qu'à ce titre, ils sélectionnent les mêmes éléments. Cela n'implique

absolument pas que les arguments aient une réalisation syntaxique identique ou parallèle dans les deux cas (Samvellian 1995 : 7).

Peuvent également se trouver dans cette position des compléments circonstanciels de temps (*le contrôle de lundi*) ou de lieu (*la réunion de Rome*) mais aussi peut-être d'autres compléments circonstanciels (? *la fuite de peur de Max*).

Le corpus étudié fait apparaître un autre type de complément, que j'ai très peu trouvé mentionné bien qu'il fonctionne aussi en corpus général. Il s'agit de compléments qui sont eux-mêmes des nominalisations et qui, du point de vue sémantique, sont assez difficiles à caractériser ; en tout cas, ils ne sont pas arguments. Dans le corpus spécialisé, trois nominalisations fonctionnent ainsi :

> *action (d'accompagnement, de gestion, d'intégration)*
> *démarche (de gestion de configuration, d'élaboration du Plan de développement projet)*
> *réunion (d'avancement, de coordination, de projet, de revue...)*[2].

Du point de vue de la nature du complément, certaines nominalisations fonctionnent de façon différente dans le corpus spécialisé par rapport au corpus du Monde. En effet, pour ces nominalisations, le rôle sémantique le plus fréquemment utilisé pour le complément en « de + SN » dans le corpus spécialisé n'est pas le même que celui utilisé dans le corpus du Monde, ou bien encore, seul un des compléments possibles dans Le Monde est utilisé. Dans le corpus MOUGLIS, on trouve 13 nominalisations de cette sorte, qui sont: *action, analyse, appel, contrôle, demande, démarche, gestion, organisation, présentation, réalisation, rédaction, réunion.*

---

[2]   Le cas de *réunion* est assez compliqué ; en effet, dans le corpus de comparaison, on trouve des compléments de nature très variée :
- le complément peut concerner le COD du verbe d'origine :
  - il peut concerner des éléments qui constitueront un groupe : *réunion de 500 parrainages,*
  - il peut concerner un groupe déjà constitué soit au pluriel : *réunion d'anciens détenus,* soit avec un collectif : *réunion du tribunal.* Notons que ces compléments pourraient être aussi les sujets de verbes pronominaux (*500 anciens détenus se réunissent, le tribunal se réunit*).
- il peut être une nominalisation aussi (comme dans le corpus spécialisé) : *réunion de travail,*
- il peut concerner le lieu : *réunion de Rome,*
Remarquons que seul, me semble-t-il, un travail de recherche en corpus peut mettre au jour une telle diversité de compléments.

Le tableau suivant synthétise les différences de complémentation. Pour chaque corpus, Mouglis et Le Monde, est indiquée, par ordre de fréquence (1, 2, 3) la nature des arguments qui apparaissent.

	MOUGLIS	LE MONDE
Action	1- + Nominalisation (16)	1- + Agent (53) 2- + Nominalisation (21)
Analyse	1- + Objet (15)	1- + Objet (39) 2- + Agent (19)
Application	1- + Objet (21)	1- + Objet (64) 2- + Agent (1)
Contrôle	1- + Objet (46)	1- + Objet (91) 2- + Agent (28)
Demande	1- + Objet (14) 2- + Agent (1)	1- + Objet (97) 2- + Agent (71)
Démarche	1- + Nominalisation (17) 2- + Agent (1)	1- + Agent (17) 2- + Nominalisation (8)
Gestion	1- + Objet (297)	1- + Objet (100) 2- + Agent (9)
Organisation	1- + Objet (43)	1- + Objet (85) 2- + Autre (48)
Présentation	1- + Objet (21)	1- + Objet (32) 2- + Agent (5)
Production	1- + Objet (22)	1- + Objet (59) 2- + Agent (14)
Réalisation	1- + Objet (29)	1- + Objet (33) 2- + Agent (4)
Rédaction	1- + Objet (30)	1- + Autre (23) 2- + Objet (9)
Réunion	1- + Nominalisation (13)	1- + Agent (67) 2- + Nominalisation (13) 3- + Objet (3)

Voici quelques exemples de constructions en « de + SN ».

Mouglis :   *Action d'accompagnement*
Le Monde :   *Action de la France à l'étranger, action de la justice*
                 Actions de sensibilisation à la danse
Mouglis :   *Contrôle de cohérence, contrôle du niveau de qualité*
Le Monde :   *La FDSEA gardera le contrôle de la Chambre d'Agriculture*
                 Tout est parti d'un contrôle de la Chambre consulaire

Comme le montre ce tableau, dans le corpus, le complément en « de + SN » n'est qu'exceptionnellement un agent alors que dans le corpus de référence, cette fonction agent, bien que moins fréquente, n'est pas impossible. Ce fonctionnement est certainement dû à la volonté dans le corpus spécialisé de ne pas personnaliser le contenu. Le manuel utilise un style indirectement injonctif ; les choses y sont décrites telles qu'elles doivent être faites plutôt que telles que doivent les faire tel ou tel rédacteur (puisqu'il s'agit de rédiger des spécifications en génie logiciel).

4.2. Nominalisation + N

Cette construction est très nettement plus présente dans le corpus spécialisé que dans le corpus de référence. En tout, pour les 97 nominalisations retenues, on compte 330 occurrences de cette forme dans Mouglis et seulement 18 dans le corpus du Monde.

Par ailleurs, la forme « nominalisation + N » dans le corpus spécialisé fonctionne d'une façon très spécifique qui peut être décrite par deux éléments.

1 - Dans la très grande majorité des cas, dans le corpus Mouglis, cette structure correspond à un effacement de la préposition « de » et le N joue un rôle d'argument. On trouve par exemple, *conception composant, contrôle qualité, livraison produit.*

Par ailleurs, dans la quasi totalité des cas, cet argument joue le rôle d'objet ce qui est en contradiction avec ce que dit M. Noailly pour la « langue générale », à propos des N1N2 avec N1 nominalisation :

N2 = objet est plus rare mais pas interdit (Noailly 1990 : 120).

Le seul cas d'argument agent que j'ai trouvé est *acceptation client*. Il y a aussi un cas plus étonnant d'argument destinataire (?) : *livraison client*.

Le seul cas où la structure Nominalisation + N ne correspond pas à un effacement de « de » est *organisation partenaire*. Avec cette nominalisation

d'ailleurs, on trouve aussi la structure qui correspond à un effacement de la préposition : *organisation projet.*
   Le fonctionnement de cette structure est très différent dans Le Monde. Les 18 occurrences d'une des 97 nominalisations dans la structure étudiée dans ce deuxième corpus sont :

communication vidéo
génération beur
information jeunesse, information météo
installation vidéo, installation radio
opération commando, opération lycées, opération coup de poing
organisation mère, organisations membres
production télé, production vedette
recherche marketing, recherche développement
solution miracle
surveillance vidéo
tests diagnostiques.

   Plusieurs de ceux que j'ai considérés ici comme des N2 sont des mots à finale tronquée qui, ainsi que je l'ai déjà souligné, pourraient être considérés comme des adjectifs ou des noms (*météo* par exemple pouvant provenir soit de *météorologie*, soit de *météorologique, télé* pouvant provenir soit de *télévision*, soit de *télévisuel*). Par ailleurs, contrairement au corpus spécialisé, où elle est très aisée, l'interprétation sémantique des adjectifs relationnels est parfois difficile. Par exemple, est-ce que *information météo* doit être interprétée comme *information sur la météorologie* (issue d'une phrase comme *X informe à propos de la météorologie*) ou *information de la météorologie* (issue d'une phrase comme *la météo donne des informations*).
   En considérant l'ensemble des sens possibles, il me semble que seuls *information météo, installation vidéo, installation radio, production télé* pourraient correspondre à un cas où le N2 est argument.

2 - Alternance des formes avec et sans préposition.
Une autre des caractéristiques de fonctionnement de la structure Nominalisation + SN est que, très fréquemment, elle alterne à l'intérieur du corpus avec la forme avec préposition: :

acceptation client / acceptation du client
conception composant / conception du composant
configuration projet / configuration du projet
documentation projet / documentation du projet
intégration produit / intégration du produit.

Cette alternance n'est cependant pas systématique, sans que cette absence de systématicité puisse être associée à telle ou telle nominalisation. En revanche, deux noms en position N2 se construisent quasiment toujours sans préposition. Il s'agit de *qualité* et *méthodes* :

(contrôle, démarche, évaluation, actions, vérification) + qualité
(conception, validation, support, intégration, conception) + méthode

Il est très net que les nominalisations avec lesquelles se construisent ces deux mots, tout comme ces deux mots eux-mêmes d'ailleurs, sont spécifiques du domaine étudié, la rédaction de spécifications en génie logiciel. Tous ces syntagmes correspondent d'ailleurs à des termes du domaine.

4.3. Nominalisation + Adj relationnel

La construction « Nominalisation + adjectif relationnel » telle qu'elle est utilisée dans le corpus spécialisé présente, elle aussi, des différences importantes par rapport au corpus du Monde. Cette différence se manifeste d'une part par le fait que cette construction est peu utilisée dans le corpus Mouglis (cf. 4.2.1.) et, d'autre part par le fait qu'elle est très rarement utilisée à la place de la construction en « de + SN » (cf. 4.2.2.).

4.3.1. Fréquences d'utilisation de la structure

Une simple étude chiffrée permet de constater que la structure « Nominalisation + Adjectif relationnel » est peu utilisée dans le corpus, comparativement au corpus du Monde. En effet, sur les 4399 occurrences d'une des 97 nominalisations dans le corpus spécialisé, 215 correspondent à une structure avec adjectif relationnel (soit, 4,88 %) alors que pour 9670 occurrences de ces mêmes nominalisations dans Le Monde, 1035 correspondent à une structure avec adjectif relationnel (soit 10,70 %).
Par ailleurs, sur les 97 nominalisations étudiées, 67 n'apparaissent jamais dans une structure avec adjectif relationnel dans le corpus spécialisé alors que ce nombre tombe à seulement 33 dans le corpus du Monde.
Le peu d'usage qui est fait de l'adjectif relationnel dans ce corpus spécialisé pourrait paraître en contradiction avec les résultats d'une étude réalisée par Habert *et al.* :

L'adjectif relationnel caractérise davantage les diplômés du supérieur. (Habert *et al.* 1997 : 36-37).

En effet, on aurait pu s'attendre à ce qu'un corpus sur un sujet comme le génie logiciel relève d'une compétence experte et qu'il fonctionne comme des textes rédigés par des diplômés du supérieur. Cependant, il faut tenir compte de la nature du corpus de comparaison utilisé : un corpus journalistique. Il se peut en effet que l'utilisation d'adjectifs relationnels soit propre au style journalistique, et que, par comparaison, le corpus spécialisé paraisse pauvre en ce type de catégories. Une étude similaire sur un autre corpus spécialisé devrait permettre de valider ou d'invalider l'hypothèse d'une sous-utilisation de l'adjectif relationnel dans les corpus spécialisés.

4.3.2. Adjectif relationnel ou forme en de + SN ?

Si l'on compare les chiffres concernant l'utilisation des structures avec adjectifs relationnels aux structures avec un complément en « de + N », dans le corpus Mouglis et dans le Monde, on voit apparaître une nette différence.

Pour 2869 occurrences de la structure « Nominalisation + de », on a 1035 occurrences de la structure avec adjectif relationnel dans Le Monde. Alors que pour 1572 occurrences de la structure en « de + N » dans le corpus spécialisé, on a seulement 215 formes avec adjectif relationnel.

Avec une analyse plus sémantique, on peut constater que dans le corpus du Monde, lorsque la forme adjectivale est utilisée (toujours avec les nominalisations qui nous intéressent), il n'est pas rare de trouver une forme alternative, avec une construction en « de + N » :

action gouvernementale / action du gouvernement
construction européenne / construction de l'Europe
intervention russe / intervention de la Russie
production européenne / production de l'Europe
modification de la loi / modification législative.

Par ailleurs, lorsque seule la construction avec adjectif est utilisée, elle pourrait être paraphrasable par une construction en « de + N » :

approche (irakienne, psychanalytique) / (de l'Irak, de la psychanalyse)
conceptions britanniques / des Britanniques
engagement européen / de l'Europe
informations professionnelles / ? de professionnels
modifications frontalières / de frontières
production nationale, industrielle / de la nation, de l'industrie
réunion familiale / de famille
support musical / de la musique.

Au contraire, dans les exemples issus du corpus spécialisé cette même paraphrase est, dans la grande majorité des cas, impossible, en tout cas avec une structure en de :

approche (fonctionnelle, modulaire, technique)
conception (informatique, modulaire)
configuration matérielle
engagement contractuel
information documentaire
réunion technique
support méthodologique.

Ainsi, non seulement les adjectifs relationnels sont peu utilisés mais, lorsqu'ils le sont, ce n'est que très rarement à la place des formes en « de + SN ». Prenons l'exemple de deux adjectifs relationnels très fréquents dans le corpus Mouglis : *logiciel* et *documentaire*. La répartition des structures « de + N » et « Adjectif relationnel » se fait de la sorte :

	documentaire	de + document
identification		+
évolution		+
rédaction		+
avancement		+
synthèse		+
production	+	+
élaboration		+
structuration		+
connaissance		+
contrôle		+
présentation		+
fournitures	+	
information	+	
diffusion		+
finalisation		+
édition		+
mise à jour		+
relecture		+

	logiciel	de + logiciel
développement	+	+
obtention		+
description		+
présentation		+
prototypage	+	
évolution		+
livraison		+
spécification		+
décomposition		+
réception		+
fonctionnement		+
test		+
configuration	+	+
production		+
installation		+
modification		+
validation		+
utilisation		+
présentation		+
élaboration		+
exploitation		+
réalisation		+
conception		+
obtention		+
redocumentation		+
construction		+
codage		+

Documentaire est utilisé avec trois nominalisations (*production, fournitures, information*). Mais, lorsqu'il est utilisé avec deux de ces nominalisations (*fournitures* et *information*), la paraphrase avec une forme en « de + N » est difficile voire impossible (surtout en tenant compte du fait que *fournitures documentaires* apparaît toujours au pluriel). La seule véritable alternance concerne donc *production documentaire / production de documents*, la première forme apparaissant trois fois et la deuxième 4 fois.

Logiciel est, lui aussi, utilisé avec trois nominalisations (*développement, prototypage, configuration*). Pour *développement* et *prototypage,* la question peut se poser de savoir s'il s'agit d'une forme nominale ou d'une forme adjectivale. Pour *développement,* il s'agit très probablement d'une forme nominale (qui correspond donc à une disparition de la préposition). En effet, *développement logiciel* apparaît toujours dans une forme figée : *plan de développement logiciel* ; or, on trouve aussi la forme *plan de développement du logiciel.* Pour *prototypage logiciel,* il n'est pas possible de trancher car ce terme n'apparaît que deux fois et la forme *prototypage du logiciel* n'apparaît pas. Seul le terme *configuration logicielle* apparaît comme réellement alternative avec *configuration du logiciel ;* la forme adjectivale étant d'ailleurs nettement préférée (40 occurrences pour 4 pour la forme avec « de + N »).

Ces quelques constatations mettent en évidence une nette sous-utilisation de la forme avec adjectif relationnel par rapport à la forme avec « de + N », dans le corpus spécialisé. Il faut cependant noter qu'il s'agit d'une tendance globale et pas d'une absence systématique d'utilisation de l'adjectif relationnel. Ainsi, l'adjectif *matériel* est utilisé avec trois noms, tous au féminin : (*organisation matérielle, configuration matérielle, installation matérielle*) ; le complément « de + matériel » n'est utilisé, lui, que deux fois : *livraison du matériel, configuration des matériels.*

5. Conclusion

L'analyse du corpus spécialisé sur le génie logiciel, comparé au corpus du Monde met en évidence des fonctionnements intéressants concernant les nominalisations dans le corpus spécialisé. Ces fonctionnements tiennent en 5 points.

1 - Les adjectifs relationnels sont peu utilisés dans le corpus spécialisé comparativement au corpus du Monde. Cette sous-utilisation est peut-être due à une utilisation très élevée de cette forme dans le style journalistique, c'est-à-dire, dans le corpus de référence. Il sera nécessaire de vérifier ce fonctionnement sur plusieurs autres corpus spécialisés avant de le considérer comme caractéristique des corpus spécialisés.

2 - La structure « Nominalisation + N » est largement utilisée dans le corpus spécialisé. Il faudra vérifier si elle est caractéristique de ce corpus ou bien si

c'est une structure que l'on retrouve fréquemment dans des corpus spécialisés, en tout cas dans des corpus techniques.

3 - Dans la quasi totalité des cas où cette structure « Nominalisation + N » est utilisée, le second N a un rôle d'objet, la structure correspondant à un effacement de la préposition « de ».

4 - Il semblerait que cette structure « Nominalisation + N » soit utilisée dans le corpus spécialisé à la place de la structure « Nominalisation + adjectif relationnel » et ce, en alternance avec la structure « Nominalisation + de N ». Est-ce une tendance générale dans les corpus spécialisés ? Il sera intéressant de le vérifier.

5 - Dans le corpus spécialisé, pour certaines nominalisations, les compléments en « de + SN » dans la structure « Nominalisation + de + SN » fonctionnent, du point de vue sémantique, de façon nettement différente par rapport au corpus Le Monde.

Ce type d'analyse comparative présente plusieurs intérêts. D'une part, elle permet de définir une véritable linguistique de corpus ce qui pose des questions spécifiques comme l'intégration des outils dans la méthode de recherche. D'autre part, cette analyse pourrait conduire à mieux connaître le fonctionnement des corpus spécialisés, à identifier ce qui relève d'un corpus particulier et ce qui pourrait être considéré comme étant spécifique des corpus spécialisés. Enfin, l'analyse comparative pourrait être utilisée dans le repérage des termes d'un domaine. En effet, il me semble que le repérage d'un fonctionnement que j'ai appelé « déviant » (Condamines 1998) pourrait être utilisé pour identifier les termes. Par exemple, le fait pour treize nominalisations d'avoir une complémentation en « de + N » nettement différente de ce qui se passe dans le corpus de référence pourrait orienter d'emblée l'étude terminologique sur ces nominalisations.

Ce type d'étude n'est qu'à son début. Il reste beaucoup à faire pour affiner les méthodes, identifier les outils, pour mettre en oeuvre des analyses comparatives sur de nombreux corpus afin de repérer des tendances qui pourraient caractériser les corpus spécialisés.

Références

Bartning, I. & Noailly, M. (1993). Du relationnel au qualificatif : flux et reflux, *L'Information Grammaticale* 58 : 27-33.

Bartning, I. (1990). Les syntagmes binominaux en de - les types interprétatifs, subjectifs et agentifs, in : Actes du Xème congrès des romanistes scandinaves ; *Etudes Romanes de Lund,* Lund : Lund University Press, 45 : 20-34.

Bartning, I. (1996). Les nominalisations déverbales dans les SN complexes en *de* envisagées sous l'angle des traits processifs et résultatif ainsi que de l'opposition abstrait/concret, in : N. Flaux, M. Glatigny & D. Samain, (eds), *Les noms abstraits,* Lille : Presses Universitaires du Septentrion, 323-336.

Bosredon, A. (1988). Un adjectif de trop : L'adjectif de relation, *L'information Grammaticale* 37 : 60-83.

Condamines, A. (1998). Analyse des nominalisations dans un corpus spécialisé : comparaison avec le fonctionnement en corpus « général », in : André Clas, Salah Mejri & Taieb Baccouche, (eds), *La Mémoire des mots,* Tunis : Aupelf-UREF, SERVICED, Coll. Actualités scientifiques, 351-367.

Defranc, B. & Willems, D. (1996). De l'abstrait au concret, une réflexion sur la polysémie des noms déverbaux, in : N. Flaux, M. Glatigny & D. Samain, (eds), *Les noms abstraits,* Lille : Presses Universitaires du Septentrion, 221-230.

Fabre, C. (1996). *Interprétation automatique des séquences binominales en anglais et en français. Applications à la recherche d'informations.* Thèse de l'Université de Rennes 1.

Habert, B., Nazarenko, A. & Salem, A. (1997). *Les linguistiques de corpus,* Paris : Armand Colin.

Mélis-Puchulu, A. (1991). Les adjectifs dénominaux : des adjectifs de « relation », *Lexique* 10 : 33-60.

Noailly, M. (1990). *Le substantif épithète,* Paris : PUF.

Samvelian, P. (1995). *Les nominalisations en français : arguments sémantiques et actants syntaxiques.* Thèse de l'Université Paris 7.

Annexes

1- Résultats statistiques

	MOUGLIS	LE MONDE
1- Chaînes de caractères	50004	1720086
2- Nominalisations	4399 (8,09 % de 1-)	9670 (0,56 % de 1)
3- + de N	1572 (35,73 % de 2-)	2869 (29,66% de 2)
4- + Adj relationnel	215 (4,88 % de 2-)	1035 (10,70 % de 2-)
5- + N	330 (7,5 % de 2-)	19 (0,19 % de 2-)

2- Résultats détaillés

Compl. diff. = *Complémentation différente*
C = *Corpus spécialisé* ; M = *Le Monde*

	Compl. diff.	Dev + de N		Dev + N		Dev + Adj Relationnel	
		C	M	C	M	C	M
acceptation		11	2	1	0	0	0
action	+	16	74	0	0	9	110
analyse	+	15	58	0	0	0	11
appel	+	5	59	0	0	0	13
application		21	65	0	0	0	4
approche		6	32	0	0	2	5
archivage		6	0	0	0	0	0
avancement		14	2	0	0	3	0
codage		2	1	1	0	0	1
communication		2	3	1	1	0	13
complément		3	6	0	0	1	0
conception		31	37	39	0	2	13
configuration		31	0	45	0	4	0
connaissance		5	8	0	0	0	9
consolidation		3	7	0	0	0	3

constitution		8	31	0	0	0	2
construction		7	92	0	0	0	18
contrainte		13	8	1	0	0	13
contrôle	+	46	109	23	0	0	37
coordination		3	10	0	0	0	24
correction		3	3	0	0	0	0
couverture		3	10	0	0	0	6
décomposition		18	0	0	0	11	0
découpage		7	1	1	0	4	2
définition		57	21	0	0	1	2
demande	+	14	168	0	0	0	9
démarche	+	17	25	1	0	0	9
démarrage		6	2	0	0	0	0
déroulement		6	12	0	0	1	0
description		73	13	0	0	11	1
développement		38	122	72	0	0	56
documentation		45	0	2	0	1	21
élaboration		21	18	0	0	0	3
enchaînement		3	3	0	0	0	0
engagement		1	45	0	0	2	20
étude		4	88	0	0	0	25
évaluation		4	15	1	0	0	5
évolution		30	109	0	0	7	13
exécution		6	0	0	0	0	0
existence		5	68	0	0	0	2
exploitation		5	30	0	0	0	13
expression		5	35	0	0	0	6
fonctionnement		4	59	0	0	0	2
formalisation		3	0	0	0	0	0
founiture		6	10	1	0	2	0
génération		11	50	0	1	0	2
gestion	+	297	109	0	0	0	11
identification		26	2	0	0	0	0
incorporation		6	0	0	0	0	0
incrémentation		4	0	0	0	0	0
information		5	4	0	2	3	56
inspection		8	23	0	0	0	2

installation		7	26	1	2	1	9
intégration		9	15	49	0	0	12
intervention		3	50	0	0	0	45
justification		3	1	0	0	0	1
lecture		2	30	9	0	0	6
livraison		5	31	5	0	0	1
maintenance		7	6	1	0	0	0
maîtrise		6	31	0	0	0	8
modélisation		8	0	0	0	11	0
modification		16	33	0	0	1	1
normalisation		8	4	0	0	0	2
obtention		5	3	0	0	0	0
opération		7	59	0	3	0	33
organisation	+	43	133	1	2	3	147
planification		7	0	0	0	0	3
préparation		16	44	0	0	0	10
présentation	+	21	37	0	0	0	0
production		22	73	0	2	5	75
proposition		8	54	0	0	0	20
prototypage		4	0	0	0	3	0
rappel		7	9	0	0	0	0
réalisation	+	29	37	3	0	0	4
réception		7	2	0	0	0	0
recherche		2	111	3	2	0	30
rédaction	+	30	32	0	0	0	4
redocumentation		4	0	0	0	0	0
regroupement		4	7	0	0	1	3
réservation		6	1	0	0	0	0
réunion	+	13	83	1	0	5	29
signification		4	1	0	0	0	0
solution		0	10	3	1	11	19
spécification		80	0	16	0	33	0
stockage		5	1	0	0	0	0
structuration		8	0	0	0	0	0
support		10	8	0	0	2	4
suppression		3	54	0	0	0	0
surveillance		4	32	0	1	0	2

synthèse		6	10	0	0	0	0
test		83	6	3	2	69	3
traitement		4	56	0	0	0	15
transfert		4	37	0	0	0	2
utilisation		37	50	0	0	0	0
validation		13	2	39	0	0	2
vérification		7	9	6	0	0	0
vision	+	6	32	1	0	6	3

Discours causal et rôles thématiques

Laurence DANLOS[*]
Université Paris 7 - TALANA et LORIA

Introduction

On contrastera les discours suivants dont la seconde phrase est construite autour d'un verbe causatif à la forme réfléchie :

> Luc s'est propulsé hors de la voiture. Il s'est blessé.
> Luc est tombé hors de la voiture. Il s'est blessé.
>
> Luc a été propulsé hors de la voiture. Il s'est blessé.
> Luc a reçu un pot de bégonias sur la tête. Il s'est blessé.

Seuls les deux premiers ont une interprétation naturelle, celle d'une causalité entre les deux phrases. Pour analyser ce type de données, nous commencerons (Section 1) par préciser la nature de la relation causale qui nous intéresse, à savoir la relation de « causalité directe ». Cette relation causale sera formulée à l'aide de la structure événementielle de Pustejovsky (1995) et de la notion de coréférence événementielle. Après avoir expliqué la spécificité des discours exprimant une relation causale directe dont le résultat est exprimé par un verbe causatif à la forme réfléchie (Section 2), nous émettrons une hypothèse basée sur les rôles thématiques en nous appuyant sur les proto-rôles de Dowty (1991) (Section 3). Enfin, nous proposerons un test linguistique pour déterminer le proto-rôle d'un argument humain (Section 4).

1. La notion de causalité directe

On s'intéresse ici à la relation de « causalité directe » exprimée dans des discours composés de deux phrases juxtaposées, la première exprimant la cause, la seconde le résultat (nous verrons ultérieurement que les données restent les mêmes quand les termes de la parataxe sont permutés). La relation de causalité directe est définie conceptuellement de la façon

---

[*]   Je remercie Michel Cosse, Eric Laporte et Pollet Samvelian de leurs commentaires fructueux sur cet article.

suivante : le résultat est un changement d'état physique ou matériel[1] pour une entité X, la cause décrit une situation ayant directement causé ce changement d'état. Ainsi, on contrastera (1a) et (1b) ou (2a) et (2b) ci-dessous. (1a) exprime une causalité directe contrairement à (1b) : en (1a), le « cognage » de la carafe a directement causé son « cassage » ; en revanche, si on interprète causalement (1b), la colère de Luc ne peut être perçue que comme la « motivation » ayant entraîné son acte de cassage. (2a) exprime aussi une causalité directe (le saut sans parachute a directement causé les blessures) tandis qu'on a une relation de causalité « indirecte » en (2b) : un oubli ne peut pas être la cause directe de blessures. (2b) est une forme elliptique d'une chaîne causale plus longue : le saut (sans parachute) n'y est pas explicitement exprimé.

(1) a   Luc a cogné la carafe contre l'évier. Il l'a cassée.
     b   Luc était en colère contre Marie. Il a cassé la carafe.

(2) a   Luc a sauté sans parachute. Il s'est grièvement blessé.
     b   Luc a oublié son parachute. Il s'est grièvement blessé.

Intuitivement, la notion de causalité directe repose sur une « faible » distance entre la cause et le résultat. Néanmoins, il est bien connu que la notion de distance entre cause et résultat est difficilement évaluable, une relation causale étant décomposable en une chaîne de causes à effets arbitrairement longue. C'est la raison pour laquelle nous allons essayer de cerner la notion de causalité directe à l'aide de notions linguistiques. En premier lieu, nous nous concentrerons sur des discours dont le résultat est exprimé par un verbe causatif. Ensuite, en adoptant la structure événementielle de Pustejovsky (1995) pour les verbes causatifs, nous mettrons en avant le fait qu'une relation de causalité directe met en jeu une relation de coréférence événementielle. Commençons par présenter la structure événementielle de Pustejovsky pour les verbes causatifs, qui formalise le célèbre *kill = cause become not alive (tuer = causer devenir pas vivant)* de McCawley (1968). Un verbe causatif décrit un événement[2] complexe e_0 décomposable en deux sous-événements e_1 et e_2 : e_1 est le sous-événement causal et e_2 le sous-événement correspondant à l'état résultant, e_1 étant la cause (directe) de e_2. L'analyse de *Luc a cassé la carafe* est présentée en (3) : e_1 est un acte non spécifié de Luc (e) sur la carafe (c), e_2

---

[1]   Les changements d'état psychologique ne seront pas étudiés : d'une part, ils ne permettent guère de déterminer une cause directe, d'autre part, les verbes causatifs phychologiques présentent un ensemble de propriétés spécifiques, voir entre autres (Ruwet 1995).

[2]   Le terme « événement » couvre les situations dynamiques et statiques.

est l'état CASSE qui affecte la carafe (nous renvoyons à Pustejovsky (1995) pour les autres points de cette analyse).

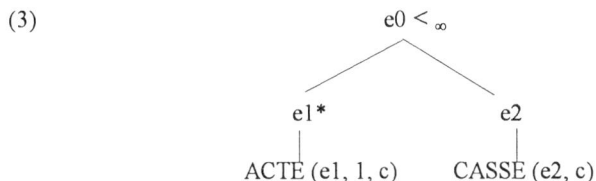

(3)
$$e0 <_\infty$$

$$e1* \qquad\qquad e2$$

$$\text{ACTE (e1, 1, c)} \qquad \text{CASSE (e2, c)}$$

Revenons maintenant à un discours comme (1a). Le fait que la première phrase exprime la cause directe du résultat décrit dans la seconde phrase peut se traduire dans les termes suivants : la première phrase décrit un événement (le cognage de la carafe par Luc) qui est en relation de coréférence avec le sous-événement causal du résultat (un acte non spécifié de Luc sur la carafe). Cette relation de coréférence événementielle est explicitée dans le schéma (4) où l'événement de cognage est représenté par e_1 comme l'est le sous-événement causal du résultat. Les deux occurrences de e_1 sont donc reliées par une relation de coréférence, la seconde occurrence de e_1 étant reliée à e_2 par une relation causale (directe).

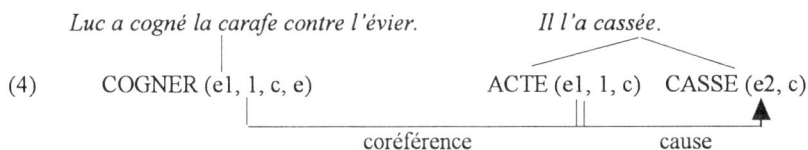

Luc a cogné la carafe contre l'évier.   *Il l'a cassée.*

(4)   COGNER (e1, 1, c, e)   ACTE (e1, 1, c)   CASSE (e2, c)

                coréférence   cause

Nous disposons donc d'outils linguistiques pour formaliser la notion de causalité directe impliquée dans un discours comme (1a). Passons à un discours comme (1b) qui n'exprime pas une relation causale directe : il est clair que la première phrase ne peut pas être interprétée comme décrivant un événement coréférentiel au sous-événement causal de la seconde phrase. De même, le contraste entre (2a) et (2b) (relation causale directe *vs.* indirecte) peut s'expliquer par le fait que la première phrase de (2a), contrairement à celle de (2b), décrit un événement qui peut être interprété comme coréférentiel au sous-événement causal de la seconde phrase.

En résumé, le discours causal étudié ici est tel que (i) le résultat est exprimé par un verbe causatif, (ii) l'événement décrit dans la cause peut être interprété comme coréférentiel au sous-événement causal du résultat. Ce type de discours exprime une relation de causalité directe.

2. Formes du verbe causatif

Dans (Danlos 1996, 1999), nous avons étudié les discours exprimant une relation causale directe lorsque le verbe causatif est à la forme transitive active, (1a) répété en (5a), ou à la forme neutre, (5b). Ici, nous étudions ces discours causaux lorsque le verbe causatif est à la forme réfléchie[3], (2a) répété en (6a), que nous contrasterons avec les discours où le verbe causatif est à la forme passive sans agent, (6b).

(5) a   Luc a cogné la carafe contre l'évier. Il l'a cassée.
     b   Luc a cogné la carafe contre l'évier. Elle s'est cassée.

(6) a   Luc a sauté sans parachute. Il s'est grièvement blessé.
     b   Luc a sauté sans parachute. Il a été grièvement blessé.

La principale différence entre les discours comportant une forme transitive active et ceux comportant une forme réfléchie se situe au niveau des relations de coréférence entre arguments. Lorsque le résultat est exprimé dans une forme transitive active, la relation de coréférence événementielle entre le sous-événement causal du résultat et l'événement décrit dans la cause repose sur des relations de coréférence entre arguments de même rôle thématique : ainsi, dans (5a) l'agent *il* et le patient *l'* de *casser* sont respectivement coréférents à l'agent *Luc* et au patient *la carafe* de *cogner*. On pourrait s'attendre aux mêmes types de relation de coréférence entre arguments de même rôle thématique lorsque le résultat est à une forme réfléchie, la seule différence étant que l'agent et le patient sont coréférents avec une forme réfléchie et qu'ils ne le sont pas avec une forme transitive. Or ceci est le cas pour (7a) mais non pour (6a). Dans (7a), comparable à (7b), l'agent *il* et le patient *s'* de *blesser* sont respectivement coréférents à l'agent *Luc* et au patient *s'* de *propulser*.

(7) a   Luc s'est propulsé hors de la voiture. Il s'est blessé.
     b   Marie a propulsé Luc hors de la voiture. Elle l'a blessé.

---

[3]   On se gardera de confondre la forme réfléchie avec d'autres formes pronominales, e.g. la forme neutre ou la forme intrinsèquement pronominale (bien qu'il n'existe guère de critère opérationnel permettant de distinguer ces différentes formes pronominales, Ch. Leclère c.p.). Ainsi les discours (i)-(iii) ne sont pas dans le champ de l'étude présentée ici car (i) met en jeu un verbe intrinsèquement pronominal, (ii) et (iii) des formes neutres.
       (i)   Luc a reçu un pot de bégonias sur la tête. Il s'est évanoui.
       (ii)   Les propos de Luc ont fatigué Marie. Elle s'est endormie.
       (iii) Luc a laissé les provisions au soleil. Le poisson s'est abîmé.

Mais dans (6a), de telles relations de coréférence entre arguments ne sont pas observées puisque *Luc* n'apparaît qu'une seule fois dans la cause avec le rôle d'agent. (6a) est à contraster avec (8a) où *Luc* n'apparaît qu'une seule fois dans la cause avec le rôle de patient : contrairement à (6a), (8a) est un discours déviant si l'on maintient une interprétation de causalité directe (d'où le signe ¶ placé devant cet exemple). On notera par contre que (8b) où le verbe causatif est au passif sans agent est tout aussi acceptable que (6b).

(8) a   ¶   Luc a été propulsé hors de la voiture. Il s'est blessé.
    b   Luc a été propulsé hors de la voiture. Il a été blessé.

Le contraste entre (6a) et (8a) nous amène à poser la question suivante : dans un discours exprimant une relation causale directe où le résultat affectant une entité X est exprimé par un verbe causatif à la forme réfléchie, quels sont les rôles thématiques que peut occuper X dans la phrase exprimant la cause ? A partir des exemples examinés jusqu'à présent, la réponse à cette question semble être que X peut être agent, (6a) (et (7a)), mais qu'il ne peut pas être uniquement patient, (8a). La suite de cette étude précisera cette hypothèse.

3. Données et hypothèse

Nous sommes donc sur la piste des rôles thématiques pour expliquer les variations d'acceptabilité des discours exprimant une relation causale directe lorsque le verbe causatif est à la forme réfléchie. Avant d'explorer plus avant cette piste, il nous faut préciser quels rôles thématiques nous allons employer et quels sont leurs critères d'attribution. En effet, si personne ne devrait contester les rôles d'agent et de patient que nous avons distribués dans les exemples précédents, on sait que la définition des rôles thématiques et leurs critères d'attribution varient d'un auteur à l'autre avec une absence notable de consensus. Parmi les diverses positions exprimées, celle de Dowty (1991) semble être la plus adéquate pour nos discours causaux. Rappelons-la brièvement. Dowty ne considère que deux rôles thématiques, appelés proto-rôles : le Proto-Agent (P-Agent) et le Proto-Patient (P-Patient). Le Proto-Agent sera l'argument du prédicat qui totalise le plus grand nombre de propriétés P-Agent (cf. (a)-(d) ci-dessous), le Proto-Patient celui qui totalise le plus grand nombre de propriétés P-Patient (cf. (α)-(ε) ci-dessous).

Propriétés pour le rôle de P-Agent
(a)   implication volontaire dans l'événement ou l'état
(b)   sentiment ou perception
(c)   cause d'un événement ou d'un changement d'état d'un autre participant

(d)   mouvement (relatif à la position d'un autre participant)[4]

Propriétés pour le rôle de P-Patient
(α)   subit un changement d'état
(β)   thème incrémental[5]
(χ)   affecté causalement par un autre participant
(δ)   stationnaire relativement au mouvement d'un autre participant
(ε)   pas d'existence indépendante de l'événement ou pas d'existence du tout

Un argument peut être « très » P-Agent, e.g. le sujet de *construire (Luc a construit une maison)* qui possède toutes les propriétés de ce proto-rôle d'après Dowty (mais comment comprendre la propriété (d) d'être en mouvement ?) ou « peu » P-Agent, e.g. le sujet de *voir (Luc a vu la foudre)* qui n'a que la propriété (b) de percevoir l'événement en jeu. De même, un argument peut être « très » P-Patient, e.g. l'objet de *construire* qui possède toutes les propriétés de ce proto-rôle d'après Dowty (mais comment comprendre la propriété (δ) d'être stationnaire ?) ou « peu » P-Patient, e.g. l'objet de *donner (L'amiante donne le cancer)* qui n'a que la propriété (χ) d'être en relation de cause à effet avec le sujet. Dowty définit ces proto-rôles principalement pour la sélection des arguments, i.e. pour déterminer la fonction syntaxique d'un argument avec un proto-rôle donné.

Il existe bien entendu des cas litigieux pour attribuer un proto-rôle à un argument (sujet qui n'est pas dans le champ de cette étude, cependant voir Section 4). En particulier, il existe des phrases où un argument possède des propriétés de P-Agent et de P-Patient, e.g. l'objet direct des verbes psychologiques *(La foudre effraie Luc)* qui possède les propriétés (b) et (χ). Néanmoins, ces phrases ne semblent pas pouvoir exprimer la cause de nos discours causaux, ce qui permet de nous limiter aux cas où les proto-rôles de P-Agent et P-Patient sont exclusifs l'un de l'autre. A partir de là, nous pouvons avancer l'hypothèse suivante :

(H)   **Dans un discours exprimant une relation causale directe, le résultat affectant une entité X peut être construit autour d'un verbe causatif à la forme réfléchie si et seulement si X est P-Agent dans la cause.**

---

4   La propriété d'être en mouvement est comptée comme un changement d'état (propriété α de P-Patient) lorsque le mouvement est causé par un autre participant.

5   La notion de thème incrémental a été introduite par (Krifka 1987) et elle est illustrée par *la pelouse* dans *Luc a tondu la pelouse*. Un thème, qui subit un changement d'état, est dit incrémental lorsque le processus de son changement d'état est homomorphique au déroulement aspecto-temporel de l'événement décrit par le prédicat.

Cette hypothèse est vérifiée pour les exemples (6a)-(8a) ci-dessus : *Luc* est P-Agent dans (6a) et (7a) – propriétés (a) et (d) - et ces discours sont acceptables, *Luc* est P-Patient dans (8a) – propriétés (α), voir note 4, et (χ) - et ce discours est inacceptable. Vérifions-la sur d'autres exemples (l'occurrence de X dans la cause est soulignée) :

(9) a   Luc est tombé par la fenêtre. Il s'est blessé.
    b   Luc est tombé par la fenêtre. Il a été blessé.

(10) a ¶ Luc a reçu un pot de bégonias sur la tête. Il s'est blessé.
     b   Luc a reçu un pot de bégonias sur la tête. Il a été blessé.

(11) a   Luc a regardé la foudre. Il s'est aveuglé.
     b   Luc a regardé la foudre. Il a été aveuglé.

(12) a   Luc a vu la foudre. Il s'est aveuglé.
     b ? Luc a vu la foudre. Il a été aveuglé.

Le discours (9a) est acceptable et le sujet de *tomber* est P-Agent (même si la chute est non volontaire) car il possède la propriété (d) d'être en mouvement. Le discours (10a) est inacceptable et le sujet de *recevoir* est P-Patient (propriétés (χ) et (δ)). Les discours (11a) et (12a) sont tous deux acceptables mais (11a) est meilleur que (12a) : ceci va de pair avec le fait que le sujet de *regarder* est plus P-Agent (propriétés (a) et (b)) que celui de *voir* (propriété (b) uniquement). On remarquera que tous les discours (9b)-(12b) où le résultat est au passif sans agent sont acceptables, comme le sont (6b) et (8b). On en conclut que le passif sans agent n'impose pas de contrainte sur le proto-rôle de X dans la cause, contrairement à la forme réfléchie.

Passons à des doublets comme *acheter* et *vendre*. Dowty (1991), Jackendoff (1987, 1990) et d'autres chercheurs ont remarqué que leurs arguments « acheteur » et « vendeur » étaient tous deux impliqués volontairement dans la transaction : ils reçoivent donc tous deux le proto-rôle de P-Agent (propriété (a)). Or, conformément à l'hypothèse (H), on peut construire des discours exprimant une causalité directe où l'entité X réfère soit au vendeur soit à l'acheteur, et ce, quel que soit le verbe utilisé dans la cause, *acheter* ou *vendre* :

(13) a   Marie a acheté un diamant à Luc. Elle s'est endettée.
     b   Marie a acheté un diamant à Luc. Il s'est enrichi.[6]

---

[6]   Ce discours est stylistiquement amélioré si le résultat est exprimé dans une relative (de même pour (13d)) :
    (13)b' Marie a acheté un diamant à Luc qui s'est enrichi.

c   <u>Luc</u> a vendu un diamant à Marie. Il s'est enrichi.

d   Luc a vendu un diamant à <u>Marie</u>. Elle s'est endettée.

Les discours (13) où la cause est construite autour de *acheter* ou *vendre* avec deux arguments P-Agent contrastent avec les discours (14) où la cause est construite autour de *voler* ou *donner* avec un seul argument P-Agent : (14b) et (14d) où X est P-Patient dans la cause (propriété (χ)) sont déviants.

(14) a   <u>Luc</u> a volé un diamant à Marie. Il s'est enrichi.

     b ¶   Luc a volé un diamant à <u>Marie</u>. Elle s'est appauvrie.

     c   <u>Luc</u> a donné un diamant à Marie. Il s'est appauvri.

     d ¶   Luc a donné un diamant à <u>Marie</u>. Elle s'est enrichie.

Dans les différents exemples que nous venons de mettre en avant pour tester l'hypothèse (H), l'entité X apparaissait dans la cause en tant qu'argument auquel est attribué le proto-rôle de P-Agent ou P-Patient. Si l'humain H apparaît dans la cause dans une position non argumentale - position qui ne reçoit pas de proto-rôle dans la théorie de Dowty - le résultat ne peut pas être à une forme réfléchie, ce qui est conforme à l'hypothèse (H). La déviance de (15a) contraste avec le caractère naturel de (15b) où *Luc* est P-Agent de *renverser* (propriété (c)).

(15) a ¶   Marie a renversé de la sauce sur la chemise de <u>Luc</u>. Il s'est sacrément taché.

     b   <u>Luc</u> a renversé de la sauce sur sa chemise. Il s'est sacrément taché.

Le contraste entre (16b) et (16c) ou entre (17a) et (17b) met en jeu la métonymie *la voiture de Luc* $\approx$ *Luc* dans laquelle il est supposé que *Luc* est conducteur : on constate que la forme métonymique donne de l'agentivité au conducteur de la voiture qui devient P-Agent (propriété (d) où le mouvement n'est pas causé par un autre participant)[7].

(16) a ¶   Un camion a percuté la voiture de <u>Luc</u>. Il s'est blessé.

     b ?¶   La voiture de <u>Luc</u> a percuté un camion. Il s'est blessé.

     c   <u>Luc</u> a percuté un camion. Il s'est blessé.

(17) a ?¶   La voiture de <u>Luc</u> a dérapé dans le fossé. Il s'est blessé.

---

7   (13)d' Luc a vendu un diamant à <u>Marie</u> qui s'est endettée.

     Cette différence entre formes métonymique et non métonymique est cependant atténuée si la métonymie concerne une partie du corps : l'acceptabilité de (i) ci-dessous est juste un peu moins bonne que celle de (ii).

     (i)   ? Le pied droit de <u>Luc</u> a glissé sur le verglas. Il s'est blessé.

     (ii)   <u>Luc</u> a glissé sur le verglas. Il s'est blessé.

b   Luc a dérapé dans le fossé. Il s'est blessé.

Enfin, si l'entité X n'apparaît pas dans la cause, le résultat ne peut pas être à une forme réfléchie, ce qui est aussi conforme à l'hypothèse (H)[8] :

(18)a ¶ Il y a eu un tremblement de terre à Rome. Le Pape s'est blessé.
   b   Il y a eu un tremblement de terre à Rome. Le Pape a été blessé.

(19)a ¶ Un raz-de marée a dévasté Pouyastruc. Une Pouyastrucienne s'est blessée.
   b   Un raz-de marée a dévasté Pouyastruc. Une Pouyastrucienne a été blessée.

L'hypothèse (H) rend donc correctement compte des données empiriques. Ajoutons le point suivant : jusqu'à présent, nous n'avons présenté des discours exprimant une relation causale directe où le résultat est à la forme réfléchie que dans le cas où la cause précède le résu'·∩† Toutefois les acceptabilités de ces discours ne changent pas si le résultat ₚ ʰde la cause. Le lecteur vérifiera les acceptabilités des discours ci-dessous qui respectent la convention de numérotation suivante : un discours numéroté (n') où le résultat précède la cause correspond à un discours numéroté (n) où la cause précède le résultat (moyennant des ajustements sur les pronoms).

(i) X apparaît dans la cause avec le proto-rôle de P-Agent (discours acceptable) ou de P-Patient (discours inacceptable)[9]

(6'a)   Luc s'est blessé. Il a sauté sans parachute.
(7'a)   Luc s'est blessé. Il s'est propulsé hors de la voiture.
(8'a) ¶ Luc s'est blessé. Il a été propulsé hors de la voiture.
(9'a)   Luc s'est blessé. Il est tombé par la fenêtre.
(10'a) ¶ Luc s'est blessé. Il a reçu un pot de bégonias sur la tête.

---

[8]   Cette affirmation doit être modulée pour tenir compte des arguments sémantiquement pluriels. Ainsi, dans (i) ci dessous, l'entité X (*Luc*) n'apparaît pas explicitement dans la cause, mais ce discours est acceptable avec une sémantique de causalité directe *modulo* l'inférence que Luc faisait partie de la bande de jeunes. Les arguments sémantiquement pluriels sont laissés de côté dans cet article.
   (i)   La bande de jeunes a sauté à l'élastique. Luc s'est blessé.

[9]   Les acceptabilités de ces discours ne changent pas lorsque la cause est exprimée dans un gérondif (si cette construction est syntaxiquement possible), e.g. *Luc s'est blessé en sautant sans parachute* ou ¶ *Luc s'est blessé en recevant un pot de bégonias sur la tête*.

(11'a)   Luc s'est aveuglé. Il a regardé la foudre.
(12'a)   ?   Luc s'est aveuglé. Il a vu la foudre.
(13'a)   Marie s'est endettée. Elle a acheté un diamant à Luc.
(13'b)   Luc s'est enrichi. Marie lui a acheté un diamant.
(14'a)   Luc s'est enrichi. Il a volé un diamant à Marie.
(14'b)   ¶   Marie s'est appauvrie. Luc lui a volé un diamant.

(ii) X apparaît dans la cause sans proto-rôle

(15'a)   ¶   Luc s'est sacrément taché. Marie a renversé de la sauce sur sa chemise.
(16'a)   ¶   Luc s'est blessé. Un camion est entré dans sa voiture.
(17'a)   ¶   Luc s'est blessé. Sa voiture a dérapé dans le fossé.

(iii) X n'apparaît pas dans la cause

(18'a)   ¶   Le Pape s'est blessé. Il y a eu un tremblement de terre à Rome.
(19'a)   ¶   Une Pouyastrucienne s'est blessée. Un raz-de marée a dévasté Pouyastruc.

C'est la raison pour laquelle nous avons pris soin de formuler (H) sans rien préciser sur l'ordre des phrases : cette hypothèse est vérifiée, que la cause précède le résultat ou que le résultat précède la cause.

Ajoutons une remarque sur le rôle des inférences dans les jugements d'acceptabilité. Le discours (20a) est inacceptable, contrairement à (20b) ou (20c).

(20) a   ¶   Marie a poussé Luc. Il s'est blessé.
      b   Marie a poussé Luc. Il est tombé. Il s'est blessé.
      c   Marie a poussé Luc. Il s'est blessé en tombant.

(20b) met en jeu une chaîne causale : l'événement décrit dans la première phrase a entraîné l'événement décrit dans la seconde, qui à son tour a entraîné l'événement décrit dans la troisième. Comme la notion de causalité directe repose sur une « faible » distance entre la cause et le changement d'état, c'est la chute de Luc qui est la cause directe de ses blessures. Autrement dit, seul le discours composé des deux dernières phrases de (20b) *(Il est tombé. Il s'est blessé.)* est dans le champ de cette étude et son acceptabilité, conforme à (H), a été expliquée ci-dessus. Par le même principe, seul le discours composé de la dernière phrase de (20c) *(Il s'est blessé en tombant.)* est dans le champ de cette étude et son acceptabilité, conforme à (H), a été expliquée dans la note 9. Revenons à (20a). Nous jugeons ce discours inacceptable avec une interprétation causale directe et tous les locuteurs que nous avons interrogés confirment cet avis. Par contre, les avis sont plus partagés pour (21a) (les exemples (21b) et (21c) sont construits sur le même modèle que (20b) et (20c), et sont acceptés par tous les locuteurs, ce qui est conforme à (H)).

(21) a   ?   Marie a poussé Luc dans le fossé. Il s'est blessé.
     b   Marie a poussé Luc dans le fossé. Il est tombé (sur le dos). Il s'est blessé.
     c   Marie a poussé Luc dans le fossé. Il s'est blessé en tombant (sur le dos).

Notre explication sur cette variation dans les jugements d'acceptabilité sur (21a) repose sur le contraste suivant : la phrase *Marie a poussé Luc dans le fossé* facilite l'inférence que Luc est tombé (dans le fossé), tandis que la phrase *Marie a poussé Luc* n'infère pas directement la chute de Luc. Ce contraste est mis en évidence dans la paire (22a)-(22b) : (22a) dégage un sentiment de redondance, tandis que (22b) est parfaitement naturel. Le sentiment de redondance de (22a) est éliminé dans (22c) qui apporte des précisions sur la chute de Luc.

(22) a   ?   Marie a poussé Luc dans le fossé. Il est tombé (dans le fossé).
     b   Marie a poussé Luc. Il est tombé.
     c   Marie a poussé Luc dans le fossé. Il est tombé sur le dos.

A partir de cette observation, nous expliquons la variation dans les jugements d'acceptabilité sur (21a) de la manière suivante : le locuteur qui, lisant (21a), fait immédiatement l'inférence que Luc est tombé (dans le fossé) après la première phrase, i.e. qui interprète immédiatement (21a) comme (21b), juge (21a) acceptable comme l'est (21b) ; le locuteur qui ne fait pas d'inférence sur la chute de Luc après la première phrase juge (21a) inacceptable comme l'est (20a). Nos propres jugements d'acceptabilité reflètent une certaine intolérance par rapport aux inférences implicites. Autrement dit, nous n'assimilons pas (21a) à (21b), et nous jugeons (21a) inacceptable. De ce fait, (21a) n'est pas pour nous un contre-exemple à l'hypothèse (H) : ce discours est inacceptable et X est P-Patient dans la cause.

4. Test linguistique pour les proto-rôles

L'hypothèse (H) a pour objectif de formaliser l'intuition suivante qui se dégage des données empiriques sur les discours exprimant une relation causale directe dont le résultat affectant une entité X est à la forme réfléchie : X doit avoir une certaine agentivité dans la cause pour que le discours soit acceptable. Cette agentivité de X est formalisée par la notion du proto-rôle P-Agent dans (H). Les limites de (H) se situent dans l'attribution d'un proto-rôle à un argument : les critères de Dowty sont basés sur des propriétés conceptuelles abstraites qui font appel à l'intuition et qui sont sujettes à interprétation. Néanmoins, en s'appuyant sur la stabilité des données empiriques pour nos discours causaux, on peut tenter de renverser (H) en un test linguistique (T) qui permet d'attribuer un proto-rôle à un argument. Ce test s'énonce de la façon suivante :

(T)   **Soit un GN argument d'une phrase isolée P référant à une entité X (humaine)[10] ; ce GN reçoit le proto-rôle de P-Agent si on peut juxtaposer à P une phrase construite autour d'un verbe causatif à la forme réfléchie dont le sujet réfère à X et qui exprime le résultat direct de P.**

Examinons l'application de ce test. Pour des verbes comme *éternuer, vomir, saigner, ronfler* ou *rougir*, Dowty (1991 : 607) reconnaît qu'on ne sait pas si le caractère volontaire (propriété (a) de P-Agent) s'applique ou non et qu'on ne sait donc pas si le sujet de ces verbes est P-Agent ou P-Patient. Le test (T) indique que le sujet de ces verbes est P-Agent car les discours (23) sont acceptables.

(23) a   Luc a éternué. Il s'est encôté[11].
     b   Luc a vomi sur sa chemise. Il s'est taché.
     c   Luc a saigné abondamment. Il s'est taché.
     d   Luc a ronflé toute la nuit. Il s'est enroué.

On notera cependant que le test (T) est inopérant pour le sujet de *rougir*. Il est en effet conceptuellement difficile d'imaginer un résultat non psychologique (voir note 1) d'une phrase comme *Luc a rougi* et on ne peut donc rien conclure[12]. Soulignons bien que le test (T) est une condition nécessaire mais non suffisante et que ses limites se situent dans la possibilité d'imaginer une relation causale directe conceptuellement cohérente. Il permet toutefois d'établir aussi que le sujet de *prendre une overdose* est P-Agent, acceptabilité de (24a), tandis que le sujet de *contracter la tuberculose (une maladie)* est P-Patient, inacceptabilité de (24b).

(24) a   Luc a pris une overdose. Il s'est tué.
     b   ¶   Luc a contracté la tuberculose. Il s'est tué.

---

[10]   Le sujet d'une forme réfléchie réfère généralement à un humain. Le test (T) n'est donc pas pertinent pour les entités non humaines.

[11]   Dans le jargon médical, le verbe causatif *encôter* signifie *faire mal aux côtes* (de/à quelqu'un).

[12]   Si, avec le corps médical, on admet que le fait de rougir peut entraîner une « déshémoglobinisation », on peut construire un discours comme *Luc a rougi. Il s'est légèrement déshémoglobiné*, ce qui tendrait à prouver que le sujet de *rougir* est P-Agent.

c   Luc a contracté la tuberculose. Il est mort.

Passons aux exemples (25) dont la cause est construite autour du prédicat verbal *avoir un accident (de la circulation)*. On observe un différentiel d'acceptabilité selon que le sujet de *avoir un accident (de la circulation)* désigne le conducteur (25a) ou un passager (25b).

(25) a   Kiki (le motard) a eu un accident (de moto). Il s'est blessé.
    b   ¶   Zozo (le bébé) a eu un accident (de voiture). Il s'est blessé.

Nous devons avouer que nous ne savons guère comment appliquer les propriétés conceptuelles de Dowty pour attribuer un proto-rôle aux sujets des premières phrases de (25). En particulier, nous ne savons pas comment utiliser le critère (d) d'être en mouvement ou son converse, le critère (δ) d'être stationnaire. En effet, d'une part, (25a) et (25b) peuvent correspondre à des situations où le véhicule est en mouvement ou à l'arrêt, d'autre part, en supposant que le véhicule soit en mouvement, le conducteur et un passager sont stationnaires dans le véhicule. Faut-il prendre en compte leur mouvement absolu ou relatif ? En revanche, l'acceptabilité de ces discours est claire. Le test (T) permet de déduire de l'acceptabilité de (25a) que le conducteur est P-Agent et de l'inacceptabilité de (25b) qu'un passager est P-Patient. On notera que la responsabilité du conducteur n'est pas spécifiée dans (25a), ou, ce qui revient au même, *avoir un accident* n'est pas désambigüé entre *causer un accident* (responsabilité du conducteur) ou *être la victime d'un accident* (non responsabilité du conducteur). Si la responsabilité du conducteur est spécifiée dans une phrase qui précise des informations sur l'accident, c'est le proto-rôle du conducteur dans cette phrase plus précise qui détermine l'acceptabilité du discours : voir le contraste entre (26a) et (26b) dont les deux dernières phrases forment des discours respectivement similaires à (16a) et (16c).

(26) a   ¶   Kiki a eu un accident de moto. Un camion a percuté sa moto. Il s'est
        blessé.
    b   Kiki a eu un accident de moto. Il a percuté un camion. Il s'est blessé.

Il semble raisonnable d'attribuer au sujet de *avoir un accident* le proto-rôle P-Patient dans (26a) où le conducteur n'est pas responsable de l'accident car la suite de ce discours permet de désambiguer *avoir un accident* : cette expression signifie *être la victime d'un accident* dont le sujet est P-Patient. Similairement, on peut attribuer au sujet de *avoir un accident* le proto-rôle P-Agent dans (26b) où le conducteur est responsable de l'accident : *avoir un accident* signifie *causer un accident* dont le sujet est P-Agent. Revenons à (25a) où rien n'est dit sur la responsabilité du conducteur. L'acceptabilité de ce discours tend à prouver que la langue confère de l'agentivité au conducteur « par défaut », i.e. sans connaissance sur sa responsabilité réelle, sans savoir si *avoir un accident* signifie *causer* ou *être la victime d'un accident.*

Il est donc avantageux sur le plan méthodologique d'utiliser un test linguistique opératoire (*modulo* les questions d'acceptabilité) par rapport à des propriétés conceptuelles qui font appel à l'intuition et qui sont sujettes à interprétation. Evidemment, en plus des questions d'acceptabilité, l'utilisation du test (T) requiert des précautions : il faut construire une relation causale directe conceptuellement cohérente et s'assurer que la relation en jeu est bien une relation causale directe. Pour illustrer cette difficulté, considérons la paire (27a)-(27b).

(27) a ¶ Luc a eu une apparition de la Vierge. Il s'est aveuglé.
    b   Luc a eu une apparition de la Vierge. Il s'est agenouillé.

(27a) est inacceptable tandis que (27b) est acceptable, ce qui semble contrevenir au test (T). Cependant, cette difficulté n'est qu'apparente car le discours (27b) ne met pas en jeu une relation causale directe : si une apparition (phénomène de vision) peut être la cause directe d'un aveuglement (phénomène de vision), elle ne peut être la cause directe d'une génuflexion (changement de position). Le test (T) n'est donc pas pertinent pour (27b). En revanche, il est pertinent pour (27a) et confirme que le sujet de *avoir une apparition* est P-Patient.

En conclusion, la manipulation du test (T) requière des précautions, mais il permet dans certains cas d'établir avec certitude la nature P-Agent ou P-Patient de l'argument humain d'un prédicat verbal.

Une remarque. Le contraste entre (25a) et (25b) s'observe aussi dans la paire (28a)-(28b) où la cause est exprimée dans un groupe prépositionnel.

(28) a   Kiki (le motard) s'est blessé dans un accident (de motó).
    b ¶ Zozo (le bébé) s'est blessé dans un accident (de voiture).

Même observation pour le contraste entre (24a) et (24b), voir (29a)-(29b), ou pour le contraste entre (18a) et (18b), voir (30a)-(30b).

(29) a   Luc s'est tué par overdose.
    b *   Luc s'est tué (de + par + avec) la tuberculose.
    c   Luc est mort de la tuberculose.

(30) a ¶ Le Pape s'est blessé dans un tremblement de terre à Rome.
    b   Le Pape a été blessé dans un tremblement de terre à Rome.

Sans essayer de formaliser ce phénomène, disons simplement d'une part que l'hypothèse (H) doit être élargie pour prendre en compte ces exemples où la cause est exprimée dans un groupe prépositionnel, d'autre part que la relation entre X (l'entité affectée par le changement d'état) et un nom (pseudo-)événementiel, comme *accident, overdose, tuberculose* ou *tremblement de terre* exprimant la cause directe du changement d'état, présente le même degré d'agentivité que ce nom soit employé avec ou sans support verbal.

Ajoutons un dernier point sur l'interprétation des pronoms sujet d'une forme réfléchie[13]. Considérons le discours (31) où le pronom *il* peut *a priori* être coréférent à *Fred* ou à *Luc*.

(31)   Fred a donné un coup de pied à Luc. Il s'est fait un bleu[14].

La seule interprétation possible de (31) est celle où *il* est coréférent à *Fred* avec une relation de causalité directe entre les deux phrases. Cette interprétation va à l'encontre de nos connaissances extra-linguistiques, puisqu'on s'attend plutôt à ce que ce soit la personne qui reçoit le coup de pied qui ait un bleu, mais elle s'impose. Pour expliquer cette interprétation de *il*, on peut évoquer trois principes :

- principe de parallélisme des sujets qui préconise d'enchaîner des phrases dont les sujets sont coréférents ; ce principe favorise l'interprétation d'un pronom personnel sujet comme coréférent au sujet de la phrase précédente, ce qui est le cas dans (31) avec le pronom sujet *il* coréférent au sujet *Fred*.
- principe de non proximité qui indique qu'un pronom personnel n'est pas coréférent à la dernière entité mentionnée car cette interprétation est mieux rendue par un pronom démonstratif ; ce principe est respecté dans (31) car *il* est coréférent à *Fred* et non à *Luc*.
- l'hypothèse (H) qui indique que le référent du sujet d'une forme réfléchie est P-Agent dans la cause ; ce principe est respecté dans (31) puisque *Fred* est P-Agent.

Nous voulons montrer que l'hypothèse (H) est incontournable pour l'interprétation des pronoms, contrairement aux principes de parallélisme des sujets et de non proximité qui, on le sait, n'indiquent que des préférences. Commençons par examiner (32).

---

[13]   Nous remercions Bertrand Gaiffe d'avoir attiré notre attention sur ce point.

[14]   L'expression *faire un bleu* peut être considérée comme équivalente du verbe causatif **bleuter*.

(32)   Fred a donné un coup de pied à Luc. Il a eu un bleu.

Les principes de parallélisme des sujets et de non proximité favorisent
l'interprétation où *il* est coréférent à *Fred*. En revanche, nos connaissances
extra-linguistiques favorisent l'interprétation où *il* est coréférent à *Luc*. Au
total, (32) est ambigu. Contrairement à (31). On en conclut que dans (31)
c'est l'hypothèse (H) qui conditionne l'interprétation de *il* : elle élimine
l'interprétation favorisée par nos connaissances extra-linguistiques. Passons
maintenant à (33a).

(33) a   Luc a reçu un coup de pied de Fred. Il s'est fait un bleu.
     b   Luc a reçu un coup de pied de Fred. Il a eu un bleu.

(33a) est à la rigueur acceptable avec l'interprétation où *il* est coréférent à
Luc, interprétation qui est conforme aux principes de parallélisme des sujets
et de non proximité. Mais alors (33a) ne reçoit pas d'interprétation causale
(ce discours peut être perçu comme la succession de deux événements
indépendants). L'interprétation causale est bloquée par (H) car *Luc* est P-
Patient dans la cause. Par contre, (33b) reçoit naturellement une
interprétation causale où *il* est interprété comme coréférent à *Luc*
conformément aux principes de parallélisme des sujets et de non proximité
et conformément à nos connaissances extra-linguistiques. Si jamais on
donne à (33a) une interprétation causale, alors *il* est interprété comme
coréférent à *Fred*, le P-Agent, conformément à (H). Cette interprétation n'est
guère heureuse car elle viole non seulement les principes de parallélisme des
sujets et de non proximité mais aussi nos connaissances extra-linguistiques.
Elle est un peu mieux rendue dans (34a) car le pronom démonstratif respecte
le principe de proximité. Néanmoins (34a) reste un discours maladroit, tout
comme (34b).

(34) a   Luc a reçu un coup de pied de Fred. Celui-ci s'est fait un bleu.
     b   Luc a reçu un coup de pied de Fred. Celui-ci a eu un bleu.

Considérons enfin (35a). Ce discours ne peut pas recevoir d'interprétation
causale qui est bloquée par (H) : le référent de *celui-ci (Luc)* est P-Patient.
En revanche, (35b) reçoit naturellement une interprétation causale.

(35) a   Fred a donné un coup de pied à Luc. Celui-ci s'est fait un bleu.
     b   Fred a donné un coup de pied à Luc. Celui-ci a eu un bleu.

En résumé, quand une forme réfléchie est construite avec un pronom
sujet dans un contexte où au moins deux référents sont *a priori* possibles
pour ce pronom, l'interprétation de ce pronom ne peut jamais violer (H).

Conclusion

Nous avons mis en avant une contrainte sur l'emploi d'un verbe causatif à la forme réfléchie dans un contexte où la cause directe du changement d'état est exprimée : l'entité affectée par le changement d'état doit avoir une certaine agentivité dans la cause directe (exprimée dans une phrase ou dans un groupe prépositionnel). Pour formaliser cette contrainte de nature discursive, nous nous sommes appuyée sur des études de sémantique lexicale (concernant les phrases isolées), en particulier sur celle de (Dowty 1991) pour les proto-rôles thématiques. Nous avons ensuite fait appel à l'acceptabilité des discours causaux pour tenter de consolider les définitions des proto-rôles thématiques. Sur le plan méthodologique, on peut donc conclure que, si l'étude du discours ne saurait se passer d'études de sémantique lexicale, à l'inverse, l'étude systématique du discours peut fournir un outil satisfaisant pour étayer des notions de sémantique lexicale.

Références

Danlos, L. (1996). Relations causales directes : discours, structure événementielle et coréférence événementielle, in : L. Emirkanian & L. Bouchard (eds), *Traitement automatique du français écrit,* Les Cahiers scientifiques, Montréal : ACFAS.

Danlos, L. (1999). Event Coreference in Causal in Discourses : in : P. Bouillon & F. Busa (eds), *The Language of Word Meaning,* Cambridge University Press.

Dowty, D. (1991). Thematic Proto-Roles and Argument Selection, *Language* 67.3.

Jackendoff, R. (1987). The Status of Thematic Relations in Linguistic Theory, *Linguistic Inquiry* 18 : 369-411.

Jackendoff, R. (1990). *Semantic Structures,* Cambridge, Mass. : MIT Press.

Krifka, M. (1987). Nominal Reference and Temporal Constitution : Towards a Semantics of Quantity, Forschungsstelle für Natürliche Systeme Bericht 17, Universtat Tübingen.

McCawley, J. (1968). Lexical Insertion in a Transformational Grammar without Deep Structure, in : B. Barden, C-J. Bailey & A. Davidson (eds), *Papers from the fourth Regional Meeting of the Chicago Linguistic Society,* Chicago.

Pustejovsky, J. (1995). *The generative Lexicon,* The MIT Press.

Ruwet, N. (1995). Les verbes de sentiment peuvent-ils être agentifs ?, *Langue française 105 : 28-39.*

Réflexions sur la syntaxe de *ne ... que*

David GAATONE
Université de Tel-Aviv - Département de Français

L'expression de la restriction en français moderne utilise essentiellement un petit ensemble de termes, fonctionnant soit comme variantes facultatives, soit comme variantes contextuelles. Il s'agit, d'une part, de *ne ... que*, *ne faire que*, *rien que*, et d'autre part, de *seulement* et *seul*. Leur fonctionnement, exploré partiellement dans un certain nombre de travaux, est relativement complexe et mériterait une étude d'ensemble. On se limitera ici à une tentative de décrire celui de *ne ... que*, tout en laissant de côté la discussion de ce qu'on pourrait appeler sa valeur argumentative.

L'expression *ne ... que*, dite "restrictive", "exceptive", "uniceptive", "exclusive", ou encore "restrictive-exclusive", est généralement associée, dans les grammaires françaises, à la négation. La présence de *ne*, caractéristique, du moins en français soigné, des phrases verbales négatives, suffit à expliquer ce lien, dû aux origines de *ne ... que*. Il est cependant assez communément admis que ni l'expression *ne ... que* en bloc, ni *que* seul, n'ont quoi que ce soit de négatif sur le plan sémantique. En témoignerait la synonymie alléguée de la première avec *seulement*, ou encore *uniquement*, *exclusivement*, et du second avec *excepté*, *sauf*, *à part*, synonymie qu'il ne faut d'ailleurs pas prendre à la lettre, même si on la constate effectivement dans de nombreux cas. Cette valeur positive est par ailleurs confirmée en premier lieu par la possibilité de nier le restrictif à l'aide de *pas*, et aussi par sa réaction aux divers tests syntactico-lexicaux de la négation (Gaatone 1971 : 133). Ainsi *de* négatif, *ni*, conjonction de coordination négative et *non plus* (Moignet 1959 : 191), variante négative de *aussi*, sont exclus derrière *ne ... que* :

Nous n'avons pas (*des / de) problèmes
Nous n'avons que (des / *de) problèmes

On ne voyait pas d'arbres (ni / *et) d'oiseaux
On ne voyait que des arbres (*ni / et) des oiseaux

Je ne connais pas les voisins moi (non plus / *aussi)
Je ne connais que les voisins moi (*non plus / aussi)

On peut constater également que le phénomène bien connu sous le nom de
"déplacement de la négation" avec *tous, tout(e)(s)* en position sujet ne
fonctionne pas dans le cas de *ne ... que* :

> Tous ne veulent pas travailler (= certains le veulent)
> Tout le monde n'aime pas l'argent (= certains l'aiment)
>
> Tous ne veulent que travailler (= tous le veulent)
> Tout le monde n'aime que l'argent (= tous l'aiment)

C'est donc, semble-t-il, la seule présence de *ne* qui permet le rapprochement
du restrictif avec la négation. On verra néanmoins plus loin que les choses
sont plus complexes.

Place des éléments

Ce *ne* ne diffère en rien, du point de vue de sa place dans la phrase, du *ne*
négatif ou explétif. Il ne peut s'attacher qu'à un verbe (c'est-à-dire, à une
forme verbale conjuguée ou "finie"), ainsi qu'à un participe présent et à un
infinitif, mais non à un participe passé, qui sont toutes des formes dérivées
d'un lexème verbal, mais non verbales elles-mêmes, puisque non marquées
pour la personne, le temps et le mode, caractéristiques de ce qu'on appelle le
verbe, et d'autre part différentes du verbe par leur comportement syntaxique.
Ne précède le verbe et le participe présent, dont ne peuvent le séparer que
deux clitiques compléments (*le, la, les, lui, leur, en, y*) :

> Je ne le lui dirai que demain
> En ne lui en parlant que demain

Il précède aussi l'infinitif, mais peut en être séparé par d'autres mots que par
les seuls clitiques, en particulier des adverbes :

> Je souhaite ne vraiment lui en parler qu'en tête-à-tête

Il faut cependant noter que, dans le cas de la négation, *ne* et le terme négatif
qui lui est associé (en particulier *pas, point, jamais, plus, guère, rien*)
peuvent tous deux précéder l'infinitif, mais non le participe présent :

> Je souhaite ne pas lui en parler
> *En ne pas lui en parlant - En ne lui en parlant pas

Que restrictif est exclu de cette position. Autrement dit, *ne ... que* forme toujours une séquence discontinue (Piot 1975 : 259 n.2), y compris avec un infinitif. Comparons :

> Je ne souhaite pas lui en parler - Je souhaite ne pas lui en parler
> Je ne souhaite que lui en parler - *Je souhaite ne que lui en parler

Quant à *que*, il doit d'une part suivre le verbe et de l'autre précéder le terme restreint, si on laisse de côté l'usage régional de *que* portant sur un verbe précédent (Dauzat, cité in Damourette et Pichon 1911-1940 : 214 et Cohen, cité in Gaatone : 1971: 209). Il diffère sur ce point de *seulement* qui, dans certains cas du moins, et en particulier lorsqu'il n'y a pas risque d'ambiguïté, peut indifféremment précéder ou suivre le terme restreint (Nølke 1983 : 127, Verheugd 1990 : 258, Kim 1992 : 12) :

> Ces gens ne boivent que de l'eau
> Ces gens boivent seulement de l'eau / de l'eau seulement

La postposition peut même parfois paraître plus naturelle que l'antéposition (Gross 1977 : 85) :

> Eve a (examiné + pensé à + rêvé de) Luc seulement
> ? Eve a (examiné + pensé à + rêvé de) seulement Luc

Notons encore que le restrictif se distingue des adverbes de négation, et en particulier de *pas*, par sa capacité à suivre ou précéder le participe passé d'une forme verbale composée, selon qu'il se trouve ou non dans sa portée, alors que *pas* suit nécessairement le verbe, c'est-à-dire l'auxiliaire :

> On n'a pas évoqué cet incident - *On n'a évoqué pas cet incident
> On n'a évoqué que cet incident - On n'a qu'évoqué cet incident

Les positions respectives des deux constituants du restrictif expliquent que celui-ci, comme il a été souvent noté (Gross 1975 : 95, Piot 1975 : 259, Nølke 1983 : 128, Togeby 1984 : 262, Azoulay 1988 : 221, Muller 1991 : 297, Riegel et alii 1994 : 413), ne peut porter que sur des termes postverbaux, y compris un sujet inversé :

> *(Ne) que les amis les plus proches viendront à cette soirée
> Ne viendront à cette soirée que les amis les plus proches

Piot (*ibid.*) signale cependant la possibilité, en français populaire, de *que* devant un sujet antéposé :

> Que Pierre veut venir = Il n'y a que Pierre qui veut venir

En outre, il faut tenir compte du cas où *que*, associé non plus à *ne*, mais à un mot négatif fonctionnant comme sujet, précède de ce fait le verbe :

> Personne que lui n'y descendait (in Togeby 1984 : 260-261)

Cela ne paraît possible qu'avec *personne*. En effet, *rien*, autre pronom négatif susceptible de remplir la fonction sujet, forme avec *que* une séquence inanalysable, faisant office de renforcement de *ne ... que* ou de variante contextuelle dans certains contextes. En témoignent d'une part sa possibilité de cooccurrence avec un nom humain et de l'autre le fait qu'il n'entraîne pas *ne* devant le verbe :

> Ne sont venus (rien) que des amis proches
> Rien que le silence lui répond (Grevisse 1993 : 1462)

Cette différence entre la phrase avec *personne* et celle avec *rien* suggère qu'en fait, dans le premier exemple, le restrictif *que* porte non pas sur le sujet proprement dit *personne*, mais plutôt sur *lui*, ce qui rend compte du *ne*, alors que, dans le second, le restrictif est *rien que* et il porte effectivement sur le sujet *le silence*, ce qui explique l'absence de *ne*.

Que sans ne

Ces exemples montrent par ailleurs que le restrictif *que* n'est pas nécessairement associé à *ne*. L'omission de *ne*, fréquemment observée en français parlé, n'est pas limitée au *ne* négatif ou explétif, mais s'étend également au restrictif (p. ex. *ça coûte que deux francs*, dans le *Grand Larousse de la Langue Française*, à l'article *Négation*). En outre *ne*, clitique verbal, est impossible partout où *que* apparaît sans verbe, ou éloigné du verbe. Il reste paraphrasable par *seulement* même dans ces contextes :

> Elle se laissait aller elle-même aussi, traînant toute la journée en robe de chambre, propre que grâce à Mme Dullin (in Gaatone 1971 : 209)

> Nous sommes entre nous. Vraiment que des amis (*ibid.*)

> Il revivait les angoisses de son adolescence, quand il allait subir des épreuves [...] toujours préparé qu'à moitié [...] (*ibid.*)

Notons que ce dernier exemple est considéré dans *Le bon usage* (Grevisse 1993 : 1447) comme du français relâché. Il s'agit pourtant d'emplois très courants dans les textes écrits de tous types. En voici encore quelques exemples :

> De la part d'hommes qui ont eu si parfaitement tort, et déjà que trop personnalisé le but de leurs oppositions [...] (*ibid.*)

> Tout ce qui a été et sera pareillement : duplication sans fin, égalité des sensations, pas de nouveauté bouleversante, que de petites innovations. (Bruckner, P., Finkielkraut, A. 1977 *Le Nouveau désordre amoureux.* Seuil)

De même, Damourette et Pichon (in Moignet 1959 : 197) relèvent dans une lettre :

> D'ici : que de bonnes nouvelles

L'exemple oral suivant n'appartient sans doute pas à la langue soignée, mais n'en paraît pas moins tout à fait acceptable :

> [...] des ministres avec que des vraies factures [...] (TF1, 13.5.1991)

Que apparaît aussi sans *ne* dans son association avec le négatif *sans*. Il est alors paraphrasable par *sinon, si ce n'est* :

> Mais sans oser les regarder qu'à la dérobée [...] (in Gaatone 1971 : 209)

> J'essayais d'appliquer l'idée : "C'est Mme de Guermantes", sans parvenir qu'à la faire manoeuvrer en face de l'image [...] (*ibid.*)

En fait, on peut dire que *que* fonctionne à lui seul comme restrictif dans toutes ses combinaisons avec des mots négatifs. Le *ne* est alors imposé par ces derniers et non par le restrictif, en contexte verbal :

> Je n'ai (pas / plus / jamais / guère) vu que la famille
> Je n'ai voyagé nulle part qu'en Europe
> Rien ne l'intéresse que la gastronomie
> Personne ne rit que les ivrognes (in Cristea 1971 : 127)
> (Aucun / nul / pas un) message ne m'est parvenu que celui-là

Mais notons que sur le plan sémantique, seul *pas* nie la restriction. Il faut encore mentionner l'emploi classique de *que* sans *ne* en phrase interrogative :

> Qu'en savait-il que ce qu'on lui avait toujours raconté ? (in Grevisse 1993 : 1455)

Et que puis-je espérer qu'un tourment éternel ? (in Martinon 1927 : 545 n.1)

Que lui ai-je dit que d'indifférent ? (in Moignet 1959 : 186)

Que portant sur un syntagme prépositionnel

Il a été constaté (p. ex. Gross 1977 : 90) que le restrictif *que* ne pouvait séparer le terme restreint d'une éventuelle préposition introductrice ou, si l'on préfère une autre formulation, n'admettait pas d'être séparé de son verbe par une préposition :

> *Max ne compte sur que Luc / Max ne compte que sur Luc
> *Max ne pense à que son argent / Max ne pense qu'à son argent

Autrement dit, *que* doit précéder tout le syntagme formé par le terme dans sa portée et sa préposition. La formulation exacte de cette distribution ne laisse pas d'être problématique. Notons d'abord que la contrainte paraît valable également pour *seulement* et d'autres adverbes restrictifs :

> *Max compte sur (seulement / uniquement / exclusivement) Luc
> Max compte (seulement / uniquement / exclusivement) sur Luc

En fait, elle semble caractériser d'autres adverbes "paradigmatisants" (Nølke 1983) :

> *Max compte sur (même / surtout / aussi) Luc
> Max compte (même / surtout / aussi) sur Luc

Nølke (1983 : 128) a cependant observé que l'insertion de l'adverbe est possible s'il ne s'agit pas d'une préposition "incolore", c'est-à-dire, conditionnée par le verbe :

> ? Napoléon est revenu seulement avec trois mille soldats
> Napoléon est revenu avec seulement trois mille soldats

On a déjà vu plus haut un exemple de la même espèce avec *que*, appartenant sans doute à un registre familier :

> [...] des ministres avec que des vraies factures

En voici un autre, peut-être plus difficilement acceptable, prononcé par un linguiste français :

Je parle sur que le dictionnaire

Il n'est cependant pas évident que les exemples proposés par Nølke puissent s'expliquer uniquement par la nature de la préposition (incolore ou sémantiquement pleine). En effet, la possibilité d'insertion de *seulement* entre la préposition et le terme restreint paraît meilleure lorsque la restriction porte en fait sur un quantifieur, indépendamment du conditionnement de la préposition :

* Max (pense à / compte sur) seulement des amis
Max (pense / compte) seulement (à / sur) des amis

Max (pense à / compte sur) seulement trois amis
Max (pense / compte) seulement (à / sur) trois amis

Le président se promène avec seulement deux gardes du corps
? Le président se promène seulement avec deux gardes du corps

Il reste que pareille distribution est exclue pour *que.*

Analysabilité de ne ... que

La question se pose de savoir s'il faut considérer *ne ... que* comme une séquence inanalysable, équivalant en bloc à *seulement,* et où *ne* ne serait alors qu'une simple marque de redondance en contexte verbal, ou plutôt comme une association de deux éléments conservant chacun sa valeur propre. *Ne* serait alors un morphème négatif, un "discordantiel", même si sa charge négative est faible, comme le pense Moignet (1959 : 195), et *que* un "inverseur", donnant à la séquence une orientation positive (Damourette et Pichon, 1911-1940 : 207, Cristea 1971 : 125, Pierrard 1985 : 53, Wilmet 1997 : 514). Comme le formule Togeby (1984 : 260-261) : "On dit ordinairement que la conjonction *que* se met devant le terme sur lequel porte la restriction. On dirait plus exactement qu'on met *que* devant le terme qui échappe à la négation marquée par *ne*". On peut pencher pour la première solution, si on compare *ne ... que* aux diverses expressions négatives de forme *ne* + *Neg* ou *Neg* + *ne*. Elles sont toutes globalement négatives, mais le sens négatif est déjà tout entier dans *Neg*, puisque ce terme véhicule le même sens en l'absence de *ne*, en contexte non verbal. D'autre part, l'omission quasi générale de *ne* dans la langue parlée confirme son caractère redondant. Mais les choses ne sont pas aussi simples. En effet, le verbe encadré par l'expression restrictive *ne ... que* peut avoir un objet direct interne à *ne V ... que*, c'est-à-dire, hors du champ de la restriction. On constate alors que *de* négatif, dont l'occurrence est, comme on sait, liée d'une part à la présence d'un objet direct (ou complément direct d'un verbe impersonnel) indéfini et, d'autre part, à la désignation de la quantité nulle (ou inexistence) de l'objet (Gaatone 1971 et 1992), est, sinon obligatoire, du moins souvent possible (pour de nombreux exemples, cf. Gaatone 1971 : 107-119) :

> Et je niai que le garçon n'eût d'yeux que pour elle [...]
> Il sait de plus qu'il n'y a de bonheur et de vertu qu'au moral
> Vous avez [...] une certaine tendance à ne voir d'héroïsme que dans les armées françaises
> [...] l'on ne pouvait obtenir de résultats en ce domaine qu'en disposant d'équipes fortement structurées [...]
> Il n'arrivait de mésaventures qu'aux gens ridicules et stupides
> Anne [...] n'éprouvait de passions que politiques (in Togeby 1984 : 261)

La paraphrase de *de* par *en fait de* (Wilmet 1997 : 164), qui ferait du nom suivant une apposition plutôt qu'un objet direct, convient sans doute à l'exemple proposé (*On ne rencontrait de femmes que les Gitanes jaunes et poisseuses* = "en fait de femmes"), mais n'est pas applicable à la plupart des exemples. Notons d'ailleurs que le simple déplacement de cet objet direct, sans changement sensible de sens, ce qui est parfois possible si le terme restreint est un adjectif, suffit à interdire le *de* négatif :

> [...] la plupart des problèmes sociaux ne peuvent trouver de solution que familiale [...] (in Gaatone 1971 : 109) / ne peuvent trouver qu'une (*de) solution familiale
> Elle acceptait qu'il n'y eût de cérémonie que civile [...] (*ibid* : 107) / qu'il n'y eût qu'une (*de) cérémonie civile

En fait, comme il a déjà été noté plus haut, l'objet direct, même interne à *ne ... que*, n'est pas nécessairement introduit par *de* négatif, ainsi que le montrent clairement les exemples suivants (in Gaatone 1971 : 119) :

> Je ne vous donnerai des conseils que si vous m'en demandez
> Sammécaud ne trouvait du charme à cette activité de Marie qu'en y voyant un caprice de grande dame [...]
> Il pensait aimer dans le vague, alors qu'il ne ressentait du vague qu'à cause d'un choc bien net
> Il n'y a eu des plaintes que très tard

Le *de* négatif paraît aussi naturel dans ces exemples que l'article indéfini ou partitif, et l'inverse est vrai dans les exemples précédents. Si l'on voit dans le premier élément du restrictif une véritable négation, c'est bien à *de* négatif qu'il faut s'attendre devant un objet direct indéfini. Mais ce *de* est censé représenter la quantité nulle, l'inexistence. Or, globalement, il n'y a pas négation d'existence, puisque le restrictif implique précisément l'existence d'un référent de l'objet direct. *Dans Roméo n'a d'yeux que pour Juliette*, Roméo a des yeux. Le *de* négatif interne à *ne ... que* apparaît alors plutôt comme un vestige d'un ancien état de langue, caractéristique encore surtout de la langue soignée, que comme une preuve solide de l'analysabilité de *ne ... que*.

On évitera de confondre ce *de* avec la préposition *de* introduisant un attribut avec certains verbes, et qui est indépendante de la négation et de la restriction :

Il n'y a d'universel que ce qui est suffisamment grossier pour l'être (in Grevisse 1993 : 330)
Il n'y avait de visible que la nappe des eaux en mouvement (in Baciu 1978 : 141)
Il n'est de subjectif que l'inexprimable (*ibid.*)

Cette préposition introduirait l'attribut même postposé à *que*, comme le montre cet exemple de Martinon (1927 : 546) :

Il n'y a que celle-là de bonne, il n'y a de bonne que celle-là

Que restrictif et que comparatif

C'est une idée assez répandue que le *que* restrictif s'explique mieux par rapprochement avec le *que* de comparaison. Pareil rapprochement oblige à postuler, sous des formes diverses, l'effacement d'un terme négatif et d'un terme comparatif sous-jacents (cf. entre autres Martinon 1927 : 545, Gross 1977 : 89, Baciu 1978 : 136, Pierrard 1985 : 48, Muller 1991 : 274 et 1996 : 133). Ainsi, pour Martinon, *que* restrictif est devenu *si ce n'est* et *ne ... que* a pris la valeur de *seulement* par ellipse de *autre, autre chose, autrement*, et omission de *pas*, selon un processus qu'il décrit comme suit :

Je n'ai pas d'autre volonté que la tienne, je n'ai d'autre volonté que la tienne, je n'ai de volonté que la tienne

Les éléments négatifs ("forclusifs") effacés comprennent aussi *personne* et *rien*, et parmi les éléments comparatifs on trouve aussi *ailleurs*. Les équivalences postulées peuvent être représentées comme suit :

Jean ne connaît (personne / rien) (d'autre) que (Jeanne / cette ville)
Elle ne peut (pas) marcher (autrement) qu'avec une canne
Jean n'est (pas) allé (ailleurs) que chez Jeanne

Certains (p. ex. Muller 1996 : 129) ajoutent encore *plus* aux éléments comparatifs effacés, pour pouvoir rendre compte d'exemples tels que le suivant :

> Je n'ai (pas) besoin de (plus) que de dix francs

Ce même type d'exemples mènent d'ailleurs Jurgenson et Nef (1985 : 1) à distinguer deux *ne ... que*, l'un dénommé "descriptif" (*Pierre ne boit que de l'eau*), l'autre "évaluatif" (*Je n'ai que 20 ans*).

Sans doute cette présentation de *ne ... que* reproduit-elle dans une certaine mesure l'évolution qui a mené d'une structure comparative à une structure restrictive d'un type particulier. En synchronie cependant, elle paraît souvent problématique. L'une des difficultés, relevée par Gross (1977 : 90) et reprise par Muller (1991 : 298), est de rendre compte d'une éventuelle préposition introduisant le terme restreint (voir plus haut). Les effacements postulés mèneraient en effet à un résultat agrammatical :

> Max ne compte sur (personne d'autre) que Luc
> *Max ne compte sur que Luc

Pour éviter pareil résultat, il faut postuler un déplacement de la préposition derrière *que*. Mais comme il existe aussi des phrases à deux prépositions, on est encore amené à ajouter un effacement de l'une des deux, selon le cas :

> Max ne compte sur personne d'autre que sur Luc
> Max ne compte que sur Luc
> Max ne compte sur personne d'autre que Luc

Certaines phrases restrictives posent cependant de gros problèmes quant à la nature de l'élément effacé. Que faut-il restituer, par exemple, lorsque, comme dans les phrases suivantes, le terme restreint est un adjectif ou un participe passé ?

> Ce n'est que provisoire
> Il n'est que blessé
> Je ne l'ai qu'entrevu

Comme, d'autre part, il n'y a pas toujours d'adverbes comparatifs disponibles tels que *autrement* et *ailleurs*, qui correspondraient à toutes sortes de circonstanciels, quel peut bien être l'élément effacé dans les structures restrictives suivantes ?

Félix ne vient que rarement
Nous ne partirons que demain
On ne le sait que d'aujourd'hui
Il n'est venu que parce qu'on l'a invité
Je ne vous donnerai des conseils que si vous m'en demandez
Elle ne s'intéressait aux spectacles qu'autant qu'il s'y intéressait lui-même (in
Damourette et Pichon 1911-1940 : 210)

Une phrase restrictive aussi banale que la suivante pose elle aussi un problème à l'idée d'une structure comparative sous-jacente :

Un tel succès ne peut qu'être exceptionnel

En effet, elle connaît une paraphrase, peut-être d'ailleurs plus naturelle, où *que* précède directement l'adjectif sur lequel il porte :

Un tel succès ne peut être qu'exceptionnel

On peut imaginer pour cette dernière phrase une forme sous-jacente telle que :

Un tel succès ne peut être rien d'autre qu'exceptionnel

Mais pour dériver la première, il faudrait postuler un déplacement de *que*, c'est-à-dire, compliquer encore la grammaire. En posant simplement un *que* restrictif, placé devant tout terme susceptible d'être restreint, ce genre de problème est évité. *Etre*, simple verbe copule, ne change rien à la portée de la restriction.

Prenons encore le cas de deux phrases restrictives suivantes, très proches l'une de l'autre :

Elle n'a eu qu'un peu de bonheur dans sa vie
Elle n'a eu que peu de bonheur dans sa vie

On peut penser que, dans la première, la restriction porte sur le noyau nominal *bonheur*. Dès lors, le parallèle serait possible avec une phrase comparative :

Elle n'a eu rien d'autre qu'un peu de bonheur dans sa vie

Mais, dans la seconde, la restriction porte manifestement sur le quantifieur *peu*. On ne voit pas quelle source comparative lui proposer :

* Elle n'a eu (rien d'autre / pas plus) que peu de bonheur dans sa vie

Il en est de même, semble-t-il, avec cet autre quantifieur à orientation négative qu'est l'adjectif *rare* :

Je n'ai que de rares amis - *Je n'ai (rien d'autre / pas plus) que de rares amis

La thèse de l'effacement devient plus problématique encore dès que l'on a affaire à la négation de la restriction. Faudrait-il postuler deux négations sous-jacentes pour pouvoir dériver ce type de phrase ?

Félix ne boit pas que de l'eau

Il est vrai qu'il semble y avoir entre *ne ... pas d'autre que* et *ne ... d'autre que*, une synonymie parfaite, laquelle paraît bien constituer l'argument essentiel à la base du parallèle entre le restrictif et le comparatif. Elle découle du fait que, dans ce contexte, *ne* peut fonctionner seul, en français littéraire du moins, comme négation absolue (Gaatone 1971 : 72) :

Il n'y a pas pour elle d'autre issue que de se perdre corps et âme [...]
Il n'y avait pour elle d'autre issue que l'amour

Mais *ne ... que*, censé dériver de ces séquences, s'oppose sémantiquement à *ne ... pas ... que*, qui devrait pourtant avoir la même source :

Il n'y a d'issue que l'amour
Il n'y a pas d'issue que l'amour

Le cas de *rien que*, dont on a vu plus haut qu'il pouvait fonctionner soit comme variante facultative, soit comme variante contextuelle de *que*, suggère lui aussi qu'il est préférable de ne pas rattacher le restrictif à une structure comparative avec effacement. En effet, *rien que* peut avoir un nom humain dans sa portée, ce qui supposerait plutôt *personne* comme forclusif sous-jacent :

[...] comme si elle ne fût (rien) que pour moi [...] (in Gaatone 1971 : 172) = comme si elle ne fût pour (*rien / personne) que pour moi

Enfin, certaines séquences restrictives qui paraissent figées, telles que *ne ... que trop* ou *il n'y a qu'à INF*, ne permettent aucun parallèle avec une quelconque structure comparative :

Ça n'a que trop duré - Je ne le sais que trop - Il n'y a qu'à le regarder

De toute façon, le parallèle avec une structure comparative sous-jacente et les effacements qu'entraîne une telle hypothèse, ne paraissent pas s'imposer pour rendre compte de la synonymie entre les deux structures. Cette synonymie, après tout, se retrouve aussi en l'absence de *que*, avec l'adverbe *seulement*, dans son sens restrictif :

> Je ne vois que des maisons = je vois seulement des maisons = je vois des maisons, je ne vois rien d'autre

Il en est de même dans le cas particulier d'un terme restreint comportant un quantifieur, où la restriction peut porter soit sur le noyau nominal, soit sur le quantifieur (Van Hout 1974 : 175-176, Verheugd 1990 : 254) :

> Je n'ai qu'une voiture - J'ai seulement une voiture
> = J'ai une voiture, je n'ai rien d'autre
> = J'ai une voiture, je n'en ai pas plus d'une

D'où peut-être la tendance, dans le cas d'une restriction sur le quantifieur, à préférer l'énoncé *Je n'ai qu'une seule voiture*, où le pléonasme lève une éventuelle ambiguïté. Tout cela revient à dire qu'il n'est nul besoin de postuler un terme comparatif sous-jacent, *autre(ment)* par exemple, puisqu'on retrouve le même sens avec *seulement*, qui ne peut pas être relié à une structure comparative. C'est là sans doute ce que veut dire Azoulay (1988 : 211), pour qui l'altérité, dans les phrases restrictives, n'est pas produite par un effacement de *autre(ment)*, mais plutôt par *que* lui-même. Bien entendu, il faut alors abandonner l'idée d'un *que* restrictif identifiable au *que* comparatif. Cristea (1971 : 132) formulait un point de vue assez proche, lorsqu'elle notait que l'opposition entre *que* restrictif et *que* comparatif était annulée dans le contexte de *autre(ment)*. A vrai dire, les synonymes qu'on est en mesure de proposer pour *que* restrictif, tels que *excepté, sinon, si ce n'est, sauf, à part*, rendent un tel rapprochement bien peu plausible en synchronie. La possibilité de *que* sans *ne*, décrite plus haut, le rend moins plausible encore. Il paraît donc, en fin de compte, bien plus raisonnable de dissocier complètement *que* restrictif de ses origines comparatives.

Le statut syntaxique de que

Mais à quelle classe syntaxique ce *que* appartient-il? Certains ont proposé d'y voir une conjonction de subordination ou un complémenteur, d'autres, un introducteur de comparatif et même une préposition. Tout ce qui précède mène à distinguer notre *que* restrictif du *que* comparatif. D'autre part, si l'on voit dans la conjonction dite de "subordination" *que* un nominalisateur, c'est-à-dire, un outil d'enchâssement d'une phrase comme terme de phrase à fonction nominale (sujet, objet, etc.), il est clair que le restrictif n'a aucun point commun avec lui. Le statut de préposition paraît devoir être rejeté, ne serait-ce que parce que, comme on l'a vu, *(ne) ... que* peut porter sur un sujet inversé, ce qui nous obligerait à admettre l'existence de sujets prépositionnels. C'est donc, en fin de compte, le statut d'adverbe, qui est aussi celui qui est unanimement attribué à *seulement*, qui semble être le plus approprié à *ne ... que* en bloc, ou à *que* seul.

Références

Attal, P. (1995). Des mystères de *ne que* aux mystères de l'acceptabilité, in : Bat-Zeev Shyldkrot H., Kupferman L. (éds), *Tendances récentes en linguistique française et générale*, Amsterdam : John Benjamins, 7-24.

Azoulay-Vicente, A. (1988). La syntaxe de ne ... que, *Linguisticae Investigationes* XII-2 : 205-233.

Baciu, I. (1978). La négation restrictive, *Le Français Moderne* 2 : 135-142.

Barbaud, Ph. (1985). L'opérateur de restriction ne ... que et l'argumentation", *Revue Québécoise de Linguistique* 15-1 : 153-170.

Brunot, F. (1926). *La Pensée et la Langue*, Paris : Masson.

Cristea, T. (1971). *La structure de la phrase négative en français contemporain*, Bucarest.

Damourette, J. & Pichon, E. (1911-1940). *Des Mots à la Pensée. Essai de Grammaire de la Langue Française*. T. 6, Paris : Ed. d'Artrey.

Ducrot, O. (1973). *La preuve et le dire*, Paris : Maison Mame.

Gaatone, D. (1971). *Etude descriptive du système de la négation en français contemporain*, Genève : Droz.

Gaatone, D. (1992). *De* négatif entre la syntaxe et la sémantique, *Langue Française* 94 : 93-102.

Grevisse, M. & Goosse, A. (1993). *Le bon usage. Grammaire française*, Paris-Louvain-la-Neuve : Duculot.

Gross, M. (1975). *Méthodes en syntaxe. Régime des constructions complétives*, Paris : Hermann.

Gross, M. (1977). *Grammaire transformationnelle du français. Syntaxe du nom*, Paris : Larousse.

Guilbert, L. *et al.* (1976). *Grand Larousse de la Langue Française*, Paris : Larousse.

Jurgenson, L. & Nef, F. (1985). Ne ... que : échelles évaluatives et argumentatives, *Le Français Moderne* 1-2 : 1-21.

Kim, M.S. (1992). Deux types d'emploi de *seulement*, *Travaux de Linguistique* 24 : 21-34.

Martin, R. (1966). *Le mot "rien" et ses concurrents en français*, Paris : Klincksieck.

Martinon, Ph. (1926). *Comment on parle en français*, Paris : Larousse.

Moignet, G. (1959). *Les signes de l'exception dans l'histoire du français*, Genève : Droz.

Mourin, L. (1980). L'exception et la restriction dans les langues romanes, *Travaux de Linguistique et de Littérature* XVIII.1 : 173-195.

Muller, C. (1991). *La négation en français*, Genève : Droz.

Muller, C. (1996). *La subordination en français*, Paris : Armand Colin.

Nølke, H. (1980). Le champ comme notion linguistique et son utilisation illustrée par un examen de ne ... que, *Revue Romane* 15.1 : 14-36.

Nølke, H. (1983). *Les adverbes paradigmatisants : Fonction et analyse. Revue Romane* No. spécial 23.

Pierrard, M. (1985). IL N'Y A QUE X QUI : Remarques sur la syntaxe de "il y a" marquant l'exclusivité, *Revue Romane* 20.1 : 46-55.

Piot, M. (1975). Les restrictions *ne ... que* et *seul(e)(s)*, *Recherches Linguistiques de Paris-Vincenne* 3 : 226-264.

Riegel, M. *et al.* (1994). *Grammaire méthodique du français*, Paris : PUF.

Togeby, K. (1984). *Grammaire française, V. IV Les mots invariables*, Copenhague : Akademisk Forlag.

Van Hout, G. (1974). *Franc-Math. La proposition* V.III, Paris : Didier.

Verheugd-Daatzelaar, E. (1990). *Subject Arguments and predicate nominals. A study of French copular sentences with two NPs*, Amsterdam : Rodopi.

Wilmet, M. (1997). *Grammaire critique du Français*, Paris : Hachette-Duculot.

Quels sont les faits ?

Danièle GODARD et Jacques JAYEZ
SILEX (UMR 8528, CNRS) - Université Lille 3 et EHESS

1. Introduction

Depuis Vendler (1967, 1972), un certain nombre de linguistes, et surtout de philosophes, se sont intéressés à la classification des entités, rendue visible par les choix qu'opèrent les prédicats à travers ce que les linguistes appellent « restrictions sélectionnelles ». En particulier, à la suite de Vendler, on a supposé qu'il existe des entités de type fait. Les faits seraient le type de certains noms (dont le nom *fait* / *fact*), et de certains compléments phrastiques ; le complément de verbes comme *apprendre*, *savoir*, qui prennent soit une complétive en *que*, soit une interrogative indirecte serait un fait, alors que le complément phrastique de verbes comme *croire*, *penser*, qui n'acceptent pas les interrogatives indirectes, serait une proposition (Vendler 1967, Ginzburg 1995, Ginzburg & Sag 1998). Dans cet article, nous regardons les propriétés du nom *fait*, en nous restreignant à ses emplois « simples » ; nous laissons donc de côté la question des complétives, qu'elles soient compléments des verbes ou de *fait* lui-même (*le fait que*).

Après avoir précisé notre conception du type, nous montrons que le type de *fait* ne se ramène ni à celui des événements, ni à celui des objets informationnels (parmi lesquels nous rangeons les propositions). Le N *fait* n'est pas isolé : il forme un classe avec quelques N qui partagent le type que nous appelons « Garant propositionnel », dont les propriétés paradoxales expliquent que les philosophes, s'interrogeant sur les entités classées comme faits, aient cherché à les ramener, tantôt du côté des parties du monde, tantôt du côté des objets informationnels.

2. La notion de type

Dans Godard & Jayez (1994 ; 1995), nous avons fait usage de types que nous avons appelés types distributionnels. Ces types sont associés aux items lexicaux, en particulier les N. Ils sont repérables à l'aide de distributions lexicales, qui correspondent à certaines restrictions sélectionnelles caractérisant des classes de prédicats. Ainsi, les N de type événement fort (Ev-Fort) sont sujets de *se produire* ou *avoir lieu*, de *durer* et des verbes dits aspectuels (*commencer*, *finir*, etc.), compléments de prépositions temporelles (*pendant*, *au moment de*, *lors de*, etc.) ; ils peuvent également entrer dans des constructions qui comportent un N de durée (*une marche de deux heures, deux heures de marche*, cf. Borillo (1989)). Les types distributionnels sont des propriétés des items lexicaux en tant que tels.

Ils n'épuisent pas les possibilités de typage sémantique des items ou du syntagme dont ils sont la tête. Par exemple, les N Ev-Fort seront sujets de *avoir lieu* ou de *se produire* suivant que l'événement qu'ils désignent est ou non contrôlé intentionnellement (un concert *a lieu* alors qu'un tremblement de terre *se produit*). Les GN ou les GV peuvent également avoir des types aspectuels qui ne sont pas portés par les têtes mais résultent de la composition syntaxique (Verkuyl 1993).

(1)a   La traversée du delta en moins d'une heure / *pendant une heure est un exploit pour un nageur

(1)b   La traversée de territoires inconnus pendant des heures est très éprouvante

Selon la nature (définie ou indéfinie) du complément du N *traversée*, le GN sujet dénote un événement télique (1a) ou peut dénoter un événement atélique (1b). Pour nous, donc, certains aspects au moins sont des propriétés du GN et du GV, et non pas de l'item lexical. Ils ne constituent pas des sous-types du type distributionnel de l'item lexical. Nous distinguons donc entre le type distributionnel, qui représente un type grossier, permettant de grouper les entités en classes significatives, de propriétés sémantiques variées, comme par exemple les rôles thématiques, qui ont la représentation logique $\lambda x. \phi(x)$, et servent plutôt à organiser entre eux les prédicats (ou relations notées REL), et à construire la dénotation complète des expressions. Comme ces propriétés peuvent être regroupées en un « type » sémantique complexe, on prendra garde que le mot « type » est potentiellement ambigu.

Nous rejoignons les travaux sur les classes d'objets (Giry-Schneider 1994, Le Pesant & Mathieu-Colas 1998) quant à l'utilisation de distributions. En revanche, nous séparons les types distributionnels des autres propriétés sémantiques, qui sont transversales par rapport aux différents types distributionnels. Par exemple, nous n'utilisons pas le test de la compatibilité avec *avoir lieu* et *se produire* pour distinguer deux sous-types d'Ev-Fort, parce que la distinction relative au contrôle intentionnel ne caractérise pas les Ev-Fort. On la retrouve dans les événements faibles (Ev-Faible), qui ne sont sujets ni de *se produire* ni de *avoir lieu*. Ainsi, le N *morceau* (de musique) est de type Ev-Faible et +contrôle alors que le N *période* est de type Ev-Faible et –contrôle. C'est ce qui explique le contraste entre (2a) et (2b), où *entre dans une période difficile* serait bon.

(2)a   L'orchestre commençait à peine le premier morceau quand je suis arrivé

(2)b   Le gouvernement commence une ??période difficile

En effet, le verbe *commencer* demande que le N d'événement qui le suit soit associé à un événement contrôlé par le sujet (Godard & Jayez 1993).

Z. Vendler est à l'origine de l'idée que les distributions lexicales et les catégories d'entités sont partiellement corrélées (Vendler 1967 ; 1972). Nous sommes partis de ses tests distributionnels pour élaborer nos propres distinctions. Cependant, nous supposons que les items lexicaux ont des propriétés intrinsèques de typage, alors que Vendler voit le type des expressions linguistiques comme dépendant du prédicat dont elles constituent l'argument. Par exemple, il admet que le GN *Mary's arrival* dénote un événement dans *Mary's arrival was sudden* mais un fait dans *I am aware of Mary's arrival*. Pour nous, le GN *l'arrivée de Marie* dénote un Ev-Fort dans *l'arrivée de Marie a été soudaine* comme dans *j'ai appris l'arrivée de Marie*. La conception de Vendler privilégie les constructions par rapport aux items lexicaux. Certes, nous n'interdisons pas qu'une même forme soit associée à plusieurs types. Par exemple, le N *symphonie* est à la fois de type Ev-Faible et de type objet informationnel. Cependant, le multitypage, pour nous, doit être indépendamment justifié.

3. Le mot *fait*. Observations de base

Au premier abord, le N *fait* se rapproche d'une part des Ev-Fort, d'autre part des objets informationnels (Obj-Info). Cependant, on peut montrer qu'il ne rentre dans aucune de ces deux catégories.

Fait, comme les Ev-Fort, peut être sujet de *se produire* (3a,b) (mais pas de *avoir lieu*).

(3)a Il s'est produit un fait nouveau / grave / intéressant / significatif
(3)b Un chauffeur de bus s'est fait agresser hier soir. Ce nouveau [?]fait s'est produit vers vingt heures

Mais cela ne suffit pas à donner à *fait* le type Ev-Fort, puisqu'il n'en a pas les autres propriétés[1].

(4)a Pendant *le fait / *ce fait
(4)b Au moment *du fait / *de ce fait
(4)c *Le fait / *Ce fait a duré deux ans
(4)d Après / Avant [??]le fait / [??]ce fait

---

[1] Ces exemples sont possibles avec *fait* au pluriel. Nous considérerons que le pluriel *faits* n'a pas le même type que le singulier *fait*. Il se comporte à beaucoup d'égards comme un événement fort : *les faits se sont produits hier, avant / après / pendant les faits, au moment des faits*. Toutefois, *durer* n'est pas très heureux : *les [??]faits ont duré deux heures*.

De plus, les possibilités d'emploi de *se produire* sont restreintes, comme le montrent les exemples suivants, où *fait* contraste avec des Ev-Fort comme *incident, fête* et *événement*.

(5)a Un chauffeur de bus s'est encore fait agresser hier soir. Ce / Le fait ?s'est produit / *a eu lieu vers vingt heures / en présence de témoins
(5)b Un chauffeur de bus s'est encore fait agresser hier soir.
Cet / L'incident s'est produit / a eu lieu vers vingt heures / en présence de témoins
(5)c Hier c'était l'anniversaire de Marie. Ce *fait s'est produit / *a eu lieu sans que ses amis le notent
(5)d Hier c'était l'anniversaire de Marie. La fête a eu lieu chez elle
(5)e L'exécution des otages a surpris tout le monde. En effet, cet événement / ce *fait s'est produit alors que les négociations semblaient près d'aboutir

On pourrait alors essayer de rapprocher *fait* des Obj-Info comme *proposition, théorie* ou *hypothèse*. En effet, les propositions, comme les faits, n'ont ni occurrence ni épaisseur temporelle. On n'a pas *cette proposition s'est produite hier, *au moment de cette proposition, *pendant cette proposition, *cette proposition a duré vingt minutes*, etc. D'autre part, *fait* admet des prédicats intellectuels : *ce fait est simple / élémentaire / clair / sans équivoque / irréfutable*, etc., comme on a *cette théorie / idée est simple / élémentaire / claire / sans équivoque / irréfutable*, etc.

Cependant, là encore, *fait* n'a pas les propriétés caractéristiques des Obj-Info. Premièrement, il n'accepte pas les combinaisons de prédicats qui discriminent les Obj-Info. Par exemple, on a *cette idée est évidente mais superficielle*, mais *fait* est impossible dans ces contextes : *ce fait est évident mais *superficiel*. Deuxièmement, alors que les Obj-Info peuvent constituer des parties d'autres Obj-Info, cela n'est pas possible pour *fait*. On a *cette idée / observation se trouve dans l'œuvre de Fabre*, mais pas *ce ??fait se trouve dans l'œuvre de Fabre*.

En résumé, *fait* se rapproche des événements et des Obj-Info sans qu'il soit possible purement et simplement de le ranger dans une des ces deux catégories.

L'observation la plus importante est que *fait* n'est pas isolé. Il existe certains N (*situation, contexte*, par exemple) avec lesquels il partage trois propriétés : (a) *fait* et ces N sont compatibles, dans certains cas avec les prédicats d'émergence, (b) ni *fait* ni ces N n'admettent les prépositions temporelles, (c) *fait* et ces N entrent dans la construction *cela/ce N constitue un* (*fait*/N) + modifieur (une relative ou autre), où *cela/ce N* reprend un événement ou un état décrit dans le contexte. (a) est illustré par les séries (3), (5a) et (6), (b) par les séries (4) et (7), (c) par la série (8).

(6)a   Une situation nouvelle / intéressante s'est créée / mise en place l'année
dernière
(6)b   Un contexte nouveau / intéressant s'est créé / mis en place l'année dernière
(6)c   Cette ?situation s'est créée / mise en place l'année dernière
(6)d   Ce ?contexte s'est créé / mis en place l'année dernière
(6)e   Cette ⁽?⁾situation nouvelle / intéressante s'est créée / mise en place l'année
dernière
(6)f   Ce ⁽?⁾contexte nouveau /intéressant s'est créé / mis en place l'année dernière
(7)a   Pendant la / cette *situation
(7)b   Pendant le / ce *contexte
(7)c   Au moment de la / cette *situation
(7)d   Au moment du / de ce *contexte
(7)e   Avant / Après la / cette *situation
(7)f   Avant / Après le / ce *contexte
(8)a   Un chauffeur de bus s'est encore fait agresser hier soir. Cela constitue un fait /
une situation / un contexte préoccupant
(8)b   Le Président est malade. Cela constitue un fait / une situation / un contexte
préoccupant

Outre *situation* et *contexte*, des N comme *état de choses, conjoncture, circonstances, environnement, relation, rapport de forces, système de* N (par exemple *système d'échanges*), *ordre* (*mondial*), voire *atmosphère* et *ambiance* présentent des caractéristiques partiellement ou totalement analogues. Ces N désignent des états de choses, simples ou complexes, qui peuvent être décrits par des ensembles de propositions. Pour Asher (1993 : 55), les faits occupent, dans la hiérarchie de l'abstraction, une position intermédiaire entre les événements, qui sont peu abstraits, et les propositions, qui sont plus abstraites. Dans cet article, nous nous intéressons au mot *fait*, sans préjuger de l'existence d'une catégorie générale de faits. Cependant, l'hypothèse que nous proposons va dans le même sens que la conclusion de N. Asher. Le N *fait*, et les N apparentés, sont hybrides entre les événements, ou, plus largement, les états de choses[2], et les propositions. Cela n'implique pas que *fait* et les autres N (*situation*, etc.) soient

---

[2]   On n'est pas obligé de concevoir les faits comme des morceaux d'espace-temps
habités par des événements. Armstrong (1997) a défendu l'idée que les entités
qu'il appelle des *states of affairs*, et qui correspondent en partie aux entités
que nous visons ici, ne se réduisent pas à des individus ou à des procès mais
sont des propriétés du monde. Cependant, le remplacement d'individus et de
procès par des propriétés ne supprime pas la difficulté. Si ces propriétés ont
des caractéristiques temporelles, et si des mots comme *fait* servent à les
désigner, pourquoi ces mots sont-ils incompatibles avec les indications
temporelles ?

rigoureusement identiques du point de vue sémantique. Nous reviendrons sur leurs différences dans la section 4.2.

4. Les garants propositionnels
4.1. L'analyse

Peterson (1997, chap. 3) propose de voir dans les faits des entités qui rendent les propositions correspondantes vraies. Par exemple, *le fait que Marie est arrivée* dénoterait l'entité qui rend la proposition *Marie est arrivée* vraie. Quelle est donc la nature d'une entité qui rend une ou plusieurs propositions vraies ? On serait tenté de répondre que ce sont les parties du monde, que décrivent les propositions. Mais, cela ne permet pas d'expliquer pourquoi la temporalité échappe à ces entités. L'idée que nous introduisons consiste à voir les faits comme des parties du monde qui ne sont perçues que comme garantes de propositions. Un mot comme *fait* dénote un état de choses, qui peut constituer la dénotation d'un GN d'événement ou d'état, mais, *en plus*, cet état de choses sert de garant à une proposition. Il n'y a aucun moment où commencerait (se terminerait) un événement correspondant au fait que l'état de choses sert de garant à la proposition.

Notre solution consiste à faire hériter le mot *fait* et les N apparentés d'un type noté Gprop, qui subsume ce que nous appellerons des « garants de proposition ». Les N de type Gprop dénotent des aspects du monde qui rendent vrais des ensembles de propositions. Autrement dit, le type Gprop présente des aspects du monde comme essentiellement propositionnels. En effet la propriété qu'ils ont de servir de garants à des propositions n'évolue pas dans le temps, cela même si les états de choses matériels qui constituent les garants peuvent apparaître, disparaître, durer, etc. De manière analogue, les propositions, même si elles sont vraies ou fausses dans tel ou tel monde, existent indépendamment de leur valeur de vérité. La propriété pour un N d'être Gprop explique que les N de ce type ne soient pas compatibles avec des indications temporelles. Ces dernières, en effet, supposent que ce qu'elles situent ait un caractère non-épisodique au sens de Krifka et al. (1995) : une propriété est épisodique lorsqu'elle s'applique de manière non régulière à un entité.

Considérons un événement comme celui dénoté par *l'arrivée de Marie*. Dans une représentation à la Davidson (1980), cet événement, noté *e*, a un rôle AGENT, dont la valeur est l'individu dénoté par *Marie*. La propriété correspondante est celle d'avoir la dénotation de *Marie* pour agent, notée $\phi_{AG=Marie}$:

$$\phi_{AG=Marie} = (\lambda x.\ AGENT(x) = Marie)$$

Cette propriété est vraie de tout événement qui a Marie pour agent, donc elle est réalisée chaque fois qu'il y a des événements appropriés. Considérons maintenant la propriété, notée ψ, de garantir la vérité d'une proposition. La propriété ψ est vraie de tout état de choses qui garantit la vérité de p.

$$\psi = \lambda x.\, p$$

Nous reprenons la notion, proposée par Zalta (1998), de propriété propositionnelle[3]. Une *propriété propositionnelle* est définie comme suit : si p est une proposition, la propriété propositionnelle associée à p est la propriété d'être tel que p. La différence entre $\phi_{AG=Marie}$ et ψ est que l'événement n'a pas Marie pour agent en dehors de la période où il se déroule, alors qu'il garantit la vérité de p en dehors de la période où il se déroule. Supposons que Marie soit arrivée (ici) hier mais pas aujourd'hui. Certes, il est vrai aujourd'hui que Marie est arrivée hier, mais il n'est pas vrai aujourd'hui que Marie contribue, par son action, à faire en sorte qu'elle soit arrivée hier. L'efficacité causale de Marie est limitée, en gros, à la période où elle contrôle l'événement. Au contraire, il est vrai aujourd'hui et, en un sens, tout le temps, que l'événement dénoté par *l'arrivée de Marie hier* garantit la vérité de la proposition « Marie est arrivée hier », parce que cette relation de garantie n'est pas causale, du moins pas au sens ordinaire. La vérité de la proposition n'est pas un effet dont l'événement serait la cause.

4.2. Gprop et la non-épisodicité

Nous montrons ici comment on peut faire formellement la différence entre les propriétés descriptives ordinaires satisfaites par un état de choses (événement ou état) et la propriété pour cet état de choses d'être le garant d'une proposition. Pour cela, nous nous basons sur la distinction de Carlson (1977) entre propriétés transitoires (*stage level*) et propriétés intrinsèques (*individual level*). Toutes les propriétés qui concernent la nature profonde d'un individu sont intrinsèques. Par exemple, l'intelligence ou la propriété d'être un livre sont intrinsèques. Au contraire les propriétés accidentelles ou sensibles à des causes extérieures sont transitoires. Par exemple, la propriété d'être le plus petit de sa classe ou d'avoir chaud sont transitoires. Nous pouvons adapter cette distinction aux événements.

Reprenons le même exemple. Pour l'événement donné b, la propriété d'avoir Marie pour agent (ou $\phi_{AG=Marie}$) ne constitue pas une propriété transitoire. Cette propriété est vraie pendant toute la durée de l'événement. Mais, pour Marie, la propriété d'être l'agent de l'événement donné b est transitoire ou épisodique. Pour bien faire cette différence, nous définissons

---

[3]   Nous étendons cette définition à des ensembles quelconques de propositions.

l'intervalle temporel associé à une propriété d'assignation de valeur à un rôle[4].

(9)   Soit ϕ la propriété $\lambda x.$ RÔLE$(x) = a$ et b un événement. On note $\tau(\phi,b)$
       l'intervalle t tel que $\phi(b)$ est vrai

Supposons que la propriété pour Marie d'être l'agent de b soit vraie sur un intervalle τ. Alors $\tau(\phi_{AG=Marie},b) = t$. Dans cette définition, t n'est pas l'intervalle pendant lequel il est vrai que b a Marie pour agent, mais l'intervalle pendant lequel la propriété d'être agent de b est vraie de Marie.

Un événement est un processus muni d'un certain type, qui constitue, intuitivement, une de ses descriptions possibles[5]. Dans la représentation davidsonienne, ce type est l'ensemble des propriétés instanciées par l'événement, par exemple, comme on l'a vu plus haut, la propriété $\phi_{AG=Marie}$. La dénotation d'un événement de type θ est l'ensemble des processus qui sont de type θ[6]. D'un point de vue linguistique, la dénotation d'un N d'événement est l'ensemble des processus qui sont du type correspondant à la description du N, plus peut-être à d'autres propriétés accessibles d'après le contexte. En notant $x : \theta$ le fait que x est de type θ, la dénotation du N lexical est donc :

$$\{x \mid x : \theta\}$$

Par exemple, la dénotation du N *arrivée* est l'ensemble des processus qui sont de type $\lambda x.$ (REL$(x) =$ arriver). Si l'on considère le GN (ou l'occurrence du N lexical dans un GN donné), on a d'autres propriétés apportées par les compléments et les ajouts éventuels. Par exemple l'événement dénoté par le GN *l'arrivée de Marie* serait l'entité :

$$\{x \mid x : \lambda x. (\text{AGENT}(x) = \text{Marie} \wedge \text{REL}(x) = \text{arriver}) \}$$

Pour simplifier, nous admettrons que cet ensemble ne comporte qu'un seul élément, ce qui nous permet de dire que la dénotation est un processus (et non pas un ensemble de processus).

---

[4]   Cette définition s'étend sans mal aux propriétés complexes. Lorsqu'on a un ensemble de propriétés $\{\phi_i \mid \phi_i = \lambda x.$ RÔLE$_i(x) = a_i\}$, pour $i = 1 ...n$, vérifiées par b, on note $\tau(\{\phi_i\},b)$ l'intervalle tel que $\phi_1(b) \wedge ... \wedge \phi_n(b)$.

[5]   Nous nous séparons de la notion de processus telle qu'elle est utilisée par Link (1998, chapitre 12), en admettant qu'il y a une différence intrinsèque entre les états et les événements, qui sont des processus, et les objets, qui n'en sont pas.

[6]   Ici, le type θ est un ensemble de propriétés logiques, de forme $\lambda x.$ $\phi(x)$, non un type distributionnel.

La dénotation d'un fait est l'ensemble des entités qui garantissent l'existence d'un processus d'un certain type. Le type de ces entités comporte donc l'indication qu'ils garantissent la vérité de la proposition $\exists y\ (y : \theta)$.

(10) **Fait**
Une entité est un fait si et seulement si elle a la forme :
$\{x \mid x : \lambda x.\ \exists y\ (y : \theta)\}$,
où θ est un type d'événement ou d'état.

Linguistiquement, la dénotation d'un N comme *fait*, *situation*, etc., c'est-à-dire d'un N de type Gprop, est l'ensemble des entités x de type $\lambda x.\ \exists y$ $(y : \theta)$, θ étant en général accessible à partir du contexte. Là encore, nous admettrons qu'il y a à chaque fois, dans un contexte donné, un seul fait qui satisfait la description.

La différence entre les événements et les faits est donc la suivante. Un événement est une entité qui instancie une propriété ordinaire, par exemple, celle d'avoir une certaine personne pour agent. Un fait est une entité qui instancie une propriété de proposition, c'est-à-dire, dans ce cas, la propriété de garantir la vérité d'une proposition. Une propriété ordinaire peut être instanciée ou non à un moment déterminé par une entité déterminée. C'est pourquoi elle apparaît comme épisodique. La propriété de garantir la vérité d'une proposition peut être instanciée ou non, mais pas à un moment déterminé. Si la proposition est fausse, la propriété n'est jamais instanciée, du moins dans le modèle considéré. Si la proposition est vraie, la propriété est toujours instanciée parce que l'instanciation se confond avec la vérité de la proposition, qui est permanente.

En effet, soit a un fait. D'après la définition (10), il a la structure suivante.

$$a : (\lambda x.\ \exists y\ (y : \theta))$$

La propriété $\lambda x.\ \exists y\ (y : \theta)$ n'est pas épisodique. Si a la vérifie, il n'existe aucun moment où elle cesserait d'être vraie ou commencerait à être vraie. Plus précisément, en appliquant la définition (9), nous voyons que $\tau(\lambda x.\ \exists y$ $(y : \theta), a)$ n'est limité dans aucun modèle. Soit un modèle où a vérifie la propriété. Alors, n'importe quelle autre entité de l'univers du modèle vérifie la propriété. En effet, la propriété a la forme générale $\lambda x.\ p$, où p est une proposition. Si a vérifie cette propriété, c'est que $\lambda x.\ p\ (a)$ est vrai. Mais $\lambda x.$ $p\ (a) = p$, donc p est vrai. Donc, quel que soit x, la propriété sera vérifiée. Cela n'implique pas que a soit éternel ; tout ce que dit la définition c'est que, si la proposition est vraie, son rapport à ce qui la rend vraie est constant. C'est ce rapport qui constitue un fait[7].

4.3. Les indications temporelles

Les prépositions temporelles présupposent souvent une certaine épisodicité des propriétés de l'entité sur lequel elles portent[8]. Par exemple *pendant x* dénote n'importe quel intervalle temporel inclus (non strictement) dans l'intervalle associé à *x*. Si *x* est référentiellement un événement ou un état, *pendant x* dénote donc un intervalle inclus (non strictement) dans la durée de *x*. Etant donné ce que nous venons de dire du type Gprop, si *x* est de type Gprop, *pendant x* dénote un intervalle inclus dans un intervalle dont les bornes ne sont pas fixées, ce qui rend l'usage de la préposition inapproprié. On explique ainsi les données de (4) et (7).

Un phénomène linguistique du même type se produit lorsque *pendant* porte sur une qualité inaliénable, par exemple dans **pendant l'intelligence de Marie*. Si nous la représentons comme un état, la dénotation du GN est[9] :

$$\{x \mid x : \lambda x. \text{SUPPORT}(x) = \text{Marie} \wedge \text{REL}(x) = \text{intelligent}\}$$

Soit *a* l'état qui vérifie ces deux propriétés, cet état a une durée coextensive à celle de la vie de Marie, et *pendant* ne distingue aucune période particulière dans cette vie.

Une deuxième remarque concerne le verbe *durer*. Certains N de type Gprop (mais pas *fait*) peuvent être sujets de *durer* : *la situation dure depuis trop longtemps, cet état de choses a duré deux ans*. A première vue, cela paraît indiquer que ces N ont des propriétés d'événement (cf. section 2). Mais *durer* n'est pas strictement un sélecteur d'événement puisqu'il s'applique aussi à des objets matériels : *son couteau suisse lui a duré dix ans*. Il s'applique encore à des N de sentiment qui n'acceptent pas *pendant* : *son animosité à l'égard de Marie a duré plusieurs jours, pendant son ??animosité à l'égard de Marie*. Les événements ne sont donc qu'un des arguments possibles de *durer*.

---

[7] Techniquement, si on considère la différence entre langage et modèle, les propositions sont du côté du langage et les faits du côté du modèle. Par exemple, si *P(a)* est la proposition que *a* vérifie *P*, le fait est $a \in I(P)$, c'est-à-dire *a* appartient à la dénotation de *P*.

[8] Voir Berthonneau (1989) pour leur description.

[9] Pour éviter des digressions sur le choix des étiquettes de rôle, nous utiliserons le terme générique de SUPPORT dans les cas douteux, où on n'a pas clairement un agent ou un patient.

5. Les verbes d'émergence
5.1. Le lien entre faits et événements

Il nous reste à expliquer les contrastes notés à propos de (3), (5) et (6). Le problème est le suivant : les N de type Gprop ne peuvent être sujets de V d'émergence par eux-mêmes, contrairement aux N d'événement, mais ils le peuvent avec certains modifieurs.

Faisons provisoirement l'hypothèse formulée en (11) que des verbes comme *se produire, apparaître, se créer, se mettre en place, se constituer, il y a* (au passé) demandent des sujets de type événement ou état. Intuitivement, *ce ?? fait s'est produit hier* semble très bizarre parce que *ce fait* ne désigne ni un événement ni un état.

(11) **Verbes d'émergence** Le sujet d'un verbe d'émergence doit dénoter un événement ou un état (contrainte provisoire).

Cette analyse des Gprop et la condition (11) suffisent à bloquer les phrases anormales de (5a,c,e), (6c,d)[10]. Pour expliquer les cas où les N de type Gprop peuvent cependant apparaître comme sujets de V d'émergence (3), (6a,b,e,f), il faudrait dire que certains modifieurs ont pour effet de changer le type du N et d'en faire des événements.

Cependant, cette solution rencontre des difficultés. Notons qu'il faudrait abandonner l'idée que le type distributionnel est un trait de tête, et donc partagé entre le N et le GN. Mais il y a aussi des inadéquations empiriques. D'abord, il n'est pas vrai que les V d'émergence, vus comme une classe, soient spécialisés pour les événements. Ainsi, *apparaître* accepte des N d'objets matériels : *ce livre est apparu sur le marché l'année dernière*. Le V d'émergence se comprend dans la mesure où un intervalle temporel est associé à l'existence de l'entité. Les V d'émergence acceptent chacun des sujets qui ont des propriétés particulières : ils regardent en fait l'ensemble noté θ plus haut, et ne se contentent pas de regarder le type distributionnel.

D'autre part, bien entendu, les adjectifs comme *nouveau* n'ont pas, d'une manière générale, la capacité de transformer en événements les N

---

[10] Formellement, Si *ce fait* renvoie à un *a* tel que $a : \lambda x. \exists y (y : \theta)$, on a, de nouveau, par la définition (11) :
$\lambda x. \exists y (y : \theta) (a) = \exists y (y : \theta)$ est satisfait de manière stable.
Il en résulte, suivant la définition (10), que l'intervalle associé $t(\exists y (y : \theta))$ n'a pas de bornes, ne peut correspondre à un événement ou un état, et donc, d'après la condition (13), que le GN correspondant ne peut être sujet d'un verbe d'émergence.

qu'ils modifient, car on n'a pas *son nouveau *livre s'est produit / a eu lieu le mois dernier.* Enfin, si l'on comprend intuitivement que les adjectifs comme *nouveau* ou *inattendu* puissent « tirer » la dénotation du GN vers les événements, il n'en va pas de même pour d'autres modifications qui rendent, elles aussi, possible l'occurrence des Gprop comme argument des V d'émergence :

(12)a Un $^{??}$fait s'est produit hier

(12)b Vu la tête qu'il a il a dû se produire un $^{??}$fait / un fait quelconque

(12)c Ce qui me dérange dans cette histoire, c'est un fait qui s'est produit hier et dont je vais vous parler

(12)d Ce qui me laisse sceptique, c'est une situation qui s'est mise en place il y a deux ans et qui est assez inquiétante.

Il est donc nécessaire de revenir sur le rapport entre faits et événements, que jusqu'à maintenant, nous avons cherché à distinguer, pour voir pourquoi les N comme *fait* sont autorisés comme arguments des V d'émergence. Nous reprendrons la condition de modification à la section suivante.

Notre hypothèse est la suivante : bien que les deux types distributionnels soient distincts, le type Gprop est intrinsèquement lié au type Ev-fort. Nous nous appuyons sur l'observation notée en (8) dont nous n'avons pas rendu compte encore.

(13)   **Lien intrinsèque de deux types** Le type $\sigma 1$ d'un N est intrinsèquement lié au type $\sigma 2$ seulement si la construction GN *constitue un* N (+ modifieur) est possible, la tête de GN étant de type $\sigma 2$.

Cette propriété de lien intrinsèque avec les Ev-forts ne caractérise pas les seuls N de type Gprop. On la retrouve avec des N comme *problème, surprise, difficulté, déception, geste* + modifieur, etc.

(14)a La victoire de l'équipe constitue une surprise

(14)b La défaite de l'équipe constitue une déception

(14)c L'abandon du projet constitue un problème / une difficulté sérieuse

(14)d Cette reprise de volée constitue un geste technique remarquable

Ils sont compatibles avec des verbes d'émergence.

(15)a Plusieurs surprises se sont produites lors de la première journée de championnat

(15)b Il y a eu plusieurs déceptions au cours de cette journée

(15)c Il y a eu plusieurs gestes techniques remarquables

(15)d Deux problèmes se sont produits lors de la mise en route

(15)e Il y a eu deux difficultés au moment de la mise en route

Enfin, ils ne sont pas très heureux avec *au moment de* ni *pendant* : *au moment de cette* $^{??}$*surprise, pendant ce* $^{??}$*problème*. Toutes ces caractéristiques les rapprochent de *fait* et le mécanisme sous-jacent semble bien le même. Le fait pour un x de constituer un y doit être distingué de l'enchaînement de l'événement et d'un état résultant. Dans un enchaînement événement → état résultant, tel qu'il est décrit dans de nombreuses théories aspectuelles (Moens 1987, par exemple), l'état n'est pas lié de manière intrinsèque à l'événement. Par exemple, une chute peut entraîner une blessure, mais l'événement de chute n'*est* pas la blessure ; il ne la *constitue* pas, mais en est plutôt la cause (une des causes). Au contraire, les N mentionnés sont la manifestation des événements dans des systèmes de perception et d'interprétation. Ainsi, dans (15a), on comprend que certains matches (des événements) constituent des surprises, au sens où des aspects internes à l'événement (scénario, résultat) sont surprenants.

Revenons sur la définition de fait (la dénotation du mot *fait*), donnée en (10). Nous distinguons entre trois niveaux : d'un côté les parties du monde, par exemple, des événements réels ; d'un autre côté, les garants propositionnels comme les faits ; enfin, les propositions elles-mêmes. Les N de type Gprop font la liaison entre les deux autres niveaux. En effet, ils classifient, comme les N d'événement, les parties du monde, et, en même temps, ils déterminent la valeur de vérité de la proposition. Ils jouent donc le même rôle qu'un modèle du monde (dans la théorie des modèles en logique). Il est facile de confondre l'événement et le fait, parce que le fait, loin d'être le résultat de l'événement, en est la représentation.

5.2. La sélection des V d'émergence

Munis de la notion de lien intrinsèque entre types distributionnels, nous pouvons maintenant définir correctement la sélection du type distributionnel et expliquer que le N *fait*, par exemple, puisse apparaître comme sujet de *se produire*. Mais, il faut également rendre compte de ce qu'une modification du N est nécessaire. Pour cela, nous soulignons que les V peuvent également requérir des propriétés sémantiques appropriées, et non pas seulement un type distributionnel ; celles-ci peuvent être fournies par la modification.

En ce qui concerne le type distributionnel, nous dirons que les verbes d'émergence sont possibles dans deux cas :

(16) **Sujet des verbes d'émergence.**
(i) Ou bien le N sujet est d'un type autorisé par le verbe.
(ii) Ou bien le N sujet est d'un type intrinsèquement lié à un type autorisé par le verbe.

Nous élargissons donc la sélection de ces verbes en introduisant le cas (ii), et nous modifions également le premier cas, par rapport à la définition (11). Le cas le plus simple de (16i) est celui *se produire* et *avoir lieu* par rapport au type Ev-Fort. Mais tous les prédicats d'émergence ne sélectionnent pas seulement les Ev-forts, comme nous l'avons vu avec l'exemple d'*apparaître*. Le cas (16ii) est représenté par la possibilité pour *se produire* de prendre des N de type Gprop comme sujets.

La sélection du type distributionnel ne suffit pas à rendre compte de toutes les restrictions. Les V peuvent avoir accès à des propriétés sémantiques supplémentaires (qui font partie de ce que nous avons noté θ à la section 4.2.). Par exemple, *se produire* accepte le N *fait*, mais pas les autres Gprop *situation, contexte*, etc (*cette situation s'est produite hier*). Dans notre analyse, cela est dû au caractère complexe de la dénotation de ces N (voir la section suivante). *Se produire* prend un Ev-fort ou un N Gprop, à condition que leur dénotation soit construite comme une entité simple. D'autre part, *se produire* et *avoir lieu* se distinguent en ce que le premier ne requiert pas comme le second que l'événement comporte un agent (agentivité forte ou support de modification). Comme cette contrainte fait partie des propriétés sémantiques θ plutôt que du type distributionnel, nous retrouvons cette distinction lorsque l'argument est un Gprop comme *fait*. *Fait* n'ayant pas de propriété d'agentivité, il est sujet de *se produire*, non de *avoir lieu* (voir (5a)).

Une autre différence entre *se produire* et *avoir lieu* sous-tend les données complexes de (5a,c,e). Il semble qu'un événement ayant un fort caractère d'unicité et résistant à la typification soit le sujet d'*avoir lieu*, mais pas de *se produire*. Ainsi, l'exécution des otages comme l'anniversaire de Marie ont lieu, mais se produisent difficilement, alors que l'agression d'un chauffeur peut se produire comme avoir lieu. En (5a,c,e), le N *fait* est la tête d'un GN anaphorique, qui hérite des contraintes sémantiques de l'antécédent. L'antécédent lui-même est soit un GN de type Ev-fort (5c,e), soit l'événement (fort) associé à la phrase précédente ((5a), voir Asher 1993). Ces phrases combinent donc les contraintes propres à *fait* (qui n'est pas sujet de *avoir lieu*) et de l'antécédent, qui doit être compatible avec *se produire*. Bien que le N *fait* puisse reprendre un état aussi bien qu'un événement (*Marie est intelligente, c'est un fait incontestable*), il ne peut, dans ce cas, être le sujet de *se produire* parce que les états ne produisent pas : *Marie est intelligente, ce fait s'est *produit il y a six mois*. De la même manière, (5c) et (5e) sont exclus parce que les événements qui sont les antécédents (un anniversaire en (5c), l'exécution des otages en (5e)) ne sont pas compatibles avec *se produire* ; au contraire, (5a) est meilleur, parce que *agression* peut être le sujet de *se produire*.

Considérons maintenant les apports de la modification. Le modifieur peut appartenir au GN (3a,b) ou au GV (3b), (5a) ; sémantiquement, il peut introduire de l'épisodicité, d'une part, et de la pertinence informationnelle, d'autre part. Prenons d'abord le second point. Dire *un ??fait s'est produit hier* (12a), c'est pratiquement ne rien dire puisqu'on ne décrit aucun événement (la localisation est insuffisante, car elle ne dit rien du contenu propositionnel, et la proposition garantie par le Gprop reste mystérieuse)[11]. D'une manière générale, l'emploi de *fait* comme sujet de *se produire* est bizarre si l'on ne fait pas référence à la pertinence informationnelle du contenu propositionnel, comme le montre les contrastes de (12). Il n'est pas nécessaire que ce contenu soit spécifié ou reconstituable, mais seulement qu'on indique quel lien il a à la situation, y compris lorsque ce lien n'est pas précis. Dans (12b), le GN *un fait quelconque* renvoie à tout fait qui a une pertinence quelconque par rapport à l'état de la personne mentionnée (*vu la tête qu'il a*). L'adjectif *quelconque* ne signifie pas dans ce cas *n'importe quel*, mais *qui a un rapport quelconque avec son état*.

On a vu que des adjectifs comme *nouveau* ou *intéressant* améliorent souvent les exemples, cf. (3). Ils restaurent en effet une certaine épisodicité. Bien que le N *fait* soit autorisé comme type distributionnel par la définition (16), *se produire* préfère un sujet qui a une propriété d'épisodicité, propriété intrinsèquement présente dans le type Ev-fort. Un fait ne peut être nouveau ou intéressant que de façon intermittente. Par exemple, un fait n'est nouveau qu'à partir du moment où il existe. Mais ce qui est nouveau, ce n'est pas le contenu propositionnel du fait mais le fait que ce contenu propositionnel soit garanti par une partie du monde. En ce sens, l'adjectif *nouveau* dépend pour son applicabilité à la fois du caractère d'occurrence et du contenu propositionnel. La même chose vaut pour *intéressant*. Ce qui est intéressant, c'est que se produise un événement garantissant un certain contenu propositionnel. Cette remarque s'étend à tous les modifieurs qui mettent en jeu le contenu propositionnel. Par exemple, dans la phrase *un fait de ce type s'est produit hier*, le contenu propositionnel est reconstituable d'après l'indication *de ce type* et la phrase signale qu'un certain type de contenu propositionnel s'est trouvé avoir un garant hier.

Formellement, la non-épisodicité des faits provient de la propriété $\lambda x.$ $\exists y\ (y : \theta)$, qui est de forme $\lambda x.\ p$, p étant une proposition. Il est clair qu'une propriété de forme $\lambda x.\ p \wedge \phi(x)$, où $\phi(x)$ est épisodique, est elle-même épisodique. Soit un moment t tel que l'entité qui instancie ϕ n'existe pas, alors, $p \wedge \phi(x)$ ne peut être vrai à ce moment. C'est justement ce qui se passe

---

[11]   D'après la définition (10), un fait a une structure $\{x \mid x : \lambda x.\ \exists y\ (y : \theta)\}$. Nous désignons par le terme de « contenu propositionnel » la formule $\exists y\ (y : \theta)$.

pour les adjectifs mentionnés plus haut. La combinaison du N *fait* avec de tels adjectifs peut être représentée par :

$$\{x \mid x : \lambda x.\ \exists y\ (y : \theta) \wedge \phi(x)\}$$

Un prédicat comme *nouveau* ne porte pas uniquement sur la contenu propositionnel θ, mais sur le fait que θ est instancié par un événement. On peut donc analyser *nouveau fait* comme :

$$\{x \mid x : \lambda x.\ \exists y\ (y : \theta) \wedge N(x)\}$$

L'épisodicité inhérente à cette forme rapproche les faits des événements, et contribue à expliquer les variations subtiles entre les exemples.

5.3. Fait et situation

Pour les N comme *situation*, le schéma est le même, à ceci près que ce sont des situations complexes, pas des événements, qui sont les garants. Ainsi, la dénotation de *fait*, comme celle des événements ou des états sur laquelle elle s'appuie, est simple, alors que celle des autres N de type Gprop est complexe, et ne se décompose pas en événements, mais en états et propriétés.

La différence se constate sur deux points au moins. D'une part, les situations, mais pas les faits ou les événements, peuvent émerger progressivement. On peut avoir *cette nouvelle situation s'est créée progressivement* mais pas *un nouveau *fait s'est produit progressivement* ou *le *concert a eu lieu progressivement*. D'autre part, les mots comme *situation* font référence à des propriétés ou à des états, pas à des événements. Par exemple, dans un enchaînement comme *Marie a démissionné. Ce nouveau contexte est très défavorable*, le contexte dont il est question est l'état de choses résultant de la démission de Marie, pas la démission elle-même. Au contraire, les faits peuvent faire référence à des événements comme dans *Marie a démissionné, ce qui constitue un fait très significatif du climat de l'entreprise*.

Les situations peuvent-elles être vues comme des ensembles de micro-états ? Le fait que les situations puissent être dites *durer* va dans ce sens, l'incompatibilité avec les prépositions temporelles (7) dans l'autre sens. En fait, une situation peut se composer d'états (temporaires) mais aussi d'attributions de propriétés intrinsèques : *l'identité des requérants, la personnalité de l'accusé, l'époque, tout cela forme une situation complexe*. Il n'y a donc aucune raison de supposer que les situations ont des éléments pleinement temporalisables. Cet aspect des situations est confirmé par le nouveau contraste entre *fait* et *situation* illustré en (17) et (18). *Fait* (convenablement modifié) peut être le complément des prépositions temporelles *avant*, *après*, mais pas de *pendant* ou *au moment de* ; *situation* ne peut être le complément d'aucune d'entre elles :

(17)a Avant ce nouveau ^(?)fait, le commissaire me croyait coupable

(17)b Avant ce ^(?)fait révélateur, le commissaire me croyait coupable

(17)c Après ce nouveau ^(?)fait / ce ^(?)fait révélateur, le commissaire n'a plus eu aucun doute

(17)d Au moment de / Pendant ce nouveau ^{??}fait / ce ^{??}fait révélateur, le suspect était dans sa chambre

(18) Avant / Après / Au moment de / Pendant cette nouvelle ^{??}situation, le pays était au bord de la ruine

Nous ferons l'hypothèse que *avant* et *après* sont compatibles avec (i) des N d'événements ou d'états, (ii) des N associés à des événements (*après son dernier livre, il est passé plusieurs fois à la télé*), ou (iii) des N dont le type est intrinsèquement lié à un type événementiel[12]. L'impossibilité pour les situations de se composer d'événements est alors confirmée par le contraste entre (17) et (18).

Pour finir, il est utile de revenir sur les critères du type distributionnel Ev (voir la section 2) pour bien délimiter ce qui concerne la sélection de ce type des contraintes sémantiques auxquelles nous avons fait appel dans notre analyse. Laissant de côté ces dernières, nous avons le tableau suivant : (i) Les prépositions temporelles n'ont pas toutes le même comportement. *Pendant, au moment de, lors de* prennent des types temporels, Ev ou également, pour *pendant*, des périodes (*pendant sa vieillesse*) ; *avant, après* sont au contraire peu spécifiées pour le type distributionnel, acceptant Ev, périodes, Gprop, et Objets. (ii) Les V aspectuels *commencer* et *finir* dans des phrases de la forme GN V (PP[loc]) ainsi que *durer* prennent pour sujet des Ev, mais aussi des Objets. (iii) Les V d'émergence *se produire, avoir lieu* prennent des Ev-forts, et, pour *se produire*, également des types intrinsèquement liés aux Ev-forts (Gprop pour *fait*, mais aussi le type non encore déterminé de certains N de (14)). Appartiennent donc au type Ev les N qui sont à la fois complément de l'une des P temporelles *pendant/au moment de/lors de* (suivant leurs propriétés sémantiques), et sujet des V aspectuels *commencer, finir* dans des phrases où le PP est une localisation temporelle. Appartiennent au type plus restreint Ev-fort les N qui ont les

---

[12]   On note que les N de la série (14), également liés intrinsèquement au type Ev-fort, sont compléments de *avant* et *après*.
(i) Avant cette incroyable surprise, j'étais serein
(ii) Après cette déception, je me sens plutôt amer
(iii) Après ce dernier problème / cette dernière difficulté, il a jeté l'éponge
(iv) Après ce geste splendide, les autres joueurs se sont sentis tout petits.

propriétés précédentes, et sont sujets de l'un des V d'émergence *se produire/avoir lieu* (suivant leurs propriétés sémantiques).

5.4. Le lien événement-fait et l'hypothèse de Bennett

Bennett (1988 : 128-134) propose de réduire la distinction entre faits et événements. Dans sa perspective, tout événement est un fait, mais les noms d'événement vendleriens (les *perfect nominals*, N dérivés comme *Mary's departure*) ne fournissent pas toute l'information caractérisant le fait, alors que les noms de fait vendleriens (les *imperfect nominals*, comme le gérondif verbal *Mary leaving*) fournissent cette information dans sa totalité. Par exemple, *Mary's departure* (un GN d'événement) peut dénoter le fait du départ de Marie, mais aussi, selon le contexte, n'importe quel fait plus complexe comprenant ce fait comme partie, par exemple le fait que Marie est partie rapidement, à pied, lentement, avec Paul, hier après-midi, lentement avec Paul et hier après-midi, etc. En revanche, *Mary leaving* dénote le fait du départ de Marie, fait qui correspond strictement à l'information linguistique. Les GN de fait sont donc informationnellement exhaustifs alors que les GN d'événéments peuvent être informationnellement non-exhaustifs, mais leur dénotation n'est pas essentiellement différente.

Bien que cette perspective se heurte à l'observation que *fait* n'a pas les propriétés des N d'événement (section 4.2), elle n'est pas sans lien avec la solution proposée ici. Si les faits sont des garants propositionnels, ils sont en quelque sorte délimités par la proposition qu'ils garantissent. Bien que les événements tombent du côté du monde (réel ou imaginaire) où ils se produisent, et les faits du côté du modèle abstrait de ce monde qui assure la correspondance avec les propositions, il est vrai pourtant que tous les modèles possibles d'un événement donné partagent la propriété de garantir la même proposition. Dans cette mesure, toute l'information qu'ils contiendraient en plus est dénuée de pertinence.

Conclusion

Dans cet article, nous avons proposé d'associer au mot *fait* une propriété de proposition, au sens de Zalta (1998). En analysant cette proposition comme assertant l'existence d'un événement ou d'un état nous tenons compte de la collusion, souvent notée, entre fait et événement (par ex., Bennett 1988, Vendler 1972) . Toutefois, nous ne la réduisons pas à une ambiguïté ou à la thèse que les faits seraient « des espèces d'événements ». Nous montrons que *fait* n'a pas les propriétés des événements, et qu'il se rapproche au contraire d'autres N (*situation*, etc.) dont les caractères événementiels sont inexistants. En revanche, nous acceptons l'idée qu'il y a un lien fort entre fait et événement et nous essayons de le décrire précisément. En faisant de *fait* une propriété de proposition, nous reconnaissons également la dimension propositionnelle des faits, souvent abordée dans la littérature philosophique (par ex., Asher 1993). Plutôt que de créer une nouvelle catégorie distincte (celle des faits), dont le lien aux événements et aux propositions reste à la fois incontournable et paradoxal, nous proposons d'obtenir cette catégorie en composant des événements (ou états, et, pour d'autres N, des propriétés) et des propositions, ce qui dissipe en partie le mystère du comportement hybride de *fait*.

Références

Armstrong, D. M. (1997). *A World of States of Affairs*, Cambridge : Cambridge University Press.

Asher, N. (1993). *Reference to Abstract Objects in Discourse*, Dordrecht : Kluwer Academic Publishers.

Bennett, J. (1988). *Events and their Names*, Oxford : Clarendon Press.

Berthonneau, A. M. (1989). *Composantes linguistiques de la référence temporelle*. Thèse de doctorat d'état, Université de Paris 7.

Borillo, A. (1989). Notion de *massif* et de *comptable* dans la mesure temporelle, in : J. David & G. Kleiber (éds), *Termes massifs et termes comptables*, Paris : Klincksieck, 215-238.

Carlson, G. (1977). *Reference to Kinds in English*. Thèse de Ph. D., Université d'Amherst.

Davidson, D. (1980). *Essays on Actions and Events*, Oxford : Clarendon Press.

Ginzburg, J. (1995). Resolving questions, I et II, *Linguistics and Philosophy* 18 : 459-527 et 567-609.

Ginzburg, J. & Sag, I. A. (1998). *English interrogative constructions*. Manuscrit, Hebrew University et Université de Stanford.

Giry-Schneider, J. (éd), (1994). *Sélection et sémantique*, *Langages* 115.

Godard, D. & Jayez, J. (1993). Towards a proper treatment of coercion phenomena, *Proceedings of the Sixth Conference of the European Chapter of the Association for Computational Linguistics*, 168-177.

Godard, D. & Jayez, J. (1994). Types nominaux et anaphores : le cas des objets et des événements, *Cahiers Chronos* 1 : 41-58.

Krifka, M. & al. (1995). Genericity : An Introduction, in : G. N. Carlson & F. J. Pelletier, (éds), *The Generic Book*, Chicago : Chicago University Press, 1-124.

Le Pesant, D. & Mathieu-Colas, M. (éds), (1998). *Les classes d'objets*, *Langages* 131.

Link, G. (1998). *Algebraic Semantics in Language and Philosophy*, Stanford : CSLI Publications.

Moens, M. (1987). *Tense, Aspect and Temporal Reference*. Thèse de Ph. D., Université d'Edimbourg.

Peterson, P. L. (1997). *Fact, Proposition, Event*, Dordrecht : Kluwer Academic Publishers.

Vendler, Z. (1967). *Linguistics in Philosophy*, Ithaca : Cornell University Press.

Vendler, Z. (1972). *Res Cogitans : An Essay in Rational Psychology*, Ithaca : Cornell University Press.

Verkuyl, H. (1993). *A Theory of Aspectuality : The Interaction between Temporal and Atemporal Structures*, Cambridge : Cambridge University Press.

Zalta, E. N. (1998). *Principia Metaphysica*. Manuscrit, CSLI, Université de Stanford.

Remarques sur la notion de pluriel

Maurice GROSS[*]
LADL - Université Paris VII

Dans les grammaires usuelles, les descriptions détaillées du pluriel sont en premier lieu morphologiques, autrement dit, elles portent sur les variations orthographiques de formes des noms, des adjectifs et des verbes et de quelques autres parties du discours. Les descriptions syntaxiques portent sur les accords nécessaires entre déterminants, noms et adjectifs, entre le sujet, le verbe, les attributs, les modifications dues à la coordination. L'impression générale que donnent les grammaires est celle d'une grande homogénéité, voire d'une grande régularité et les listes d'exceptions sont assez complètes, on en trouvera une description exemplaire dans le Goosse-Grevisse. Cet état de la description résulte de la nécessité d'enseigner l'orthographe. Nous allons analyser plus en détail certaines des constructions mentionnées, de façon à montrer que l'appellation générale de pluriel masque en fait une grande diversité de phénomènes syntaxiques et sémantiques.

1. Le pluriel local
1.1. Les marques du pluriel

La mise au pluriel de nombreux noms et adjectifs est « muette », autrement dit l'adjonction d'un -s à *cigarette* ou d'un -x à *genou* n'a pas d'effet phonique[1] comme en anglais. L'introduction de ces suffixes est donc purement conventionnelle : un grammairien quelconque a proposé qu'en souvenir des marques latines il fallait introduire ces suffixes du pluriel et il a été suivi, ainsi *bon livre* se met au pluriel : *bons livres,* mais les prononciations sont identiques au singulier et au pluriel. Le grammairien anglais a réagi différemment : *good book,* une fois mis au pluriel présente une différence de prononciation pour le nom *book* : le son /s/ s'entend au pluriel, mais *good* ne change pas. En conséquence, la règle orthographique de l'anglais est identique à la règle phonétique : l'adjectif *good* est invariable, mais le nom prend un -s, audible. En français donc, les noms et adjectifs comme *livre* et *bon,* autrement dit, la plus grosse partie du vocabulaire, est invariable à la manière des adjectifs de l'anglais. Seuls, un petit nombre de noms et d'adjectifs ont un pluriel phonétiquement marqué :

---

[*]   LLI (UMR 7546 du CNRS).
[1]   Excepté dans les liaisons dont certaines ne sont pas naturelles.

vitrail-vitraux,   brutal-brutaux. On peut les considérer comme des
exceptions.[2]

Toutefois, le phonème /z/ mais jamais /s/ apparaît obligatoirement
dans quelques contextes spécifiques du pluriel, uniquement devant une
voyelle, jamais devant une consonne et la nature des unités grammaticales
intervient :

- avec le *s* apparemment orthographique des pronoms préverbaux :

il arrivera = /ilarivra/	*ils arriveront* = /ilzarivrõ/
il part = /ilpar/	*ils partiront* = /ilpartirõ/, */ilzpartirõ/

mais la liaison n'est pas obligatoire avec les sujets nominaux pour qui la
liaison a une tonalité plutôt affectée :

   les femmes arrivent = /lefamariv/   ?/lefamzariv/

- avec les déterminants pluriels : *les, ces, des, mes, tes, ses, nos, vos, leurs,
plusieurs, certaine(s), mainte(s), divers, quelques, deux, trois, six, dix, onze,
douze, treize, quatorze, quinze, seize*

   les olives : /lezɔliv/, */leɔliv/

- avec les adjectifs préposés :

   les belles olives : /lebɛlzɔliv/, ?*/lebɛlɔliv/, */lezbɛlɔliv/,
   les énormes olives : /lezenɔrmɔzɔliv/, ?/lezenɔrmɔliv/

mais pas avec les adjectifs postposés :

   les olives offertes : /lezɔlivɔfɛrt/   ?*/lezɔlivzɔfɛrt/

Aussi, un traitement orthographique du pluriel plus proche de l'observation
consisterait à introduire un /z/ euphonique dans les positions syntaxiques où
il est requis, de la même façon que le /t/ euphonique de certaines formes
interrogatives :

---

[2]   Le dictionnaire électronique DELAS du LADL qui compte environ 100 000
    entrées en comporte environ 1 400 (1 200 adjectifs et 200 noms) dont le
    singulier en -*al* alterne avec le pluriel en -*aux*. La mise au féminin des noms et
    des adjectifs et la conjugaison des verbes présentent donc bien des caractères
    d'invariabilité masqués par l'orthographe.

Luc a-t-il répondu ?

On écrirait ainsi :

> *un bon livre, (de + des) bon livre*
> *les-z-olive, les belle-z-olive*

Indépendant de ces considérations plutôt orthographiques qui démarquent le français de la quasi-totalité des autres langues, le pluriel existe bien en français, mais il est surtout marqué par les déterminants.

1.2. Les noms concrets

La mise au pluriel de noms concrets **énumérables** comme *épicier* ou *fenêtre* s'effectue avec une grande régularité. L'application de déterminants pluriels produit des effets constants : elle permet de construire des ensembles de personnes ou d'objets de cardinalité supérieure à *1* :

- les déterminants numéraux : *Dnum* =: *deux + trois + ... + dix + mille deux cent trois* + etc. indiquent la taille exacte des ensembles ;
- d'autres déterminants indéfinis fournissent peu ou pas d'information sur la cardinalité des ensembles :

> *(beaucoup + peu + trop) de (épiciers + fenêtres)*
> *(certain(e)s + divers(es)) (épiciers + fenêtres)*

Avec des substantifs concrets **massiques** comme *farine* ou *sable*, la mise au pluriel au moyen de déterminants *Dnum* conduit à d'autres interprétations :

trois farines, dans : *On a mélangé trois farines* signifie *trois sortes de farine*,
trois sables, dans la même forme, est nettement moins naturel : *?On a mélangé trois sables,* cela peut signifier, mais à la rigueur *trois sortes de sables.* On dira que *farine* et *sable* acquièrent une interprétation générique lors de leur mise au pluriel.

Les expressions : *(beaucoup + peu + trop) de (corail + farine + sable)* comportent une indication quantitative[3], analogue à celle des *N* **dénombrables**. Les expressions :

Dadj N =: *certains coraux, certaines farines, divers sables*
des N   =: *des farines, ?des sables*

---

[3]   Ces indications sont variables selon les phrases, on comparera :
        Luc mange beaucoup de riz, L'Inde produit beaucoup de riz.

ont des interprétations génériques analogues à celles des *Dnum N*, ce qu'on pourrait expliciter en convenant que le numéral porte sur un classifieur sous-entendu, comme *type* ou *genre*.

Les déterminants pluriels définis : *ces, mes, tes, ses, nos, vos, leurs, chaque* ont des fonctions référentielles, il en va de même pour *les* dans certaines constructions : ils renvoient à des groupes nominaux figurant dans le contexte. Les déterminants composés *de tel(le)s, chacun des,* qui pourtant ont des formes d'indéfini, sont également référentiels.

L'article défini pluriel *les*, dit **générique**, combiné avec des *N* dénombrables, a la capacité de constituer des groupes à interprétation indéfinie :

> *Les hommes sont nés libres, Les lions sont cruels*

Avec des *N* de **masse**, on observe à nouveau la différence :

> *Les farines sont faciles à transporter*
> ?* *Les sables sont faciles à transporter*

L'article défini singulier a la même interprétation générique :

> *L'homme est né libre, Le lion est cruel*
> *La farine est facile à transporter, Le sable est facile à transporter*

Par ailleurs, la mise au pluriel de certains déterminants n'a pas toujours les implications sémantiques attendues. Considérons le déterminant nominal figé *Dnom* =: *une quantité industrielle de* et son pluriel :

> *Luc a acheté une quantité industrielle de riz*
> *Luc a acheté des quantités industrielles de riz*

leur différence de sens est ténue, sinon nulle. Il en va de même avec des formes moins figées comme *une (grande + petite) quantité de* et avec des déterminants *Dnom* intrinsèquement pluriels :

> *Une (foule + multitude) de touristes débarque(nt)*
> *Des (foules + multitudes) de touristes débarquent*

Avec d'autres *Dnom* de mesure comme *kilo, tonne*, on observe des faits voisins :

> *Luc a acheté (un kilo + une tonne) de riz*
> *Luc a acheté six (kilos + tonnes) de riz*

Luc a acheté des (kilos + tonnes) de riz

dans ces phrases, l'effet de l'introduction de numéraux cardinaux est régulier (i.e. celui auquel on s'attend sémantiquement), mais les formes au pluriel en *des* neutralisent la mesure de poids, ce qui fait que *des kilos, des tonnes* apparaissent tous deux comme synonymes de *beaucoup*. D'autres types sémantiques de *Dnom* ont d'autres comportements (M. Gross, 1977 : 52-53), par exemple les déterminants explicitement génériques :

Ce type de cheval gagne toutes les courses
= *Ces types de chevaux gagnent toutes les courses*

On sait qu'il existe des noms, simples ou composés, obligatoirement au pluriel :

des gens, des arrhes, des entrailles,
de beaux restes, les fins fonds (de N), des sables mouvants, etc.

quelques uns peuvent avoir un sens pluriel, comme *gens,* et d'autres un sens collectif : *des entrailles.* Pour d'autres encore, le pluriel est une simple marque formelle qui n'a plus guère à voir avec la cardinalité :

des arrhes   = *une avance, une caution*
des intempéries   = *du mauvais temps*
les forces de police = *la police*

Les singuliers obligatoires, essentiellement les noms propres, peuvent presque toujours faire l'objet d'une mise au pluriel grâce à certains procédés stylistiques :

le Jean Dupond de 1970 et celui de 1990 n'ont plus rien à voir
= *les Jean Dupond de 1970 et de 1990 n'ont plus rien à voir*

Il n'y a pas deux pont(s?) de l'Alma
Il n'y a pas deux « pont de l'Alma »

Si la variation de nombre est marquée le plus clairement par le déterminant, des termes appartenant à d'autres parties du discours interviennent également, nous allons en examiner quelques exemples.

1.3. Les modifieurs de noms

Certains adjectifs imposent le pluriel aux noms (*N* dénombrables) aux *Det* avec lesquels ils se combinent :

> *Je me fournis chez (un + des) épicier(s) russe(s)*
> ** Je me fournis chez un épicier varié*
> *Je me fournis chez des épiciers variés*

Avec d'autres *N*, la contrainte peut disparaître :

> *Cette ferme a une production variée*

Ces adjectifs sont de natures fort différentes, on en trouve de simples comme *varié*, *multiple*, mais aussi :

\- des figés : *des N divers et variés*
\- des dérivés, par symétrisation :

> *?* Je me fournis chez un épicier (différent + distinct)*
> *Je me fournis chez un épicier (différent + distinct) de celui-ci*
> = *Je me fournis chez (des + deux) épiciers (différents + distincts)*

\- des participes passés passifs dérivés de verbes à argument pluriel (cf. table *32PL* du lexique-grammaire) :

> ** le livre (accumulé + rassemblé + dénombré + énuméré)*
> *les livres (accumulés + rassemblés + dénombrés + énumérés)*
> *la richesse accumulée, *la richesse énumérée*

Certains compléments de nom imposent le pluriel à leur nom :

> ** un fruit du monde entier, les fruits du monde entier*
> ** un négociateur en présence, les négociateurs en présence*

Des adjectifs ou des déterminants adjectivaux comme *différents*, *divers*, *variés* ont le même comportement. Nous retrouverons ci-dessous au §2 des formes sémantiquement et formellement voisines avec certaines relations syntaxiques.

   Un mécanisme particulier fait appel à des reduplications du nom à mettre au pluriel, on observe surtout ces formes en position de complément direct, de *Vsup* ou de *V* distributionnels :

> *Luc a commis erreur (après + sur) erreur*
> *Luc a mangé gâteau (après + sur) gâteau*

En position sujet, les formes sont moins bien acceptées, et moins encore en position prépositionnelle :

> ?* *Enfant (après + sur) enfant ont admiré le panda*
> ? *Orateur (après + sur) orateur se sont succédé à la tribune*[4]
> *La police a procédé à arrestation (après + sur) arrestation*
> ?* *Le spectacle a déplu à spectateur (après + sur) spectateur*

D'une manière plus générale, il existe des dépendances variées entre des déterminants qui évoquent le pluriel et leurs modifieurs :

> *une simple accusation de vol*
> ? *une simple accusation de vol et d'escroquerie*
> ? *une double accusation de vol*
> *une double accusation de vol et d'escroquerie*

De même dans :

> *une triple compétence en math, en français et en anglais*

les trois matières sont imposées par l'adjectif *triple*, et il existe aussi la forme au pluriel :

> *ses trois compétences en math, en français et en anglais*

Les restrictions observées sur le pluriel des noms abstraits se retrouvent en partie dans ces constructions :

> *Luc a un double espoir : que Léa parte et qu'elle réussisse*
> ? *Luc a deux espoirs : que Léa parte et qu'elle réussisse*

Les formes dérivées qui suivent incluent des préfixes productifs qui induisent un pluriel sémantique et parfois, avec des hésitations, une marque orthographique de pluriel :

> *un sytème (mono- + bi- + tri- + ... + multi-) utilisateur(s)*
> *un cursus (inter- + multi- + pluri-) disciplinaire*
> *un espace inter-cloison(s)*

---

[4]   La marque du pluriel est peut-être autorisée : *?Chevaux (après + sur) chevaux ont franchi l'obstacle.*

un dimère, un trimère

et on notera que la forme *une tricompétence en math, en français et en anglais* n'est pas exclue.

Rappelons l'interprétation **distributive** du pluriel, dans des phrases comme :

Les trois enfants ont six bonbons

qui peut signifier qu'ils en ont six chacun ou six en tout : deux chacun par exemple. Cette ambiguïté est assez générale, mais elle disparaît avec des noms particuliers :

Luc a un poul qui bat à 120 par minute
* *Luc a des pouls qui battent à 120 par minute*
Luc et Léa ont des pouls qui battent à 120 par minute

1.4. Le nombre dans les expressions figées

Dans des phrases idiomatiques comme :

Luc perd (le nord + les pédales)
Luc prend le taureau par les cornes

les déterminants *le* et *les* sont figés avec leur nombre. Les modifications simples de ces formes affectent des entrées distinctes du lexique-grammaire : les formes dites à sens littéral, quand elles existent :

Luc perd (les nord + la pédale)
Luc prend les taureaux par la corne

Il n'est cependant pas possible d'introduire des changements de nombre par des procédés **stylistiques**, comme par exemple :

Luc prend le taureau de la crise par les cornes de l'inflation
? *Luc prend les deux taureaux de la crise et du chômage par la corne de l'inflation*

Il existe des exemples où le nombre est indifférent :

Luc récolte (le + les) fruit(s) de son travail
Luc craint (la + les) chatouille(s)
Luc joue (le + les) redresseurs de torts

(Ceci + Luc) rassurera (la + les) populations

et d'autres où la mise au pluriel est quasi régulière :

Luc cligne de (l'oeil + les yeux)

On observe les mêmes phénomènes à l'intérieur d'expressions adverbiales figées :

- avec *dans les faits, sous toutes les coutures, sur ces entrefaites, un de ces quatre matins* le nom est obligatoirement au pluriel,
- avec *dans l'immédiat, par le fait, par la suite, par un beau matin de printemps, pour l'essentiel* le nom est obligatoirement au singulier. Il en va de même dans des formes moins figées, par exemple les formes où le *Modifieur* est libre : *dans une (certaine + ... + faible +large) mesure, dans la mesure où Luc se trompe, *dans diverses mesures, *dans les mesures où...* ,
- avec d'autres adverbes, la mise au pluriel ne modifie pas le sens :

<Luc se trompe>, dans (une certaine + certaines) limite(s)
<Luc se lève> (à l' + aux) aurore(s),

- avec d'autres adverbes encore, le pluriel a sa fonction usuelle :

<Luc se soigne> pour (une + de) bonne(s) raison(s)

2. Le pluriel phrastique

Nous avons vu que la mise au pluriel (locale) d'un groupe nominal au singulier avait un effet sémantique régulier dans de nombreuses phrases. Considérons les phrases :

(1) *Luc mange une poire*
(2) *Luc mange (deux + des) poires*

On peut interpréter le procès (1) comme une action (scénario ou « frame » dans la terminologie de l'intelligence artificielle) ; (2) est alors interprété comme la répétition de l'action de (1), deux ou un nombre indéterminé de fois. L'analyse est la même avec le pluriel local du sujet :

Cet enfant mange une poire
Ces (E + deux) enfants mangent une poire

Elle se prolonge avec des exemples plus complexes comme :

Chacun de ces deux enfants mangent trois poires

qui comporte six procès de type (1). Cette analyse sémantique se traduit par une analyse syntaxique en terme de coordination, plus apparente dans des exemples comme :

   Luc mange une poire
et *Luc mange une pomme*
= *Luc mange une pomme et une poire*

Un examen plus détaillé de telles phrases révèle une certaine variété de situations. Considérons les deux phrases :

(3)   *Luc a lu son livre*
(4)   *Luc a traversé la route*

La mise au pluriel du sujet ou du complément fournit les mêmes interprétations que (1). Introduisons dans ces exemples le complément de durée *pendant une heure* :

(5)   *Luc a lu son livre pendant six heures*
(6)   *Luc a traversé la route pendant six heures*

alors que (5) correspond à l'action de (3) cadrée dans le temps, il n'en va pas de même pour (6) dont l'interprétation implique une répétition de l'action de (4), répétition étalée sur six heures. On notera bien que la répétition est celle de la traversée, la route restant la même[5], ce qui est différent de :

Luc a traversé des routes pendant six heures

et on notera que l'interprétation de :

Luc a traversé trois routes pendant six heures

---

[5]   La différence d'interprétation se retrouve avec certains verbes aspectuels, on comparera :
      Luc n'a pas arrêté de traverser la route et Luc n'a pas arrêté de lire son livre
      Luc a continué à traverser la route et Luc a continué à lire son livre
      mais on a aussi : *Luc a continué à traverser l'Atlantique* qui a une interprétation non répétitive.

implique une répétition de la traversée de chacune des trois routes. Ces différences correspondent à des propriétés aspectuelles propres à chacun des verbes *lire* et *traverser,* mais ces propriétés peuvent être difficiles à cerner pour d'autres verbes, et il n'est pas sûr qu'elles soient suffisamment opératoires pour figurer dans le lexique-grammaire des verbes français.

D'autres termes de la phrase peuvent introduire des répétitions d'un procès, c'est la cas de constructions réciproques comme :

> *Luc a embrassé Léa et (inversement + réciproquement)*

certaines conjonctions entraînent des mises au pluriel:

> * *Luc a embrassé Léa (successivement + à la suite + à tour de rôle)*
> *Luc a embrassé Léa et Eva (successivement + à la suite + à tour de rôle)*
> *Luc a embrassé mes soeurs (successivement + à la suite + à tour de rôle)*
>
> * *Luc a bu successivement un verre d'eau*
> *Luc a bu successivement six verres d'eau*
> *Luc a bu six verres d'eau successifs*

L'adverbe *mutuellement* et l'adjectif *mutuel* n'apparaissent que dans des constructions réciproques :

> *Luc et Léa se sont mutuellement embrassés*
> * *Luc a fait des baisers mutuels à Léa*
> *Luc et Léa se sont fait des baisers mutuels*

Adverbes

Il existe des relations systématiques entre certains *Dét* et une forme prépositionnelle qui leur est associée et que l'on peut qualifier d'adverbiale, du fait de ses propriétés de mobilité dans la phrase (M. Gross 1977) :

> *Luc a acheté une quantité industrielle de riz*
> = *Luc a acheté du riz en quantité industrielle*
> = *C'est en quantité industrielle que Luc a acheté du riz*
> = *Luc a, en quantité industrielle, acheté du riz de bonne qualité*

L'adverbe *de toutes parts* est associé au pronom indéfini sujet *on* et à des équivalents au pluriel comme *des gens* :

> * *Luc arrivait de toutes parts*
> *(On +Les gens) arrivaient de toutes parts*

Mais certains compléments de ce type n'ont pas de forme de *Dét* correspondante :

> *Luc a acheté du riz à foison vs *Luc a acheté une foison de riz*
> *Luc a distribué du riz à (gogo + satiété + volonté)*

on doit donc analyser ces compléments comme des adverbes portant sur le complément direct. Certains de ces adverbes imposent le pluriel au sujet dans :

> * *Luc a répondu à (Léa + mes soeurs)(en choeur + dans un ensemble parfait)*
> *Les garçons ont répondu à (Léa + mes soeurs)(en choeur + dans un ensemble parfait)*
> * *(Le choeur + L'ensemble parfait) des garçons a répondu à (Léa + mes soeurs)*
> * *Luc a applaudi ces mesures (à l'unanimité + unanimement)*
> *Les gens ont applaudi ces mesures (à l'unanimité + unanimement)*

3. Verbes particuliers
3.1. Verbes distributionnels

Les verbes distributionnels sélectionnent sémantiquement leurs arguments. Certains de ces verbes exigent le pluriel de certains arguments, la nature de ce pluriel varie selon les verbes. Ces verbes ont été étudiés par J.-P. Boons, A. Guillet, C. Leclère, 1976. On a par exemple :

N_1 = : *Nplur*

> * *Léa varie le plat*
> *Léa varie (les plats + la nourriture)*

> * *Luc diversifie son client*
> *Luc diversifie (sa clientèle + ses clients)*

> ?* *Luc collectionne une boîte en fer*
> *Luc collectionne les boîtes en fer*

> * *Luc (compte + dénombre + énumère)(son collègue + un groupe de travail)*
> *Luc (dénombre + énumère) ses collègues*

> * *Luc (rassemble + réunit) son collègue*
> *Luc (rassemble + réunit)(ses collègues + un groupe de travail)*

Ces derniers verbes sont proches de verbes dont le complément au pluriel résulte d'une transformation syntaxique de coordination de deux arguments au singulier :

> * *Luc compare ce livre*
> *Luc compare ces livres*
> = *Luc compare ce livre (à + avec + et) celui-là*

Toutefois, on observe des différences :

> ? *Luc (rassemble + réunit) Pol et Guy*
> *Luc (rassemble + réunit) Pol (?avec + et) Guy*
> * *Luc (rassemble et réunit) Pol à Guy*
> *Luc (rassemble + réunit) ce groupe (à + et + avec) cette équipe*
> = *Luc (rassemble + réunit) ces (groupes + équipes)*

N_2 pluriel :

> *Luc a (découpé + divisé + partagé) la tarte en six portions*
> * *Luc a (découpé + divisé + partagé) la tarte en une portion*

Il existe une relation entre N_1 et N_2 qui impose à N_1 d'être découpable, N_1 peut donc être **de masse**, N_1 est distributionnellement contraint :

> * *Luc a (découpé +?divisé +?partagé) du (riz + sable) en six tas*

Si N_1 est **dénombrable**, alors il doit être au pluriel :

> * *Luc a (divisé + partagé + réparti) un enfant en six groupes*
> *Luc a (divisé + partagé + réparti) les enfants en six groupes*
> *Le syndicat a peuplé les couloirs de bornes informatiques*

partager et *répartir* ont d'autres constructions :

> *Luc a (partagé + réparti) les enfants entre les familles volontaires*
> * *Luc a divisé les enfants entre les familles volontaires*

N_0 pluriel :

Une relation de symétrie peut opérer entre un sujet et un complément et donc entraîner des sujets obligatoirement au pluriel dans les constructions coordonnées :

Ce discours est en relation avec ton intervention
* *Ce discours est en relation*
Ces discours sont en relation

* *Cet invité converge vers le buffet*
Les invités convergent vers le buffet
Ce groupe converge vers le buffet

On a encore :

Les médias ont concentré (*la + les) critiques sur ce projet

$[N_2$ p.$]$ =

Ce projet a concentré (*la + les) critiques

3.2. Verbes supports

Nous avons mentionné au § 1.3 les adjectifs *différents, divers, variés,* ils entrent dans des phrases à verbe support *être* et ont des formes nominales équivalentes :

Ces fruits sont (différents + divers + variés)
= *Ces fruits ont (des différences + une certaine (diversité + variété))*

les sujets concrets sont obligatoirement au pluriel. D'autres adjectifs et déterminants ont des constructions analogues (e.g. *nombreux, peu, trop*). Les déterminants numéraux (supérieurs à 1) donnent lieu à des constructions à sujet pluriel particulières :

Les invités (sont + demeurent + restent) trois
Les invités se sont (mis + retrouvés) à trois pour faire la vaisselle[6]

Ce complément *à Dnum* est essentiel dans ces phrases, il est adverbial et en relation avec un déterminant (M. Gross 1977) dans des exemples comme :

Les invités ont mangé tout le rôti à trois
= *Trois invités ont mangé tout le rôti*

La phrase suivante à verbe support *avoir* :

Luc a une année de service

---

[6] L'adjectif *seul* peut se substituer au complément à *Dnum,* il permet alors un sujet au singulier.

présente des variantes à pluriel obligatoire :

= *Luc totalise trente années de service*
= *Luc a accumulé trente années de service*

Considérons les phrases à verbe support *faire* :

Luc fait (un effort + une erreur)

le nom supporté N_1 se met au pluriel de façon régulière :

Luc fait des (efforts + erreurs)

Considérons le *Vsup* = : *multiplier*, il n'accepte que des N au pluriel (défini) :

* *Luc multiplie (un effort + une erreur)*
Luc multiplie les (efforts + erreurs)

on a encore :

Luc a (multiplié + clairsemé + dispersé + raréfié) (*la + les) rencontres

et des transformations peuvent déplacer le nom supporté N_1, donc la contrainte, en position N_0 :

(*La + Les) rencontres (se sont + ont été)(multipliées + clairsemées + dispersées + raréfiées)

On a de même :

Luc fait (une gaffe + des gaffes + une observation + des observations)
Luc accumule (*une gaffe + les gaffes + *une observation + des observations)

Ces phrases ont une forme nominalisée à *Vsup* où le *V-n* =: *accumulation* occupe la position d'un déterminant *Dnom* régissant le pluriel :

Luc (fait + se livre à) une accumulation d'observations

Avec le *Vsup* =: *collectionner* (de même sens que *accumuler* et distinct du verbe distributionnel) :

Luc (a obtenu + reçoit)(une récompense + des récompenses)
Luc collectionne (*une récompense + les récompenses)[7]

Des effets analogues s'observent avec des verbes qui opèrent sur des
déterminants nominaux de quantité (*Dnom*) :
- de façon qualitative :

(La publicité + Luc) a (accru + augmenté + ... + diminué + réduit)
                        (le nombre des lecteurs
                        + la quantité de vin vendue
                        + la dose admissible)
- de façon quantitative :

(La publicité + Luc) a (doublé + triplé + ... + sextuplé)
(La publicité + Luc) a redoublé
(La publicité + Luc) a (décuplé + centuplé)
                        (le nombre des lecteurs
                        + la quantité de vin vendue
                        + la dose admissible)

*Luc a multiplié (le nombre des lecteurs + la quantité de vin vendue + la dose
admissible) par (deux + trois + ... +seize + dix-sept + ... + cent)*

Les phrases :

La place grouille de (monde + marchands)
= *(Le monde + Les marchands) grouille(nt) sur la place*

ont des formes dérivées qui conservent la position de pluriel ou collectif
obligatoire :

= *La place est grouillante de (monde + marchands)*
= *Il y a un grouillement de (monde + marchands) sur la place*

---

[7]   On notera l'ambiguïté de : *Luc collectionne les médailles* qui s'analyse avec
collectionner soit *Vsup* synonyme de *accumuler* (le sujet est par exemple un
sportif), soit *V* distributionnel. La phrase : *Luc ne collectionne que certaines
médailles* n'est pas ambiguë, elle ne comporte que le verbe distributionnel, qui
seul a la forme nominale *Luc fait une collection de médailles*.

Relations syntaxiques à pluriel

La relation d'inclusion stricte entre deux ensembles A et B a des expressions variées en français. Sa sémantique impose à B une cardinalité au moins égale à 2, auquel cas A ne contient qu'un élément.
Considérons les phrases à *Vsup =: être Prép* :

> *Luc est (d'entre + dans + de + parmi + au nombre de) mes amis*

Le sujet, ici *Luc,* correspond à l'ensemble A et *mes amis* à B, le singulier est interdit dans le complément :

> ** Luc est (d'entre + dans + de + parmi + au nombre de) mon ami*

Lorsque B est exprimé par un nom d'ensemble comme *groupe,* on observe des comportements différents pour les différents verbes supports *être Prép* :

> *Luc est (de + dans +?parmi) ce groupe*
> ** Luc est (d'entre + au nombre de) ce groupe*

Cette relation s'observe dans d'autres constructions, par exemple des causatives des précédentes :

> *Léa (compte + inclut) Luc (dans + parmi + au nombre de) ses amis*
> *Léa dénombre un absent (dans + parmi + au nombre de) ses amis*

La relation de superlatif, que l'on peut noter par une relation ensembliste $A = sup(B)$ ou $A = inf(B)$, impose aussi que B soit de cardinalité supérieure à 1, elle utilise les mêmes formes syntaxiques ; on retrouve des effets identiques :

> *Luc est le plus (bête + malin) (de + d'entre + parmi) mes amis*
> *Luc et Léa sont les plus (bêtes + malins) (de + d'entre + parmi) mes amis*
> *Luc est le plus (bête + malin) (de + dans) ce groupe*
> ** Luc est le plus (bête + malin) (d'entre +?parmi) ce groupe*

On observe encore une famille analogue avec des noms supportés d'ensembles **génériques** :

> *(*Ce + Ces) livres sont de deux (sortes + types)*

Ainsi donc, le pluriel en français, notion artificielle mais omniprésente du fait de l'orthographe grammaticale, existe néanmoins au niveau beaucoup moins perceptible de la syntaxe des phrases. Nous avons donné des exemples variés de ce phénomène qui nécessite des études très différentes de celles qu'ont suscité les manuels scolaires.

Références

Boons, J.-P., Guillet A. & Leclère C. (1976). *La structure des phrases simples en français : Les verbes intransitifs.* Genève : Droz, 377 p.

Grevisse, M. (1993). *Le bon usage*, 13e éd., par A. Goosse, Paris & Louvain-la-Neuve : Duculot, 1762 p.

Gross M. (1977). *Grammaire transformationnelle du français : 2) Syntaxe du nom.* Paris : Larousse, Réimpression 1986 Cantilène, 256 p.

Félicitons cette chère Andrée !
Emploi de *ce*+nom propre chez Pierre Magnan

Kerstin JONASSON
Université d'Uppsala

Introduction

Bien que le nom propre (désormais Npr) et l'article démonstratif mettent en jeu deux modes de donation du référent différents, paradoxaux sinon inconciliables, leur combinaison n'a rien d'anormal, étant par contre fréquemment utilisée en français, comme il ressort des exemples suivants :

(1)   a. *Ce Monge* avait la bouche amère. (Magnan, P., *La maison assassinée*, p. 12)
   b. Pourquoi est-ce que vous saluez *cette Cambremer*, est-ce que vous êtes aussi son voisin de campagne ? (Proust)
   c. - Ah, *cette pauvre Jeanne* ! dit étourdiment Aglaé Tournatoire, elle a eu bien mauvaise idée de se faire assassiner ! (Magnan, P., *Le secret des Andrônes*, p. 39)

Il est bien connu que l'emploi de l'article démonstratif devant le Npr donne lieu à des effets de sens qu'on ne retrouve pas toujours dans son emploi avec les noms communs. Aussi a-t-il attiré l'intérêt de plusieurs linguistes. Georges Kleiber (1991) en a fait une analyse sémantique très pertinente et les deux ouvrages traitant du nom propre apparus il y a quelques années (Gary-Prieur 1994, Jonasson 1994) lui consacrent respectivement un chapitre (Gary-Prieur 1994, Ch. V : 192-214) et une section (Jonasson 1994, section 6.1.1.3 : 189-193). Dans une étude plus récente nous sommes revenue sur le problème (Jonasson 1998), et Marie-Noëlle Gary-Prieur l'a également réabordé dans un nouveau contexte (Gary-Prieur 1998). Si cette construction ne cesse d'intriguer, c'est sans doute qu'elle semble toujours garder quelques secrets intacts. Dans cette petite étude nous ne prétendons pas les dévoiler, notre but étant seulement d'examiner l'emploi que fait l'auteur méridional Pierre Magnan de cette construction dans deux de ses romans, à savoir *La maison assassinée* (désormais *Maison*) et *Le secret des Andrônes (Secret)*. Chez cet auteur de thrillers et de romans policiers, nous trouverons non seulement des crimes épouvantables commis dans le fascinant paysage et parmi les personnages remarquables de la région des Alpes de Haute Provence autour de Sisteron et de Forcalquier, mais aussi un usage varié de la construction qui nous intéresse ici. Elle est utilisée aussi bien dans des passages narratifs que dans des dialogues, et nous verrons que la distinction entre ces deux modes discursifs est importante dans l'analyse plutôt pragmatique que nous en proposerons.

Le statut du nom propre

La plupart des exemples relevés des textes de Magnan contiennent un Npr sémantiquement non modifié dans la mesure où le Npr seul aurait bien suffi, dans la situation d'énonciation, pour identifier et désigner son porteur (cf. Jonasson 1994 : 189-190). En voici un petit échantillon :

(2)   a. Monge était si désorienté par les affres diverses où il se débattait qu'il avait failli aller, cet après-midi même, jusqu'à demander conseil au Zorme. *Ce Zorme*, c'était un homme à ne pas voir. (*Maison* 18)
       b. - En tout cas, intervint Athalie Romance, nous autres, nous prions beaucoup pour *cette pauvre Jeanne*. (*Secret* 39)
       c. J'ai vu le Séraphin. Il essayait de casser la table [5 ligne].
          Marie était à l'étalage [5 lignes] Depuis quelques temps elle songeait à *ce Séraphin*. (*Maison* 70)
       d. - Raymonde Carème, bonne à tout faire, fichée. [7 lignes] Ah, autre chose !... *Cette Raymonde* avait un amant. (*Secret* 116)

La présence de ces déterminants démonstratifs n'est pas justifiée par une pluralité de référents susceptibles d'être désignés par le Npr, comme c'est le cas lorsque dans la situation d'énonciation il y a plusieurs porteurs du même Npr, lorsque le porteur est fractionné en plusieurs manifestations ou lorsque le Npr est utilisé métaphoriquement (cf. Kleiber 1991, Gary-Prieur 1994, Jonasson 1994, 1998). Le démonstratif n'est donc pas là pour aider le destinataire à sélectionner un référent parmi plusieurs possibles. Au contraire, il s'agit de situations, où le locuteur semble bien pouvoir employer le Npr non modifié pour le porteur du Npr mais choisit d'utiliser la combinaison *ce*+Npr pour y référer. Pour cet emploi du démonstratif, Kleiber (1991) distingue trois catégories d'effets de sens : l'interprétation dénominative, l'effet de distanciation résultant d'une opération de « dé »-nomination, et finalement l'affectivité et la familiarité. Sans contester la justesse des observations de Kleiber, je m'approcherai de ces constructions d'une manière un peu différente, prenant en considération surtout des facteurs d'ordre discursif et interactionnel.

Dans l'interaction verbale, le Npr non modifié est en général utilisé comme un, terme qui implique que les participants dans l'interaction connaissent le porteur du nom (cf. Hanks 1995, Laury 1997). Si cela n'est pas le cas, ils peuvent recourir à la combinaison *ce*+Npr pour focaliser le référent qui se détachera comme une figure sur un fond, constitué par la situation d'énonciation et qui est appelé base indexicale. Cette focalisation peut répondre au besoin social du locuteur de signaler son attitude ou orientation envers le référent visé ou de situer celui-ci à l'intérieur ou à l'extérieur de sa sphère de connaissance, de celle du destinataire ou des deux.

La référence déictique

Nous partirons de l'hypothèse généralement admise selon laquelle le démonstratif opère une référence déictique et qu'il a une valeur de base sémantique qui est indexicale, ce qui implique une relation spécifique entre l'objet de référence et le contexte de l'occurrence du démonstratif. De plus, nous admettrons donc avec Hanks (1995 : 40) que le démonstratif opère une focalisation du référent visé par le SN qu'il introduit, focalisation qui, cognitivement, se traduit en termes de figure et de fond. La figure, c'est le référent visé, le fond c'est la base indexicale déterminée par les coordonnées fournies par le *hic et nunc* ainsi que les participants de la situation d'énonciation.

Or, il faut constater que le système des démonstratifs en français est très pauvre, comparé à celui qu'on trouve dans beaucoup d'autres langues : il ne comporte qu'une seule forme (*ce/cette/ces*) non marquée en ce qui concerne la proximité vs la distance du locuteur, alors que dans d'autres langues cette dichotomie est souvent codée linguistiquement (anglais *this/that*, allemand *dieser/jener*, suédois *den här/den där*). Il s'ensuit que la relation au contexte d'énonciation exprimée par le déterminant démonstratif en français est en soi très générale et non spécifiée, et que les différences d'interprétation (distanciation, affectivité, etc.) observées par exemple par Kleiber (1991) et Gary-Prieur (1994) doivent être considérées comme des effets de sens provoqués par le contexte. Ou, comme le dit Guénette (1995 : 154), si « le démonstratif se montre 'neutre' par rapport au lieu occupé par le moi, il faudra s'attendre à trouver dans les emplois qui en sont faits en discours aussi bien des cas où le moi pensant se voit inclus dans l'espace représenté par *ce* que des cas où le moi pensant s'en voit exclu ». En termes interactionnels, *ce* signalera que le référent visé peut se trouver aussi bien à l'intérieur qu'à l'extérieur de la sphère de connaissance du locuteur. D'où les effets paradoxaux de familiarité et de distanciation observés.

En effet, selon Guénette (1995 : 155), la relation au contexte exprimée par *ce* ne semble pouvoir être définie que comme une **présence** dans le discours ou dans l'espace d'interlocution. C'est le locuteur, ou le moi pensant-parlant, qui par *ce* « 'présentifie' dans le discours ce qui est présent [déjà] dans sa mémoire actuelle » (*ibid.*). Cette observation rejoint l'idée que nous avons soutenue récemment (cf. Jonasson 1998 : 82), selon laquelle le locuteur, en introduisant par *ce*+Npr un référent présent dans sa mémoire, le situe dans le contexte d'énonciation en y montrant sa présence.

Si le « sujet pensant-parlant », comme le dit Guénette, par *ce* rend présent dans le discours ce qui est présent dans sa pensée ou « mémoire actuelle », il faut pourtant se rappeler que ce sujet pensant-parlant peut, dans un texte narratif, varier entre l'auteur, ou le narrateur, et les divers personnages fictifs. Pour l'analyse des occurrences de *ce*+Npr il nous semble donc important de distinguer les cas où le moi pensant-parlant est le narrateur, ou l'auteur, de ceux où l'un des personnages de l'histoire occupe cette position. La différence de perspective qui en découle entraîne des variations dans l'emploi du démonstratif correspondant aux différents besoins communicatifs de l'auteur d'un côté et ceux des personnages fictifs de l'autre. Les derniers, qui emploient la combinaison *ce*+Npr dans des conversations ordinaires, semblent s'en servir surtout pour exprimer leur orientation ou attitude personnelle envers le porteur du Npr. Il y a lieu de croire qu'un tel besoin se manifestera rarement chez un narrateur qui pourra se servir de la focalisation du référent opérée par *ce*+Npr pour répondre à d'autres besoins communicatifs, par exemple pour structurer le récit.

Afin d'étudier l'emploi du démonstratif devant le Npr dans les romans de Magnan, il semble donc raisonnable de faire une distinction entre d'une part la conversation ordinaire entre les personnages telle qu'elle se présente dans les dialogues et d'autre part les passages narratifs.

Aperçu général de *ce*+Npr dans les deux romans

Dans *Maison* (346 pages), il y a 14 occurrences de *ce*+Npr, dont onze se retrouvent dans les parties narrées et trois dans des dialogues. De ces 14 occurrences, sept visent le protagoniste, Séraphin Monge, trois désignent son père, qui est le personnage principal du premier chapitre, le reste référant à différents personnages et à un fleuve (cf. (11c)). Dans *Secret* (277 pages), la combinaison est plus fréquente : *ce*+Npr y apparaît 49 fois. La grande majorité des cas se retrouvent dans les dialogues qui comprennent 39 occurrences, alors que dix cas se manifestent dans des parties narrées.

La différence de fréquence qui se manifeste entre les deux romans en ce qui concerne l'emploi de *ce*+Npr est sans aucun doute liée à la différence de genre des deux livres. Dans *Secret*, qui est un roman policier plus ou moins classique, les dialogues abondent : les suspects se parlent beaucoup entre eux et sont interrogés par le commissaire Laviolette qui, lui, bavarde aussi avec ses collègues et d'autres gens. *Maison* par contre, est plutôt un thriller, plein de morts violentes, dans lequel les gens se parlent beaucoup moins et dont le héros est un homme fermé et silencieux. Le fait qu'environ 80 % des occurrences de *ce*+Npr apparaissent dans *Maison* dans des passages narrés et dans *Secret* dans les dialogues, reflète donc assez bien les proportions de ces deux types de discours dans les deux romans.

En regardant de plus près les 39 occurrences de *ce*+Npr figurant dans les dialogues de *Secret*, on constate que 16 sont constituées par l'expression *cette pauvre Jeanne*, Jeanne étant la victime assassinée dans le premier chapitre. Des huit autres personnages dont on parle plusieurs fois en préfixant leur nom par *ce*, trois sont également morts, le premier, Cadet Lombard, ayant expiré juste avant que l'histoire commence. Le second, Gilberte Valaury, s'avère avoir été tuée par les Allemands en 1944 et le troisième, Gobert, s'est suicidé en 1947. Leurs noms sont précédés de *ce* cinq, quatre et trois fois respectivement. On constate donc qu'une grande partie des références faites à l'aide de *ce*+Npr visent des personnages absents. Restent 11 occurrences, qui désignent des personnages participant à l'histoire mais dont un, Raymonde, désigné par *cette Raymonde* trois fois, est tué à la page 110. Quatre occurrences de *ce*+Npr réfèrent à Rogeraine Gobert, personnage principalement touché par les meurtres qui se multiplient autour d'elle. Les quatre cas qui restent désignent trois personnages, dont deux font partie des suspects tandis que le troisième, le frère de Gilberte morte en 1944, n'apparaît que brièvement vers la fin.

Dans les passages narrés, les personnages visés par *ce*+Npr sont encore Jeanne, Gilberte, Rogeraine Gobert et quelques suspects. Deux noms de lieux sont également précédés de *ce* : *ce Sisteron de novembre* et *ce Venezuela que Raymonde appelait le trou*. Il est à remarquer qu'aucun des *ce*+Npr du livre ne vise le commissaire Laviolette, mais que ce policier, en donnant de lui-même l'image qu'il suppose que le coupable a de lui, se décrit comme *ce jobard de Laviolette* (*Secret*, p. 275). Cette absence de *ce*+Npr référant au commissaire s'explique par le fait que c'est de son point de vue que les événements sont en général racontés et que cela exclut sa focalisation par *ce* (cf. Jonasson à paraître).

Ce+Npr dans les dialogues

Comme nous l'avons déjà dit, la grande majorité des cas où un Npr est précédé de *ce* dans les dialogues de *Secret*, est constituée par l'expression *cette pauvre Jeanne*. Vous en trouvez la première occurrence du livre dans l'exemple (1c), cité ci-dessus et qui, dans le roman, est suivi de la réplique citée dans (2b) qui est repris ici, suivi d'encore quelques exemples dans (3) :

(2)   b. - En tout cas, intervint Athalie Romance, nous autres, nous prions beaucoup pour *cette pauvre Jeanne* [...] (*Secret* 39)

(3)   a. - Et qui, crois-tu, peut bien avoir tué *cette pauvre Jeanne* ? (*Secret* 42)

b. - Un suicide ? Ah bah ! Quelle raison *cette pauvre Jeanne* aurait-elle eue de se suicider [...] (*Secret* 46)

c. - Bien sûr ! Que croyez-vous ? Nous prions pour *cette pauvre Jeanne*, mais nous prions aussi pour son meurtrier. (*Secret* 58)

d. - Tous ceux que *cette pauvre Jeanne* fréquentait de son vivant ont pu la tuer. (*Secret* 63)

Dans la plupart des cas, ce sont les suspects, tous amis de Rogeraine Gobert et de la victime, qui utilisent l'expression *cette pauvre Jeanne*, mais les policiers s'en servent aussi, ce qui est le cas dans (3d) par exemple. En effet, depuis sa mort, Jeanne n'est jamais désignée par son seul Npr, qui est toujours préfixé de *cette pauvre* par les amis-suspects. Si on admet que le locuteur, en utilisant *ce*+Npr montre la présence du référent visé dans l'espace d'interlocution et s'en sert pour signaler son attitude ou son orientation envers ce référent, il semble clair qu'avec l'ajout de *pauvre*, c'est une attitude de commisération qui est exprimée ici. La mort récente et violente de Jeanne rend sa présence dans l'esprit du locuteur et dans l'espace d'interlocution plus ou moins incontournable. On dirait qu'une référence à l'aide du seul Npr *Jeanne* ferait preuve d'insensibilité voire d'indécence.

Ce n'est pas seulement de Jeanne qu'on a pitié dans *Secret*. En voici deux exemples référant à d'autres personnages :

(4) a. - [...] Que voulez-vous... Je ne peux pas la laisser seule, *cette pauvre Rogeraine* ! (*Secret* 147)

b. - Eh bien, oui ! D'une fois à l'autre, la neige va tomber, drue, Constance va avoir ses douleurs et *cette pauvre Évangéline*, pour venir de Ribiers tous les soirs à cyclo [...] (*Secret* 172)

Dans (4) le démonstratif semble inclure plutôt qu'exclure le moi parlant de l'espace qu'il représente. Dans (5), la combinaison *ce*+Npr sert à signaler d'autres attitudes affectives :

(5) a. - *Cette chère Simone* sera toujours la même. Sais-tu ce qu'elle m'a répondu quand je lui ai brossé un tableau de la situation ? (*Secret* 215)

b. - J'espère que vous allez vous en débarrasser de *cette Raymonde* ? (*Secret* 97)

Si Athalie Romance exprime de la familiarité et de l'affection en parlant de Simone dans (5a), juste après lui avoir parlé au téléphone, ce qui assure sa présence dans l'espace d'interlocution signalée par le démonstratif, c'est plutôt de la méfiance, du mépris et du dégoût qui sont signalés par le démonstratif dans (5b), où ni *pauvre*, ni *chère* ne seraient à leur place. La locutrice connaît bien Raymonde et aurait pu énoncer : « J'espère que vous allez vous débarrasser de Raymonde », mais Raymonde vient d'être décrite, dans la conversation précédente, comme une fille qui « a fait de la prison » et qui fréquente un homme du type tueur. Ses sentiments négatifs envers cette fille sont donc trop forts. En utilisant *ce* devant son Npr juste après l'avoir désignée par *en*, la locutrice prend ses distances vis-à-vis de Raymonde en montrant qu'elle l'exclut de sa sphère de connaissance ou, si on veut, s'exclut elle-même de l'espace représenté par Raymonde. Cet effet de sens produit par l'emploi de *ce* seul devant le Npr est le résultat du fait que le Npr n'est plus utilisé comme un « co-recognitional ».

Cette exclusion d'un personnage de sa sphère de connaissance obtenue par l'emploi du démonstratif devant son Npr, le locuteur peut s'en servir pour remplir des besoins communicatifs autres que celui d'exprimer des sentiments négatifs. Tel est le cas dans (2d) ci-dessus, où il s'agit également de Raymonde, ainsi que dans (6) :

(6)   a. - Mme Gobert nous avait téléphoné. Elle était inquiète. [1 ligne]
       - Dites-moi, *cette Mme Gobert*, n'est-ce pas une grande infirme rousse ?
       (*Secret* 29)
       b. Vous voyez, soupira-t-il, si quelqu'un voulait bien me dire au moins qui est
       cette Gilberte Valaury [...] (*Secret* 147)

En renonçant à utiliser le Npr comme un « co-recognitional » dans (2d) et (6), l'inspecteur Viaud et le commissaire Laviolette signalent par le démonstratif qu'ils ne connaissent pas Raymonde, Mme Gobert et Gilberte Valaury respectivement, ce qui est d'ailleurs exprimé par ce que dit Laviolette dans (6). *Ce* paraît ici avoir une fonction anaphorique plutôt neutre, car un adjectif comme *pauvre* ou *chère* ne conviendrait pas ici. Comme le constate Kleiber (1991 : 92) cet emploi de *ce*+Npr se retrouve souvent dans des questions concernant l'identité du porteur, où il s'accompagne parfois d'une valeur négative, ce qui n'est pourtant le cas ni dans (2d) ni dans (6).

La quête de l'identité de la personne appelée Gilberte Valaury est un des fils conducteurs dans *Secret*. Bien que son nom apparaisse dès le premier chapitre, l'assassin ayant épinglé une carte le portant sur le vêtement des victimes, ce personnage reste longtemps inconnu au commissaire Laviolette et aux lecteurs. Cela se traduit par la présence relativement fréquente de *ce* devant ce Npr, dont vous trouverez encore quelques exemples dans (7), prononcés par Laviolette et son collègue Viaud :

(7)   a. Soit ! Vous ne connaissez pas, vous non plus, *cette Gilberte* Valaury [...]
       (*Secret* 136)

b. - Pourtant, vous êtes une amie d'enfance de Mme Gobert et tout porte à croire que *cette Gilberte* était connue d'elle [...] (*Secret* 122)

c. Malheureusement, à cause de *cette Gilberte Valaury*, nous sommes bien obligés de relier l'un à l'autre le meurtre de Raymonde et celui de Jeanne, commis en juillet. (*Secret* 117)

Comme on le verra l'emploi de *ce* devant *Gilberte (Valaury)* se retrouve dans les passages narrés aussi.

Dans les dialogues, le Npr *Cadet Lombard* est préfixé par *ce* quatre fois. Les personnages qui usent de cette construction l'ont bien connu avant sa mort qui était naturelle et non violente. Aussi n'est-il jamais appelé *ce pauvre Cadet Lombard*. Le démonstratif ne semble signaler une attitude affective que dans (8c) qui contient l'adjectif *superbe* :

(8)   a. - Quand même, tu vois, ces hommes qui en ont tant fait, ne font pas de vieux os... Regarde *ce Cadet Lombard*. S'il n'avait pas tant fait pour la Résistance, il ne serait pas mort prématurément. (*Secret* 41-42)

b. Allons, dit-elle, *ce Cadet Lombart* était aussi chargé de secrets qu'un âne l'est de reliques. (*Secret* 244)

c. - Il souffrait d'un cancer. Il ne pesait plus que quarante-trois kilos. Ce gaillard, *ce superbe Cadet Lombard* avec sa tête de dieu panique [...] (*Secret* 244)

Tout comme Jeanne, Cadet Lombard est mort il y a peu de jours, chose que l'énonciateur de (8a) vient de rappeler à ses interlocuteurs. *Ce Cadet Lombard* reprend donc un référent introduit récemment dans l'espace d'interlocution par l'expression *le Cadet Lombard*, l'emploi de l'article défini devant le Npr d'une personne bien connue n'étant pas rare chez Pierre Magnan qui transcrit le parler des gens de la région des Alpes de Haute Provence. Il ne s'agit pas d'un emploi affectif mais d'un emploi anaphorique du Npr, qui désigne dans (8a) un thème focalisé, sur lequel le locuteur va prononcer un mot de sagesse. Dans (8b), *ce Cadet Lombard* n'est pas anaphorique mais introduit comme thème focalisé un référent bien connu dont il n'avait pas été question jusque-là. Le démonstratif « présentifie » dans l'espace d'interlocution un référent qui par sa mort récente et son rôle clé dans l'intrigue doit être présent dans l'esprit de tous les amis-suspects. Un exemple du même type figure dans *Maison* :

(9)   - C'est toi, Calixte ? Tu l'as amené *ce Séraphin Monge* ? (*Maison* 102)

Il semble donc qu'on peut distinguer plusieurs emplois de *ce*+Npr typiques des dialogues. Premièrement, cette construction permet d'utiliser un Npr sans qu'il soit un « co-recognitional », sans qu'on connaisse son porteur et parfois pour marquer justement qu'on ne le connaît pas. Dans cet emploi, *ce+*Npr n'est pas chargé d'émotivité ou de subjectivité. Deuxièmement, le locuteur peut se servir de *ce+*Npr pour exprimer une attitude subjective envers le porteur du Npr, porteur dont la présence dans l'espace d'interlocution est plus ou moins incontournable. Troisièmement, le locuteur peut, en le focalisant à l'aide de *ce+*Npr, « présentifier » un référent dans la situation d'énonciation, pour en faire le thème de son discours.

Ce+Npr dans les parties narrées

Or, ces emplois se retrouvent aussi dans les passages narratifs. Considérez (10) :

(10) a. Il gagna. En décembre 1938, *une Gilberte Valaury* avait commandé un cent de cartes à motif de myosotis, chez l'imprimeur Gaspard Bourrelier. La tierce, conservée dans l'ordre chronologique exact, fournissait même le quantième : le 22 décembre 1938, *cette Gilberte* avait apporté ici cette page de cahier quadrillé où elle avait [...] (*Secret* 133)

b. Au fond de l'auvent, au bout du couloir, la cousine fendait des bûches comme il l'avait vue faire en automne. Laviolette couvait d'un oeil attendri, *cette infatigable Évangéline* aux muscles durs [...] (*Secret* 266)

c. Rogeraine, dans l'ombre, hausse les épaules. *Cette pauvre Esther* sera toujours aussi ingénue : une simple guirlande de fleurs et la voici ravie. (*Secret* 34)

Dans ces exemples, l'auteur Magnan a cédé le pas à un des personnages fictifs qui est ici le moi pensant sinon parlant. Dans (10a) il s'agit d'un emploi anaphorique neutre de *ce+*Npr, le moi pensant étant le commissaire Laviolette. En témoignent les expressions déictiques *ici* et *cette page de cahier*, dont la base indexicale est la scène racontée et la perspective celle du commissaire. Un exemple analogue se trouve aux pages 167-168 de *Maison*. Dans (10b-c) il s'agit d'emplois affectifs de *ce+*Npr, teintés des émotions du moi pensant, en l'occurrence celles du commissaire Laviolette et de Rogeraine Gobert. *Cette pauvre Esther* dans (10c) introduit de toute évidence un passage de discours indirect libre, cet exemple illustrant bien le changement de point de vue souvent observé comme effet d'un démonstratif.

Une grande partie des occurrences de *ce+*Npr dans les passages narratifs sont en effet comparables à celles qui se manifestent dans le discours direct des dialogues. S'il ne s'agit pas toujours de passages de discours indirect libre, la perspective y est clairement empathisante.

Mais on trouve des emplois de *ce+*Npr qui ne semblent pas attribuables à une adoption par l'auteur de la perspective d'un des personnages fictifs. Nous en avons cité un dans (1a), repris ici avec plus de contexte, et deux dans (2), à savoir (2a) et (2c). Dans (11) vous trouverez des exemples comparables :

(1)   a. Pourtant cette perspective qui pouvait avoir des conséquences dramatiques sur sa vie, Monge l'envisageait avec indifférence, machinalement, comme il faisait tout depuis un certain temps.
      Ce Monge avait la bouche amère. Une idée fixe lui pesait comme un cancer. Depuis des mois [...] (*Maison* 12)

(11) a. Le Papé, bouche édentée ouverte sans vergogne, buvait des yeux ce spectacle toujours nouveau pour lui. Il se réjouissait de cette vie commençante où il croyait avoir glissé assez de lui-même pour se perpétuer.
      Ce Papé était un philosophe. Depuis qu'il n'avait plus de dents, il ne chiquait plus. (*Secret* 10)
      b. Derrière cette porte de chêne, le Lauzon courait sur les graves avec déjà quelques chevaux d'écume. *Ce Lauzon*, c'était un capricieux. (*Maison* 258)
      c. Du fond du canapé paillé, les demoiselles Romance, Esther et Athalie, toutes deux en chapeau d'organdi [...]
      Propriétaires d'un moulin sur le Buech, *ces demoiselles Romance* faisaient la charité. Elles [..] (*Secret* 37-38)

L'ensemble des *ce*+Npr de (1a), (2a) et (11) fonctionnent comme sujet de la phrase, référant à des personnages (dans (11b) à un fleuve) qui viennent d'être mentionnés. Ils sont détachés, comme une figure sur un fond, du cadre dans lequel ils s'inscrivaient dans la phrase précédente et qui représentait une scène de l'histoire. Par le détachement opéré, l'auteur interrompt la narration pour focaliser ce référent, sur lequel il veut donner de l'information supplémentaire aux lecteurs. Cette focalisation, qui peut varier en longueur, change donc également la perspective.

Dans (2c), *ce Séraphin* n'occupe pas la position de sujet et son référent ne fournit pas le thème du discours qui suit. Le démonstratif, qui est anaphorique ici aussi, semble surtout avoir pour fonction d'assurer la cohérence du récit. L'ajout de *même* entre *ce* et le Npr semblerait naturel ici. C'est le seul exemple de ce type dans les deux romans.

L'image ne serait pas complète, s'il n'y avait pas, dans les dialogues, des emplois plutôt typiques des parties narratives. Ainsi, on pourrait soutenir que (2d) et (8a-b) sont comparables à (1a), (2a) et (11). De plus, les personnages racontent aussi des faits passés et ont donc intérêt à structurer leur récit en vue d'obtenir des effets désirés. Tel est le cas, lorsque l'un des personnages raconte au commissaire Laviolette un drame qui s'est déroulé en 1947 et qui a fait perdre à Rogeraine Gobert et la capacité de marcher et son mari, monsieur Gobert, qui s'est suicidé. En voici des extraits :

(12) [...] D'après ce que j'ai cru comprendre, le père Gobert rentrait de voyage. Il n'avait pas trouvé sa femme à la maison. [4 lignes] Alors, ce Gobert, qui est rentré chez lui un jour plus tôt que prévu, il se prépare un pastis et, [15 lignes] ! Alors, tu penses, *ce Gobert*, qui a vingt ans de plus qu'elle - car elle était fière, sa mère aussi, à l'époque de marier les deux plus grosses fortunes de la région -, *ce Gobert*, donc, il voit cette chevelure dans les mains d'un autre homme [...] (*Secret* 164-165)

La focalisation du Npr par *ce*, ainsi que sa dislocation, détache ici le référent visé comme une figure sur le fond des événements racontés. Or, le démonstratif n'annonce pas ici la sortie du cadre du récit mais la reprise de la narration du drame. Les 15 lignes entre la première et la seconde mention de *ce Gobert* est, comme les deux lignes qui séparent la seconde et la troisième mention, une digression décrivant la chevelure rousse de Rogeraine à l'époque. Pourtant il semble clair que dans (12), tout comme dans les exemples précédents, *ce*+Npr désigne un thème, focalisé par un narrateur pour signaler à son destinataire un changement de perspective ou une rupture thématique.

Conclusion

La présence du référent dans l'espace d'interlocution montrée par le démonstratif devant le Npr est donc exploitée de diverses manières par Pierre Magnan. Il s'en sert dans les dialogues comme on s'en sert dans l'interaction verbale ordinaire pour montrer l'orientation ou l'attitude personnelle du locuteur envers le porteur du Npr. Dans les passages narratifs, *ce*+Npr est employé pour signaler un changement de perspective et par là pour structurer le récit. Cependant, les dialogues contenant des passages narratifs et les parties narrées des passages empathisants, voire du discours indirect libre, on trouve toutes sortes d'emplois dans les deux types de mode discursif.

Il est intéressant de constater que la plupart des référents de la combinaison *ce*+Npr, étant physiquement absents de la situation d'interlocution et, dans *Secret*, très souvent morts, ont une présence cruciale dans l'histoire racontée et dans la conscience des interlocuteurs, y compris le narrateur et les lecteurs. Ces référents ont donc en général besoin d'être en quelque sorte « présentifiés ».

Références

Gary-Prieur, M.-N. (1994). *La grammaire du nom propre*, Paris : PUF.

Gary-Prieur, M.-N. (1998). Prédication et référence : quand un prédicat devient désignateur, et inversement, in : M. Forsgren, K. Jonasson & H. Kronning, (éds), *Prédication, assertion, information. Actes du colloque d'Uppsala en linguistique française, 6-9 juin 1996*, Uppsala : Acta Universitatis Upsaliensis, 201-209.

Guénette, L. (1995). *Le démonstratif en français. Essai d'interprétation psychomécanique*, Paris : Éditions Honoré Champion.

Hanks, W. (1990). *Referential Practice. Language and Lived Space among the Maya*, Chicago & Londres : The University of Chicago Press.

Jonasson, K. (1994). *Le nom propre. Constructions et interprétations*, Louvain-la-Neuve : Editions Duculot.

Jonasson, K. (1998). Ce Marc nous fait bien bosser ! Sur le rôle du démonstratif devant le nom propre, in : A. Englebert , M. Pierrard , L. Rosier & D. Van Raemdonck, (éds), *La ligne claire. De la linguistique à la grammaire. Mélanges offerts à Marc Wilmet à l'occasion de son 60e anniversaire*, Louvain-la-Neuve : Editions Duculot, 75-85.

Jonasson, K. (à paraître). Référence et perspective, in : *Actes du XIIe Congrès international de Linguistique et Philologie Romanes. Bruxelles, 20-27 juillet 1998*.

Kleiber, G. (1991). Du nom propre non modifié au nom propre modifié : le cas de la détermination du nom propre par l'adjectif démonstratif, *Langue française* 92 : 82-103.

Laury, R. (1997). *Demonstratives in Interaction. The emergence of a definite article in Finnish*, Amsterdam/Philadelphia : John Benjamins.

Il y a contexte et contexte

Georges KLEIBER
Université de Strasbourg II - Scolia

Introduction

On le sait : point de salut en dehors du contexte ! Mais lorsqu'il s'agit de définir ce talisman, l'enthousiasme avec lequel on l'utilise pour se sortir d'une passe difficile cède bien vite la place à un embarras que l'on étouffe dans une note rapide et commode renvoyant le problème à plus tard ou à d'autres. Tant la notion de contexte est protéiforme, flexible. Tant encore elle présente des contours flous ou variables selon les modèles et les emplois. Tant aussi elle donne lieu à des caractérisations divergentes et même contradictoires. La chose ne doit pas être trop gênante, puisqu'elle n'a guère suscité d'étude qui fasse un peu le ménage[1]. Y voir un peu plus clair serait pourtant salutaire en ce domaine. Tous les consommateurs de contexte, théoriciens ou praticiens, y gagneraient dans l'affaire.

Ce travail essaiera d'aller dans ce sens. Il prolonge une recherche commencée en 1994 (Kleiber 1994) et qui s'est poursuivie entretemps par un examen de différentes oppositions et dimensions contextuelles[2]. Deux traits caractérisent notre démarche et en font l'originalité :

a) Elle prend résolument le contexte lui-même comme objet d'étude et n'a donc pas pour objectif de montrer quel est son effet sur tel ou tel phénomène. Cette dernière attitude, de loin la plus répandue, est certes une

---

[1] Voir toutefois Kerbrat-Orecchioni (1990 et 1996), Crévenat (1996), Delhay (1996) et Rastier (1998). Les ouvrages de Auer et Di Luzio (1992), Duranti et Goodwin (1992) et Mahmoudian (1997), malgré leur titre prometteur, ne remplissent pas vraiment une telle tâche de clarification.

[2] Dans Kleiber (1997a), nous avons étudié les oppositions (1) - (4) :
(1) en contexte / hors contexte
(2) contexte défini comme ensemble d'éléments qui influencent / contexte comme environnement
(3) contexte-inventaire / contexte comme cadre ou ensemble structuré
(4) contexte : emploi relationnel (direct) / emploi absolu (indirect)
dans Kleiber (1997b), les dimensions (5) et (6) :
(5) contexte et unités
(6) contexte-occurrence / contexte-type
et dans Kleiber (1998) la distinction (7) :
(7) contexte à l'écrit / contexte à l'oral.

étape indispensable pour décrire et surtout expliquer les phénomènes abordés, mais elle apprend peu en retour sur le contexte lui-même et, surtout, ne dissipe pas les équivoques et imprécisions que draine cette notion.

b) Elle ne cherche pas à définir prioritairement ce qu'est le contexte et n'entend donc pas proposer d'emblée un modèle du contexte qui s'intègrerait dans une théorie sémantique (et qui, du coup — et ce n'est nullement un reproche — dépendrait d'une théorie et pourrait donc varier selon la théorie choisie). Une telle tentative de formuler une définition-smoking du contexte n'a, en l'état actuel des choses, guère de chances de succès ; sa rigidité prématurée n'arriverait pas à désintriquer l'écheveau des conceptions et approches du contexte pratiquées et la rendrait par avance suspecte aux yeux des partisans de définitions concurrentes. Notre entreprise est différente : elle consiste à examiner comment la notion de contexte est utilisée, quels sont les points de vue sous lesquels on peut l'aborder, quelles sont les dimensions et oppositions qu'elle met en jeu, etc. Au lieu d'une clôture, nous promouvons une ouverture réflexive sur la notion de contexte elle-même en examinant un certain nombre de dimensions ou aspects du ou des contextes, reconnus ou non, classiques ou inédits, plus ou moins fortement présents dans la littérature. Sans aucune rigidité théorique préconstruite, mais avec un double objectif :

(i) celui d'apporter un peu de clarté et mettre de l'ordre là où, il faut bien le reconnaître, comme nous l'avons souligné ci-dessus, il y a surtout du flou, de l'équivoque, du déformable et de l'expansable, la notion de contexte étant, comme l'écrit Latraverse (1987 : 194), « d'une telle souplesse et d'un accueil si généreux qu'il est difficile de considérer qu'elle a des frontières suffisamment établies pour jouer un rôle théorique non équivoque ».

(ii) et celui de donner un nouvel éclairage à des choses déjà connues, de redresser certaines affirmations erronées et de dégager des observations nouvelles, assez nombreuses, dans la mesure où précisément on n'a jamais vraiment jusqu'ici procédé à la démarche a)-b). Avec, au bout, des connaissances nouvelles, sur deux plans : celui, évidemment, du contexte ou des contextes et des différentes manières de le ou de les concevoir, mais aussi celui des différents secteurs et dimensions dans et sur lesquels nous l'avons traqué.

La conjonction (i)-(ii), à notre avis, doit permettre ensuite une meilleure pratique du contexte : tant il est vrai que lorsqu'on fait tourner le contexte, il faut au moins savoir sur quel pied on le fait danser !

Nous nous proposons aujourd'hui de le mettre à l'épreuve sous un angle tout à fait nouveau : celui de l'opposition entre *contexte pour l'observateur* ou *expert ès contextes* et *contexte pour les interlocuteurs* ou *participants*.

On peut s'interroger sur le choix d'une telle distinction, a priori inattendue et dont on ne voit pas immédiatement en quoi peut consister la pertinence. Le but de cet article sera précisément de prouver qu'il est légitime en montrant, d'une part, que la représentation du contexte n'est pas la même selon qu'il s'agit du point de vue du descripteur ou de celui des interlocuteurs et, d'autre part, qu'une telle analyse permet d'expliciter certaines confusions ou contradictions qui ont cours dans la littérature se servant de la notion de contexte.

Deux parties structureront notre examen. La première sera consacrée au contexte linguistique ou *co-texte*, la seconde au contexte extra-linguistique[3]. A chaque fois, nous essaierons de mettre en relief les différences entre le point de vue de l'observateur et celui des interlocuteurs et les manifestations et conséquences qu'elles entraînent. Chemin faisant, c'est toute la problématique du contexte qui se verra déployée.

1. Contexte linguistique

Les définitions classiques du contexte linguistique d'une unité donnée se rejoignent plus ou moins sur la notion d'environnement, d'entourage (Crévenat 1996). Le contexte linguistique, c'est :

- « l'environnement d'une unité dans la chaîne de l'énoncé » (Pottier 1973 : 72),
- « l'ensemble des unités d'un niveau d'analyse déterminé [...] constituant l'entourage temporel (parole) ou spatial (écriture) d'une unité, d'un segment de discours dégagé par une analyse de même niveau » (TLF 1978),
- « l'environnement linguistique [...] d'un élément particulier d'un énoncé. Il est donc constitué par l'ensemble des unités linguistiques qui précèdent et qui suivent cet élément singulier » (Pougeoise 1996 : 156).

Les phonèmes /i/ et /v/ forment ainsi, dans l'illustration donnée par Mounin (1974 : 83), le contexte de /l/ dans *ils vont*, comme *le facteur* et *le courrier* constituent celui de *apporte* dans l'exemple de Pottier (1973 : 73).

Cette façon de se représenter le contexte linguistique comme étant constitué de deux morceaux, de même statut, prenant place l'un avant et

---

[3] Nous préférons utiliser les expressions *contexte linguistique* / *contexte extra-linguistique* pour éviter toute équivoque. L'emploi du mot *contexte*, on le sait, est tantôt réservé au contexte linguistique par opposition à *situation*, tantôt au contexte non verbal par opposition au *co-texte* ou contexte linguistique. Kerbrat-Orecchioni (1990 : 107-108) montre que cette opposition n'est pas aussi étanche que cela et que l'on peut avoir, suivant le point de vue que l'on adopte, du matériel non verbal dans le cotexte et du matériel verbal dans le contexte siutationnel

l'autre après une unité linguistique, n'est en fait pleinement appropriée que si l'on adopte le point de vue de l'observateur ou descripteur.

1.1. Point de vue des interlocuteurs

Du point de vue des interlocuteurs ou participants d'un échange oral ou écrit, les choses ne sont plus tout à fait les mêmes. Que se passe-t-il en effet lorsque locuteur et interlocuteur[4] en sont à l'unité *apporte* de l'exemple du facteur de B. Pottier ? Comme ils sont « en train de » (soit de prononcer ou d'écrire, soit d'écouter ou de lire), il n'y a pas encore d'environnement linguistique complet. Il n'y a qu'un contexte antérieur représenté par *le facteur*. Seul le côté gauche existe et sert de contexte à l'unité *apporte*. Pour ce qui est du côté droit, il est à venir. Certes, comme le montre cet exemple, cet à venir ne peut être n'importe quelle suite, mais se trouve conditionné par la séquence déjà réalisée. Pour l'interlocuteur, par exemple, le statut du « côté droit » est celui du futur, du possible donc : une sorte de temps ramifié avec un monde d'attentes (Martin 1981) déterminé par le passé. Il est à noter que ce contexte droit (donc futur), lorsqu'il est réalisé, peut agir en rétroaction et conduire donc à une réorientation[5] ou à une confirmation de l'attente causée par l'énonciation de l'unité au moment où elle est énoncée. Mais d'un point de vue cognitif, l'action n'est pas du tout la même que celle du contexte gauche.

Pour les participants, récepteur surtout (et lecteur comme auditeur), on le voit, l'image de l'environnement n'est donc pas correcte, à moins qu'on ne parle de contexte ø pour l'à venir. Il n'y a pas du tout englobement ou entourage, parce que les participants s'inscrivent dans le déroulement du discours ou du texte (soit production, soit réception). L'unité pour eux n'est de ce fait pas insérée dans un contexte qui se divise en deux parties, l'une qui précède et l'autre qui suit ; elle n'est pas entourée d'un contexte gauche et droit symétriques. Elle s'inscrit sur un axe de successivité temporelle ordonné et donc si elle survient effectivement après un contexte gauche, elle ne dispose d'évidence pas encore d'un contexte droit.

---

[4]   Il faudrait évidemment également envisager la différence de point de vue entre le locuteur et l'interlocuteur, comme celle entre la situation à l'écrit et celle de l'oral. Pour cette dernière, voir Kleiber (1998).

[5]   Il s'agit du phénomène appelé *garden-path* ou *phrase-labyrinthe* : « Le début de la phrase permet de construire une structure, et donc une interprétation, plausibles : il induit une certaine signification signifiante. La suite du contexte infirme cette construction, et oblige le récepteur à revenir en arrière pour réinterpréter le début de phrase, en fonction des indices nouveaux livrés par le contexte ultérieur » (Fuchs 1996 : 58).

1.2. Point de vue de l'observateur

Si l'on se place à présent du côté de l'observateur, l'image de l'environnement gauche-droite retrouve droit de cité, parce que notre observateur ne produit ni ne reçoit un discours ou un texte, mais l'analyse ou le décrit. Le texte ou discours ne se constitue pas pour lui au fur et à mesure de l'activité de production ou de réception, mais il se trouve déjà constitué. Du coup, notre observateur ne se trouve pas lié au déroulement temporel linéaire qu'impose un discours à ses interlocuteurs. Il ne fait qu'observer un produit discursif achevé. Il n'est pas partie prenante dans l'énonciation, dans la progression discursive, mais s'occupe d'un objet réalisé[6]. Il ne fonctionne ainsi pas comme les interlocuteurs, sur la ligne temporelle du discours, mais observe, en quelque sorte de l'extérieur, une ligne, un parcours, un trajet déjà réalisé. Pour lui, par conséquent, l'unité *apporte* aura effectivement pour contexte linguistique un côté gauche constitué par *le facteur* et un côté droit représenté par *le courrier*, parce qu'il ne produit pas ou n'écoute (ou ne lit) pas la phrase *Le facteur apporte le courrier*. Son activité s'exerce sur une phrase finie, dans laquelle il perçoit effectivement l'unité *apporte* comme entourée d'un segment antérieur et d'un segment postérieur symétriques. Contrairement à l'activité de lecture (ou d'audition) ou d'écriture qui obéit à un ordre linéaire séquentiel, son activité d'analyste n'est pas soumise à cette successivité qui fait qu'au moment d'aborder l'unité *apporte* la suite ne peut être saisie parce que pas encore produite ou déchiffrée. La représentation du contexte linguistique d'une unité comme l'environnement linguistique gauche et droit de cette unité se trouve ici pleinement justifiée. Si les participants, lorsqu'ils en sont à une unité W, ne peuvent encore disposer du contexte W+i, parce que celui-ci n'est pas encore survenu, pour l'expert ès contextes, il en va tout autrement : lorsqu'il fixe W ou se focalise sur W, W+i, tout comme W-i, est bien présent. Vue sous cet angle, l'unité W lui apparait bien comme étant entourée d'un segment W-i qui précède et d'un segment W+i qui suit. Il n'y a guère l'asymétrie passé (côté gauche)-futur (côté droit) qui prévaut avec les participants : le côté droit est pour lui tout aussi présent que le côté gauche et n'a pas ce statut de possible (ou de monde des attentes) que nous lui avons reconnu dans la représentation du contexte par les participants.

La pratique « contextualiste » courante le prouve amplement. Lorsqu'un analyste demande à une banque de données des occurrences de tel ou tel segment ou de telle ou telle configuration avec contexte linguistique, il

---

6   Soulignons qu'avant d'exercer son rôle d'observateur, il faut bien entendu qu'il endosse préalablement le rôle de récepteur.

s'attend à ce que les exemples fournis présentent l'unité en question avec un contexte gauche et un contexte droit. Rien d'étonnant non plus à ce que les gens qui travaillent sur l'oral éprouvent le besoin de transcrire la production orale analysée pour précisément échapper au flux temporel qui leur interdit d'observer le discours comme un objet fini, où chaque unité peut être saisie dans un contexte linguistique statique, formé d'un morceau verbal qui précède et d'un morceau verbal qui suit. Les exercices structuraux à trous et de substitution relèvent de la même perspective : le trou à combler avec du matériel verbal ou l'unité qu'il faut remplacer par une autre apparaissent au milieu d'un contexte déjà totalement réalisé et donnent lieu à l'image familière de l'unité que l'on insère, pour ne pas dire que l'on *plonge* dans « son » contexte et qui donc convient ou ne convient pas ou se trouve déformée ou non par ce contexte linguistique englobant.

1.3. Conséquences

Une question se pose tout naturellement à partir du constat que nous venons de faire sur la différence de représentation du contexte suivant que l'on se met à la place des interlocuteurs ou que l'on revêt la casquette d'observateur. Le fait que pour les premiers le contexte linguistique n'est pas environnemental, alors que pour les seconds, étant donné précisément leur statut d'observateur d'un discours achevé, il apparaît effectivement comme tel, ce fait, a-t-il une portée qui dépasse celle de son simple constat ? A-t-il des répercussions qui justifient que l'on souligne son existence ?

   Une manifestation formelle intéressante de cette différence de représentation du contexte se trouve dans la possibilité pour l'observateur de caractériser ce qui précède et ce qui suit une unité lexicale à l'aide des adjectifs spatiaux *gauche / droite*. On trouve ainsi, entre autres, les expressions de *côté gauche / côté droit, contexte gauche / contexte droit, le segment de gauche / le segment de droite* et, dans un registre plus spécialisé, *expansion droite / expansion gauche, dislocation gauche / dislocation droite, déplacement à gauche*, etc. Ces adjectifs sont exclus pour les participants. S'ils entendent parler de quelque chose qui précède ou qui suit le point où ils se trouvent dans leur production ou réception, ils recourent soit à un repérage temporel sur un axe unidimensionnel temporel ordonné :

1)   *Je viens de parler de Proust*
2)   *Dans les phrases qui suivent, je défendrai...*
3)   *Je traiterai d'abord ... puis je parlerai de ..., ensuite ... et enfin ....*
4)   *Jusqu'à présent, l'histoire n'a pas vraiment commencé*

soit à une localisation spatiale, mais à l'écrit uniquement (Berrendonner 1997 et Kleiber 1998), sur un axe vertical orienté du haut vers le bas :

5)   *On trouvera ci-dessous les principales conclusions tirées de la thèse de Hegel*
6)   *Nous avons déjà vu-ci-dessus que Saussure aimait la bière de Noël*
7)   *J'ai annoncé (cf. supra) une idée que je défendrai*

Ils ne sauraient utiliser à la place une localisation du type *gauche / droite* :

8)   * *Je viens de souligner à gauche qu'il fallait continuer de lire la Bible*
9)   * *On trouvera à droite les principales idées de Rousseau*

parce que la dimension horizontale n'est pas pertinente dans la représentation spatiale d'un texte écrit[7]. Nous avons expliqué ailleurs (Kleiber 1998) pourquoi la dimension horizontale n'a pas été retenue pour représenter l'espace du texte et on pourrait être tenté de se servir de cette réponse pour rendre compte de la possibilité pour un observateur et de l'impossibilité pour un protagoniste de parler du contexte « à l'horizontale ». Cela ne suffit toutefois pas, car dès qu'il s'agit pour l'observateur de localiser un élément qui ne fait pas partie de ce qu'on appellera après d'autres par commodité floue *contexte immédiat* , la représentation spatiale en termes de *gauche / droite* valide pour caractériser la place de segments contigus ou plus ou moins proches d'une unité n'est plus non plus recevable et exige le passage à la dimension verticale haut — bas.

Au lieu de :

10)   * *Quelques lignes à gauche, se trouve la première mention de l'antécédent*
11)   * *Trois lignes à droite, se trouve une deuxième reprise anaphorique*

on aura :

12)   *Quelques lignes plus haut, se trouve la première mention de l'antécédent*
13)   *Trois lignes plus bas, se trouve une deuxième reprise anaphorique*

La raison en tient à la perception : les directions horizontale et verticale se trouvent déterminées par rapport à la position de l'homme et de son regard.

---

7   Pour l'oral, il n'y a pas de représentation spatiale du tout (Berrendonner 1997). C'est parce que, comme nous l'avons expliqué ailleurs (Kleiber 1998), la position de l'interlocuteur et plus spécialement celle de son regard n'intervient nullement dans le phénomène d'audition : l'interlocuteur est statique, c'est le discours qui se déroule.

Dés que l'on dépasse le cadre de la ligne, c'est la dimension verticale qui devient pertinente pour la localisation[8] et non plus la dimension horizontale. Il s'ensuit que c'est seulement dans le cadre du contexte contigu que l'observateur peut utiliser la détermination spatiale horizontale *gauche / droite* pour caractériser le contexte d'une unité. Et c'est seulement dans ce cadre restreint qu'il se différencie des protagonistes discursifs, qui ne peuvent jamais recourir à l'opposition *gauche / droite*. La cause d'un tel état de faits réside, semble-t-il, dans la staticité qu'exige une localisation par le couple *gauche / droite*. Il faut que les deux morceaux discursifs entourant l'unité soient déjà réalisés : ce n'est qu'à cette condition qu'ils peuvent être perçus comme étant effectivement respectivement à gauche et à droite de l'unité[9]. Une telle condition n'est satisfaite que dans la situation de l'observateur et non dans celle des participants. Lorsqu'ils en sont à l'unité W, par exemple, ils ne peuvent percevoir le segment W+i, puisque celui-ci n'est pas encore réalisé, mais est en train de se construire. La dynamique contextuelle à laquelle les entraîne leur statut de protagoniste discursif leur interdit une localisation par des marqueurs horizontaux « immobiles ».

Cette dernière remarque conduit directement à une autre conséquence : le contexte de l'observateur est un contexte statique, alors que celui des participants est un contexte dynamique. Dans un cas, il est déjà donné, dans l'autre, il est en train de se construire. La différence est surtout importante au niveau de l'interprétation. Si l'on entend montrer que le contexte linguistique détermine, par exemple, le sens des unités linguistiques, il est clair que l'image du contexte dynamique s'avère plus juste que celle du contexte statique entourant l'expression (Kleiber 1994). Tout simplement parce que l'interprétation de l'expression W par exemple se fait en fonction du contexte en vigueur au moment d'énonciation de W, c'est-à-dire essentiellement de W-i et non à partir d'un contexte W+i non encore réalisé. Et l'on ajoutera que pour le segment à venir, donc pour W+i, non seulement il ne détermine pas l'interprétation de l'unité W, mais c'est l'inverse qui se produit du point de vue interprétatif : c'est l'unité W qui déterminera W+i, puisqu'arrivé à W+i, c'est W qui fait partie du contexte à partir duquel sera interprété W+i. Ce qui permet de dire paradoxalement qu'à la fois le contexte détermine le sens des unités et qu'il se trouve déterminé par le sens des unités. Reste qu'il est important pour nous d'avoir montré que les critiques qui s'exercent contre le caractère statique de la notion de contexte (Kleiber 1994) se placent du point de vue des participants plutôt que de celui

---

[8]   Notre explication de Kleiber (1998) met surtout en avant l'activité de lecture.
[9]   Cela provient sans doute du fait que c'est le corps humain qui est à l'origine de l'opposition gauche / droite.

de l'observateur et donc leur portée s'en trouve d'une certaine manière relativisée.

De même, ceux qui critiquent l'opposition hors contexte / en contexte épousent en fait le point de vue des participants, pour lesquels il n'y a effectivement que du « en contexte », tout simplement parce qu'ils ne se focalisent pas comme l'observateur sur une unité, qui devient l'unité à analyser, mise en relief dans son contexte et qui apparaît effectivement comme insérée dans le contexte. La distinction « en contexte / hors contexte » est ainsi valide surtout du côté du descripteur et beaucoup moins de celui des interlocuteurs.

Autre conséquence encore, à l'oral, étant donné l'absence d'environnement co-textuel à droite et la présence de l'interlocuteur, celui-ci peut influer sur la construction et la structuration du contexte futur, de telle sorte que la dynamicité du contexte vue sous cet angle se trouve encore accrue par opposition au caractère fixe ou donné du contexte de l'observateur.

Il faut enfin signaler que le fait de disposer d'un co-texte environnemental achevé suréquipe informativement le descripteur : il en sait plus d'une certaine manière que l'interlocuteur, puisqu'il connaît la suite, lui. Résultat des courses : un risque d'erreurs plus ou moins grand ! Certaines analyses, parce que l'observateur dispose de ce contexte environnemental achevé, en arrivent à se méprendre sur le fonctionnement réel de telle ou telle unité, tout simplement parce qu'elles font jouer indûment le côté droit du co-texte.

C'est ainsi que l'on a pu postuler l'existence d'*ana-cataphores* pronominales, c'est-à-dire de pronoms qui sont à la fois anaphoriques, c'est-à-dire renvoient à un segment antérieur du contexte linguistique, et cataphoriques, c'est-à-dire qu'elles renvoient également à un segment postérieur de ce contexte (Kesik 1989 et 1991). Nous ne citerons qu'un des trois cas présentés qui sont au centre d'un débat entre Henry (1991) et Kesik (1991) dans lequel nous avons essayé de jouer l'arbitre le plus neutre possible (Kleiber 1992), à savoir le pronom ana-cataphorique que Kesik (1989) appelle *transphrastique* :

14)   *...vous voulez savoir pourquoi vous êtes condamné ? Je vais vous **le** dire.
        C'est bien vous qui avez traité...*

L'ana-cataphoricité de *le* repose ici selon M. Kesik sur l'existence d'un renvoi à un antécédent (*pourquoi vous êtes condamné*) et sur celle de l'annonce d'un subséquent (*C'est bien vous qui avez traité...*). Mais en fait M. Kesik se laisse tromper par l'environnement linguistique complexe dont il dispose pour interpréter le pronom *le* et, du fait de la présence du segment droit *C'est bien vous qui avez traité...*, en conclut, à notre avis trop hâtivement, qu'il s'agit également d'un pronom cataphorique. Or, s'il est bien vrai que le pronom *le* a pour référent l'état de choses dénoté par *pourquoi vous êtes condamné* et donc qu'il est un anaphorique, il n'a pas pour autant pour référent le subséquent droit *C'est bien vous qui avez traité*, même s'il s'agit là de la raison de la condamnation. L'argument pour refuser sa cataphoricité est que son interprétation référentielle est indépendante de cet élément subséquent (Kleiber 1992 : 92), comme le prouvent, d'une part, 15) et, d'autre part, 16) :

15)   *...vous voulez savoir pourquoi vous êtes condamné ? Je ne vais pas vous **le** dire.*

16)   *...vous voulez savoir la raison de votre condamnation ? Je vais vous **la** dire. C'est bien vous qui avez traité...*

La phrase négative *je ne vais pas vous le dire* qui entraîne la disparition de l'explicitation qu'apportait le subséquent dans 14) n'affecte absolument pas le fonctionnement et l'interprétation de *le*, qui se trouve là être entièrement anaphorique. Il serait malvenu de prétendre qu'il s'agit d'un autre *le* dans 14). Dans 16), le remplacement de *pourquoi vous êtes condamné* par l'expression nominale *la raison de votre condamnation* fait apparaître le pronom féminin *la* que plus personne ne songerait à considérer comme un ana-cataphorique, alors que la situation dans laquelle il fonctionne est pourtant identique à celle de 14). Le responsable de cette fausse ana-cataphoricité est bien entendu la présence du contexte droit : c'est parce que la phrase postérieure révèle l'identité du pourquoi de la condamnation que l'observateur a pu croire que cette identité ou valeur particulière faisait partie de l'interprétation du pronom.

2. Contexte situationnel

Commençons également par les définitions données çà et là :

- « nous entendons par *contexte* l'environnement extra-linguistique de l'énoncé » (Kerbrat-Orechioni 1990 : 76),
- le contexte extra-linguistique « englobe, d'une part, tout ce qui peut intervenir au moment de la communication (personnalité, âge, connaissance des locuteurs), d'autre part, des aspects très matériels (bruit, type de canal de communication, etc.) » (Pottier 1973 : 73),
- « on appelle *situation de discours* l'ensemble des circonstances au milieu desquelles se déroule un acte d'énonciation (qu'il soit écrit ou oral). Il faut entendre par là à la fois l'entourage physique et social où cet acte prend place, l'image qu'en ont les interlocuteurs, l'identité de ceux-ci, l'idée que

chacun se fait de l'autre (y compris la représentation que chacun possède de ce que l'autre pense de lui), les événéments qui ont précédé l'acte d'énonciation (notamment les relations qu'ont eues auparavant les interlocuteurs, et surtout les échanges de paroles où s'insère l'énonciation en question) » (Ducrot et Todorov 1972 : 417),

- « Le contexte est l'ensemble des éléments situationnels extralinguistiques —au sein desquels se situe l'acte d'énonciation de la séquence linguistique » (Arrivé, Gadet et Galmiche 1986 : 185).

- le contexte situationnel, c'est « l'ensemble des circonstances et des éléments extralinguistiques qui accompagnent un acte d'énonciation » (Pougeoise 1996 : 156).

Qu'observe-t-on ? On retrouve, même si c'est moins nettement, la notion d'environnement, d'inclusion, d'englobement ou d'entourage. Avec un changement important, que nous négligerons pourtant ici, parce qu'il ne concerne pas directement l'opposition que nous avons choisi de traiter : ce qui se trouve environné, ce n'est plus une unité ou un segment linguistique qui peut être inférieur à la phrase, par exemple, mais c'est ou l'énoncé ou le texte ou encore l'acte d'énonciation et/ou les participants à l'énonciation. Faisons abstraction de cette différence, qui donne lieu à l'opposition emploi relationnel de la notion de contexte *vs* emploi absolu (Kleiber 1997a), et voyons de plus près cet entourage siuationnel sous l'angle des protagonistes et sous celui de l'observateur.

Cette fois-ci, de prime abord, la différence de point de vue ne semble pas conduire à une différence de représentation semblable à celle qui prévaut pour le contexte linguistique. L'image de l'englobement dans une situation faite d'éléments ou d'ingrédients divers, dont peut-être tous ne méritent pas l'étiquette d'englobants — mais là encore c'est une question dont nous ferons abstraction ici — est valide aussi bien du côté des participants que de celui de l'analyste. Ce qui change par contre considérablement, c'est l'accès à ce contexte situationnel englobant. Celui-ci n'est en effet pas le même suivant que l'on est interlocuteur ou observateur.

Dans la situation des premiers, et ce surtout à l'oral — mais à l'écrit il en va également ainsi pour une grande partie — ce contexte est d'un accès plus facile, plus direct, parce que tout simplement les interlocuteurs sont localisés dans cette situation et en font d'une certaine manière partie eux-mêmes. Ce contexte leur est donc disponible dès le départ et s'il change au cours de l'échange communicatif[10], ils en sont également les acteurs-témoins

---

[10]   Le contexte situationnel, parce qu'il n'est pas le contexte de « l'unité » (Kleiber 1997a), apparaît comme stable à côté du contexte linguistique qui lui évolue systématiquement avec le déroulement du discours. Il peut toutefois se modifier au cours de l'échange par le biais de la présence des interlocuteurs

premiers. Ils possèdent donc à la fois le contexte situationnel donné dès le départ et reçoivent les éléments contextuels situationnels ou *indices de contextualisation* (les *contextualizations cues* de Gumperz) (Auer et Di Luzio 1992) qui leur sont fournis durant l'échange discursif et qui, par l'information qu'ils véhiculent, leur indiquent les différents paramètres constitutifs du contexte (Kerbrat-Orecchioni 1990 : 102).

L'*expert ès contextes* ne dispose pas des mêmes facilités : il n'est pas « dedans », lui, dans ce contexte et n'a du coup pas accès direct ni aux données contextuelles disponibles pour les participants ni à ces fameux indices de contextualisation non verbaux qui signalent aux protagonistes quels sont les ingrédients contextuels pertinents et quels sont aussi les changements opérés dans le contexte.

Pour surmonter ce handicap — c'est-à-dire pour avoir accès au contexte pertinent dont disposent les participants et donc pour pouvoir faire une interprétation et analyse correctes de ce qui se passe vraiment — l'expert est obligé de recourir à une stratégie interprétativo-constructiviste qui consiste à rechercher dans le texte les traces verbales des données contextuelles pertinentes. Kerbrat-Orecchioni (1990 : 111) fournit l'exemple suivant pour illustrer une telle démarche : « dans le corpus analysé par Erpicum, Pagé *et al.* (1986), il est possible d'extraire du dialogue non pas tous, mais la plupart des éléments contextuels pertinents, comme le statut de professeur de L1 (*sans quoi mes étudiants au doctorat risquent d'en manquer*), ou la période de l'année où se localise l'échange (*et bonne fête de Noël*) ». Il n'est cependant pas sûr que les indications récoltées grâce au texte comme celles dont il peut disposer par d'autres sources soient réellement pertinentes. Admettons qu'un discours mentionne, entre autres, la couleur de la veste d'un des participants. Faut-il y voir un indice de contextualisation ou non ?

Pour remédier à ce genre de difficultés — inévitables — l'observateur est conduit tout naturellement à hiérarchiser les phénomènes en question et, du coup, étape suivante pour certains, à construire un modèle du contexte situationnel structuré qui permet d'aborder un texte muni d'une structuration préalable des composantes de la situation et qui est tel qu'il évite le risque d'oubli de tel ou tel paramètre contextuel pertinent. Pour ce qui est de la première étape, cela revient à accorder moins d'importance par exemple à la couleur des yeux qu'à l'âge ou au sexe des participants (Kerbrat-Orecchioni 1990 : 110). Pour ce qui est de la seconde, le résultat en est le refus de la

---

(Kerbrat-Orecchioni 1990, Auer et Di Luzio 1992 et Kleiber 1998). C'est ainsi que le rapport patron-ouvrier pertinent au départ de tel ou tel discours peut se voir infléchi au cours de la conversation au point qu'à l'arrivée les rôles ne sont absolument plus les mêmes.

conception d'un contexte-inventaire ou *contexte-Samaritaine* dans lequel on trouve finalement tout ce qu'on cherche au profit de celle d'un contexte comme cadre ou environnement structuré (Kleiber 1997a). Le souci de ne rien oublier dans de telles modélisations s'accompagne d'un agrandissement du contexte situationnel difficilement limitable avant le « tout » : « de proche en proche, le contexte en vient à englober la totalité de l'univers physique et social » (Kerbrat-Orecchioni 1990 : 106). C'est ainsi que, comme le souligne encore Kerbrat-Orecchioni (1996 : 41), « si je décris par exemple une consultation médicale hospitalière, le contexte ce sera le *hic et nunc* de la consultation, mais aussi l'hôpital particulier où elle a lieu et son fonctionnement, l'institution hospitalière en général, l'ensemble du système des soins tel qu'il fonctionne en France, et à la limite, la société française dans son entier ».

De telles constructions *a priori*, même si l'on y retrouve des ingrédients identiques comme le cadre spatio-temporel et les participants, varient néanmoins considérablement selon leur concepteur (voir les modèles de Hymes, Brown et Fraser chez Kerbrat-Orecchioni 1990 : 76-82 et le modèle de Firth chez Delhay 1996). On remarquera à ce propos que si le contexte linguistique, parce qu'il est donné, est le même pour tous les experts, le contexte extra-lingusitique, parce que les modèles théoriques qui le structurent ne sont pas les mêmes, ne se présente pas de façon identique à tous les observateurs. Il est certes donné par avance comme le contexte linguistique, mais c'est l'observateur qui se l'est donné (ou l'a emprunté) par avance. Il est aussi statique, comme le contexte linguistique l'est pour l'observateur, mais cette rigidité a pour origine la modélisation préalable.

La conséquence de l'application de tels modèles à l'analyse contextuelle d'un texte conduit, mais pour des raisons opposées, au même danger que rencontrent les descripteurs avec le contexte linguistique, celui de surcontextualisation, c'est-à-dire de faire intervenir des éléments contextuels qui ne sont finalement pas pertinents. Dans le cas du contexte linguistique, l'analyste peut commettre ce genre d'erreurs, parce qu'il est en somme suréquipé contextuellement ; dans le cas du contexte extra-linguistique, c'est parce qu'il est au contraire sous-équipé. C'est pour pallier le manque de connaissances contextuelles qu'il peut être tenté d'en intégrer plus qu'il ne faut réellement, avec l'aide ou sans de modèles contextuels globaux.

Conclusion

Deux résultats peuvent être retenus de notre confrontation entre le contexte pour les participants et le contexte pour l'observateur. Sur le plan du contexte linguistique, il ressort que l'image de l'environnement n'est réellement appropriée que pour l'observateur, qui dispose au départ de plus d'informations contextuelles que les participants. Cette représentation s'accompagne d'une conception plutôt statique du contexte linguistique et court ainsi le risque de ne pas voir l'aspect dynamique d'un contexte se construisant au fur et à mesure que le texte se construit. Sur le plan du contexte extra-linguistique, c'est l'observateur qui se trouve désavantagé. Il en sait moins que les participants, ce qui l'oblige à recourir à des stratégies interprétatives contextualisantes et à des constructions modélisatrices du contexte plus ou moins rigides également qui s'exposent à deux types de dangers : celui de surcontextualisation et celui de construire des modèles trop puissants, parce qu'ils en arrivent à englober « l'univers physique et social » tout entier.

Il y a donc bien contexte et contexte. Et nous comptons le montrer prochainement avec une autre opposition contextuelle, celle entre *environnement d'une unité* et *environnement des participants*. Pour le moment, il est beaucoup plus important — et surtout beaucoup plus agréable — d'exprimer ici l'amicale estime que nous portons à Andrée Borillo, *en contexte et hors contexte.*

Références

Arrivé, M., Gadet, F. & Galmiche, M. (1986). *La grammaire d'aujourd'hui*, Paris : Flammarion.

Auer, P. (1992). Introduction : John Gumperz' Approach to Contextualization, *in :* P. Auer & A. di Luzio, (eds), *The Contextualization of Language*, Amsterdam : John Benjamins, 1-37.

Auer, P. & di Luzio A., (eds), (1992). *The Contextualization of Language*, Amsterdam : John Benjamins.

Berrendonner, A. (1997). L'auto-représentation du discours comme espace, *in :* K. Bogacki & T. Giermak-Zielinska, (éds), Actes du Huitième Colloque de linguistique romane et slave, *Espace et temps dans les langues romanes et slaves* (Varsovie, 19-21 septembre 1996), Varsovie : Publications de l'Institut de Philologie Romane de l'Université de Varsovie, 111-123.

Crévenat-Werner, D. (1996). Les contextes de *contexte*. La notion de contexte dans les dictionnaires, *Scolia* 6 : 13-38.

Delhay, C. (1996). Texte, contexte, contextualisation : a-t-on progressé ?, *Scolia* 6 : 61-86.

Ducrot, O. & Todorov, T. (1972). *Dictionnaire encyclopédique des sciences du langage*, Paris : Seuil.

Duranti, A. & Goldwin, C., (eds), (1992). *Rethinking Context*, Cambridge : Cambridge University Press.

Erpicum, D. & Pagé, M., (éds), (1986). Dimensions de l'interaction dans une conversation, *Cahiers du Département de Psychologie de l'Université de Montréal*, Montréal, Cahier V.

Fuchs, C. (1996). *Les ambiguïtés du français*, Paris : Ophrys.

Henry, A. (1991). Anaphore, cataphore et ...phore, *Travaux de linguistique* 22 : 121-125.

Kerbrat-Orecchioni, C. (1990). *Les interactions verbales*, Tome I, *Approche interactionnelle et structure des conversations*, Paris : Colin.

Kerbrat-Orecchioni, C. (1996). Texte et contexte, *Scolia* 6 : 39-60.

Kesik, M. (1989). *La cataphore*, Paris : PUF.

Kesik, M. (1991). Contre la phore, tout contre..., *Travaux de linguistique* 22 : 127-129.

Kleiber, G. (1992). Entre anaphore et cataphore : existe-t-il des anacataphores ? Un écho au débat entre A. Henry et M. Kesik, *Travaux de linguistique* 24 : 89-98.

Kleiber, G. (1994). Contexte, interprétation et mémoire : approche standard *versus* approche cognitive, *Langue française* 103 : 9-22.

Kleiber, G. (1997a). Quand le contexte va, tout va et... inversement, *in* : C. Guimier, (éd), *Co-texte et calcul du sens*, Caen : Presses Universitaires de Caen, 11-29.

Kleiber, G. (1997b). Contexte, où es-tu ?, *Revue de sémantique et de pragmatique* 1 : 65-79.

Kleiber, G. (1998). Dimensions du contexte : écrit *vs* oral, *in* : M. Bilger, K. van den Eynde & F. Gadet, (éds), *Analyse linguistique et approches de l'oral*, Leuven-Paris : Peeters, 123-134.

Latraverse, F. (1987). *La pragmatique*, Bruxelles : Mardaga.

Mahmoudian, M. (1997). *Le contexte en sémantique*, Leuven-Paris : Peeters.

Martin, R. (1981). Le futur linguistique, temps linéaire ou temps ramifié ?, *Langages* 64 : 81-92.

Pottier, B. (1973). *Le langage*, Paris : Retz.

Pougeoise, M. (1996). *Dictionnaire didactique de la langue française*, Paris : Armand Colin.

Rastier, F. (1998). Le problème épistémologique du contexte et le statut de l'interprétation dans les sciences du langage, *Langages* 129 : 97-111.

Schmoll, P., (éd), (1996). *Contexte(s)*, (Actes du Colloque de Strasbourg 17-19 novembre 1994), *Scolia* 6.

TLF (*Trésor de la langue française*), (1978). *Dictionnaire de la langue française du XIXe et XXe siècles*, Paris : CNRS.

Ni voyelles ni consonnes (une *n*-ième fois à propos des « semi-voyelles » espagnoles)[*]

Igor MEL'ČUK
Université de Montréal - Département de linguistique et de traduction

> À Andrée Borillo, avec amitié et
> affection — en souvenir de notre
> petite randonnée au bord de la
> rivière Voria, il y a toute une vie...

1. Le problème posé

L'espagnol possède quatre sons (= phones) assez fréquents, qu'on trouve, par exemple, dans des mots-formes comme [réi̯] *rey* 'roi' ~ [káu̯sa] *causa* 'cause' et [pjérðo] *pierdo* '[je] perds' ~ [kwénto] *cuento* '[je] raconte'. Conventionnellement, on appelle ces phones — indiqués en gras — des "semi-voyelles", appellation que nous allons retenir pour l'instant.

Le problème lié à ces phones est simple et direct :

> À quels phonèmes de l'espagnol doivent être attribuées les semi-voyelles [i̯], [j], [u̯] et [w] ?

La phonémisation des semi-voyelles espagnoles a soulevé une discussion très vive, qui continue depuis plus de 40 ans. Au milieu des années 50, la revue *Language* a prêté ses pages à un échange soutenu d'opinions sur le sujet. Certains articles qui y avaient été publiés ont plus tard été inclus dans une importante anthologie de la linguistique américaine (Joos 1958) ; nombre de linguistes européens éminents (Malmberg, Martinet, Kortlandt, Pottier, ...) ont également pris part aux débats. Le lecteur intéressé trouvera une liste quasi exhaustive de références pertinentes dans Mel'čuk (1965a, 1973 et 1976a).

Grosso modo, la discussion se résume à deux points de vue opposés : celui des "vocalistes" et celui des "consonantistes".

• Le point de vue le plus répandu veut que les phones en question soient attribués aux VOYELLES /i/ et /u/ : dans une position non accentuée et au contact d'une autre voyelle, /i/ et /u/ auraient respectivement les allophones [i̯], [j] et [u̯], [w] ; cf., par exemple, Trager (1942), Saporta

---

[*] Le texte de l'article a été lu par A. Charlebois et Ja. Milićević. J'exprime à ces collègues ma gratitude la plus cordiale pour leurs remarques et suggestions, qui m'ont aidé à améliorer la présentation.

(1956), Alarcos Llorach (1961), Kortlandt (1973). C'est le traitement qu'on réserve aux semi-voyelles espagnoles dans la plupart des manuels et livres de référence.

• L'autre point de vue place les phones problématiques dans les CONSONNES /ĵ/ et /ŵ/; cf., par exemple, Bowen & Stockwell (1955, 1956) ou Martinet (1955 : 81-85).

Cela ne vaut pas la peine d'exposer ici tous les arguments qu'on a cités pour et contre ces deux approches. D'ailleurs, on peut facilement imaginer d'autres solutions phonémiques (par exemple, n'inclure dans les voyelles que les phones [i̯] et [u̯], en mettant les phones [j] et [w] dans les consonnes, etc.). Le tour d'horizon le plus détaillé du problème se trouve dans Hara (1973), où l'auteur présente et analyse 30 (!) interprétations phonologiques différentes des semi-voyelles espagnoles (sa propre proposition : les semi-voyelles sont des consonnes). L'existence même de points de vue diamétralement opposés et l'abondance d'arguments dans un sens comme dans l'autre indiquent qu'il y a un défaut fondamental dans la façon de formuler le problème et d'en chercher la solution. À notre avis, c'est l'absence de principes clairs et rigoureux qui ne dépendent pas de notre problème et sur lesquels la solution proposée devrait s'appuyer. Nous essayerons d'introduire un tel principe, ce qui — espérons-le — garantira une solution unique et définitive, en tranchant la discussion une fois pour toutes.

2. Le tableau phonétique de départ[1]

L'espagnol possède deux séries de sons qui causent le problème de classement des semi-voyelles :

	Série "i"				Série "u"		
1.	[i]	[píno]	*pino*	'pin'	[u]	[púɾo]	*puro*	'pur'
2.	[i̯]	[bái̯le]	*baile*	'danse'	[u̯]	[áu̯to]	*auto*	'voiture'
3.	[j]	[bjén]	*bien*	'bien'	[w]	[bwéno]	*bueno*	'bon'
4.	[ĵ]	[ĵérβa]	*hierba*	'herbe'	[ŵ]	[ŵéso]	*hueso*	'os'
		[plájĵa]	*playa*	'plage'		[awekáɾ]	*ahuecar*	'creuser'
5.	[ᵈĵ]	[ᵈĵérβa]	*hierba*	'herbe'	[ᵞŵ]	[ᵞŵéso]	*hueso*	'[un] os'
		[kóɲᵈĵuxe]	*cónyuge*	'époux'		[kóŋᵞwésos]	*con huesos*	'avec [des] os'[2]

---

[1] Toutes mes données phonétiques proviennent des deux livres de référence qui font le plus autorité en phonétique espagnole : Navarro Tomás (1974) et Alarcos Llorach (1976). Elles ont été vérifiées par une comparaison avec des documents plus récents (par exemple, Martínez Celdrán 1989) et par des locuteurs natifs.

[2] Les phones [j]/[ᵈĵ] et [ŵ]/[ᵞŵ] sont en variation libre à l'initiale du mot-forme.

La ligne 1 contient des voyelles pures, qu'on trouve accentuées ou non, dans toutes les positions possibles : entre deux consonnes, entre une consonne et une pause (au début/à la fin du mot-forme) ou bien avoisinant une autre voyelle — de sorte que l'hiatus est permis en espagnol. En voici des exemples :

[bíno]	*vino*	'vin'	[dúɾo]	*dura*	'dur'
[íɾa]	*ira*	'ire'	[úßa]	*uva*	'raisin'
[rikéθa]	*riqueza*	'richesse'	[pulíðo]	*pulido*	'raffiné'
[fiár]	*fiar*	'avoir confiance'	[aktuár]	*actuar*	'agir'
[kaía]	*caia*	'[il] tombait'	[aktúa]	*actua*	'[il] agit'

La ligne 2 contient des semi-voyelles proprement dites : le degré d'ouverture et la durée d'articulation de [i̯] et [u̯] sont beaucoup plus petits que ceux de [i] et [u] (même non accentués). De plus, et c'est déterminant, [i̯] et [u̯] ne forment jamais une syllabe. Ces deux sons ne se trouvent qu'entre une voyelle et une consonne ou une pause :

[ái̯ɾe]	*aire*	'air'	[au̯stɾál]	*austral*	'austral'
[réi̯]]	*rey*	'roi'	[monláu̯]	*Monlau*	nom de famille
[dói̯]	*doy*	'[je] donne'	[bóu̯]	*bou*	type de bateau de pêche

La ligne 3 contient des sons qu'on appelle le plus souvent des semi-consonnes : encore plus fermés et plus courts que [i̯] et [u̯], les sons [j] et [w] possèdent une certaine fricativité ; en règle générale, les phonéticiens les traitent — surtout pour d'autres langues que l'espagnol — comme des consonnes. En espagnol, ils apparaissent seulement entre une consonne et une voyelle :

[pjéðra]	*piedra*	'pierre'	[pwéɾta]	*puerta*	'porte'
[kjéɾo]	*quiero*	'[je] veux'	[kwéɾða]	*cuerda*	'corde'

La situation se complique quand nous passons aux lignes 4 et 5 : les descriptions standard traditionnelles de la phonétique espagnole traitent la série "i" et la série "u" de façon différente.

Dans la série "i", on reconnaît à l'unanimité l'existence de deux vraies consonnes : [ʝ], une consonne fricative palatale, et [ᵈʝ], la même palatale avec un élément plosif initial, le tout étant assez proche d'une affriquée. (Beaucoup d'auteurs, dont Navarro Tomás, appellent [ᵈʝ] une affriquée sans aucune réserve.) Le caractère consonantique de ces sons se manifeste dans le phénomène suivant :

Devant [ĵ] et [ᵈĵ], les phonèmes /s/ et /θ/ possèdent des allophones voisés, c'est-à-dire que leurs allophones voisés [z] et [ð] sont (obligatoirement) sélectionnés :

[lazĵérβas]   *las hierbas*   'les herbes'   [*lasĵérβas]

[djeðĵérβas]   *diez hierbas*   'dix herbes'   [*djeθĵérβas]

tout à fait comme [lozbáŋkos] *los bancos* 'les bancs', [páðduɾaðéɾa] *paz duradera* 'paix durable', ...

Ce voisement n'a jamais lieu devant une voyelle.

Suivant les normes orthoépiques de l'espagnol, le son [ᵈĵ] est obligatoire après /n/ et /l/ (qui deviennent automatiquement /ɲ/ et /ʎ/) : [iɲ ᵈĵektáɾ] *inyectar* 'injecter' ou [eʎ ᵈĵéso] *el yeso* 'le plâtre' ; [ĵ] apparaît dans toutes les autres positions : [ĵérβa] *hierba* 'herbe', [apóĵo] *apoyo* 'appui', etc. À l'initiale du mot-forme devant une voyelle accentuée, l'affriquée [ᵈĵ] alterne librement avec la fricative [ĵ] selon le rythme de débit, la situation communicative et le niveau de langue ; ainsi, la prononciation [ᵈĵérβa] est considérée plus typique du style soigné ou de la parole emphatique que la prononciation [ĵérβa] (Navarro Tomás 1974 : 129).

Quant à la série "u", Navarro Tomás ne dit rien d'explicite au sujet des "vraies" consonnes [ŵ] et [ˠŵ], différentes de la semi-consonne [w]. Il transcrit [kwéɾða] *cuerda* 'corde' et [wérfano] *huérfano* 'orphelin' avec le même symbole [w], et il ne donne que [w] dans la liste des consonnes espagnoles (Navarro Tomás 1974 : 82). Puisque la plupart de ceux qui écrivent au sujet de la phonétique et de la phonologie espagnoles suivent l'œuvre classique de Navarro Tomás, l'opinion voulant que la série "i" et la série "u" soient asymétriques à cause de l'absence des consonnes [ŵ] et [ˠŵ] correspondant à [ĵ] et à [ᵈĵ] est devenue généralement acceptée. Cependant, nous trouvons dans Navarro Tomás (1974) des données indirectes étayant l'existence des phones consonantiques [ŵ] et [ˠŵ] différents de [w]. Ces données sont au moins de deux types.

(a) Le voisement : devant certains [w], le voisement de /s/ et de /θ/ est obligatoire (p. 108 : [lozwésos] *los huesos* 'les os' *[loswésos], cf. aussi [djeðwésos] *diez huesos* 'dix os' *[djeθwésos]), alors qu'il est impossible devant certains autres [w] (p. 54 : [laswérte] *la suerte* 'le sort' *[lazwérte]).

(b) La vélarisation : devant certains [w], le phonème /n/ peut avoir un allophone vélarisé ou même tomber en nasalisant la voyelle précédente (p. 142 : [uŋwérto], [ũwérto] *un huerto* 'un jardin'), mais cela ne se produit pas devant certains autres [w] (p. 72 : [kontínwo] *contínuo* 'continu' *[kontíŋwo], *[kontĩwo]).

Ces faits témoignent de l'existence d'au moins deux sons différents du type [w] : la semi-consonne [w] et la consonne fricative [ŵ]. Cette dernière, à la différence de la première, déclenche le voisement de /s/ et de /θ/, ainsi que la vélarisation (ou la chute) de /n/.

Navarro Tomás écrit en plus (1974 : 64) que dans la position initiale d'un mot-forme ainsi qu'entre deux voyelles, [w] " acquiert une nature plus consonantique : dans la langue parlée, il se développe devant /w/ une vraie consonne, apparaissant sous la forme d'un *g* labialisé ou, moins fréquemment, d'un *b* vélarisé " [la traduction est la mienne.— IM.]. Ce *g* ne doit pas être considéré comme un son séparé mais plutôt comme l'élément initial d'un son complexe [$^{\gamma}$ŵ], de façon tout à fait parallèle à l'élément [^{d}] dans l'affriquée reconnue [^{d}ĵ]. À preuve : l'élément consonantique apparaissant devant [w] dans les mots-formes du type *hueso* est fricatif (Navarro Tomás 1974 : 64), alors que l'allophone fricatif des phonèmes /g/, /b/ et /d/ est strictement interdit dans la position initiale absolue.

En nous fondant sur les faits mentionnés, ainsi que sur les considérations de certains autres chercheurs (avant tout, Alarcos Llorach 1961 : 144-159), nous introduisons les lignes 4 et 5 dans la série "u", c'est-à-dire les consonnes [ŵ] fricative et [$^{\gamma}$ŵ] affriquée. Leur distribution est analogue à celle des consonnes [ĵ] et [^{d}ĵ] : après /n/ et /l/, on trouve [$^{\gamma}$ŵ] et ailleurs, c'est-à-dire au début d'un mot-forme et entre voyelles, [ŵ] ; dans la position initiale (et dans certains types de prononciation, entre voyelles), [ŵ] et [$^{\gamma}$ŵ] alternent librement.

Somme toute, dans cet article, nous considérons les deux séries suivantes de sons [= de phones] de l'espagnol, qui sont phonétiquement apparentés :

[i],   [i̯],   [j],   [ĵ],   [^{d}ĵ]

et

[u],   [u̯],   [w],   [ŵ],   [$^{\gamma}$ŵ].

Nous voyons dans ces séries l'accroissement de consonanticité, à partir de [i] et [u] syllabiques et donc vocaliques sans aucun doute, jusqu'à [ĵ], [^{d}ĵ] et [ŵ], [$^{\gamma}$ŵ] évidemment consonantiques, en passant par deux degrés intermédiaires. Ce sont ces phones intermédiaires qui créent un problème pour la phonémisation.

3. Le problème de la phonémisation en général

Comme nous l'avons déjà dit, le problème de la phonémisation des semi-voyelles de l'espagnol n'a pas pu être résolu de façon unique à cause de l'absence de CRITERES PREETABLIS qui découlent d'une vision générale sur la langue et la linguistique et qui devraient être satisfaits pour qu'une solution phonémique donnée soit admise.

Au sein de la théorie Sens-Texte, nous pouvons mettre en avant de tels critères. Dans ce cadre, le but premier d'un chercheur linguiste est la construction, pour des langues particulières, de modèles du type Sens-Texte : des systèmes de règles qui acceptent en entrée des représentations sémantiques de (familles de) phrases et produisent en sortie des représentations phoniques (ou graphiques) de phrases ; pour les modèles Sens-Texte, voir, entre autres, Mel'čuk (1997). De façon générale, un modèle Sens-Texte contient, parmi ses composantes, ou modules, une composante morphologique, qui accepte en entrée des Représentations Morphologiques Profondes [= RMorphP] de mots-formes et produit en sortie des mots-formes réels en transcription PHONEMIQUE (= Représentations Phonologiques Profondes [= RPhonP]). Schématiquement, le modèle morphologique de l'espagnol prend les expressions du type TENER$_{\text{prét,subj,3,pl}}$ (= RMorphP du mot-forme *tuvieran*) et leur fait correspondre les expressions du type /tubjéran/ (= RPhonP du même mot-forme). Le modèle particulier de la conjugaison espagnole sur lequel le présent article est fondé est décrit dans une série de publications (Mel'čuk 1965c, 1967, 1974, 1976b, 1994), et nous le tenons ici pour acquis.

> Nous pouvons donc et même nous devons exiger que la phonémisation proposée pour une langue donnée soit compatible avec le modèle morphologique Sens-Texte de cette langue.

Il se peut que, parmi les solutions phonémiques possibles, l'une permette de construire un modèle morphologique satisfaisant, tandis que les autres ne le permettent pas. Dans une telle situation, le chercheur adoptera en toute logique la première solution : c'est là le principe général mentionné ci-dessus qui doit servir de base pour toute phonémisation proposée.

Heureusement, en espagnol, nous avons une situation de ce type, ce qui nous permet de trancher le vieux problème des semi-voyelles espagnoles.

4. Phonémisation des semi-voyelles espagnoles

Nous procéderons par les trois étapes suivantes :

— d'abord, nous démontrons que les semi-voyelles espagnoles ne sont pas des allophones de phonèmes voyelles ;

— ensuite, nous établissons que les semi-voyelles espagnoles ne sont pas non plus des allophones de phonèmes consonnes ;

— finalement, nous concluons que les semi-voyelles espagnoles sont des glides.

Après quoi, nous traitons brièvement encore de deux points :
— les avantages de la solution proposée ;
— le survol des phonèmes de l'espagnol dans les séries "i" et "u".

4.1. Les semi-voyelles espagnoles ne sont pas des allophones de phonèmes voyelles

Notre raisonnement se fonde sur la considération fondamentale suivante :

> En espagnol, l'accentuation des formes verbales est complètement régulière (= ne connaît aucune exception), tout en étant complètement déterminée par des facteurs morphologiques.

C'est donc ici que nous utilisons, de façon décisive, les considérations découlant de la construction d'un modèle morphologique de l'espagnol.

Dans la conjugaison espagnole, l'accent est mobile : au niveau de représentation morphique des mots-formes verbaux, il frappe soit le radical verbal (toujours la dernière syllabe, dans le cas de radicaux polysyllabiques), soit l'élément thématique [= la voyelle thématique], le choix se faisant en fonction des grammèmes exprimés par le mot-forme en cause : voir les règles d'accentuation R^{accent} 1 et R^{accent} 2 de mots-formes verbaux dans l'Annexe, pp. 202-203. Au niveau de représentation phonologique, l'accent peut apparaître sur un autre constituant du mot-forme, puisqu'il peut être déplacé par une règle morphologique d'une généralité absolue (la règle R^{accent} 3, p. 203) ; de plus, certains morphes verbaux sont toujours accentués (comme, par exemple, les suffixes de nombre et de personne au futur : -é, -ás, -á), ce qui introduit des complications additionnelles : dans de tels cas, les règles d'accentuation R^{accent} 1-3 ne s'appliquent pas. Cependant, cela ne change rien à l'essentiel :

> En espagnol, la position de l'accent dans un mot-forme verbal **w** ne peut pas être spécifiée définitivement par rapport au morphe radical verbal de départ, mais doit être calculée, dans chaque **w**, par des règles ayant recours à la RMorphP de **w**.

C'est ainsi que l'accentuation du verbe espagnol est décrite par le modèle morphologique dont il est question ici[3].

---

[3] Dans le nom, la situation avec l'accent est toute différente. Dans un substantif ou un adjectif, l'accent peut frapper la dernière, l'avant-dernière ou l'avant-avant-dernière syllabe du radical, et sa position doit être spécifiée dans le morphe radical de départ :

/rubí/ *rubí* 'rubis', /papél/ *papel* 'papier'

vs

/remédjo/ *remedio* 'remède', /lápiθ/ *lápiz* 'crayon', /kárθel/ *cárcel* 'prison'

Or, si le signifiant des radicaux verbaux est représenté — dans le lexique — en termes de phonèmes SANS INDICATION DE L'ACCENT, on ne peut pas reléguer [i̯] et [u̯] aux phonèmes voyelles. Cela est prouvé par l'existence, en espagnol, de paires de verbes comme la suivante :

bailar [bai̯láɾ] 'danser' ~ *ahilar* [ai̯láɾ] 'mettre dans une rangée'.

Phonétiquement, leurs formes de la 1ère personne du singulier sont [bái̯lo] et [aílo]. Maintenant, si [i] et [i̯] sont réduits tous les deux à /i/, de sorte que les radicaux des deux verbes se présentent respectivement comme /bail/ et /ail/, on ne peut pas formuler une règle générale d'accentuation pour le verbe espagnol qui ne produise que les formes correctes ! En effet, la règle universellement acceptée (" À la 1ère personne du singulier au présent de l'indicatif, l'accent frappe la dernière voyelle du radical ") produit une mauvaise forme dans le cas de *bailar* :

/bail + o/ ⇒ */baílo/ ⇒ *[baílo], au lieu de [bái̯lo].

Si, cependant, nous essayons de corriger la règle en la munissant d'une réserve — " … sauf si la dernière voyelle est un /i/ suivant une voyelle ", — alors nous obtenons une mauvaise forme pour *ahilar* :

/ail + o/ ⇒ */áilo/ ⇒ */ái̯lo/, au lieu de [aílo].

La seule façon donc de régler le problème est de représenter le radical de BAIL(-*ar*) avec un [i̯] phonémisé comme non vocalique, et celui de AHIL(-*ar*), avec un [i] phonémisé comme vocalique :

/bai̯l/ *vs* /ail/.

---

vs
/mákina/ *máquina* 'machine', /tʃátʃaɾa/ *cháchara* 'causerie', /réximen/ *régimen* 'régime'.
À la différence du verbe, dans les formes nominales, l'accent ne se déplace pas — sauf pour les substantifs du type *régimen* et *espécimen*, qui, au pluriel, donnent *regímenes*/*especímenes*, et non */régimenes*/*espécimenes* (puisqu'en espagnol, l'accent ne tombe jamais sur une syllabe plus éloignée de la fin du mot-forme qu'antépénultième).
Il existe des corrélations importantes entre la composition phonémique d'un radical nominal et la place de l'accent, que, cependant, nous ne pouvons pas considérer ici.

Ainsi la production des formes correctes à la 1ère personne du singulier au présent de l'indicatif est-elle assurée, tout comme pour les autres personnes du singulier et la 3e personne du pluriel, où l'accent est toujours placé sur la dernière voyelle du radical. Quant à l'infinitif, le /i/ de AIL(-*ar*), qui ne se trouve pas sous l'accent, alterne avec /j/ (selon une règle d'alternance tout à fait naturelle : /i/ ⇒ /j/ | ___/V/), de sorte que nous obtenons la bonne forme /ajlár/. Soulignons de plus que *ahilar* peut être prononcé avec l'hiatus : [ailár], alors que pour *bailar* une telle prononciation est impossible : *[bailár] (seulement [baịlár]), ce qui souligne davantage la différence des sources phonémiques pour le [ị] de [aịlár] et le [ị] de [baịlár].

L'état des choses est identique en ce qui concerne [u] et [ụ] : l'espagnol possède des paires de verbes comme *causar* 'causer' et *rehusar* 'refuser', avec les formes de la 1ère personne du singulier au présent de l'indicatif [káụso] et [reúso]. Si nous phonémisons leurs radicaux sans distinguer [u] et [ụ], tous les deux étant représentés comme /u/, alors une de ces formes sera synthétisée de façon phonétiquement incorrecte

d'après la règle actuelle, /kaus+o/ ⇒ */kaúso/ ⇒ *[kaúso] ;
d'après la règle modifiée, /reus+o/ ⇒ */reúso/ ⇒ *[reụso].

Nous phonémisons donc : /kaws/   *vs*   /reus/. REHUS(-*ar*) admet, à l'infinitif, une prononciation avec l'hiatus, mais pas CAUS(-*ar*) :

[reusár], mais *[kausár].

Cela prouve que le radical /reus/ contient une voyelle /u/, mais pas le radical /kaws/.

Les exemples cités ne sont aucunement isolés ou exceptionnels. Nous pouvons indiquer plusieurs autres verbes, où la phonémisation de [ị] comme /i/ et celle de [ụ] comme /u/ entraîne inévitablement la production des formes incorrectes. En voici quelques-uns.

(1)   <u>Série "i"</u>

arraigar	'prendre racine'	[aráịɣo]	∼	*ahijar*	'adopter'	[aíxo]
pairar	'aller à la dérive'	[páịɾo]	∼	*ahincar*	'inciter'	[aíŋko]
reinar	'régner'	[réịno]	∼	*rehilar*	'trembler'	[reílo]
peinar	'peigner'	[péịno]	∼	*prohibir*	'prohiber'	[proíβo]

Série "u"

pausar	'interrompre'	[páu̯so]	~	ahumar	'enfumer'	[aúmo]
paular	'bavarder'	[páu̯lo]	~	aullar	'hurler'	[aúʎo]
defraudar	'décevoir'	[defráu̯ðo]	~	acentuar	'accentuer'	[aθentúo]
incautar(se)	'réquisitionner'	[iŋkáu̯to]	~	actuar	'agir'	[aktúo]
restaurar	'restaurer'	[restáu̯ro]	~	aupar	'lever [en l'air]'	[aúpo]

Les sons [i̯] et [u̯] ne peuvent donc pas être inclus dans les phonèmes voyelles /i/ et /u/. Puisque [j] et [w] possèdent plus de caractéristiques consonantiques que [i̯] et [u̯], ils ne peuvent pas eux non plus être inclus dans les voyelles correspondantes. Logiquement parlant, cette dernière conclusion n'a pas besoin d'être corroborée par des faits linguistiques ; néanmoins, nous citerons quelques paires verbales où la phonémisation de [j] et [w] comme /i/ et /u/ entraînerait des formes incorrectes.

(2)   Série "i"

anunciar	'annoncer'	[anúnθjo]	~	rociar	'arroser '	[roθío]
cambiar	'changer'	[kámbjo]	~	enviar	'envoyer'	[embío]
envidiar	'envier'	[embíðjo]	~	confiar	'se fier'	[komfío]
agriar	'rendre aigre'	[áɣrjo]	~	aliar	'allier'	[alío]
anestesiar	'anesthésier'	[anestésjo]	~	amnistiar	'amnistier'	[amnistío]

Série "u"

menguar	'diminuer'	[méŋgwo]	~	continuar	'continuer'	[kontinúo]
fraguar	'forger'	[fráɣwo]	~	graduar	'graduer'	[graðúo]
atestiguar	'témoigner'	[atestíɣwo]	~	evacuar	'évacuer'	[eβakúo]
averiguar	'vérifier'	[aβeríɣwo]	~	evaluar	'évaluer'	[eβalúo]

Nous venons de démontrer notre première thèse : [i̯], [j], [u̯] et [w] ne peuvent pas être considérés comme allophones des voyelles /i/ et /u/.[4]

---

[4]   Cependant, il existe des procédés formels qui permettraient quand même de considérer [i̯] et [j] comme des allophones de /i/, et [u̯] et [w], comme des allophones de /u/ : il suffirait soit de marquer les positions dans lesquelles /i/ et /u/ ne sont pas syllabiques, soit de marquer la division des morphes radicaux en syllabes. Autrement dit, on pourrait écrire, dans le dictionnaire, quelques chose comme :

Ce résultat a été publié pour la première fois dans Mel'čuk (1965a, b) ; Harris (1969 : 122-125) est arrivé, de façon indépendante, aux mêmes conclusions, corroborées par des exemples quasi identiques aux nôtres. Cela renforce considérablement notre conviction que le caractère non vocalique des semi-voyelles espagnoles est bien prouvé.

Avant de continuer, nous aimerions nous pencher sur la distinction fondamentale entre l'approche traditionnelle de la phonémisation des semi-voyelles espagnoles et la démarche appliquée ici. Le point de vue le plus répandu, voulant que [i̯], [j] ∈ /i/ et [u̯], [w] ∈ /u/, se fonde sur l'analyse des mots-formes " tout faits ", *in statu existendi*, où l'accent est présent et peut être utilisé comme élément contextuel qui conditionne la sélection de l'allophone approprié : les semi-voyelles [i̯], [j], [u̯] et [w] n'apparaissent que dans la position inaccentuée suivant ou précédant une voyelle, tandis que les voyelles [i] et [u] apparaissent dans la position accentuée ou entre consonnes ; par conséquent, les semi-voyelles et les voyelles se trouvent en distribution complémentaire stricte par rapport à l'accent et à la position interconsonantique[5].

Cependant, si nous considérons le PROCESSUS DE LA CONSTRUCTION, ou la SYNTHÈSE, des mots-formes, c'est-à-dire si nous observons les mots-formes *in statu nascendi* et, de ce fait, devons formuler et appliquer les règles d'accentuation à des morphes sans accent, nous découvrirons que les

---

/a-nunθi-/ *vs* /ro-θi-/

et introduire des règles additionnelles qui choisiraient la bonne position d'accent dans des radicaux du type /a-nunθi-/ (quelque chose comme : " Si l'accent doit tomber sur une syllabe à deux voyelles, il tombe sur la première, car la deuxième n'est pas syllabique "). Sans parler du fait qu'une telle description est plus compliquée, elle revient à indiquer la non-syllabicité de certains /i/ et /u/ ; autrement dit, elle prône la distinction des phonèmes syllabiques et non syllabiques, en la camouflant sous la forme de frontières syllabiques.

Insistons surtout sur le fait que les locuteurs effectuent la syllabation des signifiants segmentaux à partir de la chaîne phonémique déjà présente, et non à l'inverse ; ils ne phonémisent pas la chaîne phonique en s'appuyant sur des frontières syllabiques préétablies. Cela revient à dire que nous ne permettons pas l'indication des frontières syllabiques dans les formes sous-jacentes (= stockées dans le dictionnaire).

5 En réalité, les semi-voyelles et les voyelles ne se trouvent pas en distribution complémentaire stricte, puisque les voyelles /i/ et /u/ non accentuées peuvent apparaître, dans la prononciation soutenue ou dans des environnements spéciaux, devant les voyelles accentuées : /fiár/ *fiar* 'confier', /rió/ *rio* '[il a] ri', /ruár/ *ruar* vieilli 'flâner', etc. sont admis à côté de /fjár/, /rjó/ et /rwár/.

vraies voyelles espagnoles ([i] et [u]) et les semi-voyelles ([i̯], [j], [u̯], [w])
doivent être distinguées dans la transcription PHONEMIQUE. Sinon, nous nous
heurtons à un cercle vicieux :

> La règle traditionnelle qui change une voyelle en semi-voyelle (au niveau
> phonétique) doit utiliser la position de l'accent, alors que la règle spécifiant la
> position de l'accent exige la distinction entre les voyelles et les semi-voyelles
> au niveau phonémique.

Puisque l'accentuation des mots-formes verbaux espagnols doit être décrite
par de simples règles basées sur la représentation morphologique profonde
du mot-forme à construire et prenant en considération le contexte
phonémique, nous nous voyons obligé de distinguer les voyelles et les semi-
voyelles PHONEMIQUEMENT.

La leçon importante à tirer des remarques ci-dessus est la suivante :

> En décidant du statut phonémique d'un son langagier, le chercheur doit
> s'appuyer sur la description DU PROCESSUS DE LA CONSTRUCTION (= DE LA
> SYNTHESE) des mots-formes par un modèle morphologique (et non sur la
> description des mots-formes PRETS, observés tels quels dans la parole).

Autrement   dit,   nous   privilégions,   dans   nos   raisonnements
phonologiques, l'*argumentum ad productionem*.

4.2. Les semi-voyelles espagnoles ne sont pas des allophones de phonèmes consonnes

Ici, notre raisonnement se fonde sur les trois considérations suivantes :

1. **Oppositions phonémiques** Les sons [j] vs [ĵ]/[ᵈĵ] et [w] vs [ŵ]/[ᵞŵ]
peuvent se trouver dans le même environnement phonémique et, de ce fait,
ils s'opposent phonémiquement[6]. Par conséquent, [j] et [w] ne peuvent pas
être inclus dans les mêmes phonèmes que [ĵ] et [ŵ].

(3)   Série "i"

[abᵈĵékto]	abyecto	'abject'	~	[aβjérto]	abierto	'ouvert'
[dezᵈʃélo]	deshielo	'dégel'	~	[desjérto]	desierto	'désert'
[adᵈʃaθénte]	adyacente	'adjacent'	~	[raðjaðór]	radiador	'radiateur'

---

6   Le lecteur se rappellera que [b]/[β], [z]/[s] et [d]/[ð] sont, respectivement, des
allophones d'un même phonème (/b/, /s/ et /d/), de sorte que nous avons le
droit de parler ici du même environnement phonémique.

Série "u"

[dezˠŵéso]   *deshueso*   '[je] désosse'   ~   [deswéʎo]   *desuello*   '[j']écorche'

[lazˠŵértas]   *las huertas*   'les vergers'   ~   [laswérte]   *la suerte*   'le sort'

On trouve même des paires minimales :

Série "i"

[laz ᵈĵérβas]   *las hierbas*   'les herbes'   ~   [lasjérβas]   *las siervas*   'les esclaves,f.'

[koɲ ᵈĵél]   *con hiel*   'avec bile'   ~   [koɲjél]   *con niel*   'avec émail'

Série "u"

[lozˠŵékos]   *los huecos*   'les creux'   ~   [loswékos]   *los suecos*   'les Suédois'

[lazˠŵéla]   *las huela*   '[qu'il] les sente'   ~   [laswéla]   *la suela*   'la semelle'[7]

2. Combinatoire phonémique. Les sons [j], [i̯], [w] et [u̯] apparaissent dans les séquences où aucune consonne espagnole n'est admise.

— Aucune consonne espagnole ne peut apparaître au début d'un mot-forme après /s/, /r/, /ʎ/ ; c'est-à-dire que les groupes *#/sC/, *#/rC/ et *#/ʎC/ sont impossibles. Cependant, [j] et [w] sont tout à fait courants dans cette position (sauf le groupe *#/ʎj/) :

(4)   [sjénto]   *siento*   '[je] regrette'   ~   [swéno]   *sueno*   '[je] sonne'

     [rjézgo]   *riesgo*   'risque'   ~   [rwéɣo]   *ruego*   '[je] prie'

                                        [ʎwéβe]   *llueve*   '[il] pleut'

---

7   Du point de vue logique, on peut décrire cette opposition de façon différente : par l'introduction du phonème de " jointure ouverte ", symbolisé par /+/, le même symbole que nous utilisons pour marquer les frontières intermorphiques. Alors en (3), les sons [j] et [ᵈĵ], ainsi que [w] et [ˠŵ], apparaissent dans des environnements différents :

     [laz+ᵈĵérβas] *vs* [lasjerβas]

     [ab+ᵈĵékto] *vs* [aβjérto], etc.

(Bowen and Stockwell 1955, Stockwell *et al.* 1956). Nous n'acceptons pas cette solution à cause du statut peu clair de /+/. Si ce n'est pas une jointure morphologique véritable, qu'est-ce ? Juste un moyen de marquer le caractère consonantique d'un /j/ ou /w/ suivant ? Dans ce cas-là, c'est un moyen *ad hoc*, qui tout simplement cache la vérité : la nécessité de distinguer deux *j* et deux *w*, l'un consonantique, l'autre pas. Mais si c'est une jointure morphologique, comment l'utiliser A L'INTÉRIEUR des radicaux MONOmorphémiques, comme /abĵékt/, /kóɲĵuxe/, /desŵes/, etc. ?

— Aucune consonne espagnole ne peut apparaître à la fin d'un mot-forme devant une autre consonne ; c'est-à-dire que les groupes consonantiques finals sont impossibles :

$$*/C^1C^2/\#$$

(on n'en trouve que quelques-uns dans des emprunts étrangers non assimilés, comme *vals* ou *golf*). Cependant, la suite finale [i̯s] est fort répandue : c'est le suffixe verbal de la 2e personne du pluriel ([traβaxái̯s] '[vous] travaillez', [koméi̯s] '[vous] mangez', [sói̯s] '[vous] êtes', etc.). Si l'on considérait [i̯] comme une consonne, cette suite serait la seule exception à la règle générale.

Tout ce que nous venons de dire au sujet de [i̯] s'applique à [u̯] dans la suite finale [u̯s], qui apparaît dans la forme plurielle *bous* [bóu̯s] 'bateaux de pêche de type particulier' et dans des noms propres du type *Reus* [réu̯s], *Manaus* [manáu̯s], *Zeus* [θéu̯s].

3. **Conditionnement de la distribution allophonique.** Les sons [j] et [w], d'une part, et [i̯] et [u̯], d'autre part, imposent des assimilations différentes à des consonnes qui les précèdent, c'est-à-dire qu'ils sélectionnent des allophones différents de telles consonnes.

— Dans une position prévocalique, les sons [j] et [w] exigent devant eux les allophones fricatifs de /b/ et /d/ — tout à fait comme les voyelles, alors que [ĵ]/[ᵈĵ] et [ŵ]/[ᵞŵ] imposent, dans la même position, les allophones plosifs (comme il se doit avec les consonnes). Autrement dit, on a :

$$[\ V \begin{Bmatrix} \beta \\ \eth \end{Bmatrix} \begin{Bmatrix} j \\ w \end{Bmatrix} V \ ] \ vs \ [\ V \begin{Bmatrix} b \\ d \end{Bmatrix} \begin{Bmatrix} ĵ \\ ŵ \end{Bmatrix} V \ ]$$

— Dans la même position, [j] et [w] exigent l'allophone sourd de /s/, alors que [ĵ]/[ᵈĵ] et [ŵ]/[ᵞŵ] exigent l'allophone sonore :

$$[\ V \ s \begin{Bmatrix} j \\ w \end{Bmatrix} V \ ] \ vs \ [\ V \ z \begin{Bmatrix} ĵ \\ ŵ \end{Bmatrix} V \ ]$$

(5) Série "i"

[aβjérto]	*abierto*	'ouvert'	[ab ᵈĵékto]	*abyecto*	'abject'
[raðjaðór]	*radiador*	'radiateur'	[ad ᵈĵaθénte]	*adyacente*	'adjacent'
[desjérto]	*desierto*	'désert'	[dez ᵈĵélo]	*deshielo*	'dégel'

Série "u"

[aβwélo]   *abuelo*   'grand-père'

[aðwana]   *aduana*   'douane'

[laswéla]   *la suela*   'la semelle'   [laz^ɣŵéla]   *las huela*   '[qu'il] les sente'

Nous pouvons donc conclure que les sons [i̯], [j], [u̯] et [w] ne peuvent pas être classés comme des allophones de consonnes.

4.3. Les semi-voyelles espagnoles sont des allophones de phonèmes glides

Si les semi-voyelles ne sont ni voyelles ni consonnes, la seule solution phonémique possible est de les déclarer des GLIDES (= 'glissantes'), c'est-à-dire des phonèmes ayant les traits [-vocalique] et [-consonantique] :

/j/   et   /w/.

Le tableau résumé des phonèmes espagnols dans les séries "i" et "u" se présente donc comme suit[8] :

Phonèmes : Traits :	Voyelles		Glides		Consonnes	
	/i/	/u/	/j/	/w/	/ĵ/	/ŵ/
Vocalique	+	+	-	-	-	-
Consonantique	-	-	-	-	+	+
Arrière	-	+	-	+	-	+

4.4. Avantages de la solution proposée

La phonémisation des semi-voyelles espagnoles comme des glides offre certains avantages dans la description morphologique, phonologique et graphématique de l'espagnol. Nous en mentionnerons ici quatre, dont les trois premiers sont liés au suffixe verbal -[i̯s] (2pl).

— Le modèle de la conjugaison espagnole comprend une règle

---

[8]   Nous nous permettons, pour ne pas surcharger notre exposé, de faire complètement abstraction d'un autre problème de phonémisation lié aux semi-voyelles espagnoles : Est-ce que le phone [^ɣŵ] est un allophone du phonème consonantique /ŵ/ comme nous le pensons, ou bien est-ce une réalisation "fusionnée" du groupe phonémique /gw/ ou /gu/, comme le dit, par exemple, Alarcos Llorach (1976 : 157-158) ? Voir, à ce sujet, Mel'čuk (1973 : 49-53).

morphologique qui efface l'élément thématique devant une voyelle (du suffixe suivant) ; si l'élément thématique [= Él.Th] est accentué, l'accent est déplacé sur cette voyelle. C'est la règle R^{accent} 3 (voir l'Annexe, p. 203), qui effectue les transformations (6) :

(6)   PRÉS   /kánt   +a   +o/   ⇒   /kánto/   *canto*   '[je] chante'
                        Él.Th.   1SG

       vs

       PRÉT   /kant   +á   +o/   ⇒   /kantó/   *cantó*   '[il] chanta'
                        Él.Th.   3SG

Cette règle est de nature très générale : elle ne connaît aucune exception. Cependant, si nous phonémisions -[i̯s] comme -/is/, elle produirait des résultats incorrects :

/kant+á+is/ ⇒ */kantís/, *[kantís], au lieu de [kantái̯s].

Pour l'éviter, il faudrait munir la règle d'une réserve : " ... mais non devant /i/ ", réserve qui serait tout à fait inexplicable, sauf par la nature non syllabique de -[i̯] résultant ; mais cela revient à phonémiser [i̯] comme le glide [j] !
— Les voyelles /i/ et /u/ n'apparaissent pas dans une syllabe finale inaccentuée : c'est une régularité presque absolue[9]. La phonémisation de -[i̯s] comme -/is/ créerait une exception systématique à cette règle, sans aucune motivation.
— L'orthographe espagnole exige que l'accent graphique soit mis sur la lettre représentant la voyelle accentuée /V́/ du mot-forme **w**, si 1) /V́/ est la dernière voyelle dans **w** et 2) **w** se termine par une voyelle [= /V́/], un /s/ ou un /n/. Avec la phonémisation -/js/, cette règle est automatiquement applicable aux formes verbales de la 2 pl :

/kantájs/ ⇒ *cantáis*,

puisqu'ici, *a* représente la dernière voyelle du mot-forme se terminant par un /s/ (*i* représentant un glide). Avec la phonémisation -/is/, cette règle

---

9   Les exceptions incluent certains mots savants empruntés au latin (du type *análisis*), les adjectifs du type *fácil* 'facile' ou *débil* 'débile', quelques noms isolés, comme *lápiz* 'crayon', *tribu* 'tribu' ou *espíritu* 'esprit', ainsi que des termes familiers ou argotiques (*cursi* 'de mauvais goût', *chati* 'jeune fille') et des noms tronqués dans la langue parlée, comme *mili(tar)*, *bici(cleta)*, *Pili* (= *Pilar*), *Leni* (= *Elena*).

nécessite une réserve compliquée, ne concernant que le suffixe -[i̯s].

— Enfin, sans glides, les mots-formes du type *náufrago* 'naufrage', *cáustico* 'caustique', *farmacéutico* 'pharmaceutique', *ventrílocuo* 'ventriloque', etc., assez nombreux en espagnol, violeraient la règle globale d'accentuation espagnole voulant que l'accent ne tombe jamais sur une syllabe plus éloignée de la fin du mot-forme que l'antépénultième (Harris 1969: 31). En effet, si on transcrit /náufrago/ ou /bentrílokuo/, la voyelle accentuée est la quatrième à partir de la droite. Avec notre transcription, cependant, la règle générale est respectée : /náwfrago/ et /bentrílokwo/.

4.5. Survol des phonèmes espagnols dans les séries "i" et "u"

En résumant, nous proposons pour les voyelles, semi-voyelles [= glides] et consonnes espagnoles des séries "i" et "u" la description phonémique suivante :

(7) /i/ ⇔ [i] /u/ ⇔ [u]

/j/ ⇔ [i̯] | /V/ _ $\left\{ \begin{array}{c} /C/ \\ \# \end{array} \right\}$ /w/ ⇔ [u̯] | /V/ _ $\left\{ \begin{array}{c} /C/ \\ \# \end{array} \right\}$

⇔ [j] | /C/ _ /V/   ⇔ [w] | /C/ _ /V/

/ĵ/ ⇔ [ĵ] | $\left\{ \begin{array}{c} /V/ \\ \# \end{array} \right\}$ _ /V/   /ŵ/ ⇔ [ŵ] | $\left\{ \begin{array}{c} /V/ \\ \# \end{array} \right\}$ _ /V/

⇔ [ᵈĵ] | $\left\{ \begin{array}{c} /ɲ/ \\ /ʎ/ \\ \# \end{array} \right\}$ _ /V/   ⇔ [ᵞŵ] | $\left\{ \begin{array}{c} /n/ \\ /l/ \\ \# \end{array} \right\}$ _ /V/

Nous proposons donc de distinguer, dans les séries "i" et "u", trois phonèmes : les voyelles /i/ et /u/, les glides /j/ et /w/ et les consonnes /ĵ/ et /ŵ/[10].

Cette phonémisation entraîne trois conséquences intéressantes :

1. Les consonnes sonores /ĵ/ et /ŵ/ manifestent un parallélisme attendu avec les autres consonnes sonores de l'espagnol : /b/, /d/, /g/ — en ce qui concerne leurs allophones. Tout à fait comme ces dernières possèdent des

---

[10]   Cette proposition, formulée la première fois dans Mel'čuk (1965a, b) a été acceptée en phonologie espagnole moderne ; voir, par exemple, Martínez Celdrán (1989: 83-84 et 99-100).

allophones plosifs [b], [d], [g] dans une position forte, c'est-à-dire après la pause, /n/ et /l/, et des allophones fricatifs [β], [ð], [ɣ] dans une position faible, c'est-à-dire entre voyelles, les consonnes /ĵ/ et /ŵ/ ont des allophones plus consonantiques, s'approchant des affriquées — [ᵈĵ] et [ᵞŵ] — dans la même position forte, et des allophones fricatifs — [ĵ] et [ŵ] — dans la position faible.

2. Les suites du type [ai̯], [ja], [au̯], [wa], etc. sont des combinaisons biphonémiques "voyelle + glide", donc aucunement des diphtongues, comme on les appelle souvent. À l'intérieur de telles suites, on peut avoir des frontières syllabiques et même morphiques, ce qui est exclu pour les vraies diphtongues, unités monophonémiques. Comparez :

> esp. /léj/ *ley* 'loi' ~ /léĵes/ *leyes* 'lois',

avec la syllabification

> /lé - ĵes/

vs

> all. /frá^i/ *frei* 'libre' ~ /frá^ies/ *freies* 'idem, SG. NEUTR. NOM',

avec la syllabification

> /frá^i - es/

Ou encore /trabaxájs/ *trabajáis* '[vous] travaillez', où la frontière morphique sépare /a/ et /j/ :

> /trabax+á+js/.

3. Les phonèmes /i/, /u/, /j/, /w/, /ĵ/ et /ŵ/ sont reliés entre eux par les deux alternances suivantes (/ĭ/ et /ŭ/ désignent les voyelles non accentuées) :

Dévocalisation

/ĭ/	⇒	/j/	/V/ __ /C/
			ou
/ŭ/	⇒	/w/	$\left\{\begin{array}{c}/C/\\ \#\end{array}\right\}$ __ /V/

Consonantisation

/j/	⇒	/ĵ/	$\left\{\begin{array}{c}\#\\ /V/\end{array}\right\}$ __ /V/
/w/	⇒	/ŵ/	

La consonantisation est obligatoire : elle a lieu partout où les conditions contextuelles sont remplies.

La dévocalisation, par contre, est optionnelle (sauf dans le cas de /i/ après #) : /i+éndo/ ⇒ /j+éndo/ ⇒ /ĵéndo/ *yendo* 'allant') ; certains facteurs la rendent plus souhaitable, d'autres l'empêchent. Assez souvent, des flottements sont possibles dans le même mot-forme.

Pour clore cet article, faisons quelques remarques concernant la combinatoire des six phonèmes /i/, /u/, /j/, /w/, /ĵ/ et /ŵ/ entre eux.

Les glides /j/ et /w/ ne se combinent ni avec les voyelles et les consonnes correspondantes, ni l'un avec l'autre : les suites */ji/, */ij/, */jĵ/,*/ĵj/, */wu/, */uw/, */wŵ], */ŵw/, */jw/ et */wj/ sont toutes impossibles en espagnol, ainsi que */jŵ/, */ŵj/, */wĵ/ et */ĵw/. Là où la suite */ij/ ou */ji/ pourrait apparaître à la frontière des morphes, le glide est obligatoirement effacé :

/dorm+í+js/   ⇒   /dormís/   *dormís*   '[vous] dormez'

/

ou

/oj+í+js/   ⇒   /oís/   *oís*   '[vous] entendez'.

Les suites */uj/ (sauf /múj/ *muy* 'très') et */iw/ sont également impossibles dans la langue normative. (Cependant, dans le style relâché, on rencontre la prononciation de *fluido* 'fluide' comme /flújdo/ au lieu de /flwído/ ou de *cuidas* '[tu] prends soin' comme /kújdas/ au lieu de /kwídas/, etc. ; voir Navarro Tomás (1974 : 166-169.)

La consonne /ĵ/ peut apparaître devant /i/ à la frontière des mots-formes et des morphes : /léĵindígna/ *ley indigna* 'loi indigne', /plaĵíta/ *playita* 'petite plage', etc. La suite /ŵu/ ne se rencontre pas, sans être pourtant interdite ; on peut probablement l'obtenir dans un syntagme comme /monláŵúrde/ *Monlau urde* 'M. ourdit'.

Les consonnes /ĵ/ et /ŵ/ n'apparaissent que devant une voyelle ; elles ne peuvent suivre qu'une voyelle, /ɲ/, /ʎ/ [= /ĵ/], /n/, /l/ [= /ŵ/] ou #.

*
* *

Ceci termine notre discussion du problème de phonémisation des semi-voyelles en espagnol contemporain. Nous croyons avoir réussi à :

— prouver l'existence des phonèmes glides /j/ et /w/, opposés aux voyelles /i/ et /u/, d'une part, et aux consonnes /ĵ/ et /ŵ/, d'autre part;

— démontrer la validité de la méthode utilisant des considérations morphologiques pour résoudre un problème de phonémisation.

Annexe

Pour faciliter la compréhension de notre exposé, nous citons ici quelques règles morphologiques de l'espagnol, sous-jacentes à notre raisonnement — à savoir, les règles d'accentuation de mots-formes verbaux[11].

Notation

Par /V/ nous notons une voyelle et $/C^n/$, une chaîne quelconque de consonnes et de glides ; /X/ est une chaîne phonémique quelconque ; $/C^n/$ et /X/ peuvent être vides, et la suite $/XVC^n/$ ne contient pas de frontière morphique. **R** veut dire 'radical' ; # désigne la frontière de mot-forme, et +, la frontière de morphe. L'écriture "(fort)" signifie 'morphe radical ayant le trait "fort" dans son syntactique' : c'est un radical qui reçoit l'accent au prétérit (les radicaux "forts" appartiennent aux verbes dits "irréguliers"). Le sens des variables flexionnelles est évident : **t**(emps), **m**(ode), **n**(ombre), **p**(ersonne).

$\mathbf{R^{accent}}$ **1.** Accentuation du radical

$$\underbrace{\mathbf{R}}_{\#/XVC^n/\,+} \Rightarrow \underbrace{\mathbf{R}}_{\#/X\acute{V}C^n/\,+} \quad \Bigg| \quad \mathbf{A} = \begin{cases} \text{soit [1) } \mathbf{t} = \text{prés ou } \mathbf{m} = \text{impér,} \\ \text{et 2) } \mathbf{n} = \text{sg ou } \mathbf{p} = 3, \\ \text{et 3) } \mathbf{R} \neq \text{ESTAR] ;} \\ \text{soit [1) } \mathbf{t} = \text{prét, } \mathbf{m} = \text{ind, } \mathbf{n} = \text{sg,} \\ \quad\quad \mathbf{p} = 1, 3, \\ \text{et 2) } \mathbf{R} = \text{(fort)]} \end{cases}$$

CONTAR $_{\text{impér,2,sg}}$: /kont/   + /a/ + Ø   ⇒   /kónt/ + /a/   + Ø   [⇒/kwénta/]

                                              Él.Th   IMPÉR.2SG

TENER $_{\text{ind,prét,1,sg}}$: /tub/ $_{\text{(fort)}}$ + /i/ + /i/   ⇒   /túb/ + /i/   + /i/   [⇒ /túbe/]

                                              Él.Th   IMPÉR.2SG

---

[11] L'accentuation des mots-formes verbaux de l'espagnol est décrite de façon différente dans Harris (1975: 63-75), Hooper and Terrell (1976) et Núñez-Cedeño (1985). Harris, en particulier, propose des règles d'accentuation des mots-formes verbaux basées sur les considérations syllabo-phonologiques (dans le cas non marqué, l'accent tombe sur la pénultième syllabe de la forme verbale ; on ajoute des règles de correction pour des cas spéciaux, etc.).

Dans les formes spécifiées, l'accent tombe sur la dernière voyelle du morphe radical (au présent ou à l'impératif — au singulier ou à la troisième personne — pour tous les verbes, sauf ESTAR ; au prétérit de l'indicatif — à la 1ère et la 3e personnes du singulier — pour les verbes irréguliers, c'est-à-dire dont les radicaux du prétérit sont "forts").

R^{accent} 2. Accentuation de l'Élément Thématique

$$\overbrace{\text{+ /V/ +}}^{\text{Él. Th}} \Rightarrow \overbrace{\text{+ /V́/ +}}^{\text{Él. Th}} \qquad \Big| \text{ non } \textbf{A}$$

CONTAR $_{\text{impér,2,pl}}$	: /kont/ + /a/+ /d/	$\Rightarrow$	/kont/+ / á / + d/ /a/+ /d/ [$\Rightarrow$ /kontád/]
CONTAR $_{\text{ind,prét,1,sg}}$	: /kont/ + /a/+ /e/	$\Rightarrow$	/kont/+ /á/+ /e/+ /a/+ /e/ [$\Rightarrow$ /konté/]
TENER $_{\text{ind, prés,1, pl}}$	: /ten/ + /e/+ /mos/	$\Rightarrow$	/ten/ + /é/+ /mos/ [$\Rightarrow$ /tenémos/]

Dans toutes les formes qui ne sont pas couvertes par la condition **A**, l'accent tombe sur l'élément thématique.

R^{accent} 3. Déplacement de l'accent

$$\overbrace{\text{+ /V́}_1\text{/}}^{\text{Él. Th}} \text{ +/V}_2\text{/+} \Rightarrow \overbrace{\text{+ / V}_1\text{ /}}^{\text{Él.Th}} \text{ +/V́}_2\text{/+}$$

CONTAR $_{\text{ind,prét,1,sg}}$	: /kont/+ /á/+ /e/	$\Rightarrow$	/kont/+ /a/+ /é/+ /a/+ /e/ [$\Rightarrow$ /konté/]
COMER $_{\text{ind, prét,3,sg}}$	: /kom/ + /i/+ /o/	$\Rightarrow$	/kom/+ /i/+ /ó// [$\Rightarrow$ /komjó/]

L'accent qui tombe sur un élément thématique précédant une autre voyelle — celle du suffixe de nombre et de personne — est transféré sur cette dernière. (À l'étape suivante de la production du mot-forme verbal, l'élément thématique +**a**+ ou +**e**+ est tronqué, et l'élément thématique +**i**+ est dévocalisé.)

Alarcos Llorach, E. (1976). *Fonología española*, Madrid : Gredos.

Bowen, J.D. & Stockwell, R.P. (1955). The Phonemic Interpretation of Semivowels in Spanish, *Language* 31-2 : 326-240.

Bowen, J.D. & Stockwell, R.P. (1956). A Further Note on Spanish Semivowels, *Language* 32-2 (Pt. 1) : 290-292.

Hara, M. (1973). *Semivocales y neutralización: dos problemas de fonología española*, Madrid : Consejo Superior de investigaciones científicas.

Harris, J. (1969). *Spanish Phonology*, Cambridge, MA—London : The M.I.T. Press.

Harris, J. (1975). Stress Assignment Rules in Spanish, in : W. Milan, J. Staczek & J. Zamora, (eds). *1974 Colloquium on Spanish and Portuguese Linguistics*, Washington : DC, Georgetown University, 56-83.

Hooper J. & Terrell, T. (1976). Stress Assignment in Spanish : A Natural Generative Analysis, *Glossa* 10-1 : 64-110.

Joos, M. (ed) (1958). *Readings in Linguistics*, New York : American Council of Learned Societies.

Kortlandt, F.H.H. (1973). Sur l'identification des unités phonologiques du castillan, *Linguistics* 111 : 43-50.

Martinet, A. (1955). *Économie des changements phonétiques*, Berne : A. Franke.

Martínez Celdrán, E. (1989). *Fonología general y española*, Barcelona : Teide.

Mel'čuk, I. (1965a). O fonologičeskoj traktovke "poluglasnyx" v ispanskom jazyke, *Voprosy jazykoznanija* 4 : 92-109.

Mel'čuk, I. (1965b). Fonología y morfología, in : *Omagiu lui Rosetti*, Bucharest : Académie des Sciences de Roumanie, 551-553.

Mel'čuk, I. (1965c). Ob avtomatičeskom morfologičeskom sinteze (na materiale ispanskogo jazyka), *Naučno-texničeskaja informacija* 4 : 32-43.

Mel'čuk, I. (1967). Model' sprjaženija v ispanskom jazyke, *Mašinnyj perevod i prikladnaja lingvistika* 10 : 21-53.

Mel'čuk, I. (1973). On the Phonemic Status of the Semi-Vowels in Spanish, *Linguistics* 109 : 35-60.

Mel'čuk, I. (1974). A Model of Spanish Conjugation, in : V.Ju. Rozencvejg (ed), *Essays on Lexical Semantics*, I, Stockholm : SCRIPTOR, 43-94.

Mel'čuk, I. (1976a). On the Phonemic Status of "Semivowels" in Spanish, in : I.A. Mel'čuk, *Das Wort*, München : W. Fink, 381-418.

Mel'čuk, I. (1976b). A Model of Spanish Conjugation, in : I.A. Mel'čuk, *Das Wort*, München : W. Fink, 210-257.

Mel'čuk, I. (1994). Modelo formal de la conjugación española, *Voz y letra* 4-1 : 9-85.

Mel'čuk, I. (1997). *Vers une linguistique Sens-Texte*, Paris : Collège de France [Leçon inaugurale].

Navarro Tomás, T. (1974). *Manual de la pronunciación española*, Madrid : Consejo Superior de investigaciones científicas.

Núñez-Cedeño, R. (1985). Stress Assignement in Spanish Verb Forms, in : F. Nuessel (ed), *Current Issues in Hispanic Phonology and Morphology*, Bloomington, IN : Indiana University Linguistics Club, 55-76.

Saporta, S. (1956). A Note on Spanish Semivowels, *Language* 32-2 (Pt. 1) : 287-190.

Stockwell, R.P., Bowen, J.D. & Silva-Fuenzalida, I. (1956). Spanish Juncture and Intonation, *Language* 32-4 (Pt. 1) : 641-665.

Trager, G. (1942). The Phonemic Treatment of Semivowels, *Language* 18-3 : 220-223.

Adverbes d'habitude et phrases habituelles*

Christian MOLINIER
ERSS (UMR 5610, CNRS) - Université de Toulouse-Le Mirail

1. Introduction

On confond souvent dans un même ensemble tous les adverbes de quantification temporelle. C'est le cas dans les manuels de grammaire, mais aussi dans les ouvrages spécialisés (e.g. O. Mørdrup 1976). Deux sous-ensembles se distinguent pourtant clairement dans cet ensemble, les adverbes d'habitude ou de généricité et les adverbes de fréquence. Les premiers regroupent une quinzaine de formes telles que *généralement, habituellement, normalement, ordinairement, invariablement, rituellement, traditionnellement, usuellement, en général, d'habitude, d'ordinaire.* Ils appartiennent au sous-ensemble des adverbes de phrase, qui affectent la phrase dans son ensemble et ne sont pas liés au verbe. Les seconds regroupent des formes telles que *souvent, fréquemment, rarement, occasionnellement, de temps en temps, parfois,* etc., au total une trentaine de formes courantes[1]. Ils appartiennent au sous-ensemble des adverbes intégrés à la proposition, dits encore adverbes de manière, et ils sont des modifieurs du verbe. Nous examinerons ici, du point de vue syntaxique et sémantique, les adverbes d'habitude, en montrant les relations qu'ils entretiennent avec les phrases habituelles.

2. Aspect habituel et temps verbaux

Le présent et l'imparfait se prêtent à deux grands types d'interprétation aspectuelle : l'interprétation référentielle (ou événementielle) et l'interprétation habituelle. Ainsi les phrases suivantes :

(1) *Max déjeune à la cantine*
(2) *Max déjeunait à la cantine*

---

* Je remercie G. Kleiber et M. Plénat qui ont bien voulu lire une version antérieure de ce texte et formuler des remarques qui ont permis de rectifier mon point de vue sur plusieurs points.

[1] Dans Ch. Molinier (1982), nous établissons la distinction adverbes d'habitude vs adverbes de fréquence et nous étudions en détail les adverbes de fréquence.

sont susceptibles des deux lectures. L'adjonction à ces phrases d'un adverbe temporel de type *quand* ponctuel tel que *en ce moment* ou *aujourd'hui* (1), *à ce moment-là* ou *ce jour-là* (2), leur impose, en fonction de données pragmatiques telles que la nature et la répartition des repas dans la journée[2], une lecture référentielle :

(1) a *Max déjeune à la cantine (en ce moment + aujourd'hui)*
(2) a *Max déjeunait à la cantine (à ce moment-là + ce jour-là)*

Les phrases (1) a et (2) a désignent une occurrence particulière d'un événement et une seule.

Inversement, l'adjonction à ces mêmes phrases d'un adverbe temporel de type *quand* périodique tel que *le lundi* ou *en hiver* ou bien d'un adverbial de restriction occasionnelle tel que *quand il pleut* leur impose une lecture habituelle :

(1) b *Max déjeune à la cantine (le lundi + en hiver + quand il pleut)*
(2) b *Max déjeunait à la cantine (le lundi + en hiver + quand il pleuvait)*

Les phrases (1) b et (2) b désignent aussi bien une suite ouverte d'occurrences d'événements particuliers de la nature de ceux que décrivent (1) a et (2) a qu'un comportement régulier caractérisant ou ayant caractérisé l'existence de Max[3].

L'adjonction aux phrases (1) et (2) d' adverbes temporels de type *quand* ponctuels référant à un laps de temps suffisamment vaste pour que le procès puisse s'y répéter, tels que *cette semaine, cette année* (1), *cette semaine-là, cette année-là* (2), crée une situation particulière :

(1) c *Max déjeune à la cantine (cette semaine + cette année)*
(2) c *Max déjeunait à la cantine (cette semaine-là + cette année-là)*

Ces phrases produisent un effet de sens de type « habitualité ». Cet effet de sens résulte d'une part de la valeur sémantico-pragmatique du verbe *déjeuner*, évoquée plus haut (il s'agit d'un processus qui se reproduit à intervalles réguliers), d'autre part d'une propriété caractéristique du présent et de l'imparfait, à savoir la vérité de la situation pour tout l'espace temporel

---

[2]   Le déjeuner est l'un des trois repas principaux, pris normalement entre midi et deux heures, cf. *? Max a déjeuné à cinq heures de l'après-midi*. Notons aussi le fait que la phrase *Max déjeune à la cantine aujourd'hui* a une lecture référentielle dans le cas où elle est prononcée avant le repas dont il est question.

[3]   Voir à ce propos O. Ducrot (1979 : 19) et G. Kleiber (1987 : 29).

dans lequel cette situation prend place (cf. A. Borillo 1983). Cependant, du point de vue de l'aspect verbal, ces phrases se rapprochent des phrases référentielles en ce qu'elles désignent une suite limitée et circonscrite d'occurrences d'un événement particulier, appréhendée globalement. De même, avec les procès par essence répétitifs mais qui n'obéissent pas à une périodicité préétablie (e.g. *fumer*[4]), la présence d'un adverbe de type *quand* ponctuel induit une interprétation aspectuelle qui se rapproche du type référentiel :

Max fume (ce matin + cette année)
Max fumait (ce matin-là + cette année-là)

alors que la présence d'un adverbe de type *quand* périodique ou d'un adverbial de restriction occasionnelle impose aux phrases suivantes une lecture habituelle comparable à celle de (1) b et de (2) b :

Max fume (le matin + en hiver + quand il sort)
Max fumait (le matin + en hiver + quand il sortait)

On peut considérer que la valeur aspectuelle d'habitude attachée au présent et à l'imparfait se réalise pleinement sur des durées non bornées. En présence d'un adverbe de temps référentiel dénotant un espace de temps borné, l'effet de sens habitualité relevé dans les phrases (c) (*Max déjeune à la cantine cette semaine ; Max fume ce matin*) repose en grande partie sur les propriétés lexicales des lexèmes verbaux. Les phrases de type (c) nous paraissent ainsi occuper un statut intermédiaire entre les phrases référentielles (a) et les phrases habituelles (b).

Le comportement aspectuel du passé composé et du passé simple est tout différent. Les phrases (3) et (4) correspondant à (1) et (2) n'ont qu'une interprétation, l'interprétation référentielle :

(3)   *Max a déjeuné à la cantine*
(4)   *Max déjeuna à la cantine*

Si l'on adjoint à ces phrases un adverbe temporel de type *quand* ponctuel tel que *cette semaine* ou *cette année* (3), *cette semaine-là* ou *cette année-là* (4), l'effet de sens « habitualité » perçu en (1) c et (2) c et permis par le présent et l'imparfait, n'apparaît pas dans leur cas :

---

[4]   *Fumer*, comme le note G. Kleiber (1987 : 113) est " a priori déjà considéré comme une habitude, c'est-à-dire une manière de se comporter fréquemment répétée".

Max a déjeuné à la cantine (cette semaine + cette année)
Max déjeuna à la cantine (cette semaine-là + cette année-là)

Ces phrases sont vraies quel que soit le nombre des occurrences de l'événement et leur répartition sur le laps de temps[5]. On remarque aussi que l'adjonction d'un adverbe de type *pendant combien de temps* (durée) aux phrases (3) et (4) leur impose une lecture où la notion de série événementielle passe au second plan :

Max a déjeuné à la cantine pendant (un mois + un an)
Max déjeuna à la cantine pendant (un mois + un an)

Ces phrases semblent traduire la continuité d'une situation et rien d'autre.

3. Adverbes d'habitude et temps verbaux

Les adverbes d'habitude ne sont compatibles qu'avec le présent et l'imparfait employés avec leur valeur aspectuelle d'habitude, comme il ressort des exemples suivants :

(Généralement + Habituellement + D'ordinaire + ...), Max déjeune à la cantine
(Généralement + Habituellement + D'ordinaire + ...), Max déjeunait à la cantine

Ils sont exclus avec le passé composé et le passé simple :

*(Généralement + Habituellement + D'ordinaire + ...), Max a déjeuné à la cantine
*(Généralement + Habituellement + D'ordinaire + ...), Max déjeuna à la cantine

Dans les phrases ci-dessus où ils figurent normalement, ces adverbes sont des quantificateurs universels affaiblis, indiquant la possibilité d'exceptions dans la régularité foncière du processus dénoté. Dans les phrases dénotant des activités constituées en habitude (e.g. *fumer*), ces adverbes introduisent un effet de quantification absent des phrases correspondantes sans adverbe. « Dire que *Généralement, Paul fume*, c'est laisser entendre qu'il y a des occasions où il pourrait fumer, mais où il ne fume pas » (G. Kleiber 1987 : 132).

---

[5]   La raison en est que le passé composé et le passé simple n'instaurent pas un effet de vérité à tout moment de l'intervalle (cf. G. Kleiber 1987 : 215).

Les phrases de type c examinées plus haut en 2 - i.e. les phrases au présent ou à l'imparfait incluant des adverbes de type *quand* ponctuels comme *cette semaine, cette année, cette semaine-là, cette année-là* - sont difficilement compatibles avec les adverbes d'habitude :

? * *(Généralement + D'ordinaire + ...), Max déjeune à la cantine cette semaine*
? * *(Généralement + D'ordinaire + ...), Max déjeunait à la cantine cette semaine-là*

? * *(Généralement + D'ordinaire + ...), Max fume cette semaine*
? * *(Généralement + D'ordinaire + ...), Max fumait cette semaine-là*

Les adverbes *généralement, d'ordinaire*, etc. exigent donc de figurer auprès de verbes employés au présent ou à l'imparfait dans leur pleine valeur aspectuelle d'habitude.

Au contraire, les phrases de type b. - i.e. les phrases incluant des adverbes de type *quand* périodiques tels que *le lundi* ou *en hiver* ou des adverbiaux de restriction occasionnelle comme *quand il pleut* - sont parfaitement compatibles avec les adverbes d'habitude :

(Généralement + D'ordinaire + ...), Max déjeune à la cantine (le lundi + quand il pleut)
(Généralement + D'ordinaire + ...), Max déjeunait à la cantine (le lundi + quand il pleuvait)

(Généralement + D'ordinaire + ...), Max fume (le matin + quand il sort)
(Généralement + D'ordinaire + ...), Max fumait (le matin + quand il sortait)

La propriété de compatibilité avec ces deux seuls temps : le présent et l'imparfait, suffit donc à définir la classe des adverbes d'habitude. Elle les oppose à la classe des adverbes de fréquence (*souvent, parfois, de temps en temps, occasionnellement*, etc.), qui sont compatibles aussi bien avec le présent et l'imparfait qu'avec le passé composé et le passé simple :

(Souvent + Occasionnellement + ...), Max déjeune à la cantine
(Souvent + Occasionnellement + ...), Max déjeunait à la cantine

(Souvent + Occasionnellement + ...), Max a déjeuné à la cantine
(Souvent + Occasionnellement + ...), Max déjeuna à la cantine

4. Adverbes d'habitude et types de phrases

Les adverbes d'habitude s'emploient dans des phrases de type déclaratif :

(Généralement + Habituellement + D'ordinaire + ...), Max se déplace en bus

Ils s'emploient également dans des phrases de type interrogatif[6] :

(Généralement + Habituellement + D'ordinaire + ...), Max se déplace-t-il en bus ?

Il est remarquable que dans cette même position (position détachée en tête de phrase), les adverbes de fréquence sont exclus :

* (Souvent + Parfois + ...), Max se déplace-t-il en bus ?

alors qu'ils sont acceptés dans le cas d'une phrase déclarative :

(Souvent + Parfois + ...), Max se déplace en bus

Cela tient au fait que les adverbes de fréquence, quelle que soit la position, restent des modifieurs du verbe (on peut les extraire dans *C'est ... que*, alors que, par définition, les adverbes de phrase ne peuvent l'être). Dans une phrase interrogative, ils figurent nécessairement à droite du verbe et sont le focus de l'interrogation.

Au sein des adverbes de phrase, la possibilité d'emploi en tête de phrase interrogative oppose les adverbes d'habitude aux évaluatifs (cf. *heureusement, bizarrement,* etc.), aux modaux (cf. *apparemment, certainement,* etc.), et aux adverbes d'attitude orientés vers le sujet (cf. *prudemment, sagement,* etc. dans des phrases telles que *Prudemment, Max est resté chez lui).*

5. Positions dans la phrase

Les adverbes d'habitude vérifient la propriété de mobilité adverbiale :

(Généralement + D'ordinaire + ...), Max déjeune à la cantine
Max (généralement + d'ordinaire + ...) déjeune à la cantine
Max déjeune (généralement + d'ordinaire + ...) à la cantine
Max déjeune à la cantine, (généralement + d'ordinaire + ...)

---

[6] À l'exception de *invariablement* et *rituellement*. Ces deux adverbes se distinguent en outre de leurs congénères par la nécessité d'être cooccurrents avec un adverbe de type *quand* périodique :
   ?(Invariablement + Rituellement), Max déjeune à la cantine
   (Invariablement + Rituellement), Max déjeune à la cantine le lundi.

En outre, tout comme les adverbes de phrase, ils ne peuvent en principe figurer dans une complétive ou une infinitive :

Max a promis à Luc qu'il viendrait (généralement + habituellement)
Max a promis à Luc de venir (généralement + habituellement)[7]

En cela, les adverbes d'habitude s'opposent aux adverbes de fréquence :

Max a promis à Luc qu'il viendrait (souvent + occasionnellement + de temps en temps)
Max a promis à Luc de venir (souvent + occasionnellement + de temps en temps)

6. Adverbes d'habitude et focalisation

Par définition, les adverbes d'habitude - en tant qu'adverbes de phrase - ne peuvent être extraits dans *C'est ... que*, en quoi ils s'opposent aux adverbes de fréquence :

*C'est (généralement + d'habitude + ...) que Max déjeune à la cantine
C'est (souvent + occasionnellement + ...) que Max déjeune à la cantine

Cependant, un adverbe d'habitude peut figurer auprès d'un constituant extrait dans *C'est ... que*:

(1)   *C'est (généralement + d'habitude) Max qui déjeune à la cantine le lundi*
(2)   *C'est (généralement + d'habitude) à la cantine que Max déjeune le lundi*
(3)   *C'est (généralement + d'habitude) le lundi que Max déjeune à la cantine*

Nous considérons que nous sommes en présence ici du phénomène de double portée de l'adverbe : portée sur la phrase de base et portée sur le constituant extrait. En effet, les phrases (1) - (3) sont synonymes des phrases (4) - (6) :

(4)   *(Généralement + D'habitude), c'est Max qui déjeune à la cantine le lundi*
(5)   *(Généralement + D'habitude), c'est à la cantine que Max déjeune le lundi*
(6)   *(Généralement + D'habitude), c'est le lundi que Max déjeune à la cantine*

Dans ces phrases, en effet, la portée de l'adverbe sur la phrase globale se combine avec une portée accessoire sur le constituant extrait. L'effet de sens

---

[7]   Cependant, les performatifs de type "dire" n'excluent pas les adverbes d'habitude dans la complétive :
Luc (affirme + dit) que, généralement, il ne lit pas les journaux.

observé dans les phrases (1) - (3) peut également être obtenu en associant, dans la phrase de base, chacun des constituants à l'adverbe d'habitude, et en détachant intonativement le groupe ainsi formé :

(7)   *Max (généralement + d'habitude) déjeune à la cantine le lundi*
(8)   *Max déjeune (généralement + d'habitude) à la cantine le lundi*
(9)   *Max déjeune à la cantine (généralement + d'habitude) le lundi*

Les exemples ci-dessus montrent que c'est avec l'adverbe de temps de type *quand* périodique que l'association se fait le plus naturellement.

7. Adverbes d'habitude et adverbes de fréquence. Problèmes de cooccurrence

Les adverbes d'habitude acceptent la cooccurrence avec le seul sous-ensemble des adverbes de fréquence dénotant la périodicité : *quotidiennement, hebdomadairement, annuellement, chaque Ntemps*, etc. (Ch. Molinier 1982) :

> *(Généralement + D'habitude + ...), Marie rend visite à sa grand-mère (annuellement + hebdomadairement + ...)*

Avec les autres adverbes de fréquence, la cooccurrence n'est jamais très naturelle, qu'il s'agisse d'adverbes de fréquence élevée :

> ? *(Généralement + D'habitude + ...), Marie rend visite (souvent + fréquemment) à sa grand-mère*

ou d'adverbes de fréquence faible :

> ? *(Généralement + D'habitude + ...), Marie rend visite (exceptionnellement + rarement + occasionnellement) à sa grand-mère*

Cette incompatibilité tient à la proximité sémantique qui existe, par delà leur spécificité, entre les adverbes d'habitude et les adverbes de fréquence appartenant à ces deux sous-ensembles.

8. Conclusion

Nous avons défini les adverbes d'habitude par la propriété de cooccurrence avec le présent et l'imparfait, lorsque ces deux temps ont la valeur aspectuelle dite habituelle. Nous avons montré que lorsque ces deux temps sont accompagnés d'adverbes ponctuels référentiels du type *cette semaine*, *cette semaine-là, cette année, cette année-là,* etc., des propriétés caractéristiques du présent et de l'imparfait habituels étaient absentes lors même que les procès dénotés étaient de nature répétitive. On observe notamment que les adverbes d'habitude, dans ce cas, sont difficilement admis. Nous avons décrit ensuite les propriétés syntaxiques des adverbes d'habitude par opposition aux adverbes de fréquence. Syntaxiquement, les premiers se classent parmi les adverbes de phrase tandis que les seconds se classent parmi les modifieurs du verbe. Cependant, leur commun rapport à la quantification temporelle bloque en partie la possibilité de cooccurrence entre eux.

Références

Borillo, A. (1983). Les adverbes de référence dans la phrase et dans le texte, *DRLAV* 29, Paris : Centre de Recherche de l'Université de Paris 8.

Ducrot, O. (1979). L'imparfait en français, *Linguistische Berichte* 60 (repris in F.J. Hausmann, (éd), *Etudes de grammaire française descriptive*, Heidelberg, 1982).

Gross, M. (1990). *Grammaire transformationnelle du français-3. L'adverbe*, Paris : ASSTRIL.

Kleiber, G. (1987). *Du côté de la référence verbale. Les phrase habituelles*, Berne : Peter Lang.

Molinier, Ch. (1982). Les adverbes de fréquence en français, *Lexique* 1, Lille : Presses Universitaires de Lille.

Mørdrup, O. (1976). *Une analyse non-transformationnelle des adverbes en -ment*, Copenhague : Akademisk Forlag.

Vet, C. (1980). *Temps, aspects et adverbes de temps en français contemporain*, Genève : Droz.

Encore et toujours les modifieurs aspectuels : de *encore* à *toujours*

Claude MULLER
ERSS (UMR 5610, CNRS) - Université de Bordeaux III

Introduction

En 1984, Andrée Borillo a consacré une étude à *encore*, sous-titrée « une fois de plus *encore* » : ajoutant en effet une étude supplémentaire à la bibliographie déjà longue consacrée à ce type d'adverbes. Le sous-titre référait aussi à un des sens de *encore*, celui de l'adjonction d'une occurrence supplémentaire à une situation. Le travail d'Andrée répondait, de loin, à une étude que j'avais consacrée aux adverbes aspectuels (Muller 1975). Comme tout ce que fait Andrée Borillo, il est toujours (mieux que *encore* !) un texte de référence en la matière et il m'a paru tout indiqué pour un article d'hommages de poursuivre ce dialogue à distance (temporelle !) - sans espoir de clore. Je m'intéresserai ici plus particulièrement à la comparaison des emplois aspectuels de *toujours* avec *encore*.

1. Les emplois de *toujours*

L'étymologie est transparente : ce terme dérive d'un nominal employé adverbialement, *tous jours* (orthographié *tousjours* encore au XVIIème siècle ; *tuz jurz* au XIème siècle lorsqu'il apparaît attesté, dans *La Chanson de Roland*). Cette origine en fait, dans une première série d'emplois, un équivalent de *tout le temps* :

> Paul est toujours content
> Luc a toujours vécu à Paris
>
> – Je sais où elle est allée.
> – Vous savez toujours tout, dit Gabriel avec une certaine mauvaise humeur.
> (*Zazie dans le métro*, Poche, 42)

avec la particularité d'exercer un effet généralisant sur l'aspect du verbe : le présent ne désigne pas l'état particulier lié à l'énonciation (*en ce moment*) mais un état généralisé au passé, avec extension probable au futur. Ce sens fait de *toujours* un adverbe usuel dans les énoncés de type proverbial, vérités générales et autres truismes :

– Elle n'y connaît rien. Et puis, on dit pas toujours la vérité aux enfants, pas vrai ? (*Zazie*, 62)
– La violence, ma petite chérie, doit toujours être évitée dans les rapports humains. (*Zazie*, 100)

Une première question qui se pose est celle du paradigme : fréquence ou durativité[1] ? Avec le premier exemple, on peut d'abord supposer, compte tenu du sens a priori duratif du verbe, qu'il s'agit de décrire une situation sans interruption. Cependant, la négation fait apparaître du discontinu :

Paul n'est pas toujours content

La paire de phrases s'inscrit dans un paradigme d'adverbes de fréquence : *quelquefois, souvent (rarement), toujours*. On doit peut-être imaginer, pour comprendre la discontinuité dans le continu, une forme de vérification qui est quantifiée : chaque fois que l'état affectif de Paul est mis à l'épreuve, on doit admettre qu'il est content. La quantification pourrait alors obéir à une double logique : celle de la vérification (chaque fois qu'on s'intéresse à l'humeur de Paul, on constate qu'il est content) et celle de la généralisation (on étend aux autres moments, en continuité avec ceux de la vérification, la présomption de bonne humeur). La négation, par contre, installe la quantification dans le discontinu, puisque la généralisation n'est plus possible.

A plus forte raison, si la situation est celle d'un verbe d'action, y a-t-il discontinuité et donc interprétation itérative :

Il est toujours en retard

Ce qui compte cependant, c'est que la vérification n'est jamais directement en prise avec l'énonciation : en énonçant l'une ou l'autre de ces phrases, je donne à mon interlocuteur une assertion générale, sans valeur particulière au moment repère de l'énonciation. La phrase ci-dessus, dans ce sens « généralisant », ne signifie pas : *en ce moment, il est en retard*. C'est très indirectement, et à cause du sens de *toujours*, que l'on peut en déduire une application particulière, valable pour la situation présente.

---

[1]   J'utiliserai « duratif » pour désigner une action (ou une situation) continue, en opposition avec « itératif », action (ou situation) qui cesse et se reproduit ensuite. Je désignerai par « continuatif » non la continuité, mais la continuation : l'aspect d'une situation décrite comme la prolongation ou la répétition d'une situation antérieure, en opposition à « inchoatif », situation qui n'a pas d'antériorité.

Seconde série d'emplois : *toujours* continuatif. Sa particularité : asserter pour le moment repère de l'assertion, à la manière des adverbes aspectuels comme *déjà* ou *encore*, une prolongation de la situation :

– Mais dis-moi, tonton, tu fais de plus en plus recette.
– Ah te voilà, toi, dit Gabriel tranquillement. Eh bien, tu vois, je suis toujours en vie, et même en pleine prospérité. (*Zazie*, 118)

C'est l'interprétation la plus plausible si l'adverbe porte sur un prédicat qui est modifiable par l'écoulement du temps :

Paul est toujours jeune

L'interprétation généralisante est impossible ici, puisque la jeunesse n'est pas un état récupérable après abandon momentané.
La continuation peut porter sur du négatif :

Le mystère Hammet n'est toujours pas éclairci, malgré l'enquête minutieuse de Diane Johnson (*Le Monde*, 29-12-89, 34).

Troisième série d'emplois : l'adverbe équivaut plus ou moins à « en tout cas » et apparaît comme l'assertion d'une validité résistant à toute éventualité, ou comme un premier résultat acquis, proche d'un *déjà* ou d'un *du moins*. Wilmet, §651, parle de « transprédicatif de l'énonciation » : la quantification universelle porte sur du virtuel, l'évaluation de situations à venir plus ou moins incompatibles entre elles[2] :

C'est toujours ça de pris
(GLLF : « En attendant ce qui va suivre ; en tout cas, quels que soient les événements ultérieurs »)
[...] Elle songe avec satisfaction que c'est toujours ça de pris. (*Zazie*, 51)

– Qu'est-ce que tu veux ? demande le type. Des moules ou des frites ?
– Les deux, répond Zazie qui se sent devenir folle de rage.
– Apportez toujours des moules pour la petite, dit le type tranquillement à la serveuse [...] (*Zazie*, 50)

L'impératif n'est pas du tout « continuatif » (on n'a pas l'équivalent de *encore* mais celui de *déjà*). L'adverbe ne remplace pas un aspectuel, il semble plutôt s'y superposer, comme si on avait dans ce sens une combinaison d'adverbes : « en tout cas dès maintenant / toujours déjà ». Dans des contextes différents, la validité pour toutes les éventualités :

---

[2]   Cf. Cadiot & Ducrot (1985), Franckel (1989).

Chante toujours ! Cause toujours !
Tu peux toujours courir !

donne à l'énoncé un sens concessif, coloré d'une nuance de mépris : *chante autant que tu veux, (cela m'est égal / cela ne te donnera rien,* etc.).

Nous supposerons que l'emploi « généralisant » (*tout le temps, constamment*) est premier, comme il l'a été en diachronie. Dans ce petit travail, nous allons nous intéresser à la deuxième série d'emplois, les *toujours* continuatifs : comment cet adverbe y alterne-t-il avec *encore* ? Y a-t-il des différences de sens, et si oui, pourquoi ?

2. Le paradigme des adverbes aspectuels du changement et de la continuité
2.1. La systématique temporelle des adverbes aspectuels

Le paradigme des adverbes aspectuels (adverbes « présuppositionnels » pour C. Vet, L. Gosselin) *déjà, encore, ne...plus* a été abondamment étudié (la bibliographie est abondante[3] ; j'y ai consacré un article en 1975 (Muller 1975), puis sont venues les études de R. Martin (1980) (repris partiellement dans Martin 1983), Hoepelman & Rohrer (1980), Vet (1980). Sur l'allemand voir surtout König 1977 ; van der Auwera a édité un volume d'études sur ces adverbes dans différentes langues européennes dans une perspective typologique (parmi lesquelles un article de lui, van der Auwera 1991). Andrée Borillo s'est intéressée tout particulièrement à *encore*, dans son article de 1984.

Mon article de 1975 exposait une sorte de systématique des adverbes aspectuels, dans un langage descriptif qui était alors très à la mode, celui des présuppositions. J'accepte tout à fait la remarque d'Andrée Borillo dans son article de 1984, demandant que ces aspects du sens soient décrits comme faisant partie du sémantisme des adverbes (au même titre que, par exemple, *continuer* « présuppose » un état antérieur dans lequel la même situation est avérée). Pour moi, la description en termes de présupposition était, et reste, un moyen descriptif commode, qui permet de décrire les interactions avec la négation. Cela dit, pourquoi un présupposé ne ferait pas partie du sens ?

Je maintiens les grandes lignes de ce travail, qui ne me semble pas périmé ; les aspects sémantiques ayant trait au temps sont plus nets sur le continu (aspect duratif). La continuité par rapport au passé est lexicalisée par *encore*. La rupture par rapport au passé est lexicalisée par *déjà* si la situation est négative auparavant, *ne...plus* si elle était positive. On a donc

---

[3]   En marge des auteurs cités, les études « énonciatives » (Franckel, Fuchs et Victorri) qui ont une pratique un peu autistique de la bibliographie...

un système à trois termes, situation fréquente mais pas exclusive[4] (cf. van der Auwera 1991). Ce système lexical se complique de valeurs « forclusives » qu'on examinera ci-dessous.

J'ai aussi mis en évidence un élément de sens relatif au futur : avec *encore* duratif, la situation de continuité est nettement comprise comme non prolongeable indéfiniment. Il est prévu qu'elle cesse tôt ou tard. Je l'illustrais par la bizarrerie sémantique de :

   * Il est encore vieux

En effet, la vieillesse étant un acquis définitif et en quelque sorte cumulatif, aucune cessation de cet état n'est envisageable. L'adverbe est donc en contradiction absolue avec l'effet cumulatif associé à *vieux*. Dans :

   Il est encore pauvre

il est ainsi signifié que la pauvreté est provisoire, et pas simplement qu'il y a continuité de l'état de pauvreté par rapport au passé.

   Il a encore la moyenne

se dira d'un élève en perte de vitesse, pas d'un élève qui réussit.

La construction négative avec *pas encore* décrit une situation inverse : la continuité d'un état négatif ou le non-commencement d'un état positif, et a donc une orientation inverse à l'égard du futur. C'est l'état positif qui est attendu, ce qui change les conditions d'acceptabilité :

   Il n'est pas encore vieux
   * Il n'est pas encore jeune

La jeunesse étant provisoire et décroissante, aussi inéluctablement que la vieillesse est définitive et cumulative, la bizarrerie change de camp.

Les constructions en question ont donc, en première analyse, la sémantique suivante, pour une situation « présente » (c'est le repère sur lequel embraye l'énonciation) représentée par la proposition positive P, le changement étant noté par / :

	passé		présent		futur (prévu, possible)
pas encore :	Neg(P)		Neg(P)	/	P
déjà :	Neg(P)	/	P		P
encore :	P		P	/	Neg(P)
ne...plus :	P	/	Neg(P)		Neg(P)

---

4   L'anglais en a quatre : *already, yet, still, no more.*

Le système dans son ensemble signifie l'occurrence avérée ou prévue d'un changement de situation, soit du négatif au positif, soit du positif au négatif. Si le changement en question est attesté au moment repère du temps du verbe (j'ai décrit le système au présent, il suffirait de transposer ce système pour décrire le fonctionnement de ces constructions à l'imparfait ou au futur, avec un repère médian décalé par rapport au moment de l'énonciation), il y a rupture par rapport au passé (*déjà, ne...plus*), sinon absence de rupture (*encore*).

2.2. L'univers d'attente du locuteur : emplois emphatiques

J'avais proposé qu'à cette première description, on en ajoutât une autre, superposée, qui tient à l'univers d'attente du locuteur. Cette analyse a depuis été reprise par König (1977) pour l'allemand, et d'autres (le dernier à ma connaissance étant van der Auwera (1991)). A la grille des situations avérées et attendues, se superpose celle du moment où était prévu le changement, confronté à la situation au moment-repère de l'assertion. Les éléments relatifs aux temps passé/futur sont les mêmes. Par contre, la situation au moment central (ci-dessus, le présent) est évaluée par rapport à ce qui devrait être. S'il n'y a pas de différence entre le moment prévu pour le changement de situation, et la situation actuelle constatée, on a le système ci-dessus, sans emphase particulière. S'il y a une différence, que le locuteur veut manifester, entre le moment du changement et ce qu'il prévoyait qu'il serait, on trouvera selon les cas, soit une simple variation accentuelle, soit un terme marqué différent.

On peut décrire cet univers d'attente de la façon suivante :

1) Dans la situation Neg(P) :
On s'attendait à ce que P, à partir du moment Ti
On constate que P (T0)
Pour T0 antérieur ou égal à Ti : *déjà !*

Paul est déjà arrivé !

(je pensais qu'il arriverait plus tard). Dans cette situation, le terme employé est le même que celui d'une situation neutre, sans emphase particulière. *Déjà* couvre donc aussi bien le cas non marqué que la situation d'antériorité du changement par rapport à l'attente.

Pour T0 postérieur à Ti : *enfin.*

Paul est enfin arrivé

(je pensais qu'il arriverait plus tôt). A cette différence entre moment attendu et moment constaté, correspond logiquement un contraste identique entre moment souhaité et moment constaté.

2) *Dans la situation Neg(P)* :

On s'attendait à ce que P, à partir du moment Ti
On constate que NegP(T0)
Pour T0 antérieur ou égal à Ti : *encore* :

Paul n'est pas encore arrivé

Pour T0 postérieur à Ti : *encore ! toujours !*

Paul n'est pas encore arrivé ! Paul n'est toujours pas arrivé !

L'utilisation de *toujours* est à comparer à celle d'*enfin*. C'est une variante lexicalisée dans la situation où il y a contradiction entre la situation attendue et la situation constatée. De façon très proche, l'allemand emploie l'équivalent de *toujours, immer*, mais comme qualification supplémentaire (*immer noch* : littéralement, *toujours encore*). On remarquera que l'adverbe doit précéder la négation.

3) *Dans la situation P* :

On s'attendait à ce que Neg(P), à partir du moment Ti
On constate que NegP(T0)
Pour T0 antérieur à Ti : *ne...déjà plus !*

Paul n'est déjà plus là !

On remarque que *déjà* n'est pas dans le paradigme de *ne...plus*, puisqu'il peut apparaître dans le même syntagme, avec sa signification de marque de réalisation précoce de la situation attendue.

Pour T0 postérieur à Ti : *ne...enfin plus !*

Paul n'est enfin plus là !

Ici ausi, *enfin* ne se trouve pas dans le paradigme de *ne...plus*, qui est bien une forme neutre.

4) *Dans la situation P* :

On s'attendait à ce que Neg(P), à partir du moment Ti
On constate que P(T0)
Pour T0 antérieur ou égal à Ti : *encore*.

Paul est encore là

Pour T0 postérieur à Ti : *encore ! toujours !*

Paul est encore là ! Paul est toujours là !

Ce système de marques de discordance entre l'attente du locuteur et la situation constatée n'est pas parfaitement régulier, comme on le voit. Dans la situation 3, les marques sont ajoutées. En 2 et 4, il peut y avoir soit emphase, soit remplacement lexical (avec *toujours*). En 1, l'emphase et l'occurrence d'un autre terme délimitent un domaine de discordance nettement distinct, puisqu'un *déjà* emphatique va dans la direction opposée d'un *enfin*.

2.3. Emplois « forclusifs »

Je reprends l'étiquette de Damourette et Pichon pour signaler que notre système d'adverbes aspectuels est sensible à la polarité - tout au moins, le système non emphatique, dans son ensemble. Ainsi, *déjà* est à polarité positive, et un emploi de *encore* (celui qui correspond à *déjà*) est à polarité négative. Sauf reprise immédiate et effet voulu de mot à mot, on doit intervertir :

Pierre est-il déjà arrivé ?
– Non, il n'est pas (*déjà) encore arrivé

Cela ressemble[5] à l'alternance *quelqu'un / personne*. Il y a de même des emplois « positifs » à distance de la négation, ou en contexte à polarité négative sémantique, bien attestés, mais en voie de disparition dans la langue courante. Damourette et Pichon en mentionnent des exemples, §2978 :

Je ne vois pas que Mademoiselle Cécile vous fasse encore de confidences (Musset : noter le *de* ; « encore » n'est pas du tout continuatif ici, du moins par rapport au contenu de la subordonnée)

Je ne sais pas si elle est encore sortie (= déjà sortie)

Je doute, disoit-il, que le roi se connoisse encore aux belles choses... (Exemple du 17ème siècle : Ch. Perrault)

Le même terme, *encore*, avec une signification un peu différente relative à la quantification, et qu'on précisera ci-dessous, est à polarité positive dans les emplois continuatifs ou itératifs. Dans les contextes à polarité négative, il alterne avec *plus*. A distance de la négation ou du terme

---

[5]   Une différence pourtant : *encore* ne se combine pas à la négation de façon syntaxique ; l'emploi de *pas* reste indispensable. Par contre, *ne...pas* combiné au forclusif *plus* donne bien *ne...plus* (cf. Muller 1991).

créateur de ce type de contexte, *plus* est cependant très peu utilisé (à l'exception du contexte de *sans* : *sans plus attendre...*). Exemples :

Est-il encore là ?
– Non, il n'est (*pas encore) plus là

Je ne crois pas qu'il vienne plus jamais nous voir
(=Je ne crois pas qu'il vienne encore nous voir)

en contexte non négatif (archaïsme) :

[...] elle était apparue sombrant, glissant à l'abîme [...], l'oeil égaré, incapable de plus faire face à l'assaut des images [...] (Proust, dans Damourette & Pichon, §2992).

L'existence de deux *encore* est repérable, dans les contextes à polarité négative en particulier : ce terme y signale tantôt l'absence de réalisation de P, tantôt l'absence de continuation de P :

Personne n'a encore rien dit

signifie ainsi, soit que personne n'a parlé (n'a commencé à parler), soit que personne n'a continué à parler, selon que l'adverbe est ou non le forclusif.

3. Polarité et occurrence lexicale

Dans les toutes premières études modernes sur les modifieurs aspectuels, la modification lexicale qu'entraîne une négation a été traitée comme celle des pronoms indéfinis : dans l'étude de Klima (1964) *not...yet* était traité comme la version négative de *already*, sur le modèle de l'opposition *not...anybody / somebody*. De même, *still* positif était apparié à la version négative *no...more*. En français, c'est le même terme, *encore*, qui se trouve dans l'emploi positif correspondant à *still* et dans l'emploi à polarité négative correspondant à *yet*. Dans mon article de 1975, j'expliquais cette identité lexicale par la description sémantique de chacun des deux emplois : dans les deux cas, il y a continuité assertée, et changement de situation à venir. La différence tient au système de « présupposés » : en contexte de négation (*pas encore*), on va du négatif vers le positif ; en contexte positif (*encore = still*), on va du positif vers le négatif. L'emploi d'un seul terme signifie la prise en compte par la langue de cette identité de la continuité, dans des situations inverses. Au contraire, l'anglais garde la logique de l'opposition entre indéfinis positifs (le type *some*) et indéfinis négatifs (le type *any*).

Peut-on dire pour autant que *encore* en français au sens de *yet* est sémantiquement hors de portée de la négation ? Les emplois « forclusifs » de ce terme, en particulier son utilisation « positive » à distance du terme déclencheur de la polarité négative, interdisent cette conclusion.

Le système de présupposés mis en évidence ci-dessus invite à voir dans les adverbes aspectuels employés dans les contextes duratifs temporels un invariant, le sens « maintenant » (au présent, « alors » à l'imparfait) qui exclut l'interprétation généralisante et fait que l'assertion a une valeur au point repère de l'énonciation (ces adverbes sont, en d'autres termes, des « embrayeurs » énonciatifs).

A cet invariant s'ajoute une borne, celle du passage du positif au négatif ou inversement, borne qui oriente la valeur de ce « maintenant » vers une prolongation dans le futur ou dans le passé : soit, pour l'interprétation durative, quelque chose comme, au choix, *(commence) dès maintenant, (continue) jusqu'à maintenant.*

La polarisation du contexte joue un rôle dans la réalisation lexicale : en contexte à polarité négative, l'inchoativité reste virtuelle, donc est proche de la continuation d'une situation négative[6] ; de même, en contexte également négatif, la continuation devient virtuelle, et se rapproche de l'inchoativité d'une situation négative.

On obtient le système suivant :

CPP (contexte à polarité positive) : « commence dès maintenant » = *déjà*
CPN (contexte à polarité négative) : « commence dès maintenant » = *encore* (l'équivalent de *yet* ; *pas encore* avec la négation)
CPP : « continue jusqu'à maintenant » = *encore* (l'équivalent de *still*)
CPN : « continue jusqu'à maintenant » = *plus* (qui donne *ne...plus* lorsqu'associé à la négation)

Enfin, une règle d'équivalence[7] permet l'alternance des deux *encore* dans et hors de la portée d'une négation :

---

[6]   En somme, *pas encore* réalise quelque chose comme : « ne commence pas (dès = jusqu'à) maintenant », alors que *encore pas* note la prolongation « continue jusqu'à maintenant de ne pas ». L'utilisation d'un terme spécialisé dénote l'adaptation lexicale au contexte négatif.

[7]   Il faut quand même distinguer deux *encore*, et pas simplement supposer (ce que j'ai fait en 1975, de même A. Borillo en 1984) que cet adverbe est hors de portée de la négation ; bien entendu, le fait que le *encore* « forclusif » se réalise sous la même forme que le *encore* « continuatif » positif n'est pas fortuit. Les deux termes ont bien en commun le même système de présupposés. En phrase simple négative, je ne ressens pas pour ma part de différence sémantique nette entre *pas encore* et *encore pas*, du moins en

NEG (*encore* « (commence) dès maintenant » (P)) = *encore* « (continue) jusqu'à maintenant » (NEG (P))

et permet d'expliquer la variation possible de l'ordre négation / adverbe dans :

> Il n'est pas encore là / Il n'est encore pas là

Si l'interprétation est itérative, la quantification associée ne s'interprète pas de la même façon :

> Il est déjà venu trois fois

signale une série ouverte qui, au point de repère, comptabilise « trois fois » comme une première série d'occurrences. Dans :

> Je ne crois pas qu'il soit encore venu trois fois

la quantification est interprétable de la même façon qu'avec *déjà* pour le sens forclusif de *encore* : il n'est pas venu trois fois au total (et la quantification, virtuelle, est dans la portée de la négation). Par contre, dans :

> Il est encore venu trois fois

la quantification est celle d'un nombre *supplémentaire* d'occurrences (il en va de même avec la phrase négative précédente, avec *encore* « positif »). La différence tient à l'opposition aspectuelle entre inchoatif (commencer à) et continuatif. Dans les deux cas, l'adverbe porte sur le quantifieur ; mais dans les adverbes inchoatifs (*déjà*, mais aussi le *encore* forclusif)[8] la quantité est la totalité des occurrences au moment de référence ; dans les continuatifs, la quantité est englobée dans la continuation, donc ne désigne jamais la quantité d'occurrences totales : *encore trois fois* s'ajoute à d'autres. De là le

---

contexte duratif sans quantification supplémentaire, mais Damourette & Pichon (§2980) tentent de les différencier :
> Je ne sais pas si on peut dire qu'il n'y est pas encore, mais en tout cas il n'y est encore pas

s'il y a quantification, la différence devient manifeste.

[8]   Le « encore » forclusif est donc inchoatif du point de vue de la quantification :
> Je doute qu'il soit encore venu une seule fois (= je pense qu'il n'est encore jamais venu)

même si sa réalisation lexicale dénote la continuité d'un état négatif antérieur.

sens « de plus » qui s'attache à *encore* positif, mais pas à *encore* forclusif.
Cela interdit d'assimiler le forclusif au positif[9].

4. Et *toujours* continuatif ?

L'adverbe *toujours* est l'équivalent emphatique d'*encore* dans les
constructions duratives ; il exige simplement d'être placé hors de la portée
de la négation :

> Il est toujours là !
> Il n'est toujours pas arrivé ! (*pas toujours)

Bien évidemment, il ne peut remplacer *encore* « forclusif » :

> Je ne crois pas qu'il soit encore (*toujours) arrivé

et son emploi emphatique dans les constructions négatives, avec l'ordre
toujours pas, s'explique par la règle d'équivalence vue ci-dessus entre
encore continuatif et *encore* forclusif dans les phrases négatives : *toujours
pas* est une variante emphatique de *encore pas* (« continue jusqu'à
maintenant de ne pas »), indépendante de *pas encore* (« ne commence pas
dès maintenant »).
  Il est cependant utilisable dans les contextes négatifs, où il reste hors
de portée de la négation :

> Louis XIV ne veut toujours rien brusquer (Damourette & Pichon, § 2973)

y compris avec *jamais* :

> Il me dit : Je ne fume toujours jamais avant les repas (ibid.)

même si la combinaison des deux adverbiaux de temps paraît un peu
surprenante.
  La possibilité d'employer *toujours pas* doit conduire d'ailleurs à
distinguer cet emploi de *toujours* de celui du quantifieur universel temporel :

> – Tu m'as toujours pas dit qui c'était çui-là. (*Zazie,* 29)

---

[9] Bien entendu, dans *encore pas*, il peut y avoir une quantification positive
d'actions « négatives » :
  Il n'est encore (une fois) pas venu !
est à distinguer de :
  Il n'est pas encore (une seule fois) venu

Cette phrase n'a pas le sens de :

> –Tu ne m'as jamais dit qui c'était...

Il n'apparaît jamais dans les contextes où *encore* a une valeur quantitative d'addition introduisant un quantifieur :

> Pendant trois jours encore,.../ *Pendant trois jours toujours,...

Avec les verbes qui incorporent une variation de quantité ou de degré, *encore* prend un sens quantitatif qui ne permet pas l'emploi de *toujours* :

> Cet accident ralentit encore (= davantage) la circulation (Borillo 1984 : 40)
> Cet accident ralentit toujours la circulation

L'emploi de *toujours* place sur le strict plan temporel l'assertion : « continue de ralentir ».

C'est donc sur ces effets quantitatifs d'interprétation que les deux adverbes diffèrent. Le remplacement de *encore* par *toujours* est seulement possible quand l'adverbe a trait à la continuation dans le temps, sans interférence avec la quantification. Cela n'exclut pas des phrases à quantification : les énoncés itératifs à valeur générale, mais cependant gardant l'aspect continuatif, sont bel et bien possibles ; c'est ainsi qu'on doit interpréter :

> Il lance toujours le javelot à 60 mètres

dans le sens : « il continue actuellement de lancer, toutes les fois, le javelot à 60 mètres ». La quantification itérative universelle est du type déjà signalé au début : chaque fois qu'il y a occurrence de l'action, il y a telle propriété qui se vérifie.

Dans les emplois itératifs au futur, *toujours* n'est pas exclu :

> Je le répéterai encore et toujours ! (A. Borillo)

Comme pour l'exemple précédent, *toujours* apparaît ici comme un quantifieur universel qui prolonge la quantification indéfinie sous-jacente à *encore* : ... *et toutes les fois encore.*

4.1. Décroissance ou maintien de la quantification : quel est le futur de *encore* temporel, comparé à *toujours* ?

Une opposition plus ou moins nette semble distinguer les valeurs d'*encore* et de *toujours*. Dans :

> Je t'aimerai encore !
> Je t'aimerai toujours !

la première phrase semble nettement moins affirmative sur la durée que la seconde. Est-ce dû à l'indétermination du repère temporel futur ? C'est possible, parce que *toujours* peut être compris avec son sens généralisant. Il semble qu'il manque à *encore* un point d'ancrage énonciatif dans la phrase au futur.

Autre exemple :

> Vous êtes toujours aussi jolie !
> Vous êtes encore aussi jolie !

La seconde phrase est plutôt maladroite, alors que la première est un compliment. Il n'y a donc pas la même continuité dans *encore* et dans *toujours*. A première vue, la prolongation signifiée par *encore* est plus fragile que celle signifiée par *toujours*. De plus, dans les contextes de quantification, *encore* semble signaler une orientation décroissante, alors que *toujours* signifie plutôt l'absence de modification :

> Le niveau de la rivière dépasse encore de 2 m son niveau habituel
> Le niveau de la rivière dépasse toujours de 2 m son niveau habituel
>
> Il lance encore le javelot à 60 mètres
> Il lance toujours le javelot à 60 mètres

Dans la première phrase, on a affaire à un athlète qui a atteint son maximum et qui va décliner. La seconde ne donne pas cette impression. L'emploi épithétique de *toujours* relève du même emploi, et n'est pas paraphrasable par *encore* :

> La toujours jeune et sémillante cantatrice...

4.2. Disparition programmée ou persistance dans le futur

L'élément de sens des adverbes aspectuels relatif au futur a donné lieu à bien des discussions. Andrée Borillo, ne s'intéressant qu'à *encore*, se borne à quelques suggestions sur le type d'analyse qui conviendrait, selon elle, pour traiter ce genre de problèmes. Elle propose d'utiliser des implications conversationnelles, à la manière de Grice. En substance, pour *encore* dans une phrase affirmative, l'affirmation d'une continuité de la situation P au moment repère de l'énonciation pourrait suggérer, au moins, que P pourrait ne pas être le cas plus tard. De là, on passerait facilement à l'idée que P cessera tôt ou tard. Les effets restrictifs d'emplois adverbiaux de temps sont d'ailleurs très répandus, par exemple (op. cit., 57) :

> Pour l'instant, tout va bien

suggère que cela pourrait changer. Andrée Borillo suggère d'expliquer de même (p. 58) les effets de discordance entre l'attente du locuteur et ce qu'il constate.

Y a-t-il vraiment d'ailleurs un changement à attendre ? Certains exemples en font douter :

> Malheureusement, ces tâches se voient encore (il y a des chances qu'elles soient indélébiles) (ibid., 56)

Ainsi, je pourrais dire d'un accidenté :

> Quelle chance ! Il respire encore !

sans présupposer qu'il s'arrêtera nécessairement de respirer bientôt. Ce qui est signifié, c'est donc la possibilité ou le risque d'un changement de situation, sans lesquels l'emploi de l'adverbe devient non pertinent.

Quoi qu'il en soit, l'emploi de *toujours* dans tous ces exemples ne change strictement rien à cette présupposition[10]. Par contre, puisque *toujours* est un terme emphatique, la prolongation de la situation qu'il dénote devrait être du moins plus fragile que celle signifiée par *encore*. Ce n'est pas du tout le cas. Par exemple :

> Il est toujours le même
> Il est encore le même

---

[10]   Ce n'est pas, semble-t-il, l'opinion de R. Martin (1980 : 179).

Paul est toujours aussi amusant
Paul est encore aussi amusant

Cette équipe n'a toujours pas perdu un match
Cette équipe n'a encore pas perdu un match

Dans ces trois séries de phrases, l'emploi de *toujours* donne au contraire le sentiment d'un situation qui peut perdurer indéfiniment.

5. Vers une explication
5.1. Quantification universelle sur *encore*

Les différences de distribution : contextes duratifs, pas d'emploi forclusif, jointes au caractère exclusivement temporel de *toujours*, invitent à chercher une explication autre qu'en termes de variante. Je suggérerai que *toujours* ne remplace pas *encore* : il réalise lexicalement un élément sémantique différent, qui porte sur *encore* et conduit à son effacement ; en somme, il n'est pas dans le paradigme de *encore*. On peut le comparer à son équivalent allemand *immer* qui renforce *noch* sans le supprimer, dans la combinaison *immer noch*, qu'on retrouve dans l'emploi alsacien *toujours encore*.

Comment *toujours* peut-il apparaître ? Dans sa version à polarité positive, *encore* prend le sens « (continue) jusqu'à maintenant ». Cette signification implique une quantification indéfinie sur le temps écoulé. Cela laisse la place à *toujours* avec sa valeur basique : « constamment, à tout moment » : la combinaison que je suppose serait donc un renforcement de *encore* positif par une quantification de type universel sur le temps antérieur à la borne signifiée par notre adverbe aspectuel : «continue à tout moment jusqu'à maintenant ». Notre *toujours* emphatique serait en somme la variante économique du *toujours encore* alsacien. Dès lors, l'absence de *pas toujours* dans ce paradigme ne surprend pas : pour que la quantification indéfinie devienne universelle, il faut qu'elle soit positive. Par contre, *toujours pas* quantifie positivement sur la continuation d'un état négatif.

Peut-on aussi expliquer les restrictions d'emploi de *toujours* à des contextes duratifs ? Le plus simple consisterait à supposer que *toujours* sature la quantification sur laquelle porte l'aspectuel. On n'a pas *toujours trois fois* parce que l'adverbe signifie déjà *toutes les fois, à tout instant*. Par contre, on l'a vu, *toujours* réapparaît dans les phrases itératives générales :

Il lance toujours le javelot à 60 m
(= toutes les fois encore)

Peut-on à partir de là expliquer les propriétés plus floues différenciant les deux adverbes ?

5.2. Quantification : marges et orientation

Comment s'effectue la quantification indéfinie avec *encore* ? Il faut bien distinguer deux aspects, qui donnent lieu, selon les contextes, à des interprétations divergentes :
- ce terme (l'adverbe « positif », pas le forclusif) dénote toujours une prolongation,
- mais il dénote en général une prolongation sur les marges du domaine ; un exemple le montrera dans le domaine spatial ; si on dit :

> L'Alsace, c'est encore la France !

(idem avec « la Corse » ou « la Martinique »), on impose une gradation entre un centre et une périphérie, on se situe dans la périphérie, et on s'oriente du centre vers la périphérie. Avec *déjà*, la même situation est possible, mais avec une orientation de la périphérie vers le centre :

> L'Alsace, c'est déjà la France !

mais par contre, il paraît bien difficile et étrange de dire :

> ??Paris, c'est encore la France !

parce que la « prolongation » se ferait de la périphérie vers le centre. La phrase est peu interprétable.
De même, on dira :

> Un pingouin, c'est encore un oiseau (Fuchs et Victorri 1992)

mais pas tellement :

> ??Un moineau, c'est encore un oiseau

parce que le moineau est un oiseau tout à fait prototypique : la prolongation signalée par *encore* doit aller du centre vers les emplois périphériques. Pour ce faire, l'adverbe s'appuie simplement sur la structuration interne de son objet.
Dans le domaine de l'écoulement temporel, et s'il n'y a pas de quantification explicite, la zone frontière dont l'existence est ainsi signalée est nécessairement celle qui précède le passage au négatif. Dire *vous êtes encore belle*, c'est attribuer la qualité « belle » dans une zone limite, et orienter cette description de telle façon que la propriété soit assurée pour le passé, et menacée pour le futur. Ainsi, la quantification intrinsèque de

l'adjectif est perçue comme étant à un maximum qui ne peut que décroître :
en effet, la continuation se place sur le plan du temps, pas sur celui du degré
de beauté.

Le remplacement par *toujours* fait-il, ou non, sortir de la zone frontière
caractéristique de la continuation temporelle ? Il n'est pas très facile de
répondre à cette question : les avis sont partagés sur l'acceptabilité de
toujours dans les zones centrales d'un domaine quelconque :

> Un moineau, c'est toujours un oiseau

a en effet plusieurs significations, l'une étant peut-être la valeur
« emphatique » *toujours encore*, l'autre étant le *toujours (déjà)* (« en tout
cas ») des emplois argumentatifs. La quantification universelle masque ici
les variations d'orientation aspectuelle. Surtout, elle permet d'échapper à
l'effet de décroissance constaté avec *encore* dans ces contextes. Ce n'est pas,
me semble-t-il, que *toujours* soit très différent de *encore*. La seule raison des
différences constatées peut tenir à un effet second de la quantification
universelle : donner l'impression que la quantification non temporelle reste
immuable, que la marge, c'est encore et toujours la même chose que le
centre.

5.3. Le *encore* des quantifications dynamiques

L'impact de *encore* non temporel sur un quantifieur dénotant non une
quantité statique, mais l'accroissement, ne produit pas l'effet de
décroissance vu ci-dessus :

> Luc grossit encore

Avec un comparatif d'inégalité :

> J'suis snob...encore plus snob que tout à l'heure... (Boris Vian, chanson
> « J'suis snob »)

aucun effet de décroissance n'est envisageable, bien au contraire. De même,
on peut dire cette fois sans problèmes :

> Il est encore plus vieux qu'il n'était

et on remarquera la différence d'interprétation selon que *encore* est temporel
ou non :

> Luc est encore plus riche que Jean

signifie soit, par exemple : *malgré sa fortune en constante diminution, Luc reste pour le moment plus riche que Jean*, soit par exemple, *Luc est riche au-delà de la richesse de Jean.*

Dans ces emplois, *toujours* continuatif ne remplace *encore* que dans un emploi corrélant la gradation et le temps (*Luc grossit toujours ! Luc est toujours plus riche !* (= « de plus en plus »).

Si on revient au domaine spatial, on constate que cette fois, avec *plus*, l'adverbe *encore* est tout à fait utilisable :

L'Alsace, c'est déjà la France, mais Paris, c'est encore plus la France !

avec une orientation vers le centre du domaine. L'orientation de la quantification change en fait la structuration de celui-ci : la zone frontière est devenue « ce qui est le plus la France ». Cela explique les deux interprétations divergentes de la comparative précédente avec *encore plus* : dans le domaine temporel, cela revient à décrire le prolongement dans le temps d'une situation statique par ailleurs, sujette à un changement qui est la négation de la proposition ; c'est donc nécessairement inscrire la quantification signifiée par le comparatif dans une courbe descendante ; par contre, si *encore* est purement quantitatif, il décrit le prolongement de la quantification elle-même ; l'antériorité, c'est le degré de richesse de Jean. Il n'y a donc pas de décroissance. Mais dans ce cas, *toujours* (qui reste lié au temps) est exclu.

C'est ce qui fait que *encore* non temporel, en définitive, n'a pas de présupposition négative. Le fait est bien reconnu pour les emplois itératifs. Un exemple : à Bordeaux, le principal concessionnaire Opel orne la lunette arrière des voitures qu'il vend d'un bandeau triomphant :

Encore une Opel vendue par Pigeon !

En aucun cas il ne veut dire que cette série de ventes touchera tôt ou tard à sa fin. La zone frontière peut s'élargir indéfiniment !

Conclusion

Difficile de conclure : le petit paradigme des aspectuels est plus complexe qu'il n'y paraît. Si notre analyse est justifiée, elle conduit à distinguer ce que bon nombre d'études consacrées à ces adverbes ont tendu à confondre : la « présupposition » future avec *encore* est celle d'un possible changement ; elle ne se confond pas avec l'« univers d'attente » du locuteur, et surtout doit se comprendre comme l'assertion d'une zone frontière, d'une région marginale du domaine, avec une orientation centrifuge. Si la quantification reste implicite, ou est statique, l'orientation prévisible est la décroissance, entamée ou à venir. Si la quantification est dynamique, l'orientation s'inverse (*encore plus*). Le remplacement de *encore* par *toujours*, qui est de fait plutôt un renforcement, peut signifier un contraste plus grand entre ce qui est attendu et ce qui est constaté. Mais l'emploi de cet adverbe, qui quantifie sur la continuation, rend paradoxalement moins perceptibles les phénomènes d'orientation, et les évaluations quantitatives ; cela ne signifie probablement pas une modification marquée du système aspectuel ; simplement, l'effet de décroissance tend à disparaître sous l'affirmation d'une continuation à l'identique.

Références

Borillo, A. (1984). La négation et les modifieurs temporels : une fois de plus « encore », *Langue Française* 62 : 37-58.

Cadiot, P., Ducrot, O. & alii (1985). Sous un mot, une controverse : les emplois pragmatiques de *toujours*, *Modèles linguistiques* VII-2 : 105-124.

Damourette, J. & Pichon, E. (1911-1940). *Des mots à la pensée, Essai de grammaire de la langue française*, D'Artrey.

Franckel, J. J. (1989). *Etude de quelques marqueurs aspectuels du français*, Droz.

Fuchs, C. & Victorri, B. (1992). Construire un espace sémantique pour représenter la polysémie d'un marqueur grammatical : l'exemple de *encore*, *Linguisticae Investigationes* XVI-1 : 125-153.

Gosselin, L. (1996). *Sémantique de la temporalité en français*, Duculot.

Hoepelman, J. & Rohrer, C. (1980). *Déjà* et *encore* et les temps du passé du français, in : J. David & R. Martin, (éds), *La notion d'aspect, Recherches Linguistiques* (Université de Metz), Klincksieck, V, 119-143.

Klima, E. (1964). Negation in English, in : J. Fodor & J. Katz, (éds), *The Structure of Language*, Prentice-Hall, 246-323.

König, E. (1977). Temporal and non-temporal uses of *noch* and *schon* in German, *Linguistics and Philosophy*, I-2 : 172-198.

Martin, R. (1980). *Déjà* et *encore* : de la présupposition à l'aspect, in : J. David & R. Martin, (éds), *La notion d'aspect, Recherches Linguistiques* (Université de Metz), Klincksieck, V, 167-180.

Martin, R. (1983). *Pour une logique du sens*, PUF.

Muller, C. (1975). Remarques syntactico-sémantiques sur certains adverbes de temps, *Le Français moderne*, 43-1 : 12-38.

Muller, C. (1991). *La négation en français*, Droz.

Van der Auwera, J. (1991). Beyond Duality, in : J. Van der Auwera, (éd), *Adverbs and Particles of Change and Continuation,* Eurotyp Working Papers, series 5, vol.2, 131-159.

Vet, C. (1980). *Temps, aspects et adverbes de temps en français contemporain,* Genève : Droz.

Wilmet, M. (1997). *Grammaire critique du français,* Duculot-Hachette.

« Dans mon état, dans l'état qui est le mien » : une variation insignifiante ?

Michèle NOAILLY
ERSS (UMR 5610, CNRS) - Université de Brest

On observe dans l'expression spontanée de certains locuteurs de curieuses redondances, des allongements de l'expression qui ne semblent pas faire sens, qui ont l'air totalement inutiles, mais qui « gonflent » le discours ; ils semblent lui donner du poids sans nullement l'enrichir. Ce sont parfois des répétitions, comme dans cet exemple :

> « Un échange qui soit un échange très fructueux… » (oral, 04/06/98)

Alors que certaines répétitions exactes d'un terme créent joliment du sens, induisant soit un effet intensif, soit, dans les tautologies par exemple, des contrastes entre deux acceptions du terme considéré, celle de cet exemple ne semble rien apporter du tout, si ce n'est cet effet d'allongement, en d'autres termes, d'emphase, que je viens de signaler.

Il est un autre mode d'expression emphatique dont la fréquence, chez certains locuteurs, m'a souvent frappée. Pourquoi trouve-t-on si souvent dans les idiolectes concernés, au lieu du déterminant possessif simple, une forme développée de l'expression de la possession, conformément à l'exemple titre : « *Dans l'état qui est le mien…* », ou, dans des situations voisines, cet autre allongement dont nous ne traiterons pas ici : « *Dans l'état où je suis…* » A quoi sert-il de dire ainsi, quand on pourrait tout aussi bien, et plus simplement, dire « *Dans mon état…* » ?

Cette manière d'exprimer le rapport au possesseur relève-t-elle d'un goût esthétique pour l'enflure, ou répond-elle à des contraintes linguistiques particulières ? A-t-elle une interprétation spécifiée, par rapport à l'usage du déterminant possessif ordinaire ? Quel usage est fait ici du pronom possessif ? Est-il conforme à son emploi ordinaire ? Voilà quelques-unes des questions que je me suis posées. Même si ce procédé ne semble concerner que certains locuteurs, et paraît ignoré de la majorité des autres, il est néanmoins à mes yeux très illustratif de certains styles, surtout « publics ». Le corpus est constitué principalement d'extraits de conversations téléphoniques ou d'entretiens radiophoniques, et repose pour moitié environ sur la production d'un émetteur principal qui, certes, intervient à titre privé, mais que sa formation au discours public influence sans doute à tout instant. Ce corpus est proposé à titre d'annexe, à la fin de cet article.

1. *Le x qui est le mien* **et l'expression de la possession**

On peut tout d'abord s'interroger sur le type de possession que cette construction illustre. On sait que la notion de possession couvre très largement un certain nombre de relations référentielles fortement diversifiées. C'est du moins ce qui se passe avec toutes les relations « couvertes » par le déterminant et le pronom possessif. Si le N ainsi introduit est concret, il peut s'agir d'une possession inaliénable ou aliénable *(ma main* vs *ma bague)* ; d'un nom relationnel ou non *(mon cousin* vs *mon pâtissier)* ; et les règles qui en découlent vont être différentes de ce fait. Si c'est un nom abstrait qui est ainsi rapporté à un « possesseur », le type de possession ne pourra pas se ramener à la propriété matérielle du référent. Les liens seront alors plus subtils. *Ma vie, ma course, mon inquiétude* marqueront un rapport au « possesseur » beaucoup plus diffus, avec, dans des cas précis, les ambiguïtés que l'on sait, entre interprétation « subjective » et « objective » du complément génitif. Le point de la question a été fait dans Milner 1982, et affiné depuis (par exemple dans Bartning 1992).

Pour ce qui est de la nature des noms recteurs concernés par la construction *le N qui est le Pos.,* les faits sont simples et uniformes : les N en question sont tous abstraits. On ne saurait dire *??je regarde la main qui est la mienne,* non plus que *??le vélo qui est le mien est dans la cour,* pour *je regarde ma main,* ou *mon vélo est dans la cour.* A la rigueur, dans un contexte fortement contrastif, et par inexactitude syntaxique, au lieu de construire l'interrogative indirecte attendue, *dis-moi laquelle est ma main, je ne sais plus lequel est mon vélo,* on pourrait peut-être imaginer *dis-moi la main qui est la mienne, je ne sais plus le vélo qui est le mien,* Mais le résultat n'est pas bien fameux non plus.

En fait, le vocabulaire qui compose ce corpus est d'une certaine banalité : on y trouve principalement des noms non seulement abstraits, mais généraux, relatifs à des situations psychologiques, le plus souvent. Le plus récurrent d'entre eux est précisément le nom *situation* (4 occurrences, correspondant aux citations 2, 13, 16 et 27 du corpus,) à quoi s'ajoutent d'autres mots vagues comme *perspective, attitude, position* (cit. 19, 24, 28, 29, 31). Voici par exemple, issues toutes deux de styles universitaires, les deux citations (28 et 29), très proches, où figure le terme *perspective* :

(28) « Mais il les utilise dans la perspective qui est la mienne »
(29) « Ces écarts sont d'abord, dans la perspective qui est la nôtre, une preuve d'appropriation de la langue par un auteur »

Pour le reste, ce sont des noms dénotant des attitudes psychologiques, ou des humeurs : *faiblesses, douleur, conviction, folie, épuisement, déroute psychique, dérobades, confiance,* etc. Le vocabulaire politique, lui, va préférer le terme de *valeurs* (cit. 33 et 34), ou celui de *combat* (cit. 35) :

(33) « Aux principes républicains et aux valeurs qui sont les nôtres... » (oral, homme politique, Europe 1, 30/08/97, 9h)
(34) « Un retour sur nos valeurs, les valeurs qui ont toujours été les nôtres » (oral, homme politique, FI, 27/4/98, 13h15)
(35) « Je me dévoue au combat qui est le mien » (oral, Bruno Mégret, TF1)

Les exemples les plus inattendus du corpus sont ceux où les noms recteurs ne relèvent pas du vocabulaire psychologique, mais couvrent un objet de discours dont le contenu est moins abstrait, ou moins vague, comme dans les citations 7 ou 11 :

(7) « Dans des moments comme celui qui était le mien hier... »
(11) « Quel commentaire as-tu à faire sur cette phrase qui est la tienne ? »

2. Les contextes habituels d'emploi du pronom possessif

Les grammaires sont peu explicites sur les conditions d'emploi des pronoms possessifs : elles s'attardent plutôt sur la variété des formes, et aussi, complaisamment, sur quelques locutions figées où le pronom possessif n'a plus une interprétation pronominale, mais se comprend de façon absolue, comme *faire des siennes, y mettre du sien,* ou *A la tienne !* qui présentent le plus souvent des restrictions d'emploi relatives à la personne : on ne dit guère *faire des miennes,* ni *des tiennes,* pas plus que *A la mienne !* ou pire *A la leur !*

Le pronom possessif est une forme d'une abstraction remarquable, puisqu'à lui seul il représente un GN complet, de type *le N de N.* Cette double représentation est mi-déictique, mi-anaphorique (ou cataphorique) pour les pronoms de 1ère et 2ème personne ; elle est deux fois anaphorique pour les pronoms de 3ème personne, qui représentent à la fois un « objet possédé », nom recteur du groupe, et un « possesseur » de 3ème personne. La langue classique, surtout peut-être celle des moralistes, soucieuse de brièveté et de formules aiguisées, a fait le meilleur usage de ces formes, et les multiplie, comme elle fait dans le même but, les pronoms personnels *en* et *y,* entre autres. L'usage des pronoms possessifs, à la différence de ces dernières formes, est toutefois assez conforme à celui de la langue moderne, et N. Fournier, dans l'abondant chapitre qu'elle consacre à la référence pronominale, ne signale que peu d'écarts pour ce type (voir toutefois p. 189). Quelques extraits des *Egarements du cœur et de l'esprit* de Crébillon fils (éd. Pléiade, *Romanciers du XVIIIème siècle,* T. II), vont fournir ici un

échantillonnage des situations où le pronom possessif a de bonnes raisons
d'apparaître :

« Cela seul doit faire la différence *de votre choix et du mien...* » (150)

« Le commencement de cette aventure plaisait autant à Madame de Lursay
qu'il me causait de peine. En s'attachant à un homme de *mon âge,* elle décidait
le sien... » (27)

« — Vous la mettez en droit de se plaindre de *vos procédés.*
— Il me semble, répondis-je, que je suis plus en droit de me plaindre *des
siens...* » (149)

« Cet orgueilleux qui pousse la facilité jusques à vouloir bien nous rassurer,
qui, en blâmant *nos vices,* nous estime assez peu pour ne plus nous dissimuler
les siens... » (155-156)

On voit que le pronom possessif, comme d'ailleurs le pronom
démonstratif dans certains de ses emplois *(Toi, tu prends ta voiture, et moi,
je prendrai celle de Lise),* met en place un système contrastif, où sont
opposés deux objets de discours, qui sont de la même nature référentielle,
mais sont identifiés comme différents, par le fait même qu'ils ont des
possesseurs distincts. La représentation pronominale opère donc sur la base
d'une disjonction référentielle, doublée en général d'une forte mise en
contraste : il est assez rare en effet (et bien que rien ne s'y oppose) que
l'opposition grammaticale construite autour du pronom possessif ne se
double pas, contextuellement, d'une opposition sémantique (des objets
décrits, des comportements, etc.). Le dictionnaire Grand Robert signale deux
exemples semi-figés dans lesquels le contraste grammatical sert au contraire
à mettre en évidence un accord *: votre prix sera le mien, leur décision sera
la mienne,* mais sur ce modèle syntaxique, dirait-on *ton avis est le mien,* ou
pire *son appartement est le mien,* pour dire *nous avons le même avis, nous
habitons le même appartement ?*

Le seul cas où le pronom possessif n'ait pas cet emploi contrastif, c'est
quand, sous une forme différente et dans des tours vieillis, on le rencontre
comme attribut, mais alors sans article défini :

« Vis pour ton cher tyran, tandis que je meurs tienne. » (Corneille)
« Ta Julie sera toujours tienne. » (Rousseau)
« Les chères mains qui furent miennes,
Toutes petites, toutes belles » (Verlaine, *Sagesse)*

Je suis tienne revient alors à dire *je suis à toi,* et manifeste l'appartenance, au moins symbolique, dans le cadre exclusif des relations affectives. Les noms qui ont un possessif de ce type pour attribut sont, on le remarque, d'une tout autre espèce sémantique que ceux que l'on rencontre dans les constructions qui m'intéressent ici.

Pour revenir donc aux exemples que propose le corpus rassemblé, ce qui y est frappant, c'est que la présence du pronom possessif n'y est couplée avec aucun de ces effets de contraste relevés plus haut. On n'y oppose pas un objet de discours N1 à un autre, N2, de la même catégorie, car il ne s'agit en l'occurrence que de présenter un seul et unique objet de la catégorie N, et de le rapporter à son possesseur : autrement dit, on est dans une situation qui appellerait plutôt l'emploi du déterminant possessif que celui du pronom. L'anomalie qu'en tant qu'usager de la langue je perçois à ces périphrases est donc justifiée linguistiquement : le pronom possessif n'y a pas son usage habituel, il y est employé quelque peu abusivement. Comment comprendre néanmoins qu'il soit fait appel à lui ?

3. Quelques remarques pragmatiques

On pourrait m'objecter que la mise en perspective du rapport possessif, telle qu'elle est opérée par le recours au pronom possessif dans les différents exemples du corpus, a quelquefois une certaine utilité. Dans le cas de l'exemple 32, elle permet ainsi une coordination, laquelle crée par là même cette mise en contraste nécessaire d'ordinaire au bon fonctionnement du pronom possessif :

(32) « Le christianisme ne s'est imposé dans nos pays qu'en intégrant les cultes antérieurs... Ça ne lui a pas trop mal réussi, si on songe au destin exceptionnel qui fut le sien et celui de l'Europe. » (*Le Télégramme de Brest,* 03/11/97)

Par ailleurs, la présence d'une relative en *être* permet aussi de situer le rapport possessif dans le temps : on observe quelquefois en effet un décalage temporel, entre le temps de la proposition où figure le nom recteur et le temps de la relative (présent *vs* passé composé, ou présent *vs* imparfait) : c'est le cas, par exemple, des citations 1, 4, 5 ou 7, mais c'est la citation 34 qui met le plus clairement en valeur cette observation. Je la reproduis à nouveau ci-dessous :

(34) « Un retour sur nos valeurs, les valeurs qui ont toujours été les nôtres » (oral, homme politique, FI, 27/4/98, 13h15)

Le pronom possessif apparaît ici dans une reformulation, après une première occurrence où le locuteur se contentait du déterminant possessif, et cette reprise permet d'inscrire la relation possessive dans la pérennité temporelle. Mais ce cas de figure est loin d'être majoritaire, et la plupart du temps, on ne saurait trouver, quelque bonne volonté qu'on y mette, de justification de cet ordre à la périphrase qui nous occupe.

D'un autre côté, on pourrait alléguer que, même si le texte des exemples présentés ne met pas en place explicitement d'espace contrastif, cet espace doit néanmoins être supposé, impliqué qu'il est dans la définition même de la valeur de langue du pronom possessif. Mais je crains que ce ne soit là réinterpréter abusivement les textes. Une telle hypothèse ne pourrait éventuellement être validée que pour les citations 9, 28, ou 31 que je reprends donc :

(9) « ... une estime qui n'est pas seulement la mienne. »
(28) « Mais il les utilise dans la perspective qui est la mienne. »
(31) « Tout ceci m'amène à poser l'existence de deux fonctions du verbe *répéter* : il permet au locuteur de faire respecter sa légitimité à parler... et également de défendre la position qui est la sienne. »

La citation 9 met effectivement en place, du fait de l'adverbe *seulement,* une idée de contraste, mais la phrase s'arrêtait là, et la suite attendue demeurait dans l'implicite. Quant à (28), on y oppose, plus implicitement encore, deux « perspectives », celle de « il », et « la mienne » ; de même, dans (31), on peut considérer que tout locuteur (surtout s'il dit « je répète que... ») détient une position qui s'oppose à celle du nécessaire interlocuteur. Mais dans la plupart des autres cas, cette justification ne peut être soutenue.

J'ai cru pouvoir noter, en revanche, que, alors que dans ses emplois ordinaires, le pronom possessif semble être aussi bien représenté aux trois personnes, ici la première personne, surtout du singulier, est nettement dominante : 29 occurrences, sur les 37 qui composent le corpus. L'effet d'amplification profite donc majoritairement au locuteur lui-même : pragmatiquement parlant, le but serait donc de mettre en valeur son propre point de vue, ses propres sentiments.

Une considération d'un autre ordre s'impose parallèlement. Ces constructions n'apparaissent pas indifféremment dans toutes les positions syntaxiques : les GN qui supportent de tels noms recteurs « amplifiés » par la relative sont assez rarement sujets. On les trouve le plus souvent, soit dans des groupes prépositionnels détachés, soit en clôture de la période. Les aléas des transcriptions d'oral n'ont pas permis dans tous les cas que l'exemple relevé soit assez complet pour qu'on y repère la position du groupe concerné dans le mouvement syntaxique d'ensemble, mais on a tout de même assez d'exemples qui font bien ressortir ce point : ainsi 1, 2, 6, 7, 13, 15, 18, 21, 27, 28, 29, 37. Je cite ici 15 et 18 :

(15) « Avec le caractère qui est le nôtre, il faut être toujours à parité sur tout »
(18) « Je vois bien, à l'épuisement qui est le mien... »

Sinon, la construction interviendra pour étoffer un groupe complément direct ou indirect de verbe, en fin de période également, comme dans les exemples 10, 17, 23, ou 36. Je cite 17 et 36 :

(17) « Une de mes grandes joies est d'avoir su préserver avec eux la relation qui est la mienne »
(36) « Un des grands mérites d'Aimé Jacquet est sans doute d'avoir insufflé à ses vingt-deux joueurs la confiance qui était la sienne »

Enfin, on peut s'interroger si la dite construction ne conduit pas quelquefois au même effet interprétatif que d'autres « relatives inutiles », dont elle est proche aussi. Je pense à *Avec le travail que j'ai, tu penses bien que je ne vais pas sortir !*, ou, pour reprendre une possibilité évoquée tout au début de cet article, *Dans l'état où je suis, je n'irai sûrement pas !* Ces relatives expriment le rapport au possesseur autrement, par le recours au pronom personnel, mais le développement qu'elles imposent est apparemment tout aussi inutile (on pourrait dire *avec mon travail, dans mon état)*. Malgré tout, n'apportent-t-elles pas un effet de sens que je dirais, faute de mieux, consécutif : *avec un travail tel que celui que j'ai, dans un état tel que celui où je suis,* etc. Les contextes dans lesquels apparaît *le N qui est le Pos.,* eux aussi, semblent parfois chercher à mettre en valeur et à emphatiser la notion portée par le nom recteur :

(25) « Moi, je n'aurai jamais les revenus qui sont les siens »
(27) « Rend-toi compte, avec la situation qui est la mienne... »

Dans la citation 25, il est évident que les revenus en question sont estimés importants, et dans (27), la « situation » est évaluée comme peu ordinaire, digne d'attention. On pourrait périphraser par *Moi, je n'aurai jamais des revenus tels que les siens,* ou *avec une situation telle que la mienne*. Mais, une fois de plus, cet effet interprétatif n'est pas général : on voit mal comment on pourrait l'appliquer à la citation 8 par exemple.

En somme, ce tour a très peu d'utilité strictement informative, mais en revanche il semble répondre souvent à d'autres exigences. D'abord, il remplit un rôle rythmique, il permet un meilleur équilibre des masses sonores, et l'amplification à laquelle il donne lieu met en valeur le fragment d'information qu'il supporte. Parallèlement, en même temps qu'il emphatise, il enrobe, et tel informateur dit l'employer, très consciemment, à l'écrit, quand il ne veut pas faire apparaître le nom recteur sélectionné en position forte, à la fin du groupe rythmique ; quand ce nom le gêne, quand la réalité qu'il couvre le blesse ou l'embarrasse.

Qu'on ne croie pas pour autant que je prenne la défense d'une construction que je persiste, pour l'essentiel, à trouver inutile, grandiloquente, et ampoulée. Mais il est intéressant de lui découvrir tout de même certaines justifications. Les contraintes qui en déclenchent l'apparition, certes, ne sont pas d'ordre syntaxique, ni même strictement informationnel, mais de telles contraintes n'en interviennent pas moins dans nos choix langagiers, et même déterminent souvent, de façon décisive, nos options énonciatives.

Références

Bartning, I. (1992). La préposition *de* et les interprétations possibles des syntagmes nominaux complexes, *Lexique* 11 : 163-191.
Fournier, N. (1998). *Grammaire du français classique,* Paris : Belin Sup Lettres.
Milner, J.-C. (1982). *Ordres et raisons de langue,* Paris : Le Seuil.

Annexe : corpus des exemples

(1) Si nous y parvenons, après tous les parcours qui ont été les nôtres… (oral téléphonique)
(2) L'un et l'autre, dans la situation qui est la nôtre, nous sommes toujours en porte à faux (id.)
(3) Le vrai défi qui est le nôtre, à l'un et à l'autre, c'est le fait de construire (id.)
(4) Tu connais tout de moi, toutes les faiblesses qui ont été les miennes (id.)
(5) Je ne vais pas te parler de la douleur qui a pu être la mienne (id.)
(6) Dans le silence qui est le nôtre en ce moment, je suis absolument sûr de cela (id.)
(7) Dans des moments comme celui qui était le mien hier (id.)
(8) Je voulais faire bénéficier A. de la réaction qui était la mienne (id.)
(9) … une estime qui n'est pas seulement la mienne (id.)
(10) Tu m'as appris à les situer à une hauteur qui est désormais la mienne (id.)
(11) Quel commentaire as-tu à faire sur cette phrase qui est la tienne ? (id., après avoir cité une phrase d'une lettre)
(12) Je n'ai pas réussi à perdre la conviction qui est la mienne, même si cela a changé (id.)
(13) Je ne crois pas que nous puissions rester dans la situation qui est la nôtre (id.)

(14) Combien d'hommes ont-ils cette folie qui est la mienne (id.)

(15) Avec le caractère qui est le nôtre, il faut être toujours à parité sur tout (id.)

(16) Parfois quand je vois la situation qui est la nôtre, je m'interroge (id.)

(17) Une de mes grandes joies est d'avoir su préserver avec eux la relation qui est la mienne (id.)

(18) Je vois bien, à l'épuisement qui est le mien... (id.)

(19) L'attitude qui est la mienne met en cause quelque chose... (id.)

(20) Toute la disponibilité qui est la mienne à son égard (id.)

(21) Je croyais, dans la déroute psychique qui était la mienne... (id.)

(22) Toutes les dérobades qui depuis deux ans sont les tiennes (id.)

(23) Je craignais que D. ait du mal à assumer la difficulté qui est maintenant la sienne (id.)

(24) Tout ceci est conséquence de la position qui est la nôtre (id.)

(25) Moi, je n'aurai jamais les revenus qui sont les siens (id.)

(26) Soit parce que je voulais accaparer une relation qui était la tienne... (id.)

(27) Rend-toi compte, avec la situation qui est la mienne... (id.)

(28) Mais il les utilise dans la perspective qui est la mienne (oral téléphonique universitaire)

(29) Ces écarts sont d'abord, dans la perspective qui est la nôtre, une preuve d'appropriation de la langue par un auteur (thèse)

(30) Les directions d'analyse qui sont les miennes concernent l'acte de communication dans sa globalité (mémoire de maîtrise)

(31) Tout ceci m'amène à poser l'existence de deux fonctions du verbe *répéter* : il permet au locuteur de faire respecter sa légitimité à parler... et également de défendre la position qui est la sienne (id.)

(32) Le christianisme ne s'est imposé dans nos pays qu'en intégrant les cultes antérieurs... Ça ne lui a pas trop mal réussi, si on songe au destin exceptionnel qui fut le sien et celui de l'Europe (*Le Télégramme de Brest*, 03/11/97)

(33) Aux principes républicains et aux valeurs qui sont les nôtres... (oral, homme politique, Europe 1, 30/08/97, 9h)

(34) Un retour sur nos valeurs, les valeurs qui ont toujours été les nôtres (oral, homme politique, FI, 27/4/98, 13h15)

(35) Je me dévoue au combat qui est le mien (oral, Bruno Mégret, TF1)

(36) Un des grands mérites d'Aimé Jacquet est sans doute d'avoir insufflé à ses vingt-deux joueurs la confiance qui était la sienne (M. 14/07/98)

(37) Construire des apprenants, c'est, comme ils diraient, « l'objectif ambitieux que se doit de réaliser, en cette fin de siècle qui est la nôtre, sous le signe d'une pédagogie dynamique basée sur l'éveil, sur la motivation et l'autoévaluation positive, l'institution scolaire » (*Le Figaro*, juillet 1998, rubrique intitulée *Le bon français)*

(38) Je suis convaincue que Lionel Jospin a pour premier souci de réussir le travail qui est le sien (oral, femme politique, FI, 25/09/98, 13h15).

Poissonnaille, poiscail (et *poiscaille*)
Forme et sens des dérivés en -*aille**

Marc PLÉNAT
ERSS (UMR 5610, CNRS) - Université de Toulouse-Le Mirail

1. Introduction

Les langues peuvent exprimer morphologiquement la catégorie de la collectivité. Elles utilisent à cette fin soit des morphèmes singulatifs, soit des morphèmes collectifs, soit les deux à la fois. Le singulatif ne s'applique ordinairement qu'à des noms non-comptables, le collectif ne s'appliquant quant à lui qu'à des noms comptables (cf. Mel'čuk 1994 : 81-82). Il ne manque pas en français de dérivés suffixaux référant à des collections d'entités comptables bâtis sur des noms désignant ces mêmes entités. Ainsi, par exemple, *chevelure, chênaie, colonnade, lattis* ou *plumage* renvoient-ils respectivement à des ensembles de cheveux, de chênes, de colonnes, de lattes et de plumes. Peut-on dire pour autant que l'instruction sémantique associée à l'adjonction de -*ure*, -*aie*, -*ade*, -*is* ou -*age* à une lexie nominale construit un sens collectif ? C'est ce que contestent, avec bonheur, un récent article d'Andrée Borillo (1997 : 114) et une thèse, récente elle aussi, de Sophie Aliquot-Suengas (1996). Cette dernière, cependant, fait une exception pour le suffixe -*aille*, qui, selon elle, posséderait un sens fondamentalement collectif et, plus sérieusement, construirait un collectif « massif ». On rencontre de fait dans les dictionnaires un assez grand nombre de dénominaux en -*aille* renvoyant à des ensembles d'entités comptables désignées elles-mêmes par le nom de base (cf. par exemple *flicaille, piétaille* ou *valetaille*) et cette catégorie de dérivés est en expansion[1]. Mais cette idée que -*aille* a un sens essentiellement collectif se heurte à un certain nombre d'objections d'ordre sémantique.

En premier lieu, il n'est pas infréquent qu'un dérivé construit avec ce suffixe renvoie non pas à une collection d'entités mais à une entité singulière. Par exemple, *ducaille* et *pédantaille* peuvent renvoyer aussi bien

---

* Merci à S. Aliquot-Suengas, M. Roché et N. Serna pour leurs relectures. Les erreurs et coquilles qui demeurent sont miennes.

[1] On trouve ainsi *manifestaille* 'ensemble des manifestants' chez *Queneau (Pierrot mon ami*, Paris, 1942, p. 112) et *ministraille* 'ensemble des ministres' chez Guéhenno (*Jean-Jacques*, t. 3, Paris, 1952, p. 171).

à des individus particuliers qu'à des ensembles d'individus[2]. S. Aliquot-Suengas (*ibid*. : 135) peut répondre sur ce point que les dérivés en -*aille*, qui se comportent comme des noms massifs, peuvent, quand leurs déterminants s'y prêtent, avoir une interprétation singulative. *Une ducaille* 'un duc' serait donc à analyser comme *un ducaillon*, à ceci près que l'opération sémantique de singulation n'y serait pas marquée par le suffixe -*on*[3]. Il faudrait voir sur ce point si tous les dérivés en -*aille* renvoyant à des entités singulières peuvent renvoyer aussi à des collections, ce dont je doute. Je conçois pour ma part que *la ducaille* renvoyant à l'ensemble des ducs, *une ducaille* puisse être interprété comme référant à un élément de cet ensemble. Mais tous les exemples de *piscaille* que j'ai trouvés, par exemple, renvoyaient à des piscines singulières et j'imagine mal que *la piscaille* puisse référer à un ensemble de piscines. Ce détour par une interprétation collective pour aboutir à la désignation d'un individu apparaît en particulier difficile quand le nom de base est un nom propre désignant une entité unique (cf. *Saint-Denis > Saint-Denaille, Bicêtre > Biscaye*).

Le second obstacle sémantique qui s'oppose à ce qu'on considère que -*aille* construit du collectif, c'est le fait que le nom de base auquel s'applique ce suffixe peut ne pas renvoyer à des individus. S. Aliquot-Suengas (*ibid*. : 262) envisage elle-même le cas de dérivés formés sur des massifs comme *ferraille*. A son idée, le suffixe s'applique dans ce cas à l'interprétation singulative 'morceau de fer' de *fer* : de la ferraille, c'est un ensemble de morceaux de fer aux formes aléatoires. Tous les exemples que l'on rencontre ne se prêtent pas à ce genre d'analyse : le mot *joncaille* renvoie au jonc, à l'or, sous quelque forme qu'il se présente (lingots, pièces, bijoux) et même à la matière elle-même, telle qu'elle est cotée en bourse[4], et non à une collection de morceaux d'or aux formes aléatoires ; de la sauçaille, ce ne semble pas être de la sauce divisée en parts elles-mêmes réunies en un

---

[2]   Cf. « Je ne sais plus quelle petite actrice, au siècle dernier, ôtait à son amant, un duc, un cordon du Saint-Esprit, en lui disant : " mets-toi à genoux là-dessus et baise ma pantoufle, vieille ducaille ! " », Taine, *Vie et opinions de Graindorge*, Paris, 1867, pp. 65-66 ; «Lors je fus asseuré de ce que j'avois creu, / qu'il n' est plus courtisan de la cour si recreu, / pour faire l'entendu, qu'il n'ait, pour quoy qu'il vaille, / un poëte, un astrologue ou quelque pedantaille / qui durant ses amours, avec son bel esprit, / couche de ses faveurs l'histoire par escrit. », Régnier, *Les satires*, 1609, p. 85.

[3]   De la même façon, *une glace* 'un sorbet' est à analyser comme *un glaçon*, à la marque près. Le singulatif n'est pas toujours marqué par -*on* (et -*on* ne marque pas toujours le singulatif !).

[4]   Cf. « La joncaille s'effondrait littéralement en Bourse... On avait jamais pensé à ça, Riton et mézigue, bons connards qu'on était ! », Simonin, *Touchez pas au grisbi*, Paris, 1953, p. 226.

ensemble, mais une masse amorphe[5]. On trouve aussi le suffixe *-aille* appliqué à des noms qui sont déjà eux-mêmes des collectifs (cf. *troupaille* 'troupeau' chez Giono, *séraille* 'série', attesté dans Colin & *alii* (1992)), sans qu'il y ait lieu de penser qu'ils réfèrent à des collections de collections ou à des collections singulières prélevées sur de telles collections au second degré.

Une troisième difficulté vient de ce que les dénominaux en *-aille* ont presque constamment un sens péjoratif, qu'ils fassent référence à une collection d'entités (comme *flicaille*) ou à des entités singulières (comme *Saint-Denaille*)[6]. Le problème se pose donc de déterminer quel lien relie la valeur collective et la valeur péjorative du suffixe *-aille*. Sur ce point, l'hypothèse de S. Aliquot-Suengas (*ibid.* : 265-268), c'est que la valeur péjorative de ce suffixe est seconde par rapport à sa valeur collective. Selon elle, *-aille* construit du collectif « aggloméré » et renvoie ainsi à des collections dont les entités élémentaires ont perdu leur individualité (ou à des collections de morceaux arbitraires de touts massifs) ; l'émergence, au XVIe siècle, de la notion d'individu et la montée de l'individualisme auraient en quelque sorte coloré d'une nuance péjorative le suffixe, dont le sens, dans l'ancienne langue, serait dépourvu de cette coloration. C'est là une hypothèse ingénieuse et intéressante, mais qu'il est bien difficile de vérifier ; serait-il en outre avéré que le sens péjoratif de *-aille* soit relativement récent qu'il n'en résulterait pas nécessairement que ce n'est pas son sens premier en synchronie.

Je n'entrerai pas ici plus avant dans les discussions évoquées ci-dessus. Mon intention est plutôt de décrire les dérivés en *-aille* d'un point de vue formel, en essayant de montrer que ces dérivés ont des propriétés qui les apparentent aux dérivés évaluatifs, c'est-à-dire à des dérivés qui n'altèrent pas la capacité référentielle de leurs bases, mais se contentent d'ajouter au sens de celle-ci une nuance méliorative ou péjorative[7]. On verra en

---

[5] Cf. « [...] quant au canard, il baignait dans une <u>sauçaille</u> aqueuse en compagnie de pêches en conserve. », San-Antonio, *Les soupers du prince*, Paris, 1992, p. 320.

[6] Il existe sur ce point des exceptions, mais il s'agit surtout de termes ou d'acceptions techniques (comme *ferraille*, *grenaille* ou *menuisaille*, cf. S. Aliquot-Suengas, *ibid.*, p. 265), qui pourraient avoir perdu leur valeur péjorative en devenant des dénominations.

[7] On a exclu de cette étude les dérivés nominaux où *-aille* suit une base verbale. Leur prise en compte n'affaiblirait sans doute pas la thèse défendue ici. Ces dérivés, en effet, qui réfèrent soit au procès exprimé par le verbe (cf. *semaille*), soit à des arguments de ce procès, comme l'agent (cf. *volaille*), l'instrument (cf. *tenaille*), ou l'objet affecté (cf. *mangeaille*) ou dérivé (cf. *limaille*) sont difficilement explicables si *-aille* est fondamentalement un

particulier que -*aille* est indifférent à la catégorie syntaxique de sa lexie de base et qu'il hérite de cette catégorie, que son mode d'adjonction normal est non pas la simple concaténation mais la substitution, qu'il est très sensible au contexte phonique dans lequel il est inséré, et qu'il comporte une variante à consonne initiale comme beaucoup d'autres dérivés évaluatifs. A mon sens, cet ensemble de propriétés plaide plutôt en faveur de l'idée que ce suffixe — si l'on a bien affaire à un seul et même suffixe — est fondamentalement péjoratif. Cette hypothèse soulève bien entendu le problème de savoir d'où vient qu'appliqué à des bases désignant des individus, -*aille* construit si souvent des dérivés renvoyant à des collections. Je suggérerais *in fine* que ce sens collectif est lié au féminin. Pour prendre un exemple, *poissonnaille* et *poiscail* seraient tous deux des dérivés dépréciatifs de *poisson*. Le premier ne devrait son interprétation collective qu'au fait qu'il est féminin, tandis que le second, qui conserve ordinairement dans le langage familier ou argotique le genre masculin de sa base, a régulièrement dans cette parlure une interprétation purement péjorative[8].

suffixe collectif. En revanche, dans l'hypothèse où ce suffixe est un suffixe fondamentalement évaluatif, on s'attend à trouver des dérivés en -*aille* de ce type. C'est en effet une propriété assez générale des suffixes évaluatifs en français que de pouvoir contribuer à former ce type de noms apparemment déverbaux. Le cas du suffixe -*et*(*te*) (cf. e.g. *poussette, comprenette, cousette, buvette* ou *binette*) a donné lieu à de nombreuses discussions (cf. Corbin 1986 ; Dal 1997, 1999), mais on trouve bien d'autres suffixes évaluatifs employés de cette façon (cf. e.g. *liasse, chiasse, jugeote, chiotte, déconnanche*).

On a exclu aussi de cette étude les masculins anciens comme *bétail, foirail, frontail* ou *portail*, alors qu'on a admis les masculins plus récents comme *coutaille* ou *poiscaille*. Cette différence de traitement se fonde sur la prononciation (dans certains usages au moins, le *a* des masculins récents est postérieur, comme celui des féminins, alors que les masculins anciens se prononcent avec un *a* antérieur) et sur la disponibilité (le suffixe /-aj/ n'est plus disponible, alors que le suffixe /-ɑj/ est encore productif au féminin, mais aussi, dans une moindre mesure, au masculin).

L'étude s'appuie sur un corpus constitué en consultant la version électronique du *Grand Robert de la Langue Française*, *Frantext* et les vingt premiers volumes des *Documents et Datations Lexicographiques* de l'INALF, et en parcourant la littérature argotique (principalement A. Boudard, A. Simonin et San-Antonio). Ce corpus, qui inclut des dérivés de dérivés en -*aille* non attestés (comme *cheffaillon* ou *kafkaillerie*), comprend plus de 250 formes.

8   Le masculin *poiscail* est le plus souvent orthographié *poiscaille*. On trouve aussi *poiscaille* employé au féminin chez des locuteurs qui, le plus souvent,

La description proposée ne prétend en aucune façon régler les problèmes que pose l'analyse sémantique de ce suffixe, mais à mon sens — et je crois appliquer là les leçons d'Andrée Borillo —, l'analyse formelle est un préalable nécessaire à l'interprétation.

2. Indifférence à la catégorie de la base

Il existe en français, comme dans beaucoup de langues, un grand nombre de suffixes de sens évaluatif qui se montrent indifférents à la catégorie syntaxique de leur base et héritent de cette catégorie. Pour ne prendre qu'un exemple parmi beaucoup d'autres, le suffixe *-uche* est susceptible de former des noms à partir de noms (e.g. *guenon > guenuche*), des adjectifs à partir d'adjectifs (e.g. *américain > amerluche*), des verbes à partir de verbes (e.g. *grommeler > grommelucher*), et même des adverbes à partir d'adverbes (e.g. *dorénavant > dorénavuche*) (cf. Plénat : 1997a)[9]. On trouve de la même façon la finale *-aille* à la fin de noms dénominaux (cf. *flicaille* et *Saint-Denaille*), de verbes déverbaux (e.g. *couchailler, dormailler, piochailler* ou *sautailler*), d'adjectifs désadjectivaux (e.g. *duraille* 'dur', *flouzaille* 'flou', *lerchaille* 'cher', de *lerche*), et même d'adverbes désadverbiaux (cf. *icicaille*) et de pronoms dépronominaux (cf. *nousailles, vousailles*). Certes, ces trois dernières catégories sont très peu représentées. Mais pronoms et adverbes semblent, d'une façon générale, peu enclins à s'affubler de suffixes évaluatifs, et tous ceux-ci ne prisent pas également toutes les catégories majeures[10]. Il n'est donc pas surprenant que l'on trouve très peu d'adjectifs, d'adverbes et de pronoms bâtis à l'aide du suffixe *-aille*.

Cette indifférence à la catégorie de la base n'a pas échappé à S. Aliquot-Suengas. Mais elle soulève des difficultés pour son analyse du suffixe *-aille*. En premier lieu, en effet, on voit mal comment la catégorie du collectif pourrait s'appliquer à des qualités comme celles auxquelles renvoient des adjectifs comme *dur*, *flou* et *lerche* ou à des embrayeurs comme *ici*, *nous* ou *vous*. Du fait de la rareté de ces formes, cette objection a une portée limitée. Mais les verbes déverbaux en *-ailler* sont quant à eux, monnaie courante, et il semble difficile d'expliquer leur sens référentiel à partir d'une instruction sémantique construisant du collectif.

---

n'ont pas de compétence argotique, mais ces locuteurs interprètent alors ce mot comme un collectif.

[9]   Voir aussi les suffixes *-et(te)* (cf. Dal 1997), *-ingue* et *-if* (Plénat 1999), *-asse* (Lignon 1999).

[10]   Plusieurs suffixes évaluatifs répugnent en particulier à former des verbes. C'est le cas du suffixe *-et(te)* (cf. Dal 1997), mais aussi des suffixes *-ingue* et *-if* (cf. Plénat 1999).

Très logiquement, S. Aliquot-Suengas (*op. cit.* : 279) soutient que les verbes en -*ailler* sont des fréquentatifs, qu'ils renvoient à des ensembles d'occurrences d'une même action. Cela est probablement vrai d'un certain nombre d'entre eux. Mais il conviendrait d'examiner dans quelle mesure ce sens fréquentatif ne serait pas hérité du verbe de base. S. Aliquot-Suengas prend pour exemple *couchailler*. Pour autant que je sache, *coucher* au sens de 's'adonner au plaisir sexuel', qui est celui de *couchailler*, renvoie déjà par lui-même à un ensemble de coucheries plutôt qu'à une coucherie unique, et je ne connais pas d'exemple clair où un verbe et son dérivé en -*ailler* s'opposeraient comme un sémelfactif (ou un neutre) et un fréquentatif[11]. En revanche, on trouve sans trop de difficulté des cas où un dérivé en -*ailler* a une interprétation sinon sémelfactive, au moins neutre[12]. En fait, pour la plupart, ces dérivés ne se distinguent des verbes simples correspondant que par leur valeur dépréciative[13].

3. Mode d'adjonction substitutif

Beaucoup des suffixes évaluatifs du français, au lieu de se concaténer purement et simplement à la lexie de base, se substituent habituellement à la dernière rime de celle-ci (cf. par exemple, *costume* > *costard*, *feignant* > *feignasse*, *caleçon* > *calcif*, *praline* > *pralingue*, *centrale* > *centrouse*). Tous les suffixes évaluatifs n'adoptent sans doute pas ce mode d'adjonction substitutif, mais, sauf erreur, tous les suffixes substitutifs sont des évaluatifs. S'il s'avérait que -*aille* adoptait la substitution comme mode habituel d'adjonction, ce serait un argument non négligeable en faveur de l'idée que ce suffixe est bien un évaluatif.

Si je qualifie d'habituelle l'adjonction substitutive propre aux suffixes évaluatifs, c'est que la tendance à l'isosyllabicité entre lexie de base et dérivé peut être contrecarrée victorieusement par d'autres tendances. J'ai étudié ailleurs (Plénat, 1997) les suffixes évaluatifs et substitutifs en voyelle + *che* (-*iche*, -*oche*, -*uche*, etc.) à partir d'un corpus comprenant plus de 600

---

[11]   Sur cette catégorie, voir Mel'čuk, *op. cit* : 77-79.

[12]   Cf. par exemple : « On se défrimaille un tout petit bout d'instant, posément, en gens d'expérience qui, avant de s'engouffrer dans une longue conversation, cherchent à se réduire à un commun dénominateur. », San-Antonio, *Un os dans la noce*, Paris, 1974, p. 58.

[13]   La seule exception notable est *tirailler*, qui peut signifier 'tirer à plusieurs reprises, en diverses directions', sans marque négative (cf. Aliquot-Suengas, *op. cit.* : 280). Mais il ne me paraît pas inconcevable que, même dans ce cas, -*aille* soit à l'origine péjoratif et exprime le mépris des soldats de ligne envers les tirailleurs. On aurait là un cas où, devenant dénomination, une désignation évaluative aurait perdu son caractère évaluatif.

dérivés de ce type. Comme on peut le voir dans le Tableau 1 ci-dessous, la substitution, qui peut en fait affecter une portion plus importante de la lexie de base que la simple rime finale, n'est pas le mode d'adjonction unique de ces suffixes.

Bases	1 syllabe			2 syllabes			3 syllabes			4 syllabes		
Dérivés	0 syl	1 syl	2 syl	1 syl	2 syl	3 syl	2 syl	3 syl	4 syl	3 syl	4 syl	5 syl
	0	1	133	0	223	54	20	175	8	7	21	0

Tableau 1 : Taille des dérivés en -Vche en fonction de la taille de leurs bases

Néanmoins, les exceptions à la simple substitution du suffixe à la rime finale de la base se laissent pour la plupart ranger dans quatre classes :

1. Les dérivés de monosyllabes : sauf circonstances exceptionnelles, une base monosyllabique n'est jamais altérée.
2. Les déverbaux : les bases verbales répugnent elles aussi pour la plupart à se laisser amputer de leur partie finale.
3. Des dérivés de dissyllabes s'achevant par des rimes qualifiées de « complexes » dans Plénat (1997)[14].
4. Des dérivés dans lesquels la substitution du suffixe à la rime finale de la lexie de base aboutirait à la cooccurrence de deux consonnes identiques, similaires ou marquées dans la même syllabe ou de deux voyelles identiques dans deux syllabes consécutives[15].

Quand on considère l'ensemble des dérivés en *-aille* réunis dans le corpus de référence (cf. n. 7), on s'aperçoit que la substitution y est une mode d'adjonction minoritaire seulement, ainsi que le montre le Tableau 2[16] ci-après :

---

[14] Il s'agit des rimes comprenant une voyelle nasale, un voyelle suivie de /r/ ou, sans doute, une voyelle suivie de /s/.

[15] Dans les suffixations argotiques en *-ingue* et en *-if*, étudiées dans Plénat (1999), ces contraintes segmentales sont beaucoup plus strictes et masquent en partie le fait que, *ceteris paribus*, un dérivé comportant le même nombre de syllabes que la lexie de base est meilleur que tout autre dérivé concevable.

[16] Les chiffres donnés dans ce tableau sont approximatifs, du fait qu'il est parfois difficile de décider si un dérivé a été formé par concaténation ou par substitution. Par exemple, *frocaille* peut être bâti sur *froc* (concaténation) ou sur *frocard* ou °*froqué* (substitution).

Bases	1 syllabe			2 syllabes			3 syllabes			4 syllabes		
Dérivés	0 syl	1 syl	2 syl	1 syl	2 syl	3 syl	2 syl	3 syl	4 syl	3 syl	4 syl	5 syl
	0	0	148	0	39	62	0	15	10	1	2	1

Tableau 2 : Taille des dérivés en -aille *en fonction de la taille de leurs bases*

Néanmoins,

1. On voit que la majorité des cas de concaténation concerne des bases monosyllabiques, comme dans *flic > flicaille* ou *gosse > gossaille*.

2. On constate que 30 des 62 cas de concaténation du suffixe à une base dissyllabique et 6 des 10 cas où ce mode d'adjonction opère sur une base de trois syllabes concernent des verbes (exemples : *discuter > discutailler, philosopher > philosophailler*) ; aucune base verbale n'est tronquée.

3. On observe aussi qu'un assez grand nombre de dérivés trisyllabiques de bases dissyllabiques sont concaténés à des lexies dont la dernière rime comprend une voyelle nasale (*cochon > cochonnaille, cousin > cousinaille, crépon > créponaille, garçon > garçonnaille, jambon > jambonnaille, jupon > juponnaille, moellon > moellonaille, mouton > moutonnaille, nichon > nichonaille, parent > parentaille, paysan > paysandaille, pédant > pédantaille, poisson > poissonnaille*[17], *robin > robinaille, truand > truandaille*[18]), une voyelle suivie d'un /r/ (*bâtard > batardaille, gendarme > gendarmaille*) ou une voyelle suivie d'un /s/ (*ministre > ministraille*), c'est-à-dire à des lexies dont la rime finale est « complexe ».

4. Enfin, on verra plus bas que beaucoup des cas de concaténation restants peuvent trouver une explication soit dans le désir d'éviter la consécution de deux /A/ dans deux syllabes contiguës (e.g. *maraud > maraudaille* et non *maraille*), soit dans celui d'éviter la cooccurrence de deux consonnes palatales ou de deux consonnes latérales dans une même syllabe (e.g. *gentilhomme > gentillhommaille* et non *gentilhaille*).

Si donc on tient compte de l'immunité dont jouissent les bases monosyllabiques et les bases verbales, de la résistance des rimes « complexes » en fin de dissyllabe, et des tendances dissimilatoires à la jointure de la base et de l'affixe, on voit que le mode d'adjonction normal du suffixe -*aille* a bien toutes chances d'être la substitution et non la

---

[17]   *Poisson* donne aussi *poiscaille*, avec une substitution. On verra plus bas que l'élément -*caille*, dont on ne tient pas compte dans les chiffres avancés dans le présent paragraphe est probablement une variante de -*aille*.

[18]   *Truand* donne aussi *truaill(on)*.

concaténation. Insistons ici sur le fait que, parmi les cas de substitution, on trouve des dérivés qui réfèrent indubitablement à des ensembles (méprisables au yeux du locuteur) d'individus désignés par la base (cf. par exemple *ouvrier* > *ouvriaille* 'ramassis d'ouvriers', *perdreau* 'policier' > *perdraille* 'police', *manifestant* > *manifestaille* 'ramassis de manifestants', *piéton* > *piétaille* 'ramassis de piétons'). Même quand il a une valeur collective, *-aille* est sans doute bien substitutif, comme les évaluatifs.

Un détail, en outre, retient l'attention : dans la moitié des formes qui demeurent inexpliquées[19], le suffixe *-aille* suit un /k/. On a ainsi les concaténations *critique* > *criticaill(on)*, *chronique* > *chronicaille*, *relique* > *reliquaille(rie)*, *politique* > *politicaille*[20] et une substitution affectant plus qu'une rime : *antiquité* > *antiquaille*. On remarque aussi que, dans trois cas qui n'ont pas été englobés dans les chiffres dont on a fait état ci-dessus, *-aille* est adjoint à un allomorphe savant de sa lexie de base, et que, dans les trois cas (*clerc* > *cléricaille*, *juge* > *judicaille*, *moine* > *monacaille*), cet allomorphe se termine par un /k/. C'est à coup sûr là un indice que le suffixe *-aille* a une affinité particulière pour ce phonème.

4. Contraintes segmentales intrasyllabiques

Les contraintes segmentales qui opèrent lors de l'adjonction d'un suffixe à une base sont assez mal connues. Un certain nombre d'études de cas (pour la plupart non publiées, mais cf. Plénat (1997a et 1997b)) suggèrent néanmoins que la langue répugne à voir figurer dans la dernière syllabe d'un dérivé des consonnes identiques ou similaires. Cette répugnance peut se manifester par l'impossibilité ou la quasi-impossibilité de forger des dérivés dont les deux dernières consonnes sont identiques ; elle semble se manifester aussi par la moindre productivité des bases dont la dernière consonne ressemble seulement à la consonne du suffixe. J'ai, d'autre part, le sentiment que cette sensibilité au caractère euphonique ou dysphonique du dérivé est d'autant plus forte que la concurrence entre différents suffixes est plus vive et que, par voie de conséquence, elle est exacerbée dans les évaluatifs.

---

[19]   Outre les formes en *-caille* auxquelles on fait allusion dans la suite du présent paragraphe, on trouve : *menuisaille,* qui est peut-être un déverbal de *menuiser* plutôt qu'un dérivé de menuise ; *philosophaille,* qui peut provenir de *philosophie* (pris dans un sens collectif) et non de philosophe ; *bedeau* > *bedaudaille* et *ribaud* > *ribaudaille,* qui suggèrent que le /o/ fermé constitue une rime complexe (cf. aussi *crapaudaille* et *maraudaille,* où peut intervenir aussi le désir d'éviter la consécution de deux /A/) ; *mini-jupaille,* où le suffixe est peut-être adjoint au second terme de la base ; et, enfin, *huguenotaille.*

[20]   On a également *pratique* 'client' > *praticaille* 'clientèle', où la concaténation peut s'expliquer par la tendance à éviter la proximité de deux /A/.

A titre d'exemple, dans l'article sur les suffixes en -*Vche* auquel il a été fait allusion ci-dessus, j'ai pu montrer que la fréquence relative des différentes attaques précédant le suffixe variait en fonction de la plus ou moins grande ressemblance de ces attaques (ou, plutôt, de leur tête) avec la consonne du suffixe. Les suffixes en -*Vche* ne supportent pas d'être précédés de /ʃ/ et de /ʒ/, c'est-à-dire de consonnes identiques (à la sonorité près pour la seconde) à la consonne qu'ils comportent eux-mêmes. Mais cette tendance dissimilatoire ne s'arrête pas là. D'une façon générale, les continues (sauf /l/) et les sourdes font des scores relativement faibles, les continues sourdes des scores particulièrement faibles, tandis que les momentanées ont des fréquences relatives plutôt élevées. En un mot, plus la consonne d'attaque qu'une lexie est susceptible de fournir à la dernière syllabe d'un dérivé en -*Vche* ressemble à la consonne du suffixe, et moins cette lexie semble apte à servir de base à ce type de suffixation.

Dans le corpus qui nous sert de référence, la fréquence relative[21] des différentes consonnes devant -*aille* (calculée de la même façon que pour les suffixes en -*Vche*) s'établit comme suit :

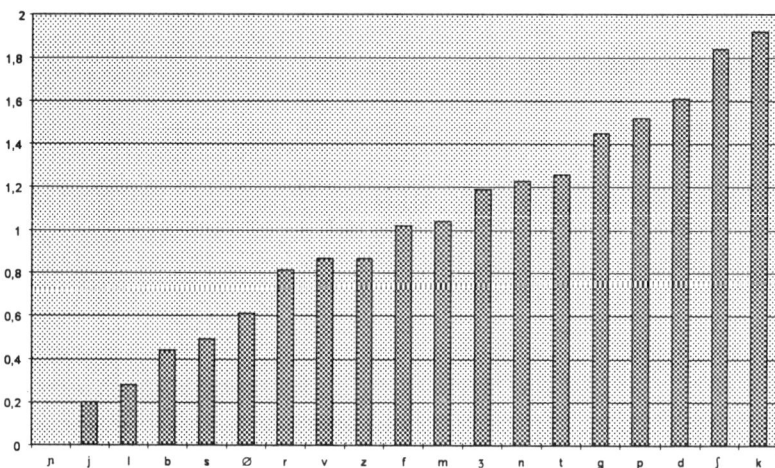

Graphique 1 : Fréquences relatives des consonnes devant -aille

21   Cette fréquence relative a été calculée en divisant la fréquence des différentes (têtes d') attaques observée dans le corpus par la fréquence que l'on attendrait si aucune contrainte phonologique ne jouait. Pour estimer cette fréquence attendue, on a pris pour point de départ les lexies nominales, adjectivales et verbales commençant par *b* et *c* dans *Brulex* (cf. Content & *alii* 1990). Comme -*aille* est un suffixe substitutif, la consonne considérée est la consonne finale, fixe ou latente, pour les lexies monosyllabiques et pour les verbes, la tête de la dernière attaque pour les autres lexies.

On constate que les palatales (/ɲ/ et /j/) font un score nul pour la première et très faible en ce qui concerne la seconde[22] et que le score de /l/ n'est guère plus brillant. L'histoire n'est peut-être pas étrangère à cette dernière particularité, puisque la consonne du suffixe *-aille* était naguère (et est sans doute encore pour d'aucuns), une latérale palatale. Comme dans le cas des suffixes en *-Vche*, l'identité du point d'articulation des deux consonnes de la syllabe finale semble être rédhibitoire. Il n'est donc pas étonnant que, parmi les exceptions à la substitution, on trouve des cas où celle-ci aurait eu pour conséquence la cooccurrence de deux consonnes de ce type dans la syllabe finale du dérivé : *bélître* > *bélitraille* (au lieu de *bélaille*), *pilote* > *pilotaill(on)* (au lieu de *pilaill(on)*) et *gentilhomme* > *gentilhommaille* (et non *gentilhaille*).

Mais on voit aussi qu'à l'exception de /ʒ/ et de /ʃ/, les continues (/j, l, s, v, f, r, z/) font un score relativement faible (inférieur à 1 ou égal à 1 dans le cas de /f/), tandis qu'à l'exception de la palatale /ɲ/ et de /b/, les momentanées (/m, n, t, g, p, d, k/) font un score plutôt élevé (supérieur à 1). Comme dans le cas des suffixes en *-Vche*, tout se passe donc comme si la présence de deux continues dans la syllabe finale du dérivé était mal supportée. Contrairement à ce que l'on constate avec *-Vche*, le voisement ou la sourdité de la dernière consonne de la base ne semble pas avoir d'influence sur son aptitude à être suivie du suffixe ; mais on connaît d'autres cas où une dissimilation entre consonnes sonores ne s'applique qu'aux obstruantes (cf. la loi de Lyman en japonais). Autrement dit, la tendance à éviter la cooccurrence de deux consonnes identiques ou ressemblantes dans la syllabe finale semble aussi forte dans les dérivés en *-aille* que dans les dérivés en *-Vche*, qui sont quant à eux clairement évaluatifs.

Deux particularités du graphique ci-dessus méritent encore un commentaire. La première, c'est que, comme on l'a déjà signalé, la fréquence relative des chuintantes /ʒ/ et /ʃ/ paraît s'inscrire en faux contre l'idée *-aille* répugne à la présence d'une continue dans la même syllabe. Sur ce point, mon hypothèse, c'est que les suffixes dépréciatifs entrent en concurrence les uns avec les autres et que, lorsqu'un d'entre eux refuse absolument de suivre telle ou telle consonne, les bases qui se terminent par cette ou ces consonnes adoptent d'autres suffixes même si des contraintes euphoniques mineures s'y opposent. On a vu ci-dessus que les suffixes en *-Vche* répugnaient absolument à suivre une chuintante. A mon idée, c'est cette répugnance absolue de *-Vche* qui permet à *-aille* de vaincre la

---

[22] On notera que les yods que l'on trouve devant *-aille* (dans *criailler* et *ouvriaille*) sont épenthétiques.

répugnance relative qu'il éprouve lui-même pour les continues au bénéfice des chuintantes. A l'inverse, le score élevé de /l/ devant les suffixes en -*Vche* peut trouver un élément d'explication dans la forte répugnance de -*aille* (et de -*ouille*) à suivre ce phonème. Cette hypothèse ne pourra être validée (ou invalidée) qu'après une étude statistique de l'ensemble des dépréciatifs[23]. Si elle était juste, ce serait un argument de plus en faveur de l'idée que -*aille* est un évaluatif.

L'autre particularité du graphique ci-dessus qui reste à expliquer, c'est la fréquence relative particulièrement élevée des vélaires /g/ et surtout /k/ devant -*aille*[24]. Il est peu probable que ce score soit le fruit du hasard, puisqu'on a vu dans la section précédente que /k/ semblait attirer ce suffixe au point de lui faire parfois dédaigner la simple substitution à la rime finale de la lexie de base au profit de la concaténation (cf. *politicaille*) ou d'une altération plus drastique de celle-ci (cf. *antiquaille*) et de lui faire à l'occasion préférer à la forme identitaire de cette lexie un allomorphe (cf. *monacaille*). Je ne vois rien dans le yod de -*aille* qui permette de rendre compte de cette attirance pour les vélaires. Il me paraît plus probable que c'est la voyelle de -*aille* qui doit rendre compte de l'attirance de ce suffixe pour cette classe de phonèmes, qui est également privilégiée devant le suffixe -*o*. Cette hypothèse reste à valider et, en cas de validation, à élaborer.

5. Variante en -*caille*

D'assez nombreux suffixes évaluatifs argotiques ou familiers en voyelle + consonne(s) (VC) comportent des variantes en CVC. Ainsi, par exemple, -*oque*, que l'on trouve dans *pédoque* (de *pédé(raste)*), prend-il la forme -*toque* dans *poultock* (de *poulet*) et la forme -*loque* dans *amerloque* (de *américain*) ; ainsi aussi -*o*, que l'on a dans *intello* (de *intellectuel*), devient-il -*co* dans *prusco* ou *bosco* (de *prussien* et *bossu*) et -*lo* dans *dirlo* et *travelo* (de *directeur* et *travesti*). D'une façon analogue, à côté de la finale -*aille*, on trouve des finales en -C + *aille*. On a ainsi une finale -*daille* dans *bedeaudaille* et *paysandaille* (de *bedeau* et *paysan*) et une finale -*zaille* dans

---

[23]   Lignon (1999) montre que les palatales /ɲ/ et /j/ ont devant le suffixe -*asse* une fréquence relative extrêmement élevée, que ne saurait expliquer le simple jeu des contraintes dissimilatives. Il y a lieu de croire que ce score est à rapprocher de l'insigne faiblesse de la représentation de ces phonèmes devant -*aille* et -*ouille*.

[24]   Cette fréquence trouverait peut-être un élément d'explication dans la concurrence entre suffixes s'il s'avérait, comme il est probable, que les suffixes argotiques -*oque* et -*aque* (cf. e.g. *pédoque* et *mômaque*) répugnent absolument à figurer après une vélaire. Néanmoins, ces suffixes sont trop peu productifs pour que cette pression soit très forte.

bleusaille et *flouzaille* (de *bleu* et *flou*). Cependant, la finale en C + *aille* la plus commune, et de loin, est la finale *-caille*, que l'on trouve dans *icicaille* (de *ici*) et °*bisoucailler* (dont on infère l'existence de *bisoucaillerie*)[25]. Cette finale *-caille* apparaît principalement après un radical en fricative sourde, comme le montrent les formes ci-après relevées dans le corpus de référence :

/f/	*buffet*	> *buffecaille*		*piscine*	> *piscaille*
				poisson	> *poiscaille*
/s/	*Bicêtre*	> *Biscaye*		*rouss(in)*	> *rouscaille*
	ficelle	> *fiscaille*		*rousser*	> *rouscailler*
	français	> *franchecaille*			
	France	> *Francecaille*	/ʃ/	*fraîche* 'argent'	> *fraîchecaille*
	lance 'pluie'	> *lancecaille*		*blanchisseuse*	> *blanchecaille* [26]
	licher	> *lichecailler*		*tranchée*	> *tranchecaille*
	mousse	> *mouscaille*			

Cette finale *-caille* a parfois été expliquée au coup par coup[27] ou analysée comme un suffixe à part entière, distinct de *-aille*[28]. Cette dernière hypothèse a pour elle quelque vraisemblance, dans la mesure ou *-caille*, à la différence de *-aille*, n'apparaît guère que dans la parlure argotique ou familière. Néanmoins, cet élément est susceptible de prendre toute la gamme des sens de *-aille*. La plupart du temps, il a un sens strictement évaluatif, mais il est concevable de dériver le collectif *rouscaille* ('police') de *roussin* ('policier')[29], et, surtout, *poiscaille*, à côté d'un usage purement évaluatif (au masculin), a aussi un sens collectif (au féminin)[30]. D'autre part, les tenants

---

[25] Dans ces deux cas, l'insertion de /k/ permet d'éviter l'hiatus.

[26] Il est possible que *blanchecaille* dérive non de *blanchisseuse*, mais de *blanchette*.

[27] Ainsi Cellard & Rey (1981) suggèrent-il que, dans *blanchecaille*, « l'élément *-caille*, assez usuel en fr. non-conv., pourrait rappeler [...] la *caille*, la saleté dont les blanchisseuses purgent le linge » et rapprochent-ils le *c* « infixé » de *poiscaille* de celui de formes méridionales comme *pescal*.

[28] Ainsi Colin & *alii* (1990, s.v. *-caille* et *-aille*) distinguent-ils un élément *-caille*, « suffixe nominal assez productif en argot » et un élément *-aille* « suffixe à sens collectif et souvent péjoratif, assez productif en noms ». Curieusement, cependant, *poiscaille* est donné comme exemple dans les deux cas.

[29] Il est concevable aussi que *rouscaille* dérive de *rousse* ('police').

[30] Cf., par exemple « La poiscaille qui carbure au champagne jusqu'au petit jour n'a pas le réveil facile » (A. Bastiani, *Chauffe, Charlie ! Chauffe !*, apud Cellard & Rey, op. cit., s.v. *poiscaille*), où le mot renvoie métaphoriquement aux poissons de mauvaise vie, comme les barbeaux, les harengs, les

éventuels de la thèse qui fait de -*caille* un suffixe ont à rendre compte des contraintes phonologiques qui pèsent sur l'emploi de cette finale.

J'ai proposé ailleurs, dans une étude des suffixes argotiques -*ingue* et -*if* (Plénat 1999), que les variantes en -CVC de ces suffixes évaluatifs en -VC résultent d'une épenthèse. Cette épenthèse aurait lieu dans deux cas : obligatoirement lorsque la dernière consonne du radical est incompatible avec le suffixe, facultativement quand cette consonne est apte à devenir une coda. Ainsi, par exemple, le suffixe -*ingue*, qui n'admet devant lui que les coronales sonores orales /d, z, ʒ, l et j/ (cf. par exemple *sourdingue*, *falzingue*, *pagingue*, *salingue*, *parpaillingue*[31]), se fait-il précéder d'une consonne épenthétique aussitôt que la lexie de base ne lui fournit pas l'une de ces coronales (cf. par exemple *rachdingue*, *papezingue* ou *burlingue*[32]) ou, parfois, après /l/, qui est une bonne coda (*fou* donne à la fois *follingue* et *foldingue*, *prolétaire* fait *prolingue* et *proldingue*). Quant au choix de la consonne épenthétique, il serait déterminé en fonction du contexte phonologique : dans le cas de -*ingue*, cette consonne fait nécessairement partie des consonnes admises devant le suffixe, mais le choix se porte sur une occlusive quand la consonne qui précède est une fricative ou un /l/ (cf. *buffet* > *buffedingue*, *valise* > *valdingue*), sur une fricative quand c'est une occlusive orale ou nasale (cf. *pompier* > *pompezingue*, *plum(ard)* > *plumzingue*), et sur /l/ quand c'est un /r/ (cf. *bureau* > *burlingue*).

Il semble possible de donner du /k/ de -*caille* une explication analogue. Pour ce qui est du conditionnement, il est de fait que les fricatives sourdes sont admises devant -*aille*. Néanmoins, à l'exception notable de /ʃ/, on a vu que les continues étaient moins bien tolérées que les momentanées dans cette position. D'autre part, la classe des fricatives est très probablement, après celle des liquides, la plus apte à jouer le rôle de coda dans une syllabe. Les faits sont donc moins nets que dans le cas de -*ingue* ou de -*if*, mais il est concevable que le /k/ de -*caille* résulte d'une épenthèse conditionnée à la fois par la relative répugnance de -*aille* envers les fricatives et par l'assez bonne aptitude de celles-ci à devenir des codas. Mais, ce qui frappe, surtout, c'est que le /k/ est certainement le meilleur des candidats possibles à une

---

maquereaux ou les morues. Les locuteurs qui ignorent l'argot donnent spontanément à *poiscaille* ce sens collectif et le genre féminin. Mais *poiscail(le)* est le plus souvent masculin et renvoie alors à des individus, cf. « Dans un vieux seau de plastique, quelques poissecailles argentés convulsent en perdant leurs écailles. », San-Antonio, *Emballage cadeau*, Paris, 1972, p. 76, ou « Tu lances une pierre dans un banc de goujons, ça se disperse. Et immédiatement ça se regroupe. Les poissecailles reviennent voir de quoi il s'agite. », San-Antonio, *La fête des paires*, Paris, 1986, pp. 23-24.

[31] De *sourd*, *falzard* 'pantalon', *page(ot)* 'lit', *sale*, *parpaillot*.
[32] De *rachitique*, *papier* et *bureau*.

épenthèse entre une fricative et *-aille*. D'une part, en effet, il semble assuré que les fricatives imposent le choix d'une occlusive comme consonne épenthétique (cf. ce qui a été dit ci-dessus à propos de *-ingue*, et des cas comme *bossu > bosco, chiffon > chiftir, facile > fastoche, pavé > paveton, plafond > plaftard*), et, d'autre part, on a vu que *-aille* préfère lui aussi les occlusives et qu'il place le /k/ au-dessus de toute autre.

Ce qui vient d'être dit n'explique pas tout, mais on voit qu'il y a de bonnes chances que *-aille* et *-caille* ne soient que deux variantes. Si tel est le cas, l'existence d'une variante en *-CVC* est un argument de plus en faveur de l'idée que le suffixe *-aille* est un évaluatif.

6. Contraintes segmentales intersyllabiques

Les contraintes segmentales intersyllabiques qui opèrent lors de l'adjonction d'un suffixe à une base ne sont pas mieux connues que les contraintes intrasyllabiques. Il y a lieu de penser néanmoins que la langue répugne à voir figurer dans les deux dernières syllabes d'un dérivé des voyelles identiques ou similaires : les forces dissimilatives qui jouent à l'intérieur de la dernière syllabe jouent aussi entre les deux syllabes finales (cf. Plénat 1997a, 1997b).

En ce qui concerne les dérivés en *-aille*, on a déjà fait allusion au fait qu'il était concevable que certaines concaténations s'expliquent par le désir d'éviter la consécution de deux *a* dans deux syllabes consécutives. Dans le corpus de référence, on a ainsi *cagot > cagotaille* (au lieu de *cagaille*), *crapaud > crapaudaille* (au lieu de *crapaille*), *fagot > fagotaille* (au lieu de *fagaille*), *maraud > maraudaille* (au lieu de *maraille*), *littérature > littératuraille* (au lieu de *littérataille),* *pratique > praticaille* (au lieu de *prataille*). On trouve certes un certain nombre de formes où deux *a* se suivent (comme dans *marmaille* ou *boitailler*), mais en de maigres proportions.

La tendance à éviter la présence à courte distance de deux voyelles identiques ou similaires se manifeste en fait principalement par la moindre productivité des bases pour lesquelles l'adjonction de *-aille* aboutirait à cette configuration.

Pour en convaincre le lecteur, on se contentera ici, faute de mieux, de comparer la fréquence relative des différentes voyelles devant les suffixes *-aille* et *-ouille*[33]. Considérons le graphe ci-après qui donne ces fréquences :

---

[33]   On utilise ici le corpus de dérivés en *-aille* qui nous a servi précédemment et un petit corpus d'un peu plus de 100 dérivés en *-ouille* dont la lexie de base est reconnaissable. Comme dans les statistiques précédentes, pour calculer la fréquence attendue des différentes voyelles, on a considéré les mots

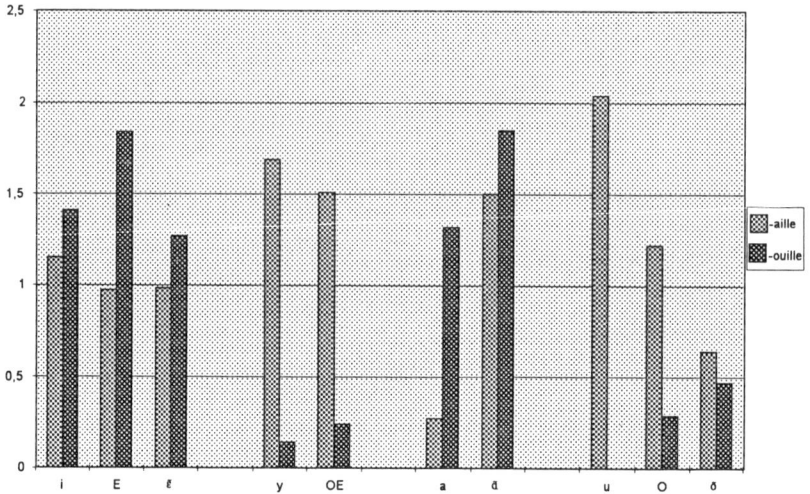

Graphique 2 : Fréquences relatives des voyelles devant -aille et -ouille

On voit que, si les voyelles d'avant non arrondies (/i, E, ɛ̃/) et les voyelles nasales (/ɛ̃, ɑ̃, õ/) ont des fréquences relatives comparables devant les deux suffixes, il est très loin d'en être de même ailleurs. Il est frappant que /A/ ait un score (0,27) plus faible que toutes les autres voyelles devant *-aille*, et que /u/ ait lui aussi un score (0) plus faible que toutes les autres voyelles devant *-ouille*. Mais on voit aussi que les traits [±rond] et [±haut] ont toutes chances de jouer un rôle dans la répartition des deux suffixes : en ce qui concerne *-aille*, le score d'une voyelle fermée est toujours meilleur que celui de la voyelle moyenne correspondante (cf. /i/ : 1,15 vs. /E/ : 0,97 ; /y/ : 1,69 vs. /Œ/ : 1,05 ; /u/ : 2,04 vs. /O/ : 1,21) et celui d'une voyelle arrondie toujours meilleur aussi que celui de la voyelle non arrondie de même degré d'aperture (cf. /u/ : 2,04 et /y/ : 1,69 vs. /i/ : 1,15 ; /O/ : 1,21 et /Œ/ : 1,05 vs. /E/ : 0, 97) ; en ce qui concerne *-ouille*, à l'inverse, les voyelles moyennes et non arrondies font, *ceteris paribus*, de meilleurs scores que les voyelles fermées et les voyelles arrondies (cf. d'une part /E/ : 1,84 vs. /i/ : 1,21 ; /Œ/ : 0,24 vs. /y/ : 0,14 ; /O/ : 0,29 vs. /u/ : 0,00 ; et, d'autre part, /i/ : 1,21 vs. /u/ : 0,00 et /y/ : 0,14 ; /E/ : 1,84 vs. /O/ : 0,29 et /Œ/ : 0,24). Les deux suffixes ne sont pas exactement en distribution complémentaire : il arrive même

---

commençant par *b* et *c* dans *Brulex* et supposé que le mode d'adjonction normal de *-aille* et *-ouille* était la substitution à la dernière rime de la lexie de base. On a, d'autre part, neutralisé un certain nombre d'oppositions : /E/ représente /e/ et /ɛ/, /Œ/ représente /ø/ et /œ/ et /ə/ (quand il est prononcé obligatoirement), /A/ représente /a/ et /ɑ/, et /O/ représente /o/ et /ɔ/.

qu'on les trouve tous deux après des bases dont la dernière voyelle est une voyelle d'avant non arrondie (on a par exemple *tripaille* et *tripouille*, *gambergeailler* et *gambergeouiller*). Mais tout se passe comme si la relative inaptitude de *-aille* à apparaître dans certains contextes favorisait la productivité de *-ouille* dans ces mêmes contextes et inversement[34]. Cette distribution dans laquelle *-aille* apparaît comme (quasiment) complémentaire à un suffixe franchement évaluatif comme *-ouille* plaide en faveur de l'idée que *-aille* est lui-même un évaluatif.

7. Conclusion et perspectives

Le raisonnement utilisé dans cet article est beaucoup trop lâche pour être démonstratif : le fait que le suffixe *-aille* ait des comportements qui rappellent ceux des suffixes évaluatifs, n'implique pas qu'il soit lui-même un suffixe évaluatif. Pour ce qui est du mode d'adjonction par exemple, il aurait fallu montrer que le lien, peu contestable, qui associe en français la substitution sur le plan du signifiant au caractère évaluatif du signifié est spécifique et qu'il ne peut pas s'étendre au sens collectif. Or aucune analyse satisfaisante, à ma connaissance du moins, n'a été proposée de la nature de ce lien et l'on pourrait soutenir avec quelque vraisemblance que les suffixes collectifs et les suffixes évaluatifs, qui affectent la capacité référentielle des bases auxquelles ils sont adjoints les uns sous le rapport de la quantité seulement et les seconds seulement sous le rapport de la qualité sont des catégories jumelles et, comme telles, susceptibles d'utiliser les mêmes moyens d'expression.

En ce qui concerne la sensibilité du suffixe *-aille* au contexte phonologique — sensibilité qui se manifeste notamment par l'influence du phonétisme de la partie finale des lexies de base potentielles sur leur productivité —, l'idée sous-jacente à cet article est que les modes de formation dont les instructions sémantiques sont proches ou identiques entrent en concurrence les uns avec les autres et que l'issue du conflit dépend alors au moins en partie du degré auquel chaque concurrent respecte les contraintes phonologiques. Dans ce cadre, le nombre élevé des suffixes évaluatifs — notamment des suffixes péjoratifs — en français aurait pour conséquence de leur part une sensibilité particulière aux contraintes phonologiques ; et si l'on pouvait montrer que *-aille* entre en distribution complémentaire avec les autres suffixes dépréciatifs, on aurait là un bon

---

[34] Cette observation est du même ordre que l'hypothèse qui a été suggérée ci-dessus voulant que la fréquence relative inattendue de /ʃ/ et de /ʒ/ devant *-aille* soit due en partie au moins à l'inaptitude de ces phonèmes à figurer devant les suffixes en *-Vche*.

argument en faveur de son caractère évaluatif. Malheureusement, je n'ai pas
été en mesure de comparer sur ce point le comportement des suffixes
évaluatifs à celui des suffixes non évaluatifs et je n'ai pu donner que
quelques indices des relations de complémentarité qu'entretiennent entre
eux les suffixes évaluatifs. Un démonstration plus serrée supposerait la prise
en compte de données beaucoup plus nombreuses. Le travail est en cours.

Pour ce qui est du sens, l'article est parti de l'hypothèse qu'il n'existe
qu'un suffixe -*aille* et qu'à ce suffixe est associée une instruction sémantique
unique. C'est là l'hypothèse la plus forte et donc la plus intéressante, mais il
va sans dire qu'il en existe beaucoup d'autres. Si on l'adopte, et si l'on
soutient que l'instruction sémantique associée à -*aille* construit un sens
évaluatif, on se place dans l'obligation d'expliquer pourquoi ce suffixe
intervient si souvent dans des dérivés référant à des collections.

Sur ce point, il est sans doute important de noter que le comportement
du suffixe -*aille* est loin d'être complètement isolé. Le suffixe -*asse* a lui
aussi parfois une interprétation collective. Les exemples les plus connus sont
caillasse 'pierraille' et *paperasse*, mais on trouve aussi *camionnasse*
'ensemble de camions', *gentihommasse* 'ensemble de gentilshommes',
glandasse 'ensemble des glandes', *rognasse* 'ensemble des rognons' et
tétasse 'ensemble des tétons'. Les suffixes -*ingue* (*parpaillingue* 'ensemble
de parpaillots'), -*oche* (*glandoche* 'glandaille') et -*uche* (*poiluche* 'toison')
fournissent eux aussi des exemples[35]. Il est difficile de ne pas remarquer
qu'abstraction faite de *glandasse*, *tétasse* et *glandoche*, -*aille* serait
phonologiquement malvenu après les lexies dont sont issus ces dérivés,

---

[35]   Voici les contextes et les références de tous ces exemples : « Un haut-parleur
       nasillard domine le tumulte de toute cette camionnasse en effervescence [...] »,
       San-Antonio, *Sauce tomate sur canapé*, Paris, 1994, p. 55 ; « Lui mets la main
       en bâillon. Qu'inutile de réveiller toute la gentilhommasse [...] », San-
       Antonio, *Cocottes-minute*, Paris, 1990, p. 160 ; « Elle aurait seulement dix
       kilogrammes de tétasse, je me la payerais, textuel ! », San-Antonio, *Appelez-
       moi chérie !*, Paris, 1979 [1972], p. 136 ; « Maintenant, j'ai du 220 voltigeurs
       dans la rognasse, Mémé ! », San-Antonio, *Ça ne s'invente pas !*, Paris, 1979
       [1972], p. 168 ; « Un petit coup dans les baguettes, y a rien de mieux pour ce
       que j'ai ; ça va me purger la glandasse ; qu'ensuite j'aurai des méninges
       vachement clinquantes. », San-Antonio, *Remouille-moi la compresse*, Paris,
       1983, p. 139 ; « J'en ai vu des biscornues du bulbe, des surchauffées du
       baigneur, des exaltées de la glandoche [...] », San-Antonio, *Maman, les petits
       bateaux ...*, Paris, 1980, p. 55 ; « [...] être d'un sexe d'une apparence peu
       commune, ça choque la parpaillingue normale. », V. Thérame, *La Dame au
       bidule*, Paris, 1976, p. 162 ; « Ma parole, madm'selle est une vraie blonde, à
       moins qu'a se décolore aussi le frifri, pour se mettre la poiluche aux
       unissons. », San-Antonio, *Mets ton doigt où j'ai mon doigt*, Paris, 1987, p.
       190.

puisqu'elles fourniraient des radicaux se terminant soit par /j/ (*caill-*, *cami-*, *gentilh-*, *parpaill-*), soit par /ɲ/ (*rogn-*), soit par /l/ (*poil-*). On a probablement ici un nouveau cas de distribution (quasi) complémentaire entre suffixes évaluatifs. Il n'est pas question de nier que *-aille* fait preuve d'une affinité particulière avec le collectif, mais, quand la configuration phonologique rend son emploi impropre, on a recours à un autre suffixe évaluatif.

Il est sans doute important aussi de remarquer que tous ces exemples de dérivés dépréciatifs renvoyant à des collections sont au féminin. Ce genre est imposé aux dérivés en *-asse*, et il est attendu avec les autres suffixes quand la lexie de base est féminine, puisque, lorsqu'ils ont une interprétation purement évaluative, ces suffixes préservent le genre de cette lexie (par exemple *poiluche* signifie 'poil' et non 'toison' au masculin[36]). Mais il est inattendu quand la base est masculine. Le sens collectif paraît donc être lié au féminin. Le suffixe *-aille*, quant à lui, est de ceux qui, comme *-asse*, imposent depuis plusieurs siècles ce genre aux dérivés qu'il sert à construire. Mais on trouve un certain nombre de dérivés en *-aille* purement évaluatifs bâtis sur des noms masculins qui restent au masculin : c'est le cas de *poiscaille*, masc. 'poisson' (qui se différencie ainsi de *poissonnaille*, fém. et, chez certains locuteurs, de *poiscaille*, fém. 'ensemble de poissons'), mais aussi de *bleusaille*, masc. 'jeune recrue' (qui se différencie ainsi de *bleusaille*, fém. 'ensemble des jeunes recrues'), de *flicaille*, masc. 'flic' (qui se différencie ainsi de *flicaille*, fém 'police'), de *buffecaille*, masc. 'buffet', de *copaille*, masc. 'copain'[37], de *coutaille*, masc. 'couteau', de *Franchecaille*, masc. 'Français', et, probablement, de *Biscaye* 'Bicêtre' et de *Saint-Denaille* 'Saint-Denis'. Il n'est pas vrai que tous les dérivés en *-aille* sans valeur collective construits sur des noms masculins conservent le genre de leur base (cf. *joncaille*, fém. 'or', de *jonc*, masc. 'or'), ni que l'emploi évaluatif se différencie toujours de l'emploi collectif par le genre (par exemple, *bleusaille*, fém. peut renvoyer à un ensemble de jeunes recrues, mais aussi à une jeune recrue, comme le masculin). Il est possible aussi que le sexe du référent joue un rôle dans des masculins comme *bleusaille*, *copaille*, *flicaille* ou *Franchecaille*. Mais le sexe n'est pour rien dans le fait que *buffecaille*, *coutaille* et *poiscaille* sont masculins[38]. Dans les

---

[36] Cf. « Sa guibolle à l'équerre ne bronche pas d'un poiluche. », San-Antonio, *Ça ne s'invente pas !*, Paris, 1979, p. 187.
[37] Mais on trouve aussi *copaille*, fém au sens d'homosexuel'.
[38] On a trouvé *buffecaille* dans Colin & alii (1992), s.v. *buffet* ; pour *coutaille*, cf. « Je reprends mon ya, [...], vise, concentre mes forces, bande mes muscles et lance le coutaille. », San-Antonio, *Ça ne s'invente pas !*, Paris, 1979, p. 194 ; pour *poiscaille*, voir note 30.

créations modernes du moins[39], l'interprétation collective de -aille et des autres suffixes évaluatifs est constamment associée au féminin, alors que leur interprétation purement dépréciative ne l'est pas. Il y a donc lieu de croire que c'est dans le cadre de la problématique de l'attribution du genre que cette question doit être examinée[40]. Ce qui rend envisageable une analyse unifiée du suffixe -aille comme un suffixe évaluatif.

Références

Aliquot-Suengas, S. (1996). *Référence collective / sens collectif. La notion de collectif à travers les noms suffixés du lexique français*, Thèse de Doctorat, Université de Lille III.

Borillo, A. (1997). Statut et mode d'interprétation des noms collectifs, in : C. Guimier, (éd), *Co-texte et calcul du sens*, Caen : Presses Universitaires de Caen, 105-121.

Cellard, J. & Rey, A. (1981). *Dictionnaire du français non conventionnel*, Paris : Masson.

Colin, J.-P., Mével, J.-P. & Leclère, Chr. (1992). *Dictionnaire de l'argot*, Paris : Larousse.

Content, A., Mousty, Ph. & Radeau, R. (1990). Brulex : une base de données lexicales informatisée pour le français écrit et parlé, *L'Année psychologique 90* : 551-555.

Corbin, D. (1986). Qu'est-ce qu'une opération dérivationnelle ? Description et représentation des noms en -ET(TE) apparemment construits sur des bases verbales, *Cahiers de grammaire* 11 : 1-65.

Corbin, D. (1991). Introduction. La formation des mots : structures et interprétations, *Lexique* 10 : 7-60.

Dal, G. (1997). *Grammaire du suffixe -et(te)*, Paris : Didier Erudition.

Dal, G. (1999). Suffixation par -et(te) et bases verbales, *Silexicales* 2 : 37-47.

Lignon, S. (1999). Suffixasser ou suffixouiller ?, *Silexicales* 2 : 117-126.

Mel'čuk, I. (1994). *Cours de morphologie générale, vol. 2. Deuxième partie : significations morphologiques*, Montréal : Presses de l'Université de Montréal / CNRS Editions.

Plénat, M. (1997a). Morphophonologie des dérivés en -Vche, *Recherches linguistiques de Vincennes* 26 : 113-150.

Plénat, M. (1997b). Analyse morpho-phonologique d'un corpus d'adjectifs dérivés en -esque, *French Language Studies* 7 : 163-179.

---

[39] Ce n'est pas le cas dans des créations plus anciennes, comme *bétail* ou *vitrail*.
[40] Sur ce point, voir Roché (1988 et 1997).

Plénat, M. (1999). Morphophonologie des dérivés argotiques en -*ingue* et en -*if* : Remarques sur quelques épenthèses de consonne après consonne en français, *Probus* 11.1 : 101-132.

Roché, M. (1991). *De l'attribution du genre aux mots nouveaux dans la langue française*, Thèse pour l'obtention du Doctorat, Université de Toulouse-Le Mirail.

Roché, M. (1997). *La variation non flexionnelle du genre des noms. Diachronie, diatopie, diastratie, Cahiers d'Etudes Romanes (CERCLiD)*, hors série.

Quelques noms d'oiseaux

Michel ROCHÉ

ERSS (UMR 5610, CNRS) - Université de Toulouse-Le Mirail

Pour dissiper tout malentendu, précisons d'abord que *noms d'oiseaux* est à prendre dans son sens compositionnel et non locutionnel. C'est bien d'oiseaux qu'il s'agira, ou plutôt de leurs noms. Beaucoup sont des mots construits, dont la plupart, de *rouge-gorge* à *grimpereau* et de *fauvette* à *gros-bec,* restent immédiatement transparents. D'autres, aujourd'hui démotivés, redeviennent « parlants » quand on remonte le temps. Le *loriot* est un oiseau "d'or" (*aureolus),* l'*outarde* un "oiseau lent" (*avis tarda*), l'*orfraie* un "broyeur d'os" (*ossifraga*)... L'inventaire de ces dénominations ouvre un champ passionnant à l'étude de la création lexicale. On peut y rechercher les fondements de la nomination, sur le plan sémantique et référentiel, ou décrire les procédés morphologiques qui la mettent en œuvre. Dans l'innombrable volière qu'abritent les dictionnaires[1], j'ai choisi quelques spécimens qui posent des problèmes particuliers : les mots construits dont la base est elle-même un nom d'oiseau, et les dérivés suffixaux métonymiques.

1. D'où les oiseaux tirent-ils leurs noms ?

En ce qui concerne la composante sémantique, il suffit de parcourir la liste du *Robert,* par exemple, pour voir quels sont les principaux schèmes utilisés. Les dénominations sont en majorité de type métonymique. Ou, plus précisément, synecdochique quand elles sont tirées d'une particularité physique de l'oiseau : couleur (*verdier, colvert, pivert, biset, fauvette, rouge-gorge, rouge-queue, cul-blanc...*), forme ou taille du bec (*bec-croisé, durbec, gros-bec, bécard, bécasse, becquerolle...*), plumage, etc. Plus nettement métonymique quand elles s'appuient sur une caractéristique concernant ses moeurs (*torcol, engoulevent, hochequeue, grimpereau,*

---

[1]   Le corpus a été constitué à partir d'un petit ouvrage de vulgarisation (S. Durango, *Les Oiseaux,* Nathan, s.d.) et de la liste du *Grand Robert, s. v. oiseau.* Dans les entrées consacrées à chaque *item* de cette liste, par le jeu des hyponymes et des renvois, on trouve à enrichir la collection. Pour les familles (de mots) les plus fécondes, la consultation de quelques articles du *FEW* a permis d'ajouter nombre d'appellations plus rares, anciennes ou régionales. Le corpus ainsi rassemblé (environ 1150 dénominations) comprend, proportionnellement, peu de composés savants. Sauf exception, je ne les ai pas utilisés.

pique-bœuf, tourne-pierre, martin-pêcheur...), sa nourriture favorite
(*chardonneret, linotte, fourmilier, gobe-mouches...*), son chant ou son cri
(*coucou, hulotte, pipit...*), son origine (*bengali, canari, dinde...*), etc.[2]
　La particularité à l'origine de la nomination est souvent exprimée de
façon métaphorique. La perdrix dénommée *bartavelle* fait un bruit de loquet
(oc. *bartavela*), le faucon *crécerelle* un bruit de crécelle. Le *traquet* – un
passereau appelé aussi *cul-blanc*, ou *motteux* – se balance en émettant un
claquement, comme le traquet d'un moulin. Le cri rauque du *râle* – *rascle* en
ancien français – évoque un raclement. Le rapport analogique l'emporte
quand la caractéristique physique ou comportementale de l'oiseau est
exprimée à travers une ressemblance globale avec un objet, un autre animal
ou, plus souvent, un personnage humain : *damier, frégate, oiseau-lyre,
oiseau-mouche, bouvreuil, manchot, moineau, nonnette, bergeronnette,
tisserand, (fauvette) couturière...* Dans certains cas, l'analogie tourne à la
caricature. Le marabout est appelé aussi *philosophe* et une de ses variétés
adjudant. Secrétaire est un autre nom du serpentaire « à cause des longues
plumes qu'il a sur l'oreille » (*GDEL*) et *bourgmestre* celui d'une espèce de
goéland.... Si le *bouvreuil* doit son nom à sa silhouette trapue qui le fait
ressembler à un bœuf, celui de *bœuf*, ou *bœuf de Dieu*, n'a pu être donné au
roitelet – le plus petit des oiseaux – que par antiphrase. Le nom même de
roitelet, comme celui de *pape* – un passereau d'Amérique –, relève de la
même démarche.
　La dénomination semble tout à fait arbitraire quand elle prend pour
base un prénom, quelquefois simplement recatégorisé (*martin, jacques,
sanson, guillaume...*), plus souvent affecté d'un suffixe (*martinet, jacquot,
jaquette, jacasse, sansonnet, pierrot, guillaumet, guillemot...*) ou d'un
qualifiant (*jean-le-blanc, martin-pêcheur...*)[3]. Mais il n'est pas impossible, si
l'on en croit Guiraud, que

> [...] le choix du nom propre [soit] déterminé par son aptitude à s'intégrer dans
> une matrice lexicale en dotant l'animal d'un prénom qui présente quelque
> relation paronymique avec un caractère physique dominant [...][4].

---

[2]　Par la suite, pour simplifier, je regrouperai sous l'étiquette de
« métonymiques » toutes les formations de ce type, qu'il s'agisse de métonymie
proprement dite, de synecdoque ou de méronymie.
[3]　Le simple et le dérivé peuvent désigner le même oiseau (*jacques* et *jacquot*
sont des noms régionaux du geai, *sanson* et *sansonnet* désignent l'étourneau,
guillaume et *guillemot* un palmipède arctique) ou des oiseaux différents (le
martin est un passereau insectivore qui n'a rien à voir avec le *martinet* ou le
martin-pêcheur ; *guillaumet* est un nom régional du pinson ; *jaquette* et
jacasse des noms de la pie). Le *jean-le-blanc* est un rapace.
[4]　Guiraud, 1986 [1967] : 150.

Le nom du *sansonnet*, par exemple, serait le croisement de *Samson* et de *sassonnet* "crible", en référence aux petites taches dont l'oiseau est criblé.

Il faut mettre à part les dénominations dont la base est déjà un nom d'oiseau. Elles sont de trois types, suivant qu'il s'agit de désigner une sous-classe (nous les appellerons « vrais hyponymes ») ; de nommer un autre oiseau (les « faux hyponymes ») ; ou d'appeler autrement le même oiseau (les « synonymes »).

1.1. De la *mésange bleue* à la *chouette hulotte*

Le cas des vrais hyponymes est le plus simple, le plus attendu. La lexie complexe de base N désigne un oiseau qui est considéré comme "une sorte de N", cette formule devant être comprise ici comme "une espèce particulière de N". Dans ce cas, si N' est une lexie complexe de base N, la paraphrase

un(e) N' est un(e) N

est possible. Par exemple :

Une mésange bleue est une mésange.

En toute rigueur zoologique, les lexies complexes de base N désignent les diverses espèces d'un même genre désigné lui-même par le simple N : *mésange bleue* (*parus caeruleus*), *mésange charbonnière* (*parus major*), *mésange huppée* (*parus cristatus*), *mésange nonnette* (*parus palustris*), etc. Mais la perception spontanée des « genres » et des « espèces », telle que la langue l'a enregistrée, ne coïncide pas forcément avec celle des naturalistes. L'*hirondelle de cheminée* et l'*hirondelle de fenêtre* appartiennent dans la nomenclature latine officielle à des genres différents (*hirundo rustica* et *delicon urbica* respectivement). Inversement, des espèces d'un même genre scientifique ne sont pas désignées forcément par des co-hyponymes. Pour le zoologiste, la *grive litorne* (*turdus pilaris*), la *grive mauvis* (*turdus musicus*) et le *merle noir* (*turdus merula*) sont des espèces du genre *turdus*. Mais pour l'usager ordinaire de la langue, un merle n'est pas une grive ! Linguistiquement, c'est l'usager qui a raison. Le classement des lexies complexes, et en particulier leur étiquetage comme « vrais hyponymes », doit reposer sur un jugement linguistique (cf. le test ci-dessus) et non sur une classification scientifique.

A l'intérieur de ce cadre, cependant, on peut distinguer des nuances :

(1) L'hyponyme ne fonctionne que comme lexie complexe. Exemple : *une mésange bleue*, mais pas **une bleue* (sauf si le contexte immédiat contient le mot *mésange* et si *une bleue* s'oppose à un autre spécifiant).

(2) Le terme sous-catégorisant de l'hyponyme peut fonctionner seul. Exemple : *une chouette hulotte* ou *une hulotte*. Dans ce cas, les deux éléments de la lexie complexe ont chacun leur histoire propre en tant que noms d'oiseaux, en général, mais l'un a pris une valeur plus générique, l'autre plus spécifique. Leur rapprochement souligne cette double évolution.

(3) La lexie complexe associe deux synonymes et n'est utilisée que dans un contexte de classification zoologique, pour désigner l'espèce la plus commune à l'intérieur du genre. Exemple : *étourneau sansonnet*. En dehors de ce cadre, *étourneau* et *sansonnet* fonctionnent seuls, comme synonymes.

Du point de vue morphologique, ces dénominations ne sont pas véritablement des mots construits, en général, mais plutôt des formations syntagmatiques plus ou moins figées de type *N N, N Adj, N de N, N à N*, etc. Le figement ne se traduit qu'exceptionnellement dans la graphie par un trait d'union (*pétrel-tempête*) ou une soudure complète (*pivert*). Les dérivés suffixaux sont exceptionnels parmi ces vrais hyponymes : *alouettine* "alouette farlouse", *mésangère* "grosse espèce de mésange"[5], peut-être *picard* et *picon* "pivert" (mais comme le simple *pic* désigne déjà, le plus souvent, le pivert, on peut les analyser comme des dérivés synonymiques).

1.2. L'*aigle de mer* est-il un aigle ?

Dans le cas des faux hyponymes, la lexie complexe de base *N* désigne un oiseau qui est considéré, linguistiquement, comme différent de *N*. La paraphrase

un(e) N' est un(e) N

n'est pas possible. Le *corbeau de mer* n'est pas un corbeau, mais un oiseau (le cormoran) qui ressemble au corbeau et qui vit au bord de la mer[6]. On peut dire encore que le *corbeau de mer* est « une sorte de corbeau » si l'on donne à la formule « une sorte de N » le sens de "quelque chose qui n'est pas tout à fait un N mais qui ressemble à un N", comme on dira d'un *kilt* qu'il est « une sorte de jupe ». La relation qui associe la lexie complexe à sa base n'est plus celle de l'espèce au genre mais une relation analogique. Le fait que la base soit elle-même un nom d'oiseau perd de son importance. On sort du cas particulier pour rejoindre les formations analogiques mentionnées plus

---

[5]   Définition donnée par Littré. Le *FEW* (XVI : 546), qui atteste le mot depuis le 16e siècle, dit simplement : "grosse mésange". S'agit-il vraiment d'une espèce particulière ?

[6]   Le mot *cormoran* est lui-même une déformation de l'ancien français *corp marenc* "corbeau marin".

haut. Le *corbeau de mer* ressemble à un *corbeau* comme le *moineau* ressemble à un (petit) *moine*. Mais la traduction linguistique des deux types de relations – hyponymie et analogie – est la même. Le même paradigme englobe *perroquet d'Afrique, perroquet d'Amérique, perroquet d'Allemagne, perroquet de France, perroquet du Groënland*, alors que les deux premiers désignent réellement des perroquets (au sens où l'on comprend ce mot pris isolément), et les suivants, respectivement, le geai ou le bec-croisé, le bouvreuil et le macareux.

Il est vrai que des dénominations comme *perroquet d'Allemagne, de France* ou *du Groënland*, régionales ou archaïques, apparaissent plutôt aujourd'hui comme des noms populaires, des « surnoms », éliminés au profit du « vrai nom ». Conditionnés par une approche scientifique depuis longtemps vulgarisée par l'école, nous avons tendance à la plaquer sur la langue. Nous raisonnons en termes de tout ou rien (un oiseau est ou n'est pas un perroquet), alors que la langue, fondamentalement, fonctionne autrement. Il n'y a pas de solution de continuité entre ce qui est vraiment un perroquet et ce qui ressemble à un perroquet. Un *aigle de mer* est-il un aigle ? Ce nom a été donné à deux oiseaux très différents. S'il s'agit du rapace appelé scientifiquement *pygargue* et qui, si l'on en croit les illustrations, ressemble beaucoup à l'aigle royal, on est tenté de répondre oui, comme pour l'*aigle de Bonelli*, qui n'a pas d'autre nom français. S'il s'agit de la *frégate*, un oiseau marin que nous rapprocherions plutôt aujourd'hui du goéland ou de l'albatros, certainement non. La frontière entre hyponyme et dénomination analogique pourrait passer entre *aigle de mer* « pygargue » et *aigle de mer* « frégate ».

Si l'on regarde du côté des oiseaux qu'on appelle ou qu'on a appelés *rossignol*, les choses sont encore plus floues. On y trouve la rousserole (*rossignol d'eau, rossignol de marais, rossignol de rivière*), le rouge-queue (*rossignol creusard, rossignol de muraille, rossignol de roc, rossignol tremblant*), le bouvreuil (*rossignol monet*), le rouge-gorge (*rossignol d'hiver*[7]), le pouillot (*rossignol bâtard*), une fauvette (*rossignol mouche*)... Le mot *rossignol* semble avoir été employé à la fois comme terme générique désignant n'importe quel petit oiseau chanteur et comme dénomination spécifique de l'un d'entre eux, puisqu'il n'y a pas de nom particulier pour le seul oiseau que nous appelons aujourd'hui *rossignol* en français « central »[8].

---

[7]   Un autre emploi de *rossignol d'hiver* est à mettre à part, puisqu'il désigne la corneille mantelée, vraisemblablement par antiphrase ironique alors que les autres dénominations reposent sur une « ressemblance de famille ».

[8]   On observe la même ambiguïté avec *passe (paisse)* "moineau", dont les nombreux dérivés et composés désignent tantôt le moineau lui-même tantôt d'autres petits oiseaux. Le rôle de générique a finalement été dévolu à l'un d'entre eux, *passereau*, par les ornithologues.

Ces « faux hyponymes » sont en majorité des composés, plus nettement figés que les vrais hyponymes puisque leur sens locutionnel est différent du sens compositionnel. Mais on trouve également parmi eux un certain nombre de dérivés suffixaux, avec les mêmes ambiguïtés. Tantôt les suffixes diminutifs servent à former des noms d'espèces voisines de celle qui est désignée par le nom base, mais de plus petite taille : *bécasse / bécassine, (chouette) chevêche / (chouette) chevêchette, (pic) épeiche / (pic) épeichette...* Tantôt le dérivé désigne un oiseau qui s'en distingue davantage, tout en appartenant à la même famille : le *bécasseau* et le *bécasson* "chevalier" sont proches de la *bécasse*, le *cornillon* "choucas" de la *corneille*, la *gélinotte* de la poule (afr. *géline*), la *passerinette* "fauvette des jardins" du moineau (afr. *passer*). Tantôt encore il s'en éloigne nettement et l'analogie qui est à l'origine de cette nomination ne concerne plus qu'une caractéristique particulière pas toujours évidente, et non une ressemblance globale. La *caillette* est un "pétrel de petite taille", donc un oiseau marin, qui ne ressemble à la *caille* que par sa couleur. Le mâle du harle *piette* a le plumage noir et blanc comme celui de la *pie*. Le *courlis* a été appelé *corbichet*, sans qu'on voie très bien en quoi il ressemble à un corbeau. Les dérivés de *pic* peuvent être aussi bien des noms du pivert (*picard, picon, picosseau)* que des désignations régionales d'oiseaux grimpeurs nettement différents (*picasson, picoche* "grimpereau" ; *picotelle* "sittelle") ou même d'oiseaux encore plus éloignés (*piquereau* "casse-noix").

Quelques dénominations présentent la particularité de combiner deux noms d'oiseaux. Simplement juxtaposés, avec ou sans trait d'union ou soudure graphique, dans *busaigle, oie-pie* et *coq héron*, ils se superposent partiellement dans *mésangeai* pour former un mot-valise. Aujourd'hui démotivé, *gerfaut* est la combinaison des mots germaniques qui désignent le vautour et le faucon[9]. Un nom régional du pivert, *pigrolier*, combine *pi(c)* et un dérivé de *grole* "corneille, choucas" forgé tout exprès. On se rapproche – la soudure en plus – des dénominations du type *harle piette*, déjà rencontré, ou *chouette épervière*[10]. Sémantiquement, ces formations sont ambiguës. Dans plusieurs cas, le deuxième élément détermine le premier : une *oie-pie* est une espèce d'oie qui ressemble à une pie par son plumage bicolore, le *gerfaut* une espèce de faucon qui ressemble à un vautour, le *pigrolier* une espèce de pic, etc. *Busaigle*, apparemment, est à ranger dans cette série,

---

[9]   Sur le même modèle, les naturalistes ont forgé avec des formants grecs *circaète* (littéralement "aigle-faucon"), *gypaète* ("aigle-vautour"), *spizaète* ("aigle-épervier").

[10]   Comme la *fauvette épervière,* la *chouette épervière* ressemble, par son plumage, à un épervier. La finale suffixoïde d'*épervier* a été mise à profit pour forger un adjectif par inversion du genre.

puisqu'il désigne une « espèce de buse à tarses emplumés, dite généralement *buse pattue* » (*GLE*) : une caractéristique commune fait ressembler cette buse à un aigle. Logiquement, il est alors féminin. Mais le *Robert*, comme le Littré, le donne comme masculin. Le *busaigle* est alors perçu comme un "oiseau qui tient de la buse et de l'aigle", comme le *mésangeai* tient à la fois de la mésange et du geai[11]. Quant au *coq héron* – dénomination ancienne dont une rue de Paris a gardé le souvenir – ce n'est ni un coq ni un héron mais une huppe.

1.3. *Alouette*, *corbeau* et *rossignol*

Les « synonymes » maintenant. En ancien français, le simple *corp* et le dérivé *corbeau* désignent le même oiseau, appelé aussi *corbat*, *corbaut*, *corbin*, *corbillet*... La base ayant disparu, cette dérivation passe aujourd'hui inaperçue. Mais ce n'est pas un cas isolé. *Alouette*[12], *chouette*[13], *corneille*[14], *émerillon*[15], *étourneau*[16], *hirondelle*[17], *hobereau*[18], *mauviette*[19], *mouette*[20],

---

[11]   « Oiseau [...] voisin des geais, mais plus petit » (*GLE*) ; « Grimpe agilement le long des branches comme une grosse mésange [...] [cri] pareil à celui du geai des chênes » (Durango : 134). Le *FEW* (XVI : 546) range ce mot parmi les dérivés de *mésange*, mais on ne voit pas avec quel suffixe il aurait été formé. La référence au geai, dans les descriptions, confirme qu'il s'agit bien d'un mot-valise, forgé sans doute par les naturalistes du début du siècle (le *FEW* donne comme première attestation *Lar.* 1922).

[12]   Afr. *aloe* → *aloete* (*alouette*). Egalement *aloel* (*aloueau*) et *aloiele* (*alluelle*).

[13]   Sur l'afr. *choe*, avec l'influence de l'afr. *çuete*, *suete* (cf. it. *civetta*). Egalement *chouteau* et *choutot*, attestés régionalement.

[14]   La. *cornix* → *cornicula* > afr. *cornille*. La forme *corneille*, ainsi que *cornaille*, également attesté, sont des variantes issues de changements de suffixe en latin tardif.

[15]   Afr. *esmeril* → *émerillon*.

[16]   La. *sturnus* → *sturnellus* > *étourneau*.

[17]   Oc. *ironda* → *irondela* >> fr. *hirondelle*. Une dérivation identique avait eu lieu en ancien français à partir des formes *aronde* (→ *arondelle*, *arondeau*) et *alondre* (→ *alondrelle*).

[18]   Afr. *hobel* → *hobier*, *hobereau*. Egalement afr. *hobet*. Les formes *hobier* et *hobet* sont le résultat d'une substitution de suffixe, ou plutôt de la substitution d'un suffixe à la finale de *hobel*, lui-même déverbal de *hobeler* "piller".

[19]   *Mauvie* "espèce de grive" → *mauviette*. Egalement *mauviard*, *mauviat*, *mauvichon*.

[20]   Dérivé de l'afr. *mauve*, *mave*, même sens.

passereau[21], *rossignol*[22], *tourterelle*[23] ont été formés de cette façon en latin ou en ancien français[24]. Dans chaque cas, le dérivé semble être d'emblée synonyme de la base, ce qui ne laisse pas de faire problème. Quelle est la raison d'être d'une dérivation qui ne change pas la classe de la base et dont la composante sémantique est vide, en quelque sorte ? On pourrait imaginer qu'un diminutif désignant les « petits » de l'espèce, ou des individus de petite taille, se soit substitué au nom initial de l'adulte, comme *pulla* > *poule* a supplanté *gallina* > *géline*. Mais rien ne vient appuyer cette hypothèse. Quand existent des dérivés de pullisemblance (par exemple *corbillat*, *corbillot*, *corbillart* "petit du corbeau"), ils restent caractérisés comme tels. Les suffixes utilisés étant tous des évaluatifs, on peut supposer encore qu'il s'agit à l'origine de formations « expressives » dans lesquelles le suffixe diminutif n'exprimerait pas un rapport de taille mais une valeur affective. Séduisante pour des oiseaux sympathiques et sentimentalement connotés comme le rossignol ou la tourterelle, cette hypothèse est beaucoup moins vraisemblable quand il s'agit du corbeau et de la corneille[25]. A moins que, pour ces oiseaux de mauvais augure, auxquels on pourrait ajouter la *chouette*, l'usage d'un hypocoristique ait une signification apotropaïque, comme dans *belette* se substituant à *mustoile*. Ces explications, de toute façon, doivent être relativisées par la comparaison avec les dérivés identiques qu'on observe dans les autres domaines du lexique. On ne songerait pas à les formuler pour expliquer *bouleau* ou *porreau*, qui sont pourtant formés de la même façon. Quand la base est monosyllabique, la principale raison d'être de cette suffixation tautologique est sans doute d'allonger le mot, de lui donner plus de substance sonore. Dans les autres cas

---

[21]   Aujourd'hui terme générique, *passereau* a d'abord désigné le moineau, comme l'afr. *passe(r)*. Egalement *passerat, passerant, passeraut, passeret, passeron, passeronet, passerelle*, etc.

[22]   La. *luscinia* → *lusciniola*, °*lusciniolus*.

[23]   La. *turtur* → *turturilla*, °*turturella*. Le simple *turtur* avait donné l'afr. *tourtre (turtre, tortre)*, qui subsiste dans certains parlers régionaux. Avec d'autres suffixes, afr. *torterole* et *torterote*.

[24]   Parmi les formations qui ne se sont pas imposées mais qui sont attestées régionalement, on peut citer *pione* et *piotte* "pie". Les nombreuses resuffixations du type *moinelet* "moineau" (*infra* 2.4.) doivent être ajoutées à la liste si l'on considère que la base intermédiaire est le *moineau* actuel. On peut mentionner enfin quelques cas de dérivation régressive (afr. *bu(i)son* → *buse*, afr. *hobel* → *hobe* "hobereau", *rollier* → *rolle*) et des curiosités comme *moisseron* "moineau", formé (par infixation ?) sur l'afr. *moisson* (même sens).

[25]   En occitan, cependant, le suffixe le plus utilisé pour doubler *corb* est *-as*, mieux adapté à l'image qu'on se fait de cet oiseau (*corbàs, corbatàs*). Mais on trouve aussi *corbèl*.

– ou les mêmes – il est vraisemblable que plusieurs facteurs se combinent. Quoi qu'il en soit, il faut admettre que, dans ces dérivés, le suffixe est utilisé pour former un simple substitut de la base. « Substitut » est sans doute plus juste que « synonyme », puisque la coréférence n'implique pas obligatoirement une synonymie complète. Quand celle-ci est réalisée, on peut contester à ces formations la qualité de « mots construits », comme le font D. et P. Corbin (1991 : 87) à propos de certains dérivés en *-ier(e)* :

> Un certain nombre de mots en *-ier* apparemment construits sur des bases adjectivales présentent la particularité d'être plus ou moins synonymes de ces bases apparentes [...] nous préférons les traiter comme non construits ; la synonymie de la pseudo-base et du pseudo-dérivé y invite [...].

Formés indifféremment avec les évaluatifs et avec les suffixes *-ier(e)* ou *-age*[26], les substituts de ce type se situent de toute façon en marge des instructions sémantiques des uns et des autres. Il faudrait donc, ou bien revoir la notion même de mot construit, ou bien leur faire une place du côté des « mots complexes non construits ».

2. Comment leurs noms sont-ils construits ?

En ce qui concerne la composante morphologique, on rencontre tous les procédés de formation. Je les passerai rapidement en revue, pour m'intéresser plus spécialement à certains dérivés suffixaux.

La composition est privilégiée, nous l'avons vu, lorsqu'il s'agit de désigner des sous-classes. On la retrouve également dans nombre de dénominations de type métonymique. Les composés les plus fréquents appartiennent aux types V N (*becquebois, casse-noix, engoulevent, gobe-mouches, hochequeue, pique-bœuf, torche-pot, torcol, tourne-pierre...*) et N Adj ou Adj N (*bec-croisé, bec-fin, colvert, cormoran, cul-blanc, durbec, gros-bec, pie-grièche, rouge-gorge...*). Ceux qui associent deux N sont beaucoup plus rares et comportent presque toujours une dimension analogique (*bec de scie, oiseau-lyre, oiseau-mouche, oiseau à lunettes...*). Pour la dérivation non affixale, les exemples de conversion proprement dite sont peu nombreux. Outre deux ou trois déverbaux radicaux (cf. ci-dessus l'exemple de *râle*), ils se limitent à quelques adjectifs ou participes substantivés : *bruant* (autre forme de *bruyant*), *fou, républicain, sylvain...*[27] Et encore ces trois dernières dénominations peuvent-elles être considérées

---

[26]   Cf. Roché (1998 : 87-88).
[27]   Les exemples de conversions sont plus nombreux, proportionnellement, parmi les emprunts : *canari* (es. *canario*), *flamant* (oc. *flamenc*), *pintade* (po. *pintada*), etc.

comme obtenues à partir du nom plutôt que de l'adjectif, ce qui nous renvoie au procédé suivant. La dérivation sémantique n'est pratiquement jamais utilisée pour les formations métonymiques, mais elle est très fréquente parmi les dénominations de type analogique : *améthyste, arlequin, bergère, bouvier, cardinal, chevalier, damier, escarboucle, frégate, manchot, marabout, messager, meunier, pape, pivoine, secrétaire, tisserand, traquet, troglodyte...*

Deux formes particulières de dérivation sont, proportionnellement, bien représentées : la recatégorisation de prénoms, déjà mentionnée plus haut, et la nominalisation d'onomatopées. A côté de quelques formations françaises (*lulu, pipit, rouloul*), il s'agit surtout de dénominations anciennes auxquelles l'évolution phonétique a fait perdre le plus souvent leur valeur imitative. Les effets du redoublement ont disparu dans *tourte(relle)* (< la. *turtur(ella)*) et dans *huppe* (< la. *upupa*), comme ceux de la géminée de *quaccula* dans *caille*. On n'entend plus le pépiement de *pipio* dans *pigeon*. Mais la langue a violé les lois de la phonétique historique pour conserver l'effet évocateur de *picus > pic*[28] et de *cuculus > coucou*.

2.1. Le choix du suffixe

Avec la dérivation suffixale, qui est de loin le procédé le plus fréquent, la question qui se pose est celle du choix du suffixe. On trouve la plupart des évaluatifs, assez souvent *-ier(e)*, quelquefois *-eur*. Mais leur répartition est loin de correspondre à ce qu'on pourrait attendre. D'une façon générale, elle ne coïncide pas avec le classement sémantique esquissé plus haut. Les suffixes les plus employés se retrouvent dans toutes les cases. Tantôt les correspondances prévisibles se trouvent effectivement vérifiées, tantôt un intrus vient supplanter le suffixe attendu, qui est utilisé lui-même ailleurs à contre-emploi.

Le suffixe *-eur* sert – régulièrement – à former des dérivés métonymiques à base verbale : *grimpeur* "grimpereau", *jaseur* (un passereau voisin de l'étourneau), *moqueur* (un merle d'Amérique), *trembleur* "chevêche", *(chevalier) aboyeur*. Mais il ne s'agit pas, on le voit, de dénominations très employées. Dans les plus connues (*grimpereau, tisserin*), il est complété par un évaluatif. Et sur d'autres bases verbales – ou les mêmes –, on peut trouver autant de dérivés formés avec d'autres suffixes :

---

[28] La forme féminine *pica > pie*, en revanche, a suivi l'évolution phonétique normale et s'est trouvée démotivée. Parmi les autres noms d'oiseaux les plus courants d'origine onomatopéique, il y a la famille de *corvus / cornix* et celle de *chouette, choucas, chouan (chat-huant)*, etc., qui provient d'une racine °*kaw*.

guignard "pluvier", *(chevalier) guignette*[29] ; *hulotte*[30] ; *huard* "milan", "buse", "pygargue", *huette* "hulotte"... Le grimpereau est appelé régionalement *grimpard (grimpart), grimparde, grimpeau, grimpelet, grimpette, grimpion...*

Le suffixe *-ier(e)* s'ajoute souvent à des bases nominales désignant la proie, la nourriture favorite de l'oiseau : *fourmilier, guêpier, huîtrier, (héron) crabier, (faucon) héronnier, (faucon) gruyer, (faucon) lanier*[31]. On peut le reconnaître dans *chardonneret* et, sous une autre forme, dans *serpentaire*. Dans cet emploi, il est utilisé avec une valeur agentive (le dérivé désigne l'agent d'un procès dont l'objet est représenté par la base) tout à fait conforme à l'instruction sémantique la plus caractéristique de ce suffixe (cf. Roché 1998). Mais, d'une part, ce même rapport peut être exprimé par d'autres suffixes dont ce n'est pas le rôle, en principe (*chardonneau, chardonnet, chardin, chardil*[32], *linot, linotte, linette, locustelle*). Et, d'autre part, le suffixe *-ier(e)* sert aussi à exprimer bien d'autres relations sémantiques. Rapport de localisation, lorsque la base représente l'habitat de l'oiseau : *gravière* "gravelot" (sur *grave* "grève"), *jardinier, proyer* "bruant" (sur *pré*), *(pigeon) ramier* (sur afr. *ram* "branche"), *rochassière* "perdrix de montagne", *(oie) rosière* (sur afr. *ros* "roseau"). Rapport synecdochique quand elle désigne, souvent sous forme métaphorique, une partie du corps de l'oiseau : *éperonnier* "espèce de faisan", *(héron) harponnier* (au bec en forme de *harpon*), *(oie) jabotière*[33] ; ou encore sa couleur : *(mésange) charbonnnière, verdier, verdière* "bruant". Rapport analogique, dans la série déjà mentionnée des dérivés qui prennent pour base un autre nom d'oiseau : *pinsonnière* "mésange charbonnière", *pigrolier* "pivert", *todier*[34]. Rapport de spécialisation enfin dans *mésangère* "grosse espèce de mésange" et dans l'afr. *merlier* "merle mâle"[35].

---

[29]   Sur *guigner* "remuer". Le *chevalier guignette* est un petit échassier qui « hoche sans arrêt la tête et la queue » (Durango : 190).

[30]   Sur *huler* "hurler".

[31]   Sur l'afr. *ane* "canard", avec agglutination de l'article.

[32]   *Chardin* et *chardil* sont forgés, comme d'autres dénominations anciennes ou régionales du chardonneret, par substitution de suffixe à partir du dérivé latin *carduelis*, refait en *cardellus* (cf. it. *cardellino*) (*FEW*, II : 367).

[33]   « [...] elle diffère [de l'oie sauvage] par sa gorge enflée et pendante en manière de poche ou de petit fanon, caractère très apparent et qui a fait donner à ces oies le nom de *jabotières* » (Buffon, *in Rob.*).

[34]   Formé sur le latin *todus* "sorte d'oiseau très petit" pour désigner un "petit oiseau grimpeur d'Amérique".

[35]   Dans cette liste, n'ont été retenus que les dérivés formés avec le seul suffixe *-ier*. Ceux dans lesquels il est combiné avec un deuxième suffixe seront évoqués plus loin.

Quant aux évaluatifs, ils servent évidemment à former les dénominations que nous avons classées parmi les faux hyponymes (*bécassine, chevêchette, gélinotte...*) et les « synonymes » (*alouette, corbeau, hirondelle...*), mais aussi pour exprimer – ou accompagner – un rapport métonymique ou analogique. Les suffixes *-et(te)*, *-at*, *-ot*, *-eau/-elle*, *-on*, *-ule* s'ajoutent ainsi, par exemple, à des adjectifs de couleur, soit seuls : *biset* " pigeon", *bisette* "macreuse", *fauvette, grisette* "râle gris", "macreuse grise", *roussette* "bruant", *verdat* "bruant", *morelle* "petite foulque", *roselle* "grive rouge", *citrinelle* (une espèce de chardonneret), *verdin* "bruant", *morillon* " fuligule"[36], *verdon* "verdier", *verdule* "bruant" ; soit combinés entre eux : *verdelet* "bruant", *roselin*[37], *rousselin(e)* "pipit" ; soit combinés avec le suffixe *-ier* (*infra* 2.3.). Des dénominations semblables – certaines ont été citées plus haut – s'appuient sur d'autres particularités physiques (*bécasse*), l'habitat (*saulet*), la nourriture favorite (*linotte*), etc.

2.2. Les dérivés analogiques et métonymiques

Ayant traité ailleurs des dérivés en *-ier(e)*, je m'attarderai un moment sur cette utilisation des suffixes évaluatifs pour former des dérivés analogiques ou métonymiques. L'analyse désormais classique, depuis les travaux de D. Corbin et de l'équipe du SILEX, consiste à décomposer leur formation en deux temps. G. Dal, par exemple, écrit (1997 : 87) :

> [...] quand un mot en *-et(te)* ne possède pas les traits classifiants immédiats de sa base apparente ou n'appartient pas à la catégorie lexicale de cette dernière, c'est parce que, dans sa genèse, en plus de la suffixation par *-et(te)*, est intervenue au moins une autre opération linguistique, de nature dérivationnelle ou proprement sémantique.[38]

Cette analyse ne fait pas difficulté quand il s'agit de dénominations de type analogique. Dans la formation de *nonnette* "espèce de mésange", par exemple, que l'on situe la dérivation sémantique avant la suffixation :

---

[36]   *Morelle* et *morillon* sont construits sur l'afr. *mor* "brun".
[37]   Un passereau dont "le mâle a la tête, la poitrine et le croupion rose carmin" (Durango : 138).
[38]   La présentation de l'ouvrage en quatrième de couverture (« Le suffixe *-et(te)* [...] peut marquer une relation métonymique ») pourrait laisser croire que l'interprétation de ces dérivés y est différente. Mais le texte lui-même est sans équivoque : « Je montrerai [...] que [...] *-et(te)* est inapte à instaurer des rapports métonymiques divers entre les dérivés qu'il construit et leurs bases [...] » (p. 79).

(a) *nonne* "religieuse" → °*nonne* "oiseau qui ressemble à une nonne"
(b) °*nonne* "oiseau..." → *nonnette* "petit oiseau..."

ou après :

(a') *nonne* "religieuse" → *nonnette* "jeune religieuse"
(b') *nonnette* "jeune religieuse" → *nonnette* "oiseau",

les deux étapes sont séparément vraisemblables. Les noms d'oiseaux formés par simple transfert métaphorique, comme dans (a) et (b'), sont très nombreux (cf. exemples *supra* 1.). La dérivation (b), d'autre part, qui prend pour base un nom d'oiseau pour former par suffixation un autre nom d'oiseau, est également fréquente, nous l'avons vu.

Avec les dénominations métonymiques, un traitement de ce type est beaucoup plus aléatoire. A partir d'un adjectif de couleur, les deux étapes dans la formation de *fauvette,* par exemple, seraient soit :

(a) *fauve* Adj "d'un jaune tirant sur le roux" → °*fauve* N "oiseau de couleur fauve"
(b) °*fauve* N "oiseau ..." → *fauvette* "petit oiseau ..."

soit :

(a') *fauve* Adj "d'un jaune tirant sur le roux" → °*fauvet(te)* Adj "un peu fauve"
(b') °*fauvet(te)* Adj "un peu fauve" → *fauvette* "oiseau de couleur un peu fauve".

Les dérivations (b) et (a') ne font pas problème[39], mais (a) et (b') – strictement équivalentes – ne sont guère vraisemblables. Très peu de noms d'oiseaux, nous l'avons vu, sont le résultat d'une simple conversion, et je n'en ai trouvé aucun qui soit issu d'un adjectif de couleur non suffixé. Schème de nomination extrêmement fécond, la couleur apparaît toujours soit dans un dérivé suffixal (*supra* 2.1.), soit dans un composé indissociable (*mésange bleue, perdrix grise, flamant rose...* ; *rouge-gorge, colvert, cul-blanc...*). Il semble d'ailleurs que les noms d'oiseaux, ne se distinguent pas, en cela, des autres noms d'animaux ou des noms de plantes. Alors que le processus inverse est très fréquent (*rose* N "fleur" → *rose* Adj "couleur" ; *saumon* N "poisson" → *saumon* Adj "couleur" ; etc.), on n'appellera pas une fleur ou un poisson **bleu* ou **rouge*, mais *bleuet* ou *rouget*. Ceci ne remet pas en cause

---

[39]   Les adjectifs de couleur en -*et(te),* aujourd'hui obsolètes, ont été longtemps assez nombreux. Certains sont encore enregistrés par les dictionnaires, par exemple : « VERDET, ETTE [...] Vx ou régional. Un peu vert. » (*Rob.*).

la notion même de « conversion de focalisation »[40], bien attestée par ailleurs avec les mêmes adjectifs (*un bleu* "ecchymose", *du rouge* "fard", etc.). Mais il faudrait en cerner exactement les contours et les limites. S'agissant des noms de plantes ou d'animaux, elle forme soit des classifiants génériques (*un/des rapace(s), un/des nuisible(s), un/des fauve(s)*, soit, à l'inverse, des sous-catégorisants, par ellipse du terme de niveau standard (*un bai* "un cheval bai"). Mais elle ne suffit pas, semble-t-il, pour nommer une espèce. Au niveau générique lui-même, pour qu'un adjectif nominalisé serve à désigner une classe, il faut que celle-ci ait une réelle pertinence, qu'elle suscite un besoin de nomination. Les *(bêtes) fauves*, en vénerie, entrent avec les *bêtes rousses* et les *bêtes noires* dans un classement qui a sa cohérence. Quelle serait la raison d'être d'une classe de poissons dénommée *les rouges*, qui comprendrait le rouget grondin et le poisson rouge des aquariums[41] ? Il est difficile d'imaginer, par conséquent, qu'on puisse en extraire, sous le nom de *rouget(s)*, une sous-classe d'individus plus petits ou plus familiers que les autres. La formation de *fauvette* est indépendante à la fois de *fauve* N attesté en ancien français pour désigner un cheval de cette couleur et des *fauves* du vocabulaire de la vénerie. Dans le processus de nomination, conversion et suffixation sont indissociables.

Comme sont indissociables suffixation et transfert sémantique dans les formations N → N du type *bécasse*. Pour expliquer ce mot, G. Dal (1991 : 227) suppose un stade intermédiaire °*bécasse* N_1 "grand bec", dont *bécasse* N_2 "oiseau" serait dérivé sémantiquement par synecdoque. Ce n'est pas tant le *bécasse* virtuel qui fait difficulté : on peut effectivement imaginer une dérivation *bec* → *bécasse* sur le modèle de *barque* → *barcasse*[42], comme le fait l'auteur. C'est la deuxième étape. Il n'y a pratiquement pas d'exemples de noms d'oiseaux formés uniquement par dérivation sémantique à partir d'un nom désignant une partie du corps. Les seuls qui s'en approchent, dans le corpus que j'ai rassemblé, sont *échasse, spatule, (canard) cuiller* et *(chevalier) gambette*[43], qui comportent tous, en plus de la synecdoque, un

[40] Sur la « conversion de focalisation », voir par exemple D. & P. Corbin (1991 : 77).

[41] Parmi les humains, en revanche, qu'il s'agisse des *Native Americans* ou des révolutionnaires, l'existence d'une classe dénommée *les rouges* se justifie parfaitement par son ancrage dans un système d'oppositions.

[42] Sauf qu'à l'époque où *bécasse* "oiseau" est attesté (fin 12ᵉ s./début 13ᵉ s.), le genre de la base est normalement conservé dans les dérivés purement évaluatifs. Le masculin -*as* ne s'est effacé au profit de -*asse* qu'au 16ᵉ s., quand le -*s* final a cessé d'être prononcé (d'où le remplacement de *paperas* par *paperasse*, par exemple). Un "grand bec" aurait donc été un *bécas*.

[43] G. Dal (1997 : 161), qui utilise l'exemple d'*échasse*, mentionne également celui de *cravate*. Mais, outre que, là aussi, la dimension métaphorique est

transfert métaphorique. Et dans les deux derniers exemples, le deuxième élément fonctionne comme spécifiant à l'intérieur d'un composé hyponymique[44]. Dans *bécasse* comme dans *fauvette*, le transfert sémantique est indissociable de la suffixation comme il l'est de la composition dans *gros-bec* ou *rouge-gorge*. On imagine mal un stade virtuel intermédiaire °*gros-bec* "gros bec" et °*rouge-gorge* "gorge rouge", non que de telles associations soient impossibles pour former des composés sans transfert (cf. *ours blanc, chêne vert*, etc.), mais parce qu'elles ne répondraient à aucun besoin de nomination.

Avec ces formations métonymiques, le débat sur la légitimité des stades dérivationnels virtuels se trouve déplacé par rapport à la façon dont il est envisagé par F. Rainer (1997), par exemple. La difficulté principale n'est pas l'acceptabilité du stade virtuel lui-même, c'est la vraisemblance du cheminement qui, depuis la base initiale jusqu'au mot construit final, passe par ce stade virtuel. En d'autres termes, et pour répondre à la question posée par P. Guiraud[45], on peut effectivement nommer un oiseau d'après sa couleur ou la taille de son bec, mais pas n'importe comment. Une conversion, ou un simple transfert sémantique n'y suffisent pas. Dans ces dérivés, le suffixe évaluatif n'est pas utilisé pour exprimer un rapport de taille. S'il l'exprime, c'est seulement à titre accessoire. Il sert de support au transfert sémantique et/ou catégoriel. C'est pour cela qu'il peut concurrencer le suffixe *-ier(e)* sur son propre terrain (la formation de *linotte* repose sur le même schéma sémantique que celle de *fourmilier*), tandis que le suffixe *-ier(e)* lui-même, comme les évaluatifs, peut être détourné de son rôle (*verdier* est formé comme *fauvette, jabotière* comme *bécasse, gravière* comme *gravelot*).

2.3. Les doubles suffixations

Il faut réexaminer maintenant, à la lumière de ce qui précède, la question des doubles suffixations. L'association de deux évaluatifs (*corbichet,*

---

[44] évidente, *cravate* seul n'est pas un nom d'oiseau. *Cravate blanche, cravate dorée, cravate jaune*, etc., sont des composés indissociables comme *rouge-gorge* ou *cul-blanc*.

[44] Même quand il est employé seul, *gambette* garde le genre de *chevalier* et reste masculin.

[45] « Il est clair [...] que la *bécasse* est ainsi nommée *parce qu'elle a* un « long bec » ; mais *parce que aussi* il existe dans la langue un modèle qui permet d'affirmer que les animaux, et en particulier les oiseaux, *peuvent* être nommés d'après quelque particularité physique, tel le *rouge-gorge,* le *hoche-queue,* le *béjaune,* etc. Mais ceci, pour être évident, n'a jamais été établi sur des bases précises et exhaustives. » (Guiraud, 1986 [1967] : 55). Merci à Dennis Philps qui m'a rappelé ce passage.

gravelot, moinotin, passerinette, picotelle, roselin, verdelet...), fréquente dans de nombreux domaines du lexique, semble correspondre à un effet de redondance et ne pose pas de problème sémantique particulier[46]. La combinaison de *-ier* ou *-eur* avec un évaluatif, en revanche, n'est pas toujours aussi logique que dans *grimpereau* et *chardonneret*. Dans ces deux exemples, la première suffixation exprime un rapport agentif conforme à l'instruction sémantique des suffixes *-eur* et *-ier* (l'un *grimpe*, l'autre mange des graines de *chardon*) et l'on peut admettre que le suffixe diminutif traduit la petite taille de l'oiseau. Mais dans *fauverette* et *fauverotte* "fauvette", dans *verderet* et *verderin* "verdier", dans *becquerolle* "espèce de bécasse" et *verderolle* "rousserolle", construits sur un rapport synecdochique, la présence du suffixe *-ier* ne se justifie pas, a priori[47]. L'existence de *verdier* semble expliquer *verderet* et invite, indirectement, à supposer un °*fauvier(e)* intermédiaire entre *fauve* et *fauverette*. Mais cela ne fait que déplacer le problème puisque *verdier* lui-même n'est pas construit suivant les propriétés sémantiques et catégorielles canoniques de *-ier*. Le parallélisme de *verdier* et de *fauvette*, de *verderet* et de *verdelet*, de *verderolle* et de *rousseline*, entre autres, oblige à constater que l'équivalence des suffixes évaluatifs entre eux s'étend, dans ce type de dérivation au moins, au suffixe *-ier(e)*.

En ce qui concerne la double suffixation elle-même, elle répond sans doute davantage à des conditionnements – pour ne pas dire des contraintes, tant les choses sont floues – d'ordre phonologique qu'à des raisons proprement sémantiques. On peut remarquer, par exemple, que le suffixe *-ol(e)* et ses formes « collatérale » ou de substitution *-eul(e)* et *-euil*[48] s'ajoutent presque toujours[49], dans notre corpus, à une base en /r/. Ou bien cette consonne est présente dans la base primitive (afr. *torterole*, où *-ole* se substitue au suffixe de *tourterelle* ; *glaréole*, formation savante sur le latin *glarea* "gravier"), ou bien elle est apportée par une première suffixation (*becquerolle, bouvreuil, chardereul,* afr. *chardonnereul,* mfr. *chardonnerole, rousserolle, verderolle, verdereule*).

---

[46]   Resterait à établir quelles sont les associations privilégiées et dans quel ordre les deux suffixes se présentent, selon un conditionnement qui semble surtout phonologique.

[47]   Même chose pour les formations qui reposent sur un rapport analogique : *bouvreuil* (et *bouvret, bouvreux, bouvron*), *vannereau* "vanneau", *piquereau* "casse-noix". Plus étrange encore est l'insertion d'un infixe *-er-* avant une finale suffixoïde dans *moisson* → *moisseron* (supra note 24) et dans *crécelle* → *crécerelle*. Mais ce segment représente-t-il vraiment le suffixe *-ier* ?

[48]   Cf. Nyrop III : 118 et 169.

[49]   Restent à part *rossignol*, où la suffixation remonte au latin, et la forme régionale *verdiole*.

Les conclusions qu'on peut tirer de ces observations sont contrariantes pour qui veut décrire la création lexicale de façon réglée. On constate une fois de plus – ce n'est pas une découverte – que l'ordre de la langue n'est pas l'ordre des choses telles que notre éducation nous a habitués à les voir. Le décalage est particulièrement sensible dans un domaine comme celui qui vient d'être exploré. En dehors des plus familiers, nous voyons le monde des oiseaux avec des yeux d'ornithologues amateurs. Or il a été structuré par la langue selon des classements qui n'ont pas grand chose à voir avec la classification scientifique. La formation des mots y repose sur des schémas qui défient la logique. Ressemblance et appartenance y sont traités de la même manière.

En ce qui concerne la dérivation, on a vu les mêmes suffixes servir à des emplois bien différents[50], et des suffixes aussi différents que *-ier(e)* et *-et(te)* jouer le même rôle. Au point de donner l'impression qu'ils sont tous interchangeables. Faudrait-il donc revenir à cette « polyinstructionnalité », proclamée ou subreptice, qui a été justement critiquée par l'école de Lille ? Je ne le crois pas. Chaque suffixe, en bon « morphème instructionnel », a ses caractéristiques propres, qu'il s'agisse de l'instruction sémantique ou de l'instruction catégorielle. Mais il faut admettre que son fonctionnement tolère des écarts plus ou moins grands par rapport à ce noyau instructionnel central. Plus précisément, on doit pouvoir distinguer les cas où un suffixe se substitue à un autre pour des raisons phonologiques, par exemple, et ceux où il vient combler une lacune. Il n'y a pas de suffixe spécifique pour former un nom à partir d'une caractéristique physique de son référent. Si l'on ne veut pas, pour une raison à déterminer, recourir à la composition, on utilise alors un évaluatif. Ou le suffixe *-ier(e)*.

References

Corbin, D. & Corbin, P. (1991). Un traitement unifié du suffixe *-ier(e)*, *Lexique* 10 : 61-145.

Dal, G. (1991). Hyponymie et prototypie : les noms en *-asse* et *-et(te)* du français, *Lexique* 10 : 211-239.

Dal, G. (1997). *Grammaire du suffixe* -et(te), Paris : Didier Erudition.

DHLF = *Dictionnaire Historique de la Langue Française*, sous la direction d'Alain Rey, Paris : Le Robert, 1992.

---

[50] Il faudrait ajouter les noms qui désignent spécialement les petits, le mâle ou la femelle, que je n'ai pas étudiés ici, faute de place, et parce qu'ils posent des problèmes particuliers.

Durango, S. *Les Oiseaux*, Paris : Fernand Nathan, s. d.

FEW = W. von Wartburg, *Französisches etymologisches Wörterbuch*, Bonn, puis Bâle : 1928-1965 (+ refonte du t. I, Bâle, 1969-).

GLE = *Grand Larousse Encyclopédique*, Paris : Larousse, 1971-1978.

Guiraud, P. (1986 [1967]). *Structures étymologiques du lexique français*, Paris : Payot.

Rob. = *Le grand Robert de la langue française, Dictionnaire alphabétique et analogique de la langue française de* Paul Robert, 2e éd. revue par Alain Rey, Paris : 1987.

Rainer, F. (1997). Vers une contrainte sur les stades dérivationnels virtuels, in : *Mots possibles et mots existants*, Actes du colloque de Villeneuve d'Ascq (Forum de morphologie, 1ères rencontres, 28-29 avril 1997) : 231-240.

Roché, M. (1998). *Deux études sur la dérivation en -ier(e), Carnets de grammaire* (Rapports internes de l'ERSS, CNRS et Université de Toulouse-Le Mirail).

Cues to the small structure of texts

Carlota S. SMITH
University of Texas

I will discuss text analysis at the level of small chunks which correspond to distinct units of abstract structure. The structure of a text is determined partly by genre and other pragmatic knowledge, and partly by information that appears in the text itself. Texts are organized hierarchically into units of increasing size. I am interested in chunks above the sentence, either paragraph-level or smaller ; I'll call such chunks 'small structures'.

This analysis takes the position of an idealized receiver. I assume that when receivers understand a text, they have organized it into an abstract structure. I also assume that, to arrive at the abstract structure, the receiver unconsciously keeps track of and assesses cues of different types. I present here an exploration of the linguistic cues to small structures, using fragments from two written texts[1]. I do not make any claims about how these and other texts are actually processed by receivers.

There are several proposals for how to represent the abstract structure of a text. They overlap considerably, differing primarily in emphasis. One identifies text segments according to functional notions such as Causation, Elaboration, etc. This is a primarily rhetorical analysis which emphasizes text cues (Hobbs 1985, Mann & Thompson 1987). Another proposal focuses on topically organized hierarchical structures, building sub-trees according to topic and other cues (Polanyi 1988). In an extension of Hans Kamp's Discourse Representation Theory, texts are organized into abstract segments according to functional notions (Segmented Discourse Representation Theory, Asher 1993). These approaches all rely heavily on pragmatic knowledge and all use hierarchical structure in their representations ; I shall do so as well.

The analysis sketched here identifies chunks of text in terms of text function. It also gives some information about the internal structure of a chunk. In addition, the analysis retains certain features of surface structure which contribute to the presentation of information. Surface structure is usually lost in abstract representations. I will comment briefly on this point at the end of the paper.

In the next sections I'll discuss cues to sentence topic and other cues ; I then present the informal analysis of chunks in two text fragments. I'll

---

[1] The subject of this paper, linguistic cues to text chunks, is one that Andrée Borillo and I have discussed together, so it is particularly appropriate here.

arbitrarily use the term 'segment' for larger units, and 'chunks' for smaller units.

1. Cues to small structure

Small structures are unified in some way, I will assume. For written texts, the main unifying features of chunks are paragraphs, topicality, and text function. Of course, prosodic information is not available.

But these features do not always indicate a chunk. In a text with long paragraphs, such as the one discussed below, there may be more than one chunk per paragraph. In some cases the parts of a chunk have different topics, but are unified by their contribution to text function : for instance, each clause may give a different example of a single general phenomenon. Whether to bundle together material into a chunk with a single text function is often a matter of judgment. Therefore these features constitute contingent cues which must be weighed with or against each other and with other factors. This work will deal with the level of the paragraph and with smaller units.

Paragraphing is a very strong cue to segmentation in written texts. It is indicated clearly by typography. Each paragraph may be a distinct segment ; this is probably the default case. But there are other cases. Small paragraphs may be used to highlight a particular point, and long paragraphs may contain smaller chunks.

Sentence topic is also a cue, though often at a level smaller than the paragraph. The sentences of a single chunk tend to have either shared or closely related topics. In languages like French and English, the notion of sentence topic does not correspond to a particular syntactic position[2]. Sentence topics are identified by cues such as position and repetition. I discuss these cues to sentence topic directly below.

I will assume, following Reinhart 1982, that a sentence topic is a phrase that corresponds to what the sentence is about. Many sentences, but not all, have such a phrase. In languages that do not have a standard structural topic position, the topic must be determined by position and/or other cues, many of them contextual. I take the position that there are cues of different weights which give together information about the topic of the sentence. What phrase functions as the topic of a sentence, in a given context, is determined by the judgment of the receiver.

The topic is generally the phrase in surface subject position, for a canonical sentence in isolation ; this is the view taken in some discussions of

---

[2]   Members of the Prague School have done a tremendous amount of work on the notion of topic ; for recent accounts see Hajicová et al (1995).

sentence topics. But the situation is more complex than this : factors other than position can make a difference. There are certain non-canonical structures which have syntactically coded informational properties, including a designated topic : for instance, a fronted NP (as in *John, he stole the jewels*). Contextual and lexical factors are also important, as will become clear later on.

One of the most important factors is whether an NP constitutes the first mention of a referent, or whether it constitutes a recurrence of a previous NP. I shall use the term 'recurrent' if an NP is a repetition of all or part of a phrase in a nearby clause ; or if it is close semantically but lexically different to a previous NP. In some contexts, recurrence may be weighted more strongly than syntactic position.

Another factor is anaphoric linking, where an NP is explicitly linked to a previous NP : *their N, the first,* etc. Anaphoric linking may override recurrence. In what follows we shall see examples in which recurrence overrides syntactic position, and anaphoric linking overrides recurrence.

More generally, information structure is relevant to the determination of chunks. The term is used to refer to the topic/focus structure of a sentence, as the Prague school research has emphasized ; see also Lambrecht (1994). Topics are generally familiar or old information, while focus is used for new information.

I list below cues to sentential topic :

(i)   Surface subject position.

(ii)   First NP or constituent in the sentence
        As for John, I hate him
        In the store, we saw an amazing collection of junk.

(iii)   Syntactic structure
        Presentational sentences : There was a cat on the mat.

(iv)   Article or Anaphoric link
        I saw a cat. The cat was striped.
        I saw a cat. Its tail was very long.

(v)   Continuation recurrence
        a : S_0 predicate → S_1 subject
        We talked about Susan. She had become a problem.

        b : S_0 topic → S_1 subject
        John opened the door. He had grown a beard.

(vi)   Parallelism and recurrence
        Everyone was looking at <u>Mary</u>. The whole plot depended on <u>her</u>.
        We wondered whether anyone suspected <u>her</u>.

Note that the different cues rely on different information. This is not an exhaustive list.

Text function : one may analyze a text into units according to function, using the substantive notions proposed by Hobbs (1985) and many others, e.g. narrative sequence, background, causation, evidence, explanation, etc. They are sometimes called discourse relations, or coherence relations ; I will use the term 'text function.' Cues to changes in topic and text function may be given by particular syntactic structures, e.g. presentational and cleft sentences ; by changes in time, space, participants, deixis and point of view ; by form of reference (e.g., full vs zero pronouns, or proper names vs pronouns) ; and by words such as *however, but, nevertheless*, which often indicate change of direction.

Rhetorical figures such as parallelism and contrast are not text functions in this sense. They are relevant to text structure, however, and often give cues to that structure.

2. The analysis

I present here an informal analysis of small structure in the opening paragraphs of two essays. The first essay is rather long, and its prose is somewhat more formal than that in most essays today ; it was published in 1957. The second is from a contemporary weekly publication : it is shorter, and uses current journalistic prose.

This paper does not present an algorithm, a formal set of rules which in principle can be used to analyze texts generally. However it is intended as a step toward formal analysis. I analyze the text fragments into small structures, or chunks, which represent units of abstract structure. I have attempted to be as explicit as possible about the decisions made and the basis for each decision. The result is a relatively detailed account which attends to linguistic form and to the pragmatics of the essay genre.

Syntactic surface structure, lexical information, semantic and pragmatic interpretation, are all used in the analysis. I assume that pronoun antecedents have been determined, zeroed material filled in, aspectual information interpreted, etc. The aim is to arrive at a hierarchical analysis of the internal structure of each chunk and paragraph.

The functional structures of a text depend partly on genre (see Levinson 1993, Clark 1996). The function of an essay is to establish and develop an assertion.

2.1. *The Hedgehog and The Fox*

The first example is the opening paragraph of a famous essay by Isaiah Berlin, *The Hedgehog and The Fox.* There are many long, complex sentences. Clauses joined by semicolons are separate, independent syntactic entities. Clauses joined by commas are treated as sub-units of a single sentence. The opening paragraph is reproduced below :

(1) Opening of « The Hedgehog and the Fox »

> 1 There is a line among the fragments of the Greek poet Archilocus which says : « The fox knows many things, but the hedgehog knows one big thing » 2 Scholars have differed about the correct interpretation of these dark words, which may mean no more than that the fox, for all his cunning, is defeated by the hedgehog's one defense. 3 But, taken figuratively, the words can be made to yield a sense in which they mark one of the deepest differences which may divide writers and thinkers, and, it may be, human beings in general. 4 For there exists a great chasm between those, on one side, who relate everything to a single central vision, one system less or more coherent or articulate, in terms of which they understand, think, and feel - a single, universal, organizing principle in terms of which alone all that they are and say has significance - and, on the other side, those who pursue many ends, often unrelated and even contradictory, connected, if at all, only in some de facto way, for some psychological or physiological cause, related by no moral or aesthetic principle ; 5 these last lead lives, perform acts, and entertain ideas that are centrifugal rather than centripetal, their thought is scattered or diffused, moving on many levels, seizing upon the essence of a vast variety of experiences and objects for what they are in themselves, without, consciously or unconsciously, seeking to fit them into, or exclude them from, any one unchanging, all-embracing, sometimes self-contradictory and incomplete, at times fanatical, unitary inner vision. 6 The first kind of intellectual and artistic personality belongs to the hedgehogs, the second to the foxes ; 7 and without insisting on a rigid classification, we may, without too much fear of contradiction, say that, in this sense, Dante belongs to the first category, Shakespeare to the second ; 8 Plato, Lucretius, Pascal, Hegel, Dostoyevsky, Nietzsche, Ibsen, Proust are, in varying degrees, hedgehogs ; 9 Herodotus, Aristotle, Montaigne, Erasmus, Molière, Goethe, Pushkin, Balzac, Joyce are foxes.

For perspicuity, I have notated the sentences according to their clauses.

I suggest that the sentences of the first paragraph fall into 2 chunks : Chunk A, sentences 1-3 ; Chunk B, sentences 4-9. I will justify this analysis, ignoring adjuncts.

Sentences 1-3 can be said to have the same topic. The conclusion depends on interpretation of surface structure, and on semantic and pragmatic knowledge. All three sentences have first clauses about the same thing - if one recognizes the close semantic relation between *line* and *words*. The sentences all have a second clause which gives either the words themselves and/or their meaning. There is thus a certain syntactic and semantic parallelism between the sentences, indicated graphically in (2).

(2)   Chunk A

1i There is a line...which says :	1ii The fox .., but the hedgehog...
2i Scholars..interpretation of these ..words,	
2ii which may mean no more than that	2iii the fox is defeated by the hedgehog
3i ..., these words ..yield a sense	3ii they mark one of deepest differences 3iii which may divide writers, thinkers, human beings

The first clause of each sentence introduces the material of the second clause : S1 gives the provenance of the saying ; S2 gives one interpretation, and S3 another.

This global analysis is based only indirectly on surface syntax. The syntactic relation between the important first and second clauses differs in each sentence. S1 has two independent clauses joined by a semicolon. In S2, the second relevant clause is a complement contained in a relative clause on the object. In S3, the second is a complex relative clause on the object. I identify these particular clauses as of primary importance by semantic and pragmatic factors. It is not unusual for relative clauses to contain information of importance. In these cases syntactic structure does not directly reflect information structure (Prideaux 1996).

S1 is a presentational sentence, with *line* (of writing) the focussed material. The text function is to present new material which can be expected to continue (Prince 1978). In such sentences topic and focus coincide ; or perhaps, they have no topic. At this point in the text, one does not know how much importance to give to the poet Archilocus. However the next two sentences make it clear that the provenance of the words are introductory only. They do this by omission : the poet is not mentioned again.

S2 has the surface subject *scholars* ; the object NP *the interpretation of these words*. I analyze the object as the topic of S2. The judgment is based on several cues. The first cue is the anaphoric relation between *these words* and two constituents of the preceding sentence S1, the presented phrase *line...which says*, and the clause containing the quotation. The second cue is the close semantic relation between *words* in S2 and *line...which says* in S1. The third cue is that *Scholars* does not relate to anything in S1 and is rather light in content. The fourth cue is parallelism. Putting these cues together, I judge that the recurrent phrase, identifiable by assuming the semantic relation noted above, overrides the surface subject as topic.

S3 has *these words* as surface subject ; and topic, by recurrence. Because of this, and also because of the parallelism noted above, I shall say that they belong to the same small structure, or chunk. Note that one might have taken the first word of the sentence, *but*, as a cue to a separate chunk. The second part of these sentences present new information or points of view.

The text function of the first chunk is Assertion. Chunk A presents a contrast, a « deep difference », and claims general importance for that contrast. Thus the function is to make an assertion which, drawing on the essay genre, one knows will be explored and/or elaborated later.

Now consider Chunk B, which consists of the rest of the paragraph. The sentences contain various cue words, anaphoric terms which organize the material at a global level. (3) shows schematically the sentences of the chunk ; the cue words are underlined :

(3)   Global structure of the sentences of Chunk B

4 For there exists a great chasm between NP, on one side, and NP on the other ;
5 I these last VP, 5ii their thought VP.
6i The first kind belongs to hedgehogs, 6ii the second (kind) (belongs) to foxes ;
7i without Ving, we may say that NP_1 belongs to the first category,
    7ii NP_2 (belongs) to the second.
8 NP_{3-8} are hedgehogs ;
9 NP_{9-18} are foxes.

On the basis of topic and text function, these sentences belong to a chunk distinct from A.

Consider first the topic of S4. We ask whether there is an NP which constitutes a recurrence of the topic of the previous chunk ; recall that the topic of both sentences of Chunk A was identified as *words*. There is no such NP in either sentence, which suggests that they belong to a different chunk. Indeed, S4 is a presentational sentence which has the function of introducing the object NP *a great chasm* and its complement, globally *between x and y*, with no topic constituent.

S5, linked by a semicolon to S4, consists of two parallel clauses ; each has an NP in subject position which is explicitly linked to NP_y in S4 : *these last, their thought*. These NPs are analyzed as the topic NPs of S5, by recurrence. S6 also has two parallel clauses with each subject explicitly linked to the complement of S4, the first sentence of the chunk : *the first kind, the second (kind)*. These NPs function as a dual topic ; together they continue the opposition between x and y introduced in S4, here with *the first kind ... the second (kind)*. Note that the object NPs, *the hedgehogs* and *the foxes*, are recurrent NPs from Chunk A. In S7 they function as new information, however : the anaphoric linking overrides recurrence.

S7i is complex, consisting of a main clause with a verb of saying, and a complement clause ; S7ii is parallel to the complement clause of S7i. Pragmatic knowledge about the use of verbs of saying, and the lack of previous mention to *we*, suggests that the important content of S7i is in the complement clause. By the principle of recurrence, I shall say that the topic of this clause is the NP which is explicitly linked to NP_x of S4, the syntactic object *the first category*. S7ii is parallel to the complement clause and the analysis is similar : the topic is the NP which is explicitly linked to NP_y of S4, *the second (category)*. This is a gapped clause which depends on the verb (*belong*) in the complement clause. Finally, by the principle of recurrence the topics of S 8-9 are the object NPs, *hedgehogs* and *foxes* respectively, linked to the object NPs of S7.

In this chunk the topic of every sentence after S4 is a recurrent NP or explicitly anaphoric to a previous NP of that sentence. All but S8-9 are related to an NP in S4.

The text function of Chunk B is Elaboration and Illustration of the Assertion of Chunk A. Thus Chunk A is subordinate hierarchically to Chunk B, as in (4) :

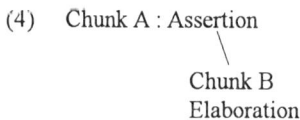

(4)   Chunk A : Assertion
                         \
                 Chunk B
                 Elaboration

The internal structure of the chunks may be represented very roughly as in (5), on the basis of the text relations between them and the topics structure.

(5)   Hierarchical structure of Chunks A and B

<pre>
                         A
                       /   \
S1   provenance opposition : S3 marks deep diff between
                          | writers, thinkers, humans

                      fox hedgehog
S2   fox hedgehog

                     _____/

                         B
S4   great chasm between
                       /   \
                     NP_x   NP_y
S5   VP_1   VP_2
S6   hedgehog fox
S7   NP_1   NP_2
S8,9   NP_{3-8} NP_{9-18}
</pre>

In both chunks, the situations presented are stative : they either ascribe a property to the subject, or make a general statement about a class.

This sketch preserves some information about the linguistic surface structure of a text, and loses some. For instance, there is a difference between Chunks A and B in the presentation order of the opposition between hedgehog and fox. In Chunk A, the fox is first ; in Chunk B, the hedgehog is first. This difference is retained in the informal representation above. Presentational sentence information and topic structure is not retained except insofar as it relates to the more general structures.

2.2. Analysis of « Pride of the Cities »

This fragment comes from an article by Peter Beinert in *The New Republic*, a weekly journal of news and opinion, dated June 30, 1997. The articles in this publication are relatively short, usually 2-3 pages at most. This article has a sub-heading and a title ; the two give the reader a key to the important concepts of the article.

(6) The new breed of Progressive mayors

The Pride of the Cities

Michael White, the mayor of Cleveland, is a Democrat, an African American and the son of a union activist. 2 And he is at war with his party. 3

First, he backed an end to forced busing. 4 Then, he supported Republican Governor George Voinovich's radical school choice law, which offers students vouchers at parochial as well as private schools. 5 Then, he made city workers compete against private firms for garbage collection, road maintenance and other contracts, prompting union officials to walk out of a speech he gave at the Democratic National Convention. 6 Now, he's allied with the governor again, backing a bill by two Republican state legislators to grant him control over Cleveland's destitute school system and the authority to get « rid of any people who aren't directly tied to the direct education of children » 7 Arrayed against him : the teachers' union, the NAACP and just about every elected Democrat in the city of Cleveland.

8 For a big-city mayor to be so at odds with his party would seem peculiar. 9 Except that it's happening everywhere...

I will discuss only the first paragraph. All sentences but the last have *Michael White* or *he* as topic. Nevertheless I believe that the paragraph consists of two chunks : Chunk A, sentences 1-2 ; Chunk B, sentences 3-7.

In Chunk A the subject of both sentences is *Michael White*. These phrases function as topics, by position and recurrence. The text function is to identify Michael White and makes an assertion about him. Note that both sentences are in the present tense, and both are stative.

The sentences of Chunk B (3-7) have the same topic as those of Chunk A : in S3-S6, *he* is the subject by position and recurrence, in S7 *him* is the topic by recurrence. Note that there are several adjoined, non-finite clauses : for instance S5 has a main clause and then ... *prompting union officials to walk out of a speech he gave at the Democratic National Convention.* Interpretation includes the information that the subject of the non-finite clauses is the same as the subject of the main clause, as a matter of syntax (the point also arises in several places in the Isaiah Berlin fragment).

In Chunk B the text takes a different direction : the cues are the adverbials (*First, Then, Then, Now*), the past tenses, the fact that the clauses are non-stative. These features indicate a sequence of events. The function of this chunk is Elaboration, explicating what it means for Mayor White to be « at war with his party ».

The global hierarchical structure of this text fragment is the same as that of the previous fragment : Assertion, followed by an Elaboration. The hierarchical structure of the second chunk is different, however. It presents a sequence of events in chronological order, rather than a set of oppositions. (7) gives a simple version of both chunks :

(7)   Global structure of paragraph 1 : The Pride of the Cities

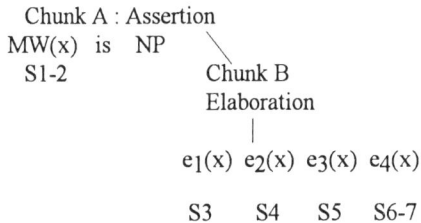

Chunk A : Assertion
MW(x)   is   NP
    S1-2   Chunk B
                      Elaboration
                      |
        $e_1(x)$ $e_2(x)$ $e_3(x)$ $e_4(x)$

        S3   S4   S5   S6-7

Each sentence presents an event, in sequence. Michael White, x, is central in both chunks.

3. Concluding remarks

Chunk analysis : although these essays are quite different, their first paragraphs have the same small structure. Each consists of one chunk which makes an assertion, and another which elaborates on the assertion.

The shift from one chunk to another is cued by change of topic and by change of direction. This is probably true in most texts, regardless of genre (for discussion of pronoun-NP alternation as a cue to change of direction, see Smith 1994).

Topic is determined by cues of several types, including the structure and content of nearby sentences, and pragmatic factors such as information structure.

Information and representation : as sketched here, the analysis of small structures results in unified, hierarchically organized chunks of text ; certain presentational features of surface structure are retained. The information drawn on includes lexical and semantic interpretation, surface structure, and pragmatics. Lexical information is needed for interpretation, and for relations between possible topic phrases. A syntactically analyzed surface structure is needed for semantic interpretation. The former is needed for arriving at the reference of anaphoric expressions, and temporal and aspectual information, other things. The latter leads to information about states and events, and the relations between them that are conveyed in a text. Surface structure information is also needed for cues to topic, and for presentational factors. Pragmatic information is needed for weighing cues and for text function.

The need for so many kinds of information is problematic. In particular, surface structure information is usually lost in standard interpretation : such information does not appear in the resulting abstract representation[3]. Yet we have seen that such information is important for decisions about topic, and for presentation. If the approach is worth pursuing, the question of which surface presentational features should be retained is a matter for research. Of course, lexical and semantic information is also necessary.

One way to deal with the problem might be to construct a chunk analysis such as this in parallel with an analysis of the Discourse Representation Theory type, with reference to the surface structure of a text. Another way is to code information relevant to topic and to chunk structure in the representation, ignoring other surface structure factors ; this is essentially the approach of Asher (1993).

There may be still another approach, which would retain structures developed at the different stages of a derivation. Procedures for text interpretation would have access to some surface structure information after the basic semantic representation has been constructed. The representation of a text would thus involve several levels. This derivational view is reminiscent of some early proposals in generative grammar for access to structures that represent different stages of a derivation. The multiple-level approach is taken in the analysis offered in this paper. Further research is necessary to determine whether such an approach is worth pursuing.

References

Asher, N. (1993). *Reference to Abstract Objects in Discourse*, Dordrecht : Kluwer.

Deinart, P. (1997). The Pride of the Cities, *The New Republic*.

Berlin, I. (1957). *The Hedgehog and the Fox*, New York : New American Library.

Clark, H. .(1996). *Understanding Language*, Cambridge : Cambridge University Press.

Hajicová, E. & al eds (1995). *Travaux du Cercle Linguistique de Prague, nouvelle serie*, Amsterdam : Benjamins, Vol. 1.

Hobbs, J. (1985). On the coherence and structure of discourse, *CSLI Report*, Stanford University : CSLI, 37.

Kamp, H. (1981). A theory of truth and semantic representation, in : J. Groenendijk & al, (eds), *Formal Methods in the Study of Language*, University of Amsterdam : Mathematics Centre Tracts, Vol. 136.

---

[3]   These points have been developed in Discourse Representation Theory, Kamp 1981.

Lambrecht, K. (1994). *Information Structure and Sentence Form*, Cambridge : Cambridge University Press.

Levinson, S. (1993). *Pragmatics*, Cambridge : Cambridge University Press.

Mann, W. & Thompson, S. (1987). *Rhetorical structure theory*, USC Information Sciences Institute, Technical report ISI/RS-87-90.

Polanyi, L. (1988). A formal model of the structure of discourse, *Journal of Pragmatics* 12 : 601-638.

Prideaux, G.(1993). Subordination and information distribution in oral and written narratives, *Pragmatics and Cognition* 1 : 51-69.

Prince, E. (1978), A comparison of wh-clefts and it-clefts in discourse, *Language* 54, 993-906.

Reinhart, T. (1982*). Pragmatics and Linguistics : An analysis of sentence topics*, Bloomington : Indiana University Linguistics Club.

Smith, C.S. (1994). Pragmatic principles in coreference, in : B. Lust & al, (eds), *Syntactic Theory and First Language Acquisition*, Erlbaum, Hillsdale, N.J.

Une place pour chaque chose et chaque chose à sa place

Claude VANDELOISE
Université de Louisiane - Département de français et d'italien

« Tout ce qui existe existe quelque part ». Selon cet ancien principe[1], toute entité matérielle est indissolublement liée à l'entité spatiale qu'elle occupe. Les entités matérielles sont désignées par des noms. Certains noms, comme *espace*, *lieu* et *zone*, désignent également des entités spatiales. Il est difficile de tracer une frontière nette entre les mots qui désignent des entités matérielles et ceux qui désignent des entités spatiales. En effet, le lien entre une entité matérielle et l'entité spatiale qu'elle occupe est tellement étroit qu'il permet une *métonymie* fondamentale par laquelle le nom d'un objet peut désigner l'entité spatiale qu'il occupe et le nom d'un lieu peut désigner les entités matérielles qui s'y trouvent[2]. C'est ainsi que *forêt* peut désigner des arbres (dans un lieu) ou un lieu (occupé par des arbres)[3]. Il en va de même pour les noms géographiques comme *la Louisiane* ou *Toulouse* qui désignent une zone territoriale aussi bien que ses habitants et ses monuments. Qu'un magicien transfère Toulouse à La Nouvelle Orléans et La Nouvelle Orléans à Toulouse et l'on pourra dire :

(1)   La Nouvelle Orléans est à Toulouse et Toulouse est à La Nouvelle Orléans

Dans cette phrase, les occurrences de *Toulouse* et de *La Nouvelle Orléans* introduites par *à* désignent les extensions territoriales et les occurrences en position sujet désignent des entités matérielles.

Dans la phrase (1), la préposition *à* peut être interprétée comme un marqueur qui transforme une entité matérielle en une entité spatiale. Dans la

---

[1]   Attribué à Zénon par Jean Philopon dans ses *Commentaires* de la *Physique* d'Aristote.

[2]   La métonymie est tellement étroite qu'il est parfois difficile de déterminer si elle va de l'entité matérielle à l'entité spatiale ou vice-versa.

[3]   Entre les entités matérielles et les entités spatiales (qu'elle appelle *morceaux d'espace*), Vieu introduit les *lieux*, qui sont des terrains, et par conséquent une sous-catégorie des entités matérielles. Le mot « forêt », en particulier, correspond à la fois à « un ensemble d'arbres et au terrain recouvert par ces arbres » (Vieu 1991 : 221). Ces noms permettent donc une métonymie entre deux entités matérielles. Selon moi, *forêt* établit plutôt une métonymie entre une entité spatiale et ses occupants, dont le terrain fait partie.

phrase (2), la lampe est la *cible* dont la position est établie grâce à la table qui joue le rôle du *site* :

(2)   La lampe est au-dessus de la table
(3)   La lampe est sur la table

Il est généralement admis, dans les études sur les prépositions spatiales, que le site désigne une extension spatiale déterminée globalement par l'entité matérielle qu'il désigne et précisée par la nature de la préposition qui l'introduit. C'est certainement vrai pour *au-dessus* qui désigne une région qui prend la table pour base et qui inclut l'espace situé plus haut qu'elle, jusqu'à une hauteur raisonnable. Il en va de même pour les prépositions dites *projectives*, comme *devant* et *derrière*. Si *au-dessus de la table* désigne donc une entité spatiale dans la phrase (2), je crois par contre que *sur la table* désigne une entité matérielle dans la phrase (3). En effet, la fonction essentielle de la préposition *sur* n'est pas de localiser la cible mais d'établir une relation dynamique entre le site (le porteur) et la cible (la charge). Une extension spatiale étant incapable de porter la lampe, *table* dans la phrase (3) doit désigner une entité matérielle. Derrière la préposition *dans*, qui introduit une relation contenant/contenu entre la cible et le site, ce dernier désigne également une entité matérielle. Il en va de même pour le site des prépositions *devant* et *derrière* lorsque la fonction de ces dernières n'est pas la localisation mais l'accès à la perception de la cible : si l'enfant qui se cache *derrière* un arbre ne peut être vu, ce n'est pas à cause de la région que l'arbre détermine mais à cause de sa matière.

La métonymie entre un objet et son extension est si naturelle que le double rôle de *table* dans les phrases (2) et (3) est à peine perçu. La différence entre les entités matérielles et les entités spatiales se manifeste plus clairement dans la partition des objets. Lorsque ceux-ci ont des parties intrinsèques, ils constituent des *assemblages* dont les parties matérielles sont appellées des *composants*. Même si un objet est homogène (ne possède pas de parties intrinsèques), il est possible de le partitionner par des noms de localisation interne (NLI), qui ont été étudiés en détail par Andrée Borillo (1988) et Michel Aurnague (1991). Lorsqu'on parle du *haut* ou du *bas* d'une sphère, il est clair que l'on désigne l'extension spatiale occupée par la sphère. Si cette dernière fait un demi-tour, il n'y a pas inversion du haut et du bas qu'elle occupe. Au contraire, la matière qui occupait *le haut* occupe maintenant *le bas* et vice-versa. La désignation des parties matérielles semble ainsi réservée aux noms de composant, celle des parties spatiales aux NLI. Mais ce serait méconnaître l'étroite osmose qui existe entre la désignation des entités matérielles et de leur extension. Pour les assemblages, il existe un *principe de fixation* (Vandeloise 1986) selon lequel les NLI s'appliquent en fonction de la position canonique de l'objet, même lorsque celui-ci occupe une position inhabituelle. Pour une bouteille en position debout, par exemple, le *haut* correspond au goulot et le *bas* au cul. Par le principe de fixation, les NLI peuvent désigner les mêmes composants lorsque la bouteille est couchée, ou même lorsque « le haut est en bas ». Il est clair, en ce cas, que les NLI ne désignent plus des entités spatiales mais les entités matérielles qui occupent *normalement* ces entités.

Que ce soit au niveau des entités ou de leurs parties, que le nom qui les désigne soit en position sujet ou le site d'une préposition, un lien étroit apparaît ainsi entre la désignation des entités matérielles et celle des entités spatiales. Dans cet article, j'étudierai plus particulièrement deux mots exemplaires dont la vocation oscille entre la désignation de l'espace et celle de la matière. Le mot *intérieur*, qui entretient des rapports étroits avec les NLI, sera analysé dans la première section. J'y modifierai une analyse de ce mot proposée dans Vandeloise (1985 : chapitre XVI). Le mot *place* sera présenté dans la seconde partie de cet article. La place et l'intérieur ont également été étudiés par Laure Vieu (1991 : chapitre 5). Ces notions y sont présentées comme des concepts physiques, extralinguistiques, utiles à la description de la préposition *dans*. L'approche présentée ici est plus lexicologique, fondée sur l'usage des mots *intérieur* et *place*. Les parallèles et les divergences entre ces deux analyses seront soulignés au cours de cette étude.

1. L'interieur

Beaucoup de noms, comme les noms de lieux géographiques, désignent une entité spatiale et, par métonymie, les entités matérielles qui l'occupent. Les rapports du mot *intérieur* avec les entités matérielles et spatiales sont plus complexes. Pour tous les objets, ce mot désigne leur matière à l'exclusion de leur frontière. En plus de cet intérieur, les objets creux entourent une entité qui peut également être appelée *intérieur*. Lorsqu'il faut les distinguer, je parlerai de l'*intérieur plein* dans le premier cas, de l'*intérieur creux* dans le second cas. Pour les contenants vides, cet intérieur est une entité spatiale mais, par métonymie, il peut désigner les entités matérielles qui l'occupent.

1.1. L'intérieur plein

La partie frontière exclue de l'intérieur plein peut être une surface idéale ou une couche de matière plus ou moins épaisse qui entoure l'objet. C'est particulièrement vrai lorsque la couche est facilement détachable, comme l'épluchure des fruits ou l'écorce des arbres. Si un objet a une cavité, il a une frontière extérieure et une frontière intérieure. Il en va de même pour les contenants ouverts. A strictement parler, ces limites intérieures ne font pas partie de l'intérieur plein. On verra néanmoins dans la deuxième partie de cette section que, par métonymie, elles peuvent appartenir à l'*intérieur creux*.

Il y a peu de raisons de parler de l'intérieur plein d'un objet opaque et homogène puisqu'il partage toutes ses qualités avec l'objet entier. L'intérieur plein d'un objet n'est qualifié que s'il diffère de la frontière :

(4)   L'intérieur de la pomme est blanc
(5)   L'intérieur de l'orange est juteux
(6)   L'orange est juteuse

Bien qu'elle paraisse redondante par rapport à la phrase (6), la phrase (5) est plus exacte. En effet, la partie de l'orange qui n'appartient pas à l'intérieur, la pelure, n'est pas juteuse. La phrase (6), qui abrège la phrase (5), peut donc être considérée comme une métonymie qui va de l'entité entière vers son intérieur plein. Ce dernier peut également être qualifié lorsque, contrairement à toute attente, il ne diffère pas de la frontière. La phrase (7) peut donc être utilisée pour décrire une pomme artificielle :

(7)   L'intérieur de la pomme est vert

C'est la possibilité d'utiliser la phrase (4) qui justifie la phrase (7). Les adjectifs *juteux, blanc* et *vert* utilisés pour qualifier l'intérieur plein montrent clairement qu'il s'agit d'une entité matérielle. Une première définition de l'intérieur plein est suggérée par la topologie[4] :

L'*intérieur plein* d'une entité est l'ensemble de ses portions entourées[5] par d'autres portions de l'entité

Cette définition a l'inconvénient d'imposer une vision ensembliste d'objets qui, intuitivement, sont conceptualisés globalement. La définition que je retiendrai met en jeu un sujet qui conceptualise l'objet :

L'*intérieur plein* d'une entité est la partie de l'entité qui ne peut être touchée sans violer son intégrité

Le sens de la vue ne peut être utilisé dans cette définition à cause des objets transparents, comme les boules de verre transparentes qui servent de presse-

---

[4]   Vieu (1991 : 204) mentionne l'intérieur topologique mais ne l'inclut pas dans sa définition de l'*intérieur.*
[5]   J'utilise *entourer* pour éviter la notion plus technique de *voisinage.*

papier. Les figures 1 et 2 montrent une application intéressante de cette définition.

figure 1   figure 2

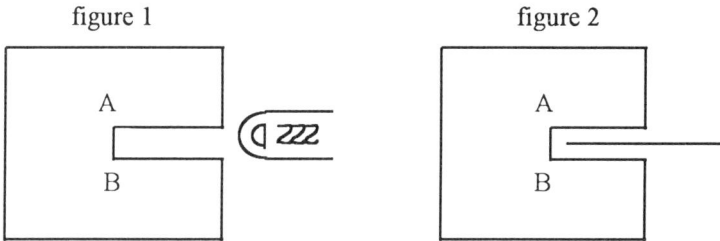

Alors que pour le doigt de la figure 1, le segment AB semble faire partie de l'*intérieur* de l'objet, il appartient plutôt à la frontière de l'objet pour l'épingle de la figure 2. Ce contraste me paraît motivé par les tailles respectives du doigt et de l'épingle par rapport à l'ouverture offerte par l'objet : cependant que le doigt ne peut toucher AB, l'épingle a la possibilité d'atteindre ce segment.

1.2. L'intérieur creux

Cet intérieur se manifeste pour les entités matérielles dotées d'une cavité, d'une déformation (une cavité ouverte d'un côté) ou d'un tunnel (une cavité ouverte de deux côtés).

Dans le cas des cavités (figure 3), l'intérieur creux est entièrement délimité par une frontière physique. Il n'en va pas de même pour l'intérieur des contenants ouverts (figure 4) :

figure 3   figure 4

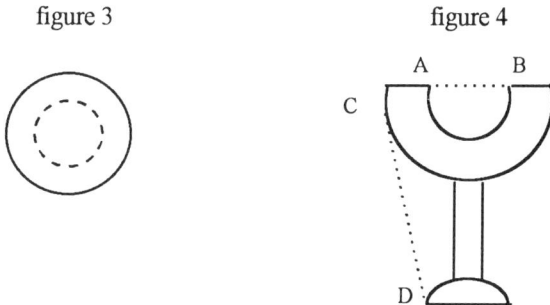

En ce cas, l'intuition nous pousse à fermer le contenant ouvert par une ligne horizontale tangente à son sommet (ligne AB) souvent appelée *fermeture mentale*. Pour définir topologiquement cette frontière virtuelle, il importe de préciser ce qui la différentie d'autres tangentes à l'objet, comme la ligne CD, qui détermine également une région limitrophe de l'objet. Je ne reviendrai pas ici sur ce problème longuement débattu pour lequel on consultera Herskovits (1986), Vandeloise (1986, 1993), Vieu (1991) et Casati & Varzi (1995). Ma conclusion est qu'il n'est pas possible de distinguer topologiquement la partie AB de la fermeture convexe de la partie CD, si bien que l'intérieur creux ne peut être défini indépendamment de sa fonction. La figure 5, qui représente un verre en mouvement pose un autre problème pour la définition topologique de l'intérieur.

figure 5

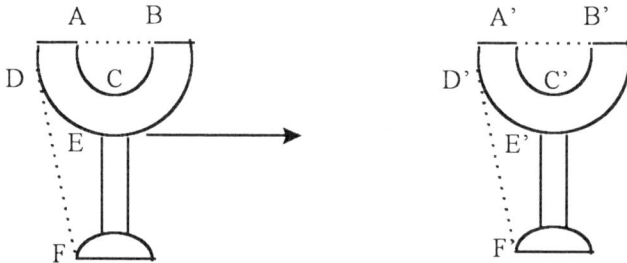

Grâce à sa forme et à sa matière, le verre peut facilement être réidentifié à la fin de sa trajectoire. Mais que penser de son intérieur creux ? Aucun critère ne permet d'identifier deux entités spatiales qui ont des positions différentes. Et cependant, personne ne désire dire que l'intérieur du verre a changé entre sa position initiale et sa position finale. L'identité des régions intérieures ABC et A'B'C' ne peut être garantie topologiquement en référence aux frontières du verre sans identifier par la même occasion les régions DEF et D'E'F', un résultat peu satisfaisant. L'identité de l'intérieur creux ne peut donc se fonder que sur la fonction qu'il maintient pendant tout le déplacement du corps contenant :

L'*intérieur creux* d'une entité est sa partie contenante

Cette définition est valable pour les objets dotés d'une cavité aussi bien que pour les déformations[6]. L'intérieur creux est une entité spatiale qui, comme

---

[6]   Même si les entités *dans* un tunnel sont contrôlées dans plusieurs directions, il y a, par définition, une issue par laquelle elles peuvent s'échapper. Cette définition ne s'applique donc que marginalement à *l'intérieur creux* des tunnels pour lesquels la définition unitaire proposée à la fin de cette section est plus satisfaisante.

le montre la phrase (8), ne peut être introduite par la préposition *dans* qui demande des sites matériels.

(8) * Les chemises sont dans l'intérieur de l'armoire
(9)   Les termites sont dans l'intérieur de l'armoire[7]
(10) Les termites sont à l'intérieur de l'armoire

Si *dans* peut être utilisé dans la phrase (9), c'est parce que la préposition introduit l'*intérieur-plein* de l'armoire, une entité matérielle qui est rongée par les termites. Lorsqu'ils sont décrits par la phrase (10), au contraire, les insectes sont dans la partie contenante de l'armoire. Puisque l'*intérieur creux* est une entité spatiale, il résulte de la définition proposée plus haut que les contenants sont des *entités matérielles* qui ont des *parties spatiales*. Si on songe à une entité poreuse, il est vrai que l'on est plus enclin à lui prêter des parties vides qu'à dire qu'elle entoure des entités spatiales étrangères. L'intuition est différente avec les trous puisque personne ne pense qu'ils sont des parties du gruyère. La fonction des intervalles vides joue certainement un rôle dans ce contraste. Sans utilité apparente dans le gruyère, ils permettent à l'éponge d'absorber plus facilement les liquides. Parce qu'ils sont ainsi dotés d'une fonction, ils sont considérés comme des parties spatiales de l'éponge.

   Dans le cas du contenant ouvert de la figure 4, la ligne AB correspond au niveau maximum de l'eau qu'il pourrait contenir. Les contenus liquides définissent mieux l'intérieur creux qu'un contenu solide qui, dans la figure 6, dépasse ce qu'il est convenu d'appeler l'intérieur de la tasse.

figure 6

En ces circonstances, il est permis de dire que la crème du capucino est *dans* la tasse dont elle est dynamiquement dépendante (Vandeloise 1986 : chapitre 12) mais non qu'elle est *à l'intérieur* car elle dépasse les limites de la partie contenante.

   La cavité d'un contenant fermé satisfait à la fois la définition de l'*intérieur plein* (elle est inaccessible au toucher) et la définition de

---

[7]   Un exemple analogue est utilisé par Vieu (1991 : 210).

l'*intérieur creux* (elle est la partie contenante de l'entité). Ce lien suggère une définition unique de l'*intérieur* :

> L'*intérieur* est la partie de l'objet qui ne peut être touchée sans violer son intégrité par un sujet qui n'est pas dans l'objet[8]

Il est indispensable de spécifier que le locuteur ne peut se trouver dans le contenant car s'il est *dans* une chambre ou *dans* une maison, il peut bien entendu toucher son *intérieur creux*. Dans le cas des contenants ouverts, aucune partie du locuteur ne peut rentrer *dans* le contenant. Dans la figure 6, il peut toucher la crème du capucino sans entrer son doigt *dans* la tasse mais non le café qui se trouve à l'*intérieur* de la tasse. L'unification des règles d'usage de *intérieur*, on le voit, est lourdement tributaire de l'usage de la préposition *dans*.

La définition de *dans* proposée par Vieu (1991), au contraire, présuppose la connaissance de l'intérieur :

> « *être dans* » est l'inclusion de la place de la cible dans *la place de l'intérieur*[9] du site

Associé à la partie contenante d'une entité, l'*intérieur creux* entretient effectivement des rapports étroits avec la préposition *dans* qui décrit la relation contenant/contenu (Vandeloise 1986, 1993).

Cette préposition et l'expression *à l'intérieur de* peuvent donc décrire des situations identiques, comme le montrent les phrases (11) et (12) :

(11)   Les chemises sont dans l'armoire
(12)   Les chemises sont à l'intérieur de l'armoire

Néanmoins, les phrases (13) et (14) montrent que les scènes évoquées par *dans* et *à l'intérieur* ne sont pas toujours équivalentes :

(13)   Les fleurs sont dans le vase
(14)   Les fleurs sont à l'intérieur du vase

Dans la phrase (13), seules les tiges sont *à l'intérieur* du vase. La phrase (14), par contre, décrit une situation anormale où les fleurs sont également à l'intérieur du vase. Les phrases (15) et (16) illustrent un contraste identique :

---

[8]   La définition proposée dans Vandeloise (1985 : 275) est similaire si ce n'est que l'intérieur est considéré comme un *ensemble de points*. J'évite désormais cette conception ensembliste des objets.

[9]   La *place de l'intérieur* soulève un problème qui sera abordé à la section 2.2.

(15) Le pêcheur tient le poisson dans sa main
(16) Le pêcheur tient le poisson à l'intérieur de sa main

Contrairement à *dans*, *à l'intérieur de* ne peut donc pas décrire l'inclusion partielle[10]. Puisque la préposition *dans* admet des extensions pour l'inclusion partielle qui ne sont pas tolérées par *à l'intérieur de*, une définition de cette préposition par l'inclusion de l'*intérieur creux* serait forcément incorrecte. Pour justifier l'usage de *dans* avec des entités qui, comme la foule (une *collection*) et l'eau (une *masse*) n'ont pas d'*intérieur-creux*, Vieu leur attribue un *intérieur-contour*. Néanmoins, l'usage de *l'intérieur de la foule* me paraît douteux et *l'intérieur de l'eau* me semble impossible. Une définition de *dans* en fonction de *intérieur* est donc lexicalement injustifiée.

L'*intérieur creux* n'est pas imperméable aux métonymies qui permettent de passer de l'extension d'un objet à l'objet lui-même et vice-versa. Les phrases (17) et (18) en témoignent :

(17) L'intérieur de la chambre est spacieux
(18) L'intérieur de la chambre est bleu
(19) Ma tante est fière de son bel intérieur

Dans la phrase (17), *intérieur* désigne, de manière un peu redondante, l'entité spatiale entourée par les murs de la chambre. Dans la phrase (18), par contre, il réfère aux murs intérieurs ou au contenu de la chambre. La métonymie est particulièrement manifeste dans la phrase (19) qui peut désigner le mobilier d'une chambre ou d'une maison. Cet usage est conventionalisé dans l'expression *un architecte d'intérieur*. Lorsque l'intérieur est une cavité, celui-ci peut également désigner, par métonymie, le contenu de la cavité. Si ce dernier est une partie intrinsèque de l'entité, comme dans la phrase (20),

(20) Il y a un noyau à l'intérieur de la pêche[11]

il est difficile de savoir si on parle de l'*intérieur creux* occupé par le noyau ou d'une partie de l'*intérieur plein*, l'autre partie étant constituée par la chair de la pêche. Plus la partie de l'intérieur plein occupée par la cavité est

---

[10] Même lorsqu'elles décrivent une cible entièrement entourée par le site, comme dans les phrases (11) et (12), il se peut que la préposition *dans* et la locution *à l'intérieur de* présentent la situation selon des perspectives différentes.

[11] Seule la nature arrive à remplir la cavité de la pêche sans ouvrir un tunnel pour y accéder. Il s'agit donc d'un contenant que tout le monde ne peut pas remplir.

grande, plus on aura tendance à la confondre avec l'*intérieur plein* quand elle est remplie. C'est le cas pour l'orange de la phrase (6).

Dans ce qui précède, *intérieur* est apparu dans deux expressions prépositionnelles. La première, *à l'intérieur de*, introduit l'intérieur creux alors que la seconde, *dans l'intérieur de*, est plus rare et se limite, selon moi, à l'intérieur plein. Vieu (1991 : 218) admet cependant un intérieur creux derrière *dans* dans l'exemple suivant :

(21)   La bague est dans l'intérieur de la boîte

Cet usage ne fait pas partie de mon idiolecte. Dans sa recension des locutions prépositionnelles construites avec des NLI, Andrée Borillo (1988 : 19) ne mentionne pas *dans l'intérieur de*. A côté de *à l'intérieur de*, elle admet par contre *sur l'intérieur de*. Le meilleur usage de cette locution auquel je puisse penser décrirait une mouche sur *la face intérieure* d'un verre. Cette interprétation est corroborée par Vieu (1991 : 219) pour qui « l'intérieur de la boîte désigne en fait aussi les parois internes de la boîte ». La frontière intérieure d'un contenant n'appartient certainement pas à l'intérieur plein qui exclut les frontières de l'objet. Par métonymie, cependant, il est vrai que la face intérieure du contenant peut être assimilée à l'intérieur creux[12].

2. La place

Dans cette section, je traiterai successivement la *place-extension* disponible, la *place-extension* de l'objet et la *place-repère*, qui est généralement déterminée par un support (la *place-support*) ou par un contenant (la *place-contenant*). C'est l'espace qui fournit la *place-extension* disponible. La *place-extension* de l'objet et sa *place-repère* décrivent différemment l'occupation de la place disponible. Alors que la première désigne directement la place du corps occupant, la deuxième fournit un repère en relation avec lequel la place du corps occupant est définie. La différence entre les deux *places-extension* et la *place-repère* se manifeste syntaxiquement dans la mesure où les premières sont généralement introduites par *de*, comme les noms de masse, alors que la seconde est désignée par un nom comptable et peut s'introduire par un article défini, un article indéfini ou des adjectifs cardinaux. Sémantiquement, la *place-repère*

---

[12]   Dans Vandeloise (1985 : 271), la face intérieure d'un contenant est un troisième intérieur appelé *intérieur-frontière*. Dans la mesure où cet emploi me paraît marginal, je préfère le présenter ici comme une extension par métonymie de l'*intérieur creux*.

d'une entité A se distingue de la *place-extension* parce qu'elle est définie en relation avec une autre entité B.

2.1. La place-extension disponible

Puisque tout ce qui existe matériellement existe quelque part, la place disponible est une condition nécessaire à l'existence des entités matérielles. Cet usage du mot *place* se manifeste dans les phrases (22) et (23) :

(22)   Il y a plus de place au Canada qu'au Japon
(23)   Il y a de la place dans l'armoire
(24)   L'armoire prend beaucoup de place

Dans la phrase (23), l'armoire « donne » de la place aux objets qui, comme le montre la phrase (24), la « prennent ». Ce n'est possible que parce que l'armoire prend de la place au grand pourvoyeur de place, l'espace. Les objets contenants, comme l'armoire, « restituent » aux objets qu'ils contiennent une partie de la place qu'ils prennent à l'espace. La place à prendre correspond donc à toutes les portions d'espace inoccupées, et par conséquent occupables. La *place-extension* disponible se définit donc comme suit :

La *place-extension* disponible est une portion d'espace vide

L'espace est la *place-extension* disponible maximum. Les *places publiques*, dont s'enorgueillissent nos cités, sont des places disponibles, en particulier pour les fanfares et les marchés. Elles peuvent donc être rattachées à la *place-extension* disponible.

2.2. La position et la place-extension de l'objet

L'espace, la place de toute chose, peut être conceptualisé comme un fond immobile qui permet de définir la *position* de toutes les entités matérielles qui l'occupent[13] :

La *position* d'une entité matérielle est la portion de l'espace qu'elle occupe

La *position* hérite des frontières de l'objet qui l'occupe mais elle reste liée à l'espace. Lorsqu'une entité matérielle se déplace, elle abandonne son

---

[13]   La coïncidence des entités matérielles avec un espace immobile est un axiome dans la physique naturelle présentée dans Vandeloise (à paraître : chapitre 2)

ancienne position pour prendre une nouvelle position. En ce sens, la position
« prise » par l'armoire de la phrase (24) lui est « prêtée » plutôt que
« donnée ». La fonction prédominante de la position est de localiser un objet
par rapport à l'espace qui l'entoure. Dans un espace vide, la localisation
nécessite un système de coordonnées. Des entités matérielles, comme les
places-repère qui seront présentées à la section 2.3., permettent également
de déterminer la position d'un objet. Si un objet est considéré comme un
point, sa localisation caractérise entièrement sa position. Lorsqu'une entité
matérielle, comme une ville ou un bateau, est localisée par rapport à la terre
ou aux océans, son volume est souvent négligé. A proprement parler,
cependant, la taille et la forme d'une entité jouent un rôle dans sa position.
Les centres de deux sphères concentriques ont la même position. Il n'en va
pas de même pour les sphères, la position de la sphère la plus petite étant
incluse dans celle de la plus grande. Des objets de taille identique peuvent
avoir des formes différentes. C'est le cas pour des entités flexibles comme les
êtres humains. Sans changer de taille, ils passent ainsi de la *position* debout
à la *position* couchée ou agenouillée. Comme la localisation d'une entité, sa
forme joue donc également un rôle dans l'usage du mot *position*[14].

Contrairement à la *position*, qui est liée à l'espace, la *place-extension*
d'un objet (parfois appelée son *extension corporelle*), lui est
indissolublement liée. Un objet mobile indéformable peut donc changer de
position sans changer sa place-extension. D'autre part, des entités
matérielles qui occupent des *positions* différentes prennent la même *place-
extension* si elles ont la même forme et la même taille. La *place-extension*
est donc caractérisée par deux des facteurs qui déterminent la *position* d'un
objet, sa *forme* et sa *taille,* indépendamment du troisième, sa localisation.
Elle ne peut donc être une portion d'espace spécifique. La *quantité* d'espace
permet de relier la *place-extension* à l'espace *indépendamment de la
position*. Cette solution est adoptée par Aristote dans les *Catégories*, où il
associe la *place* à la catégorie des *quantités* (Vandeloise, à paraître). Comme
tous les noms des catégories, *quantité* est considéré comme un primitif
indéfinissable. Si la quantité est bien liée, comme la *place-extension*, à la
taille de l'entité spatiale, elle présente néanmoins l'inconvénient d'être
indépendante de sa forme : la même quantité de liquide peut remplir un
récipient cylindrique aussi bien qu'un récipient cônique, pourvu qu'ils aient
la même taille. Le mot *volume* a un premier sens identique à celui de
quantité. En ce sens, un cube peut avoir le même volume qu'un
parallélépipède. Mais ce mot est ambigu dans la mesure où il peut également
désigner la taille *et* la forme d'un objet. En ce deuxième sens, *volume* est

---

[14]   Une étude plus complète de la position est proposée dans Vandeloise (à
paraître).

préférable à *quantité* pour définir *place-extension*. Il importe néanmoins de noter qu'une entité *a* un volume ou une extension mais ne l'*occupe pas*. Ce qui est occupé est plutôt le volume d'espace correspondant. La définition de la *place-extension* peut donc se formuler comme suit :

> La *place-extension* d'une entité matérielle est le volume d'espace qu'elle occupe[15]

Il est ainsi tenu compte de la forme et de la taille de l'entité en faisant abstraction de l'entité spatiale spécifique qu'elle occupe, sa *position*.

Comme on l'a vu, un corps indéformable en mouvement ne change pas d'extension mais il change de position à chaque instant. La *place-extension* occupée par une entité indéformable est invariable. Celle des entités déformables doit être précisée. Il y a généralement une limite aux déformations possibles sans quoi l'entité risquerait de perdre son identité. En ce cas, les changements de l'extension de la *place-extension* peuvent être jugés insignifiants. Lorsque les changements sont majeurs, il faut admettre que l'objet peut avoir différentes *places-extension*. Cette solution sera certainement préférée pour les entités repliables comme les tables gigognes et les parapluies.

Pour les objets pleins, la *place-extension* est occupée par *l'intérieur plein* de l'entité matérielle et par sa frontière[16]. Il n'y a pas que l'intérieur plein d'une entité matérielle qui est capable d'*occuper* de la place. Une cavité, entièrement entourée par l'intérieur plein d'un objet, est une portion d'espace indisponible pour les autres entités. Elle "prend" donc de la place et fait partie de la *place-extension* de l'objet. Par conséquent, la *place-extension* de l'armoire dans la phrase (24) inclut son intérieur creux. Il en va généralement de même pour l'intérieur creux des contenants ouverts bien que la situation soit moins claire. Lorsqu'un vase est jugé trop encombrant parce qu'il *prend beaucoup de place*, son intérieur creux fait certainement partie de sa *place-extension*. Pour qu'ils prennent moins de place, on a néanmoins inventé des objets *empilables* ou *emboîtables*. Le gain de place est obtenu en limitant la *place-extension* de ces objets à leur *intérieur-plein*. A cet effet, chaque objet devient un support ou un contenant pour l'objet qu'il précède immédiatement dans la pile ou dans l'emboîtement. En ce sens, il

---

[15]   Cette place correspond à la définition de la place dans les *Catégories* d'Aristote (voir Vandeloise, à paraître).

[16]   Si on considère la frontière comme une surface idéale sans volume, il est possible de la négliger. En ce cas, l'*intérieur plein* et l'objet entier ont la même *place-extension*. Ce n'est pas le cas pour une mandarine dont la frontière s'identifie souvent à la pelure.

devient une *place-repère* pour cet objet. Cette place est étudiée dans la section 2.3.

Par *place* ou composante spatio-temporelle d'un objet, Vieu (1991 : 204-205) entend l'extension de la matière de l'objet, en précisant qu'elle « n'inclut pas la place de son intérieur ». Dans la terminologie adoptée ici, la place d'un objet selon Vieu est donc *la place-extension de son intérieur-plein*, à l'exclusion de son *intérieur creux*. Ce dernier étant une extension spatiale, et donc une *place-extension* disponible, la *place de l'intérieur (creux)* me semble être une expression redondante puisqu'il s'agit de la *place* d'une *place*.

2.3. La place-repère

Conceptuellement, l'immobilité de l'espace permet d'attribuer une position à toutes les entités qui le peuplent. En pratique, néanmoins, à cause de son homogénéité, il constitue un bien piètre repère qui ne peut fonctionner sans l'aide des coordonnées géographiques. Pour celui qui cherche ses chaussettes, la *place-repère* s'avérera beaucoup plus utile. Il apparaîtra que cette place est une entité spatiale introduite par une entité matérielle. Elle diffère néanmoins de la *place-extension* dans la mesure où 1) la *place-repère* est séparable de l'objet et 2) elle peut être plus grande que lui. De plus, contrairement à la *place-extension*, la *place-repère* d'un objet établit toujours une relation avec un autre objet. Celui-ci est généralement *un support* ou *un contenant*. J'étudierai ces deux types de *place-repère* séparément avant de montrer le lien qui les unissent avec un *ordre pré-établi*.

2.3.1. La place-support

Les phrases (25) et (26) montrent clairement le caractère relationnel de la place-support :

(25)   Ce fauteuil est la place du président
(26)   Le trône est la place du roi

Les places déterminées par ces sièges ne sont pas leur *place-extension* mais la région occupée par celui qui s'y assied. Même si le fauteuil et le trône sont destinés au président et au roi, ils peuvent être inoccupés au moment où les phrases (25) et (26) sont énoncées. Les sièges dans un théâtre ou dans un train sont des places dont les occupants, les spectateurs ou les voyageurs, ne sont pas précisés :

(27)   Laurel a réservé une place à l'amphithéâtre
(28)   Hardy a une place à l'avant du train

Si Laurel peut sans aucun problème échanger sa place avec son volumineux ami, c'est que la région que le siège permet de repérer n'est pas précisément déterminée : un siège est une place-support occupée dès que quelqu'un s'y assied. La différence entre la *place-support* et la *place-extension* est lexicalement révélée par l'usage des adjectifs *plein* et *occupé* dans les phrases (29) et (30) :

(29)   L'armoire est pleine/*occupée
(30)   Toutes les places du train sont occupées/*pleines

Comme le montrent les phrases (31) et (32), toutes les places-support ne sont pas des sièges sur lesquels on s'assied :

(31)   Le podium est la place du champion
(32)   Le piédestal est la place de la statue

Pour être à sa place, le champion ne doit pas s'asseoir ou se coucher sur le podium mais s'y tenir debout. Tous les supports n'évoquent donc pas, comme les sièges, la position assise. Je reviendrai sur la *place-support* après avoir présenté la *place-contenant*.

2.3.2. La place-contenant

Cet usage se manifeste dans la phrase (33) où l'armoire contient la tasse :

(33)   L'armoire est la place de la tasse
(34)   La tasse n'est pas à sa place

Comme le montre la phrase (34), cette relation n'est pas toujours effective. Si un objet peut se séparer momentanément de sa *place-repère* naturelle, on sait qu'il lui est impossible de quitter sa *place-extension* qui l'accompagne comme son ombre.
    La *place-contenant* pourrait correspondre au *contenant* ou à son *intérieur creux*[17]. Directement associée au contenant, elle désignerait une

---

[17]   Dans la *Physique* d'Aristote (IV, 212a6), la place d'un objet est définie par « la limite du corps contenant avec laquelle le corps contenu est en contact ». La *place-contenant* est donc la surface interne du contenant. J'ai discuté ailleurs (Vandeloise, à paraître) cette solution qui est étroitement liée au système physique d'Aristote.

entité matérielle. Il serait alors naturel de l'introduire par la préposition *dans*. Néanmoins, le contraste entre les phrases (35) et (36) établit la préférence de la place pour la préposition *à*, qui introduit normalement les extensions spatiales :

(35) L'objet est à sa place
(36) * L'objet est dans sa place

J'en conclurai que la *place-contenant* n'est pas interprétée comme une entité matérielle. Si la place de la tasse semble être une entité matérielle dans la phrase (33), c'est que *armoire*, comme *chambre* ou *maison*, peut désigner une entité matérielle aussi bien que l'extension qu'elle entoure. Dans tous ces cas, il s'agit d'une métonymie par laquelle le nom du contenant désigne son *intérieur creux*[18]. C'est avec cette entité spatiale, la partie contenante du contenant, qu'il faut associer la *place-contenant*. La *place-repère* de tous les contenus correspond donc à l'*intérieur creux* du contenant avec lequel ils sont en relation[19]. Dans le cas des *places-support*, on a vu que des entités matérielles (les sièges) évoquaient également des entités spatiales correspondant à leur usage normal.

La distinction entre la *place-support* et la *place-contenant* a permis de baliser le domaine de la *place-repère*. Cette distinction est cependant trop tranchée. J'en prendrai pour témoin un bahut dont la fonction est d'une part de contenir la vaisselle des jours de fête et d'autre part de supporter les chandeliers et d'autres objets décoratifs. Ce meuble est à la fois la *place-contenant* de la vaisselle et la *place-support* des chandeliers. En fait, comme le montrent les phrases (37) et (38), il peut déterminer d'autres *places-repère* :

(37) La place de la chaise est à côté du bahut
(38) La place du chien est en dessous du bahut

Ces *places-repère*, on le notera, ne sont pas introduites métonymiquement par le nom du meuble repéré mais par un syntagme prépositionnel dont le meuble est le site. La *place-contenant* et la *place-support* peuvent s'introduire de la même manière. Aux phrases (39) et (41), correspondent donc les phrases (40) et (42) :

---

18   Il existe également des métonymies du contenant au contenu dans *boire un verre d'eau*.
19   Seuls de rares animaux, comme les termites ou les taupes peuvent occuper l'*intérieur-plein* du bois ou de la terre.

(39) La place de la vaisselle est le bahut
(40) La place de la vaisselle est dans le bahut
(41) La place de la pendule est le bahut
(42) La place de la pendule est sur le bahut

Les phrases (39) et (41) me paraissent néanmoins préférables. Les *places-repère* introduites par des repères contenants ou supports manifestent ainsi leur particularité par rapport aux places introduites par d'autres relations spatiales.

Il ne suffit pas d'être un contenant pour pouvoir déterminer une *place-repère*. Bien qu'un verre soit un contenant comme une armoire, il n'est pas possible d'utiliser la phrase (43), parallèlement à la phrase (33) :

(43) * Le verre est la place du vin

Deux contraintes sont violées par cette phrase. Premièrement, le verre est un contenant mobile qui ne constitue pas un bon repère pour localiser le vin. Deuxièmement, la portion de vin dans le verre est éphémère. Il ne s'agit pas d'une entité stable qu'il sera possible de réidentifier plus tard indépendamment de sa position. Un objet ne peut donc déterminer une *place-repère* que s'il permet de ranger des entités réidentifiables. C'est grâce à l'ordre établi par ces places que l'homme poursuit ses activités avec un maximum d'efficacité. Certains objets constituent des *places-repère* idéales. C'est le cas pour les *armoires* qui servent à ranger les objets ménagers, les *bibliothèques* ou les *étagères* qui permettent de ranger les livres, les *garde-robes* où s'accrochent les vêtements et les *classeurs* qui servent à classer les dossiers. Si une place est assignée aux ustensiles de cuisine, aux livres, aux robes et aux dossiers, c'est parce qu'ils sont des objets indispensables qui nous accompagnent pendant une période de notre vie. Ce peut être le cas du vin mais le vin versé dans un verre n'est pas réidentifiable et son existence est éphémère. Le verre de la phrase (43) n'est donc pas plus *la place du vin* qu'une assiette particulière n'est *la place des pommes de terre*. Outre les contenants mentionnés plus haut, les *chambres* peuvent également être des *places-contenant* pour les objets et le mobilier. Tous les enfants savent, ou devraient savoir, que la salle à manger n'est pas *la place* pour leurs jouets. Enfin, la société a également tendance à assigner une place à ses membres. J'espère que les vieux préceptes que je présente en guise d'exemples me seront pardonnés :

(44) La place de la femme est la cuisine
(45) Un bar n'est pas la place d'une jeune fille

Il devrait être clair désormais que la *place-repère* présuppose l'existence d'un monde ordonné dans lequel elle sert à donner des instructions. Je proposerai donc la définition suivante :

> La *place-repère* d'une entité (mobile) est une entité spatiale déterminée par l'entité matérielle à laquelle elle est associée dans un ordre établi

Dans le cas des supports, il s'agit de la région correspondant à leur usage normal. Pour les contenants, la *place-repère* est l'*intérieur creux* qui est repéré grâce à la matière du contenant.

En conclusion, trois usages du mot *place* ont été définis dans cette section. Lorsqu'elle est *disponible*, la *place-extension* correspond à l'espace ou à une de ses portions. Une condition nécessaire à la présence d'une entité matérielle, la place disponible est dépourvue de limites spécifiques aussi longtemps qu'elle est inoccupée. Lorsqu'elle est prise, l'objet qu'elle accueille lui prête ses limites. La *place-extension* de l'objet est le volume d'espace qu'il occupe.

Certains objets sont également dotés d'une position qu'ils ne peuvent quitter sans déranger un *ordre pré-établi*. Parce que cette place est définie par rapport à un autre objet, plus stable, je l'appelle la *place-repère*. Le repère est fréquemment un *contenant* ou un *support*, plus particulièrement un *siège*. Comme on l'a vu à la section 2, la *place-extension* occupée par un contenant comprend la place de son *intérieur plein* et son *intérieur creux*. Il serait redondant de dire *la place de l'intérieur creux*, puisque l'*intérieur creux* est lui-même une place disponible. Ce dernier change néanmoins de *position* en même temps que le contenant. Cela signifie que, lorsque l'objet contenant est en mouvement, il coïncide avec différentes portions de l'espace immobile. La *place-extension* occupée par le contenu dont le contenant est la place est une portion de l'*intérieur-creux*. C'est la matière de l'intérieur plein du contenant qui permet de repérer l'*intérieur creux*.

Références

Aurnague, M. (1991). *Contribution à l'étude de la sémanttique formelle de l'espace et du raisonnement spatial : la localisation spatiale en français, sémantique et structures inférentielles*. Thèse de doctorat, Toulouse : Université Paul Sabatier.

Aurnague, M. & Vieu, L. (1993). A three-level approach to the semantics of space, in : C. Zelinsky-Wibbelt, (éd), *The Semantics of Prepositions*, Berlin/New-York : Mouton de Gruyter, 393-439.

Borillo, A. (1988). Le lexique de l'espace : les noms et les adjectifs de localisation interne, *Cahiers de grammaire* 13 : 1-22.

Borillo, A. (1997). Aide à l'identification des prépositions de temps et de lieu, *Faits de langues* 9 : 173-184.

Casati, R. & Varzi, A. (1995). *Basic Issues in Spatial Representations*, Istituto Per la Ricerca Tecnologica.

Herskovits, A. (1986). *Language and Spatial Cognition : An interdiciplinarity study of the prepositions in English*, Cambridge : Cambridge University Press.

Vandeloise, C. (1985). *Représentation linguistique du mouvement et de l'espace*. Thèse de doctorat, Paris : Ecole des Hautes Etudes en Sciences Sociales.

Vandeloise, C. (1986). *L'espace en français*, Paris : Editions du Seuil.

Vandeloise, C. (1993). Méthodologie et analyse de la préposition *dans*, *Lexique* 11 : 15-40.

Vandeloise, C. (à paraître). *Aristote et le lexique de l'espace : Rencontres entre la Physique Grecque et la Linguistique Cognitive*, Paris : Presses Universitaires de France.

Vieu, L. (1991). *Sémantique des relations spatiales et inférences spatio-temporelles : une contribution à l'étude des structures formelles de l'espace en langage naturel*. Thèse de doctorat, Toulouse : Université Paul Sabatier.

Zelinsky-Wibbelt, C. (1993). *The Semantics of Prepositions*, Berlin/New-York : Mouton de Gruyter.

Le passé simple, le passé composé et les règles d'interprétation discursive

Co VET
Rijksuniversiteit Groningen - Département des langues romanes

1. Introduction*

Les théories de la représentation discursive (cf. entre autres Kamp et Reyle 1993; Asher 1993) ont orienté l'étude des temps verbaux, traditionnellement concentrée sur la définition du sens des morphèmes temporels ou sur leur combinaison avec d'autres éléments temporels de la phrase, vers leur fonctionnement dans le discours. Pour ce qui est du français, cette nouvelle approche a donné lieu à de nombreuses études sur l'imparfait (IMP) et le passé simple (PS), qui sont conçus comme donnant des instructions différentes en ce qui concerne la façon dont il faut situer l'éventualité rapportée par la phrase par rapport à l'éventualité précédemment introduite dans le discours. Ainsi, on a formulé des règles d'interprétation selon lesquelles l'IMP, temps anaphorique, donne l'instruction de 'rattacher' l'éventualité à un antécédent temporel précédemment introduit dans le discours, et le PS comme donnant l'instruction de placer l'éventualité après l'éventualité introduite par une phrase précédente si celle-ci est également au PS. Ces règles prédisent correctement les relations temporelles dans les fragments de (1) et de (2).

(1)   Hervé roula une cigarette (e_1). Ses mains tremblaient (e_2).
(2)   Hervé alluma sa cigarette (e_1). Il fut pris par une violente quinte de toux (e_2).

En effet, les règles prédisent correctement que, dans (1), l'éventualité e_1 est temporellement incluse dans l'éventualité e_2 ($e_1 \subseteq e_2$), tandis que dans (2) e_1 est antérieur à e_2 ($e_1 < e_2$).

Le texte que nous analysons dans le paragraphe 3 a été l'objet de conférences que nous avons données à Toulouse, Austin, Uppsala, Boulogne-sur-Mer, Valenciennes et Lille. Nous sommes reconnaissant des critiques et des commentaires faits par les collègues et leurs étudiants et dont nous avons pu profiter lors de la rédaction de cet article. Nous tenons aussi à remercier Anne Le Draoulec de ses remarques tout à fait pertinentes à propos de la première version de ce texte.

Le mérite de ce type d'approche est qu'elle permet de contrôler si les prédictions sur les relations temporelles entre les éventualités rapportées par les phrases du discours sont correctes ou non.

Il y a aussi des temps verbaux qui semblent donner la même instruction pour l'interprétation de l'ordre des éventualités. Dans cet article, nous nous attacherons à étudier le cas du passé composé (PC)[1] et du passé simple (PS). Comparons, par exemple :

(3) A ce moment-là, des pas retentirent... La porte de la maison s'ouvrit et la terrible sorcière entra dans la pièce.
(4) A ce moment-là, des pas ont retenti....... La porte de la maison s'est ouverte et la terrible sorcière est entrée dans la pièce.

Tant dans (3) que dans (4), l'ordre des éventualités est le même: $e_1 < e_2$; $e_2 < e_3$. Apparemment, l'interprétation des relations temporelles n'est pas affectée si on substitue le PC au PS.

Pour mettre à l'épreuve l'hypothèse d'une synonymie totale ou partielle de ces temps, nous commencerons, dans le second paragraphe, par présenter une analyse des temps verbaux du français à l'aide de traits sémantiques. Nous distinguerons trois groupes de temps: les temps déictiques, les temps anaphoriques et ceux qui créent un point référentiel. Dans le paragraphe 3, nous examinerons quelques règles de la DRT et de la SDRT pour voir si elles peuvent être utilisées pour l'analyse d'un texte contenant les temps qui nous intéressent ici, le PC et le PS.

2. Les propriétés sémantiques des temps verbaux français

Si on étudie les temps verbaux du français, on constate qu'il y a une série de temps qui établissent une relation avec le moment de la parole, ou mieux avec un point référentiel qui coïncide avec le moment de la parole (m : r = m). On peut appeler ces temps 'déictiques'. Ce sont, entre autres (nous ne traitons pas ici des temps futurs) :

I.a. le présent (PR) : *Le fermier nourrit son bétail.*
  traits : PRES + ∅ ; le trait PRES indique la position du point référentiel : r = m ; le trait ∅ indique la relation de coïncidence entre r et e (notation r ⊆ e ;) ;

---

[1] Le passé composé est une forme ambiguë (cf. Vet : 1980, 1992). Dans certains contextes, il a une valeur aspectuelle (celle du 'parfait'). Dans ce cas, le locuteur veut parler de la phase résultative d'une éventualité; cette phase coïncide avec le moment de la parole. Dans d'autres contextes (narratif, par exemple), les phrases au PC réfèrent à l'éventualité elle-même. Nous définirons la différence dans Ib et IIIa', ci-dessous.

I.b.   le passé composé (PC) : *Le fermier a nourri son bétail.*
traits : (PRES + ∅) + PARF ; PARF ('parfait') indique qu'on parle du résultat d'une éventualité e, noté RES(e); PRES indique, comme ci-dessus, que le point de référence coïncide avec le moment de la parole (r = m) et ∅ que RES(e) coïncide avec r : r ⊆ RES(e).

Une autre série de formes établit une relation avec un point référentiel qui est antérieur au moment de l'énonciation (r < m) ; on peut les qualifier de temps anaphoriques :

II.a.   l'imparfait (IMP) : *Le fermier nourrissait son bétail.*
traits : PASSÉ + ∅ ; le trait PASSÉ indique la position de r : r < m et, comme avant, le trait ∅ s'interprète comme: r ⊆ e.
II.b.   le plus-que-parfait (PQP) : *Le fermier avait nourri son bétail.*
traits : (PASSÉ + ∅) + PARF ; interprétation : r < m, r ⊆ RES(e) ; le point référentiel r est inclus dans le résultat de l'éventualité e.

Notons que le PR, l'IMP, le PC et le PQP se combinent sans problème avec l'adverbe *déjà* :

(5)   Le fermier nourrit déjà/a déjà nourri/nourrissait déjà/avait déjà nourri son bétail.

On peut dire que *déjà* exprime que le point r = m ou r < m qui sert à localiser l'éventualité est précoce par rapport à un point postérieur auquel les éventualités en question auraient dû se produire selon les attentes.

Constatons que la seule différence entre les temps de I et ceux de II réside dans le fait que les premiers possèdent le trait PRES et ceux du second groupe le trait PASSÉ. Nous rappelons que nous considérons le PARFait comme un aspect; PARF n'a pas pour fonction d'indiquer la relation de l'éventualité avec le point référentiel, mais de signaler que le locuteur n'a pas l'intention de parler de l'éventualité elle-même, mais de la phase résultative de celle-ci.

Il y a lieu de distinguer un troisième groupe de temps qui comprend entre autres choses le PS et le passé antérieur (PA). Nous leur attribuons les traits suivants :

III.a.   le passé simple (PS) : *[Deux heures plus tard] le fermier nourrit le bétail.*
traits : ANT + ABS

Le trait ANT (antérieur) doit être distingué du trait PASSÉ. ANT indique que l'éventualité est antérieure au moment de la parole (m), tandis que PASSÉ concerne l'antériorité par rapport à m du point référentiel r. ABS veut dire que nous avons affaire à une éventualité 'complète', y compris le début et la fin de celle-ci. Il s'agit donc d'une vision globale de l'éventualité. C'est sans aucun doute grâce à ce trait que l'éventualité rapportée par une phrase au PS doit occuper une position 'nouvelle' sur l'axe du temps, c'est-à-dire un laps de temps dont il n'a pas encore été question dans le discours précédent. Le PS se distingue sur ce point de l'IMP, qui présente, par défaut, une éventualité comme étant en train de se dérouler à un moment dont il a déjà été question dans le discours. Le trait ABS rend l'emploi du PS approprié dans au moins deux contextes. Dans le premier, la phrase au PS rapporte une (quelques) éventualité(s) isolée(s), présentée(s) comme n'ayant pas de relation directe avec les éventualités rapportées avant ou après. On trouve cet emploi du PS le plus souvent dans des subordonnées relatives :

(6) [FISHER (Irving)] Professeur de mathématiques, puis d'économie politique à laquelle il **appliqua** les méthodes de mathématiques, il a donné à la théorie quantitative de la monnaie une formulation moderne [...]. (*Le Petit Robert des noms propres*)

Le second contexte dans lequel on trouve le PS est celui des récits narratifs. Nous ne croyons pourtant pas que le PS doive être caractérisé comme un temps narratif, mais plutôt que le trait ABS(olu) l'y rend particulièrement approprié, parce qu'une éventualité qui est postérieure aux autres occupe par définition un laps de temps dont il n'a pas encore été question.[2]

Le fait que le PC peut être utilisé dans les mêmes contextes que le PS nous oblige à assigner à ce temps les mêmes traits qu'au PS. Dans les contextes où le PC peut être substitué au PS il n'a plus la même valeur que le PC que nous avons défini sous (I.b.). Pour le distinguer du PC aspectuel de Ib, qui signale qu'on réfère à la phase résultative d'une éventualité, nous appellerons le PC 'jouant le rôle' d'un PS le 'PC$_{abs}$' (le PC absolu).

III.a'. PC$_{abs}$: *[Deux heures plus tard] le fermier a nourri son bétail.*
         traits : ANT + ABS

Le PS a aussi une variante parfait, le passé antérieur (PA), auquel nous assignons, outre les traits du PS, le trait PARF :

III.b. le passé antérieur (PA) : *[En moins de rien] le fermier eut nourri son bétail.*
        traits : (ANT + ABS) + PARF

---

[2] Nous verrons au paragraphe 3 qu'on trouve le PS aussi dans les énumérations d'éventualités non ordonnées.

Le trait PARF indique, comme avant, qu'on parle de la phase résultative de l'éventualité décrite dans le reste de la phrase. On voit que le PA a comme le PQP le trait PARF. Pourtant les traits ANT, et surtout ABS, font que ces deux temps ne peuvent pas se substituer l'un à l'autre sans changement de sens ou sans causer l'agrammaticalité de la phrase. Comparons par exemple les fragments de (7) et (8), empruntés à Vet & Molendijk (1986: 153) :

(7) Pierre monta dans sa chambre (e_1). En moins de rien, il eut terminé son travail (RES(e_2)). Il était content (e_3).

(8) Marie monta dans sa chambre (e_1). Elle avait terminé son travail en très peu de temps (RES(e_2)). Elle était contente (e_3).

Ce qui est intéressant, c'est que dans (8) RES(e_2), le résultat de e_2, se rattache à e_1, qui lui sert de point référentiel ($e_1 := r_1$; $r_1 < m$). Pour les états introduits par des phrases à l'IMP, la règle d'interprétation est la même; dans (8), c'est donc de nouveau e_1 qui sert de point référentiel pour e_3 ($r_1 \subseteq e_3$). Le schéma suivant représente les relations entre les éventualités de (8) :

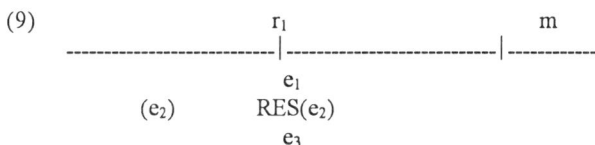

(9)
```
                          r₁                          m
-------------------------|-------------------------|-----------
                         e₁
     (e₂)            RES(e₂)
                        e₃
```

Dans (7), en revanche, les relations entre e_1 et RES(e_2) ne sont pas les mêmes. Ici RES(e_2) est postérieur à e_1 ($e_1 < $ RES(e_2)), tandis que e_3 se rattache à RES(e_2), qui fonctionne comme point référentiel (RES(e_2) := r_1). Le schéma (10) représente ces relations :

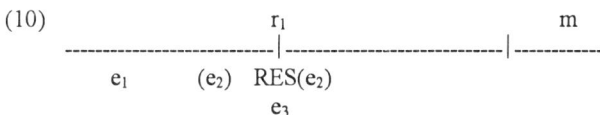

(10)
```
                          r₁                          m
-------------------------|-------------------------|-----------
     e₁         (e₂)   RES(e₂)
                        e₃
```

Notons que tant dans (9) que dans (10) nous avons représenté l'éventualité e_2 entre parenthèses pour indiquer que l'existence de cet événement est présupposée. Le trait ABS du PA de (7), qui exige que l'éventualité occupe un nouveau laps de temps, ne permet pas de rattacher le RES(e_2) à e_1. On le place donc après e_1. L'IMP de la troisième phrase de (7) donne l'instruction d'établir une relation de simultanéité entre e_3 et RES(e_2). Bien que le résultat d'une éventualité appartienne à la classe des états, la présence du trait ABS du PA provoque la lecture inchoative de la seconde phrase de (7) (l'état se situe dans un nouveau laps de temps). Il s'agit ici du même effet contextuel que celui observé dans la seconde phrase de (11) :

(11)   Jean-Marie mangea trois douzaines d'huîtres(e_1). Il fut malade (e_2).

L'état 'être malade' se situe dans un nouvel intervalle: e_2 est donc, par défaut, postérieur à e_1, et doit s'interpréter comme 'tomber malade'. De la même façon, *il eut terminé son travail*, dans (7), réfère au début du résultat.

Le PC$_{abs}$ possède aussi une variante parfait, le passé surcomposé :

III'.b'. Le passé surcomposé (PSC) : *[En moins de rien] le fermier a eu nourri son bétail.*
traits : (ANT + ABS) + PARF

Le passé surcomposé est, pour ainsi dire, un PC$_{abs}$ auquel on a ajouté un PARF. Comme PARF est exprimé par la combinaison *avoir/être* + participe passé, le résultat est une forme qui possède deux fois *avoir/être* + participe passé, dont un seulement exprime PARF (l'autre exprime ANT + ABS).

Il est bien connu, cependant, que le PS et le PC$_{abs}$ ne sont pas complètement synonymes. Il existe, en effet, des contextes dans lesquels le PC$_{abs}$ ne peut pas être remplacé par le PS. Comparez les exemples suivants :

(12)   a. ?? Marie arriva hier/ce matin (mais elle ne resta que quelques minutes).
       b. Marie est arrivée hier/ce matin (mais elle n'est restée que quelques minutes).

Notons d'abord que la seconde phrase que nous avons ajoutée entre parenthèses exclut que la première phrase réfère au résultat de l'éventualité, car ce résultat est annulé avant le moment de la parole: il n'y a donc pas de RES(e_1) à m, mais un $e_1 < m$ seulement. Quand il fonctionne comme un PC$_{abs}$, ce temps semble donc avoir gardé un trait du sens original, à savoir que le contexte dans lequel se produit l'événement peut être mis en rapport avec le moment de la parole. C'est pourquoi le PC$_{abs}$ se combine sans problèmes avec des compléments adverbiaux qui se définissent directement ou indirectement à l'aide du moment de la parole (*hier* : 'le jour qui précède le jour qui contient le moment de la parole', etc.). Nous rendrons compte de cette différence en intégrant dans le sens du PC$_{abs}$ le trait DEICTique et dans celui du PS le trait NON-DEICTique :

III.a. (définition définitive) le passé simple (PS) : *[Deux heures plus tard] Le fermier nourrit le bétail.*
traits : ANT + ABS + NON-DEICT
III.a'. (définition définitive) le passé composé absolu (PC$_{abs}$) : *[Deux heures plus tard] Le fermier a nourri le bétail.*

traits : ANT + ABS + DEICT

Nous interpréterons le trait NON-DEICT comme suit: la (les) éventualité(s) rapportée(s) par des phrases au PS se situent dans un intervalle i dont la fin est antérieure à m. Ce point n'est donc pas disponible pour situer les éventualités dans le temps. Les éventualités introduites dans le discours par des phrases au PC_{abs} se situent en revanche dans un intervalle qui contient aussi le point m.

(13) représentation du contexte d'emploi du PS

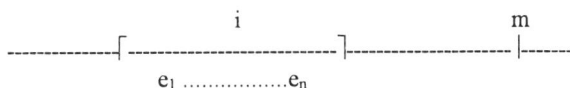

(14) représentation du contexte d'emploi du PC_{abs}

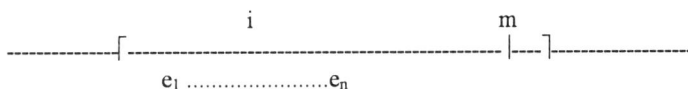

Le terme 'absolu' se justifie pour les deux temps parce que, comme on aura remarqué, nous n'adoptons de point référentiel ni pour le PS, ni pour le PC_{abs}. Les événements qu'ils introduisent dans le discours peuvent servir de point référentiel pour les éventualités introduites par des phrases à l'IMP, au PQP ou au futur du passé, mais n'en ont pas besoin eux-mêmes. Le fait que le PS et le PC_{abs} ne se combinent pas avec l'adverbe *déjà* semble confirmer cette analyse . Nous nous écartons donc, sur ce point, de Kamp et Rohrer (1983). Nous remarquons finalement que les temps du groupe III se distinguent de ceux de la catégorie II par l'absence totale d'emplois modaux.

3. L'analyse d'un texte

Dans ce paragraphe, nous proposerons l'analyse d' un texte qui contient aussi bien des PC_{abs} que des PS. Le voici :

(15) RENDONS-NOUS !

([A-i] indique le début d'un alinéa)

1.   [A-1] *Elles n'en **pouvaient** plus de voler. Vraiment plus.*
2.   *Alors Véronique et Catherine, Thelma et Louise, **ont sauté**, à leur manière, de la falaise.*

3. *Elles **sont entrées** dans un commissariat du XVIe arrondissement, la semaine dernière, à Paris.*
4. *On **imagine** bien la stupéfaction des policiers.*
5. *Et l'inédite déclaration: « Bonjour! Ce serait pour un vol, des vols, beaucoup de vols. Arrêtez-nous, on n'en peut plus. Nous sommes au bout du rouleau »*
6. *[A-2] Les policiers, **rapportent** l'AFP et Le Parisien, **eurent** un instant de doute.*
7. *Mais les « plaignantes » **insistèrent, donnèrent** des détails, **supplièrent**: « Aidez-nous! On ne sait comment en sortir. Nous sommes dans une voie sans issue »*
8. *Et de fait l'histoire était vraie.*
9. *[A-3] Véronique, chef-comptable, Catherine, aide comptable dans un hôtel de Nanterre, **volaient**. Depuis des années.*
10. *Et pas des bouts de ficelle ou les soucoupes de pourboires, des millions de francs!*
11. *Assez bien placées pour maquiller les comptes, les deux jeunes femmes **puisaient** dans la caisse.*
12. *Elles le **firent** modérément d'abord, pour améliorer l'ordinaire.*
13. *Puis, comme il **est** de coutume, elles **s'enhardirent**.*
14. *Les menus détournements **devinrent** de gros prélèvements. Les petites flibusteries des opérations libre-service.*
15. *Fausses dépenses, fausses justifications, faux achats, faux honoraires, le grand jeu d'écritures.*
16. *Et 5 millions de francs à l'arrivée, sans que personne y voie quoi que ce soit.*
17. *[A-4] Véronique et Catherine, hors les heures de vol, **firent** la fête. Tant et plus.*
18. *La vie de palace sur la Côte d'Azur, les week-ends de duchesses, le jeu à tout-va, les grands couturiers. La fête jusqu'à plus soif!*
19. *Comme l'on dit dans les bons ouvrages, elles s'en **payèrent** une tranche.*
20. *D'autant plus volontiers que ce n'est point elles qui la **payèrent**.*
21. *[A-5] Il **faut** aux histoires amorales une issue morale.*
22. *Faute de quoi elles ne **trouveraient** pas leur place ici, où le bon sens et la déontologie ordinaire **commandent** de ne point encourager le vice et de ne pas mythifier la filouterie.*
23. *Fût-elle parfumée de frais et vêtue de soie.*
24. *Véronique et Catherine **finirent** par se lasser de tant faire la fête.*
25. *[A-6] C'est que tout **lasse**, tout **passe**. Même l'échappée belle et permanente. Même la grande vie, roulez carosse, chaussure de vair et robe de bal.*
26. *Il **vint** un jour où d'un commun accord, on le **suppose**, les deux jeunes femmes **décidèrent** que la fête **était** finie.*
27. *Un remords subit ? N'allons pas jusqu'à ces extrémités.*
28. *C'**est** un luxe, le remords, un luxe de pauvre notamment.*
29. *[A-7] Non, imaginons plutôt une angoisse diffuse, cette sorte d'angoisse que provoque l'impunité.*
30. *Plus elles **puisaient**, moins cela **se voyait**. Terrible situation.*

31.　*On **croit** trop volontiers que le voleur ne **craint** qu'une chose, se faire prendre.*
　　Erreur !

32.　*Sa terreur **peut** venir aussi de ne pas se faire prendre, d'être livré à lui-même, à la tentation de l'escalade, dans l'indifférence et l'égoïsme général des honnêtes gens.*

33.　[A-8] *Véronique et Catherine **se sont rendues** alors que l'on ne leur demandait rien. Du moins pas encore.*

34.　*Peut-être bien que l'histoire ne **s'est** pas **passée** tout à fait ainsi.*

35.　*Mais c'est ainsi qu'elle nous **plaît**.*

36.　*Rendons-nous, **se dirent**-elles, nous **nous sommes** cernées.*
　　(*Le Monde du* 26 mars 1996).

Commençons par rappeler le type de règles que Lascarides et Asher (1993) et Asher (1993) proposent pour interpréter un discours; nous adaptons ces règles pour rendre compte de l'influence des temps verbaux; nous y introduisons aussi la notion de point référentiel (α et β représentent des phrases d'un texte, e_α et e_β représentent les éventualités auxquelles α et β réfèrent).

(16)　a.　$PC^*_{abs}(\alpha)$, $PC^*_{abs}(\beta))$ >> NARRATION (α, β)　　　[* ou PS, passé simple]
　　　　　NARRATION (α, β) → $e_\alpha < e_\beta$; e_α, $e_\beta < m$

　　　b.　$PC^*_{abs}(\alpha)$, $IMP(\beta))$ >> BACKGROUND (α, β)　　　[* ou PS, passé simple]
　　　　　BACKGROUND (α, β) → $e_\alpha := r_i \wedge r_i \subseteq e_\beta$; $r_i < m$.

Le règle (16a) donne l'instruction d'inférer (>> signifie ici 'par défaut') la relation de narration si deux phrases α et β d'un texte sont au PC_{abs} ou au PS. Sur la base de cette relation on doit (→) inférer que l'éventualité à laquelle réfère α précède (<) celle à laquelle réfère β. La règle (16b) nous apprend que, si une phrase au PC_{abs} ou au PS est suivie d'une phrase à l'IMP, on peut inférer, par défaut, la relation d'arrière-plan. Celle-ci impose l'interprétation que e_α fonctionne comme point référentiel (r_i) et que r_i est inclus dans e_β.
　　Les règles de (16a, b) ne peuvent pas interpréter la première phrase du texte de (15). On peut y remédier en formulant la règle (16b') :

(16)　b'.　$IMP(\alpha)$, $PC^*_{abs}(\beta))$ >> $BACKGROUND^+$ (α, β)　　[* ou PS, passé simple]
　　　　　$BACKGROUND^+$ (α, β) → $r_i \subseteq e_\alpha \wedge r_i < e_\beta$ (à condition que α ne soit pas précédé d'une phrase au PC_{abs} ou au PS) $\wedge$ r_i, $e_\beta < m$.

(16b') donne l'instruction d'inférer par défaut la relation $BACKGROUND^+$ si α est a l'IMP et β est au PC_{abs} ou au PS et d'introduire un point référentiel r_i, tel que $r_i < e_\beta$. L'emploi de l'IMP dans α présuppose l'existence d'un tel point référentiel. (16b') prédit l'interprétation I-1 de la première phrase de (15) :

I-1 : $r_1 < m$; e_1: ne_plus-en_pouvoir (x_1); $r_1 \subseteq e_1$.

L'adverbe anaphorique *alors* permet d'identifier r_1 avec e_2 introduit par P2 :

I-2 : Véronique (x_2) ; Catherine (x_3) : $x_1 = x_2 \cup x_3$; $e_2 = r_1$; e_2: 0.sauter_de_la_falaise ; à_la_manière_de_x_1 (e_2).

Pour bien comprendre le texte, on a besoin de connaissances du monde (notamment celles concernant le film auquel fait allusion l'apposition *Thelma et Louise*). Nous n'essayerons pas de formuler ces connaissances ici. Puis il faut aussi comprendre que P3 et P5 constituent une élaboration de P2. Cela veut dire que les événements e_3 et e_5 constituent des parties de e_2 (cf. (17), ci-dessous); en outre, e_4 constitue une réaction à e_5, ce qui renverse l'ordre de ces événements par rapport à celui des phrases P4 et P5 ($e_5 < e_4$). Cela mène aux interprétations suivantes (où p_1 représente le contenu de la déclaration).

I-3 : commissariat_de_police (x_4); e_3: x_1 entrer_dans x_4; la_semaine_dernière (t_1); $e_3 \subseteq t_1$; $e_3 \leq e_2$ ($\leq$ indique la relation partie - tout).
I-4 : policiers (x_5), e_4: stupéfaits (x_3).
I-5 : e_5: x_1 déclarer p_1; p_1: [$\{e_6\}$: x_1 voler; nombreux $\{e_6\}$; $\{e_6\} < e_2$]; $e_5 \leq e_2$; $e_3 < e_4$; $e_5 < e_4$.

Nous ne poursuivrons pas cette analyse ici. Abstraction faite de la question de savoir si une telle analyse pourra se faire de façon automatisée, étant donné la grande quantité de connaissances pragmatiques dont on a besoin, l'inconvénient de ce type d'analyse est que les règles n'aboutissent jamais à une interprétation où elles identifient de façon inductive l'alinéa A1 comme le résumé de l'histoire de Véronique et Catherine, et les autres alinéas du texte comme ne constituant que des élaborations de certains éléments du premier alinéa ou des commentaires à propos de ceux-ci. Dans ce qui suit, nous esquisserons une analyse dans laquelle des unités plus grandes du texte (des épisodes) sont prises en considération.

Nous faisons cependant remarquer que les règles de Asher sont capables de mettre en rapport P2, P3 et P5 en établissant une relation d'élaboration entre P2 et P3 et une relation de continuation entre P3 et P5.

(17) Elaboration (α, β) iff $(\alpha \Downarrow \beta) \vee$ (for every $e \in ME(\beta)$ there is an $e' \in ME(\alpha)$ such that e is a part of e') & β is more complex than α. (where $\alpha \Downarrow \beta$ reads as 'α is the topic of β' and 'ME(α)' as 'the main events of α'. (Asher: 1993: 267-268).

Asher (1993 : 267) definit la notion de topique comme suit: « a proposition that summarizes the content of a constituent in an SDRS [...] » et ajoute qu'« An important feature of topics is, that "*they should summarize not repeat*" » (ibid). Cependant ce type de règles ne relie chaque fois qu'une phrase à une autre, tandis que nous voulons réunir dans un épisode les éventualités de P1 à P5, par exemple.

Il nous semble donc que pour décrire les relations temporelles et discursives de notre texte, nous avons besoin, entre autres, de la notion de 'topique discursif' et de règles qui relient une phrase à un épisode entier ou des épisodes entre eux. Nous proposons pour la notion de topique discursif la définition provisoire de (18) :

(18)   Le topique d'un discours D est un ensemble de propositions qui résume le contenu de D.

On pourrait formuler la règle par défaut suivante :

(19)   Si A est le premier alinéa d'un discours D >> A est le topique discursif de D.

Si on regarde l'emploi des temps du premier alinéa de (15), A1, on constate que nous avons, outre l'IMP de P1 qui introduit le motif de e_2, les deux phrases suivantes au PC_{abs}, tandis que P4 et P5, qui introduisent les événements e_4 et e_5, contiennent des nominalisations qui, à leur tour, sont dans la portée de *On imagine*. Par opposition au PS, le PC_{abs} permet d'utiliser, dans P3, le complément circonstanciel *la semaine dernière*, qui est de nature déictique. L'emploi de ce temps dans P2 et P3 fournit donc une nuance d'actualité au topique entier.

Le temps qui est utilisé dans le second alinéa (A2), à partir de P6, est le PS. Ici encore, la règle (17) de Asher permet d'identifier P6 comme constituant une élaboration de P4, et de considérer les phrases de P7 comme des continuations. Pourtant, il nous semble préférable de considérer A2 dans son entier comme l'élaboration de P4. Cela nous permet d'y inclure P8, à l'IMP, qui la clôt. Nous établissons donc la relation suivante :

ELABORATION (P4, A2) (A2 : 'Ce qui se passa dans le commissariat de police')

L'identification de A2 comme élaboration de P4 est facilitée par la reprise de *Les policiers*.

Si on passe au troisième alinéa on constate qu'après la présence de l'IMP dans P9 et P10 le reste de l'alinéa est de nouveau au PS. Mais cette fois-ci ce n'est pas la reprise d'un syntagme nominal qui constitue l'indice du début de l'élaboration, mais le verbe *voler* et son synonyme *puiser dans la caisse*. En outre l'IMP de P9 et P10 exclut l'interprétation selon laquelle les éventualités seraient comprises comme se produisant à un nouvel intervalle. La fonction de P9 et de P10 est donc de rétablir le lien avec les vols, $\{e_5\}$, dont il est question dans p_1 (le contenu de la déclaration de P5). Les phrases P12, P13 et P14, au PS, constituent le noyau de l'élaboration. Les phrases P15 et P16 sont, à leur tour, des élaborations des *gros prélèvements* et des *opérations libre-service* de P14.

La fonction discursive du quatrième alinéa, A4, est indiquée, dans P17, par l'apposition *hors les heures de vol*, qui par son contenu indique que ce qui suit constitue un contraste avec A3. On peut considérer A4 comme l'élaboration de A3. Ce qui frappe, c'est que de nouveau le temps dominant est le PS. Notons aussi que ni dans A3, ni dans A4, les PS n'ont une fonction narrative. Les éventualités qui y sont rapportées ne se succèdent pas, et s'il y a succession, comme dans P12 et P13, ce n'est pas grâce au PS, mais aux adverbes *d'abord* et *puis*, qui soulignent le fait que l'auteur énumère les faits plutôt que de les ordonner dans une narration. Dans A4, il n'y a même pas d'ordre du tout entre les éventualités rapportées par les phrases au PS. Les expressions sans temps verbal (*La vie de palace sur la Côte d'Azur, les week-ends de duchesse*) confirment l'interprétation d'énumération.

Dans les alinéas A5, A6 et A7, l'auteur passe au présent. Il s'agit ici de commentaires à propos d'un événement dont il a déjà été question avant et qui est mentionné dans une phrase au PS (P24, P26) ou à l'IMP (l'habitude de P30). En fait P24, P26 et P30 reprennent ce qui a été dit dans P1 et P2. Nous n'entrerons pas dans les détails ici, mais constatons simplement que l'emploi du présent dans ces alinéas les oppose nettement aux alinéas précédents. Les faits rapportés par P1 et P2 sont présentés comme étant la conséquence de 'lois' générales ou comme étant reliés à de telles 'lois'. Ce sont les phrases au présent qui formulent ces lois.

L'emploi du PC dans P33 et P34, qui ouvrent le dernier alinéa (A8), est aussi significatif pour reconnaître la fonction de cet alinéa. A8 a la fonction de ce que Labov (1972) appelle une 'coda'. Il entend par là la dernière partie d'une narration (orale) où l'auteur renoue avec le contexte discursif présent. C'est précisément ce que fait l'auteur ici: en utilisant le PC il renoue avec le premier alinéa où les principaux faits étaient aussi rapportés par des phrases au PC_{abs}. On trouve, dans P34 et P35, l'expression de l'attitude de l'auteur à l'égard de l'histoire (*plaît*) ou de la vérité de celle-ci (*peut-être*), tandis que P36, au PS, résume toute l'histoire.

4. Remarques finales

Nous avons esquissé ci-dessus une analyse de la structure du texte de (15), dans laquelle nous avons établi des relations beaucoup plus globales que celles prévues par les règles de Asher (1993), Lascarides et Asher (1993), et a fortiori par celles de Kamp et Rohrer (1983) et de Kamp et Reyle (1993). Les épisodes rapportés par le texte de (15) correspondent aux alinéas de ce texte. Nous leur avons reconnu les fonctions discursives globales suivantes :

(20) A1 : résumé/topique du discours entier ; temps : IMP/PC$_{abs}$.
      A2 : élaboration de P4 ; ce qui s'est passé au commissariat de police ; temps : PS/IMP.
      A3 : élaboration des *vols* dont il est question dans la déclaration de P5 ; temps : IMP/PS.
      A4 : élaboration, par contraste, de A3 ; temps : le PS.
      A5 : commentaire (de l'auteur) à propos de P1 et P2 ; temps du commentaire : PRES ; temps du fait commentarié : PS.
      A6 : commentaire (de l'auteur) à propos de P1 et P2 ; temps du commentaire : PRES ; temps du fait commentarié : PS.
      A7 : commentaire à propos du motif profond de e$_2$ (P2) ; temps : PRES, IMP (pour référer au vol).
      A8 : coda renoue avec A1 et, par là, avec le contexte d'énonciation ; temps : PC, PRES et le PS (pour la phrase-résumé).

Notons finalement que les épisodes dont il est question dans A2 et dans A3 occupent chacun un intervalle bien délimité. La scène au commissariat de police se termine par la conclusion que l'histoire était vraie. Et la période des vols est close par le fait même que les femmes se dénoncent. On voit que le trait NON-DEICT du PS est exploité ici pour rapporter des épisodes isolés (cf. Waugh et Burston-Monville 1986, qui parlent de 'détachement') dans la mesure où ils se terminent avant le moment m. L'acte de se dénoncer est, cependant, rapporté par un bref passage au PC$_{abs}$, dans A1 et A8. C'est justement ce fait qui a des conséquences directes pour les jeunes femmes en question. Le trait DEICT que nous avons assigné au PC$_{abs}$ n'exclut pas une telle relation avec m et l'auteur du texte a exploité le contraste entre le PS et le PC$_{abs}$ pour marquer les fonctions différentes de A1 et de A2/A3.

Références

Asher, N. (1993). *Reference to abstract objects in discourse*, Dordrecht : Kluwer.

Asher, N. *et al.* (1995). De l'espace-temps dans l'analyse du discours, *Sémiotiques* 9 : 11-62.

Kamp, H. & Reyle, U. (1993). *From discourse to logic*, Dordrecht : Kluwer.

Kamp, H. & Rohrer, C. (1983). Tense in texts, in : R. Bäuerle, C. Schwarze et A. von Stechow (éds), *Meaning, use and interpretation of language*, Berlin-New York : de Gruyter, 250-269.

Labov, W. (1972). The transformation of experience in narrative syntax, in : *Language in the inner city*, Philadelphie : University of Pennsylvania Press.

Lascarides, A. & Asher, N. (1993). Temporal interpretation, discourse relations and common sense entailment, *Linguistics and Philosophy* 16 : 437-493.

Molendijk, A. & Vet, C. (1995). Interprétation, référence et cohésion, *Sémiotiques* 9 : 63-87.

Vet, C. (1980). *Temps, aspects et adverbes de temps : essai de sémantique formelle*, Genève : Droz.

Vet, C. (1992). Le Passé Composé : contextes d'emploi et interprétation, *Cahiers de Praxématique* 19 : 37-59.

Vet, C. (1993). Linguistic information and world knowledge in temporal reasoning, in : M. Aurnague, A. Borillo, M. Borillo, M. Bras (éds), *Semantics of time, space, movement and spatio-temporal reasoning*, Toulouse : IRIT, Université Paul Sabatier/ERSS, Université Toulouse-Le Mirail, 219-231.

Vet, C. (1994). Petite grammaire de l'Aktionsart et de l'aspect, *Cahiers de Grammaire* 19 : 1-17.

Vet, C. & Molendijk, A. (1986). The discourse functions of the past tenses of French, in : V. Lo Cascio et C. Vet (éds), *Temporal structure in sentence and discourse,* Dordrecht : Foris, 133-159.

Waugh, L. R. & Monville-Burston, M. (1986). Aspect and discourse function : the French simple past in newspaper usage, *Language* 62 : 46-877.

A propos de l'imparfait après *si*

Carl VETTERS

Université du Littoral - Côte d'Opale
Modalités du fictionnel / Centre d'Etudes Linguistiques

1. Introduction

En français standard, le conditionnel est exclu des propositions hypothétiques introduites par si, mais courant dans la construction parataxique (cf. M. Wilmet 1996 : 202-203) :

(1)   Si j'*étais* riche, je m'achèterais une Rolls
(2)   *Si je *serais* riche, je m'achèterais une Rolls
(3)   Je *serais* riche, je m'achèterais une Rolls

Comment peut-on expliquer l'incompatibilité entre *si* et le conditionnel ? quelle est la valeur de l'imparfait dans les protases introduites par *si* ? Dans ma réponse à ces questions, je pars du principe que cet imparfait ne peut pas être considéré comme un emploi marginal, mais qu'il doit être expliqué à partir des principes dont on se sert pour rendre compte des emplois de l'imparfait en dehors du système hypothétique. Or c'est là que commencent les problèmes : la valeur temporelle de l'imparfait ne fait pas l'unanimité parmi les linguistes et est l'origine de débats très mouvementés.

2. La temporalité de l'imparfait

La querelle autour du sens passé de l'imparfait est ancienne (cf. M. Wilmet 1997 : 383 sq) et continue toujours : A.-M. Berthonneau et G. Kleiber (1994) et L. Gosselin (1999 ; à paraître) concluent en faveur d'un sens passé, tandis que C. Touratier (1996, 1998) et P. Le Goffic (1986, 1995) reprennent la thèse de J. Damourette & E. Pichon (1911-40) selon laquelle l'imparfait n'est pas un temps du passé.
        Commençons par l'observation que l'imparfait se caractérise par une multitude d'emplois qui s'écartent de la temporalité objective *de re* (cf. R. Martin 1987 : 111-114) et que l'on considère d'habitude comme « modaux », parmi lesquels on peut citer les suivants :

— imparfait de politesse / atténuation :

(4)   a. Je *voulais* vous demander d'intercéder en ma faveur

b. Je *venais* vous prier d'intercéder en ma faveur (a. et b. : GFC[1] 343)

— imparfait d'imminence contrecarrée / de « fiction » :

(5)   Elle mit la main sur le loquet... un pas de plus, elle *était* dans la rue.
       - Sergent, cria-t-il, ne voyez-vous pas que cette drôlesse s'en va (Hugo,
GFC   343)

— imparfait (et plus-que-parfait) préludique :

(6)   Moi, j'*étais* le gendarme et tu *avais volé* une voiture (BU 843)

— imparfait hypothétique :

(7)   a. Si tu *faisais* cela, je te haïrais (Brieux, BU 1373)
       b. Si je *gagnais* le gros lot, je le partagerais avec vous (BU 847)

— imparfait exprimant un souhait / désir :

(8)   Ah, si j'*avais* une fortune ! (GFC 344)

— imparfait hypocoristique :

(9)   a. Il *avait* soif, mon bébé (P. Le Goffic 1986 : 56 ; 1995 : 145)
       b. Il *faisait* bon mon chien, auprès du feu (M. Wilmet 1996 : 202 ; 1997 : 384)
       c. Alors, on n'*était* pas sage ? On *avait* faim ? (GMF 309)

— imparfait forain :

(10)   a. Qu'est-ce qu'elle *voulait* la petite dame ?
       b. Qu'est-ce qu'il vous *fallait* comme ruban ? (a. et b. : A.-M. Berthonneau &
       G. Kleiber 1994 : 60)

— imparfaits « stylistiques » :

(11)   a. L'escalier *était* un peu raide ici (M. Wilmet 1996 : 206)
       b. Dommage, il *était* beau, ce vase (GMF 309)
(12)   C'est bien vous qui *parliez* lors de la prochaine réunion ? (M. Wilmet
       1996 : 206)

---

[1]   Sigles : *G[rammaire du]F[rançais]C[ontemporain]* = J.-C. Chevalier & al.
       (1994)
       G[rammaire]M[éthodique du]F[rançais] = M. Riegel & al. (1994)

On peut ajouter à cette liste les imparfaits de concordance qui, bien qu'ils ne soient pas modaux, n'expriment pas la temporalité *de re* :

(13) a. Paul a dit qu'il *était* malade (P. Le Goffic 1995 : 138)[2]
      b. Quand Pierre arrivera (demain), nous ne dirons à personne qu'il *était* malade aujourd'hui
      c. Quand Pierre arrivera (demain), personne ne saura qu'il *était* malade aujourd'hui (b. et c. : M. Wilmet 1996 : 203)

Pour rendre compte de ces emplois il y a deux solutions (cf. P. Le Goffic 1986 : 56-57) : ou bien on essaie malgré tout de les ramener à un sens passé considéré comme étant fondamental (p. ex. P. Imbs 1960 ; M. Wilmet 1980 ; L. Gosselin 1999 ; A.-M. Berthonneau & G. Kleiber 1994) ; ou bien on considère que leur existence prouve que le sens fondamental de l'imparfait n'est pas temporel (p. ex. J. Damourette & E. Pichon 1911-40 ; E. Coseriu 1980 ; P. Le Goffic 1986 ; 1995 ; C. Touratier 1996 ; 1998) ; certains, comme par exemple P. Le Goffic (1986 ; 1995), avancent même qu'aucun de ces emplois ne peut être considéré comme étant temporel. J'adopterai ci-dessous une position intermédiaire, mais je tiens d'abord à commenter deux critiques de la thèse du sens non temporel de l'imparfait.

(i) D'après A.-M. Berthonneau et G. Kleiber (1994 : 64) « l'abstraction élevée nécessaire pour recouvrir emplois temporels et non temporels [...] se traduit par une puissance intempestive que rien dans le modèle présenté ne vient contraindre ». Leur exemple, à savoir le problème que rencontrent les analyses non temporelles de l'imparfait pour rendre compte du fait que sans *vouloir* ou *venir* l'imparfait de (4) n'a pas la nuance de politesse, mais répète une demande qui n'a pas été entendue :

(4') a. Je vous *demandais* d'intercéder en ma faveur
      b. Je vous *priais* d'intercéder en ma faveur

n'est pas typique pour les approches non temporelles, mais commun aux approches temporelles, comme ils le signalent d'ailleurs eux-mêmes (1994 : 69-70). Cela ne veut pourtant pas dire que le problème du sens trop vague n'est pas réel, mais cette critique me semble être également valable pour d'autres approches, y compris leur propre approche anaphorique temporelle méronomique, ce qu'ils admettent d'ailleurs implicitement en basculant les problèmes non résolus dans la pragmatique :

---

2   *[Le]B[on]U[sage]* = M. Grevisse (1980).
     L'imparfait *était* n'exprime pas la temporalité *de re* dans l'interprétation où Paul est encore malade au moment de la parole (t_0).

« Qu'il y ait encore des problèmes à régler en ce qui concerne la résolution de l'anaphore ne fait pas de doute. C'est là, en aval, qu'il faut faire jouer, comme pour les autres expressions anaphoriques, les théories pragmatiques. Il nous suffit d'avoir analysé ici l'amont du phénomène. » (1994 : 79)

S'il faut choisir entre une voie (temporelle) trop étroite qui exclut certains emplois ou une voie plus large qui incorpore tous les emplois, mais qui en prévoit qui n'existent pas, il est préférable de choisir la voie large tout en étant conscient du fait que le travail n'est pas fini et qu'il faudra spécifier ultérieurement comment on élimine les emplois inexistants.

(ii) Certaines failles de l'approche non temporelle sont faciles à réparer, comme par exemple celle signalée par L. Gosselin (1999 : 31-32), qui avance qu'une conception de l'imparfait comme « non actuel » mène à une confusion avec le futur :

« Ainsi, ne voit-on pas pourquoi dans l'énoncé :

[6]   Mardi, il pleuvait

le procès devrait être situé dans le passé ('mardi dernier') plutôt que dans l'avenir ('mardi prochain'). Il est clair que dans ce type d'énoncé c'est bien l'imparfait qui marque la valeur temporelle de passé, le circonstanciel étant neutre de ce point de vue. »

Il suffit de subordonner la valeur « non actuelle » de l'imparfait à une opposition qui sépare le présent et le passé du futur simple, par exemple *certain / à venir* – ou l'opposition *futur / non-futur* que je propose dans C. Vetters (à paraître)   comme le fait P. Le Goffic (1986 : 55) : « l'imparfait n'est pas fondamentalement un 'temps du passé', mais un 'inaccompli - certain - non-présent' [...] ».

La position que j'adopte ici se trouve à mi-chemin entre les analyses temporelles et non temporelles de l'imparfait : je considère que certains des emplois illustrés par (4) - (13) peuvent être expliqués par le concept de temps *de dicto* de R. Martin[3]. J'admets qu'en employant les imparfaits atténuatifs de (4), forains de (10), stylistiques de (11-12) et concordanciels de (13), le locuteur abandonne le présent objectif *de re* pour un passé subjectif *de dicto*[4]. Or, il me semble impossible d'extrapoler cette analyse

---

[3]   R. Martin (1987 : 111-114) définit le temps *de dicto* comme le temps de la prise en charge de l'énoncé.

[4]   Les imparfaits atténuatifs sont d'ailleurs difficiles à analyser dans une théorie non temporelle de l'imparfait, ce qui est confirmé par le fait que P. Le Goffic (1986 : 64) signale qu'il n'a rien à dire sur ces emplois. La solution

aux autres emplois modaux : avec un imparfait d'imminence contrecarrée (5), préludique (6) ou hypocoristique (9), le locuteur fait autre chose que de situer le prédicat subjectivement dans le passé du monde qui est (m_0). Quant à la valeur de l'imparfait après *si* (7) - (8), on y reviendra au § 3.

Cela ne veut pas dire pour autant que je considère l'imparfait comme un tiroir non temporel. Pour moi, le sens de l'imparfait contient une composante modalo-temporelle[5], bien que celle-ci soit faible et moins développée que sa composante aspectuelle. Je m'écarte ici de l'orthodoxie en postulant que le sens modalo-temporel d'un tiroir peut être plus ou moins développé et que celui de certains tiroirs est donc plus précis que celui d'autres. Ainsi, le sens du passé récent est plus précis que celui du passé composé : le passé récent ajoute au sens du passé composé la notion de récence (cf. C. Vetters 1989 ; 1996). L'imparfait, par contre est un tiroir où domine la valeur aspectuelle – bien que celle-ci soit controversée et semble en train de s'affaiblir depuis le XIXe siècle[6] – au détriment du temps qui y est peu développé (mais pas absent) : un imparfait situe l'événement dans le *non-présent* du *non-futur*. Au sein du *non-futur*, l'imparfait peut uniquement être caractérisé de façon négative : une situation à l'imparfait est exclue du présent de m_0 et peut donc être localisée ou bien dans le passé de m_0, ou bien dans la partie non future – donc présente ou passée – d'un monde possible autre que m_0.

La dépendance contextuelle de l'imparfait a fait couler beaucoup d'encre. Je ne rouvrirai pas ici le débat sur la question de savoir si c'est l'imperfectivité qui est à l'origine de la dépendance contextuelle ou inversement (cf. A.-M. Berthonneau & G. Kleiber 1994). Je me contenterai d'observer que l'imparfait seul n'arrive pas à inscrire la situation dans un monde. L'inscription dans le passé de m_0 ou dans un monde autre que m_0 est prise en charge par le contexte (explicite ou implicite). En effet, un énoncé à l'imparfait est ambigu si le contexte n'est pas univoque :

(14) a. *Sans vous*, je m'ennuyais
      b. *Comme vous n'étiez pas là*, je me suis ennuyé
      c. *Si vous n'aviez pas été là*, je me serais ennuyé (a.-c. : P. Le Goffic 1986 : 64-65)

---

5   temporelle que je propose ici est en fait la même que celle que développent plus amplement A.-M. Berthonneau et G. Kleiber (1994).
     Pour ma conception de la relation entre temporalité et modalité, v. C. Vetters & E. Skibinska (1998) et C. Vetters (à paraître).

6   Cf. les discussions autour de la valeur aspectuelle de l'imparfait (narratif ou non) dans p. ex. C. Muller (1966), L. Tasmowski-De Ryck (1985) ou A. Molendijk (1990).

Les paraphrases (14b) et (14c) correspondent aux deux interprétations possibles de (14a). P. Le Goffic (1986 : 65) signale à juste titre qu'« il y a même à la limite autant d'interprétations de l'imparfait possibles en (14) qu'il y a de coordonnées référentielles temporelles possibles et imaginables pour *sans vous* isolément ».

3. La fonction des tiroirs dans les conditionnelles du type *Si p, q*
3.1. Remarques préliminaires

Le lecteur qui aura l'occasion de parcourir le volume consacré au conditionnel édité par P. Dendale et L. Tasmowski (à paraître), remarquera certainement la diversité des traitements de la nature de la relation *Si p, q*[7] (cf. A. Borillo, D. Leeman ou J. Moeschler & A. Reboul). Mon but n'est pas d'entrer dans cette discussion[8], mais uniquement d'expliquer l'emploi des tiroirs dans *p* et dans *q*. Dans cette perspective, j'ai été frappé par le fait que la plupart des auteurs retiennent la distinction classique entre *potentiel* et *irréel* – ou entre conditionnelle simple et conditionnelle contrefactuelle, termes proposés par J. Moeschler et A. Reboul (à paraître) –, mais rangent dans le potentiel au même titre des occurrences de *Si p (imparfait)* et de *Si p (présent)*, opposition qui est formellement marquée. Cela est surtout problématique pour l'approche de J. Moeschler et A. Reboul qui, en se fondant sur Leibniz, distinguent trois valeurs de vérité possibles entre 0 et 1 pour les conditionnelles : 0 pour les antécédents contradictoires (15a), 1 pour les antécédents nécessairement vrais (15b) et 0,5 pour les antécédents contingents, c'est-à-dire le cas standard des conditionnelles simples (ou potentielles) :

(15) a. *Si la coupole de Berkeley était carrée*, Quine aurait mangé la barbe qu'il n'a pas

b. *Si 3 est un nombre premier*, alors on ne peut pas le diviser par autre chose que par lui-même et le chiffre 1

c. *Si Fred vient*, Lisa sera contente (a.-c. : J. Moeschler & A. Reboul, à paraître)

d. *Si Fred venait*, Lisa serait contente

---

[7]   Hormis le consensus sur le fait que *Si p, q* n'exprime pas l'implication matérielle (cf. H. Kronning et J. Moeschler & A. Reboul ; v. aussi L. Gosselin 1999 : 36).

[8]   Pour les besoins de mon analyse, j'adopterai ci-dessous une conception fondée sur R. Martin (1992), L. Gosselin (1999), S. Cappello (1986) et D. Leeman (à paraître).

Or, vu que J. Moeschler et A. Reboul ne rangent pas uniquement des occurrences de *Si p (présent)* mais également de *Si p (imparfait)* dans la classe des conditionnelles simples, (15d) – qui n'est clairement pas contrefactuel ou irréel –, devrait avoir la même valeur de vérité que (15c), ce qui ne me semble pas être le cas ; jugement qui est confirmé par la remarque de H. Kronning (à paraître) que le présent exprime une potentialité forte et l'imparfait une potentialité fragile.

L'abstraction que l'on fait de la distinction entre *Si (présent)* et *Si (imparfait)* dans le cas du potentiel contraste avec la constatation que, pour les protases à l'imparfait, personne ne met en question la distinction entre potentiel et irréel, comme l'ont fait S. Cappello (1986) et J.-M. Adam (1992), à la suite d'une vieille tradition qui remonte via R.-L. Wagner (1939) à A. Sechehaye (1906).

3.2. Le temps de la protase

Ma conception de la temporalité dans les phrases du type *Si p, q* combine des éléments des analyses proposées par S. Cappello (1986), R. Martin (1992), L. Gosselin (1999) et D. Leeman (à paraître). Pour commencer, Martin (1992 : 152) signale à juste titre que, dans une structure *[si p, q]*, « ce qui est asserté n'est pas la proposition *q* [...] et encore moins la proposition *p*, mais la relation R qui, au moyen de *si*, unit *p* à *q* ». L. Gosselin (1999 : 35-38) y ajoute qu'il faut distinguer trois procès au lieu de deux :

(i)   la possibilité prospective que *p* soit le cas (méta-procès) ;
(ii)   le procès exprimé par *p* (postérieur au méta-procès) ;
(iii) le procès exprimé par *q* (postérieur au méta-procès).

Selon L. Gosselin, le temps de la protase ne porte pas sur *p*, mais sur le méta-procès ; on pourrait parler d'un « temps par procuration », en empruntant une expression à H. Korzen & H. Nølke (à paraître). Les tiroirs gardent donc dans ces structures leur valeur normale : « simplement, l'imparfait [ou le présent] porte non sur le procès exprimé par la subordonnée hypothétique, mais sur le méta-procès correspondant à la possibilité prospective » (L. Gosselin 1999 : 36).

Au moins deux phénomènes confirment cette analyse. Si l'imparfait portait sur *p*, on aurait du mal à expliquer la présence dans la protase de compléments de temps futurs (rappelons que j'ai avancé au § 2 que l'imparfait est un tiroir non futur) :

(16)   Si Luc était malade *lundi prochain*, ça serait ennuyeux (L. Gosselin 1999 : 32)

et de compléments perfectifs qui bornent le procès, incompatibles avec l'imperfectivité de l'imparfait :

(17)   a. Si je travaillais *de 5h à 7h*, on pourrait aller au cinéma à 8h
        b. Si ce documentaire durait *45'*, on pourrait le mettre entre le journal et le match de foot

Avant de continuer, il faut aborder l'impossibilité d'employer le futur et le conditionnel dans les protases. D. Leeman (à paraître) signale à juste titre que l'on ne peut pas se contenter de l'explication par la redondance, vu que celle-ci exclurait également le conditionnel après des locutions comme *dans l'éventualité / l'hypothèse / ou / que*. Selon D. Leeman, en disant *si p*, le locuteur prend en charge la réalité de *p* dans son actualité, qui, pour moi, comme on le verra ci-dessous, peut être présente ou non présente. Je dirais plutôt que le locuteur ne prend pas en charge la réalité de *p*, mais la possibilité que *p* se réalise, c'est-à-dire le méta-prédicat de L. Gosselin. Or cette prise en charge[9] est difficilement compatible avec la distance créée par le fait que le futur simple et le conditionnel impliquent le passage à un monde futur[10] $m*$ (cf. le signifié « projeté » proposé par C. Touratier 1996 : 176).

Si l'on accepte l'idée que le temps de la protase localise le méta-procès, il faut spécifier où il le localise. Je me fonde sur H. Bonnard (1981), S. Cappello (1986) et J.-M. Adam (1992) pour dire que le français distingue au niveau formel deux modes hypothétiques :

si p (présent[11]) = mode réel   le méta-prédicat est localisé dans le présent de m_0

si p (imparfait[12]) = mode fictionnel   le prédicat est localisé ailleurs que dans m_0 à t_0 (mais pas dans un $m*$)

---

[9]   Cf. aussi M. Wilmet (1997 : 351) : « Notre estimation sera que le mot *si* impose au moins un début de réalisation du procès à venir, [...]. »

[10] Ma conception du sens du conditionnel est proche de celle de L. Tasmowski (à paraître) qui considère que « la morphologie du conditionnel [implique] le futur d'un monde inactuel ». Pour plus de détails, v. C. Vetters (à paraître).

[11] Ou un passé composé, à valeur d'accompli (i) / ou de passé (ii) :
      (i). Si Pierre *a terminé* son travail, on pourra sortir
      (ii) Si Pierre *a travaillé* hier, il faudra le payer avant ce soir.

[12] Ou un plus-que-parfait à valeur d'accompli (i) ou de passé (ii) :
      (i) Si Pierre *avait terminé* son travail, on pourrait sortir
      (ii) Si j'*avais travaillé* mardi dernier, ... (a. et b. : L. Gosselin 1999 : 42).

(rejeté du réel[13])
(18) illustre le mode réel, (19) le mode fictionnel :

(18)   Si je *gagne* au loto, j'achèterai une voiture
(19) a. Si j'*étais* riche, j'achèterais une voiture (L. Gosselin 1999 : 29 ; ex.
       presque identique dans M. Wilmet 1996 : 202 ; 1997 : 384)
     b. Si je *gagnais* au loto, j'achèterais une voiture (L. Gosselin 1999 : 29)

A l'intérieur du mode fictionnel, on peut distinguer l'irréel (19a) et le potentiel (19b), distinction qui n'a pas d'expression formelle au niveau du verbe en français[14]. L. Gosselin – en suivant une analyse de R. Martin (1991) – souligne le rôle du contexte dans l'interprétation de *si p(imparfait)* : sa valeur de défaut est l'irréel, sauf si un élément contextuel déclenche une valeur potentielle :

> « En résumé, la valeur d'irréel résulte de la mise en œuvre de l'implicature associée à l'emploi de l'imparfait, qui se fonde sur la loi d'exhaustivité (« dire tout ce que l'on sait »). Cette implicature est annulée (non déclenchée) dans toute forme directe ou indirecte de contexte d'ignorance. On reste alors dans l'ignorance de la validité de la possibilité du procès. C'est d'ailleurs pourquoi le potentiel lié à l'usage de l'imparfait n'est pas identique à celui que marque le présent dans ce type de construction. Avec le présent, la possibilité est assertée comme actuellement valide, alors qu'avec l'imparfait, on peut au mieux ignorer si elle est encore valide ; [...]. » (L. Gosselin 1999 : 40)

Pour L. Gosselin, cet élément peut être :

(i)   lexical : *p* est un procès ponctuel ou quasi-ponctuel (cf. (19b)) ;
(ii)   grammatical : présence d'un circonstanciel à valeur de futur (cf. (20)) ; ou
(iii) pragmatique : contexte d'ignorance, linguistiquement marqué ou
       pragmatiquement inféré (cf. (21)) :

(20) a. Si, *demain*, j'étais riche, ...

---

[13]   Cf. H. Bonnard (1981).
[14]   Cf. S. Cappello (1986 : 37) : « On peut par exemple introduire, comme le propose Sechehaye, une distinction à l'intérieur du fictionnel entre le possible (ou vraisemblable) et l'impossible (ou invraisemblable). Elle est dans un certain nombre de cas assez malaisée à établir : elle n'a pas de marques discursives et dépend d'un jugement culturel ». Cette affirmation est trop forte : le fait que l'opposition potentiel / irréel ne soit pas marquée formellement au niveau du verbe ne signifie pas pour autant qu'elle n'ait pas de marques discursives du tout, comme on le verra ci-dessous.

b. Si Luc était malade *lundi prochain*, ça serait ennuyeux (L. Gosselin 1999 : 32)

(21) a. Si, *d'aventure*, j'étais riche, ...

b. *Si d'aventure* Luc était malade, ça serait ennuyeux (L. Gosselin 1999 : 32)

L'importance des facteurs pragmatiques s'observe dans (22) et (23) – exemples envoyés par M. Vuillaume aux collaborateurs à P. Dendale & L. Tasmowski, (éds), (à paraître) – qui expriment l'irréel (a.) ou le potentiel (b.) selon le contexte dans lequel ils sont employés :

(22)   Si Pierre réparait la serrure, on l'entendrait

a. ...or je n'entends rien, donc il ne répare pas la serrure

b. ...comme il vaut mieux ne pas réveiller les voisins, il vaut mieux qu'il s'abstienne

(23)   Si des vigiles surveillaient la gare, je serais plus rassuré

a. ...mais je n'en mène pas large, vu que, manifestement, il n'y a pas la moindre surveillance

b. ...donc faisons appel à des vigiles pour que l'arrivée de notre hôte se passe sans encombres

La différence principale entre mon approche et celle de L. Gosselin réside dans le fait que nos analyses de l'imparfait sont différentes. L. Gosselin adopte la thèse classique que l'imparfait est un temps du passé, alors que moi je considère qu'il a un sens temporel plus faible : le non-présent du non-futur (cf. le § 2 ci-dessus). Pour lui, *si p (imparfait)* localise donc le méta-prédicat (c'est-à-dire la possibilité prospective que *p* soit le cas) dans le passé. Je n'adhère pas entièrement à cette analyse dans la mesure où je considère qu'elle n'est pertinente que pour une partie des protases à l'imparfait. Les énoncés suivants localisent effectivement le méta-prédicat dans le passé :

(24) a. *Si j'étais jeune*, j'achèterais un VTT

b. /Dit par quelqu'un qui mesure, par exemple, 1m80/
Si je mesurais un mètre soixante, je pourrais mettre le smoking de mon cousin[15]

---

[15]   Cf. le commentaire de E. Faucher (1967 : 45-46), cité par Vuillaume (à paraître) : « On ne peut pas dire : "Si je mesure un mètre soixante, je passerai le smoking de mon cousin". On est obligé de dire : "Si je mesurais" parce que l'époque où il y avait un sens à dire "Si je mesure (un jour) 1,60m, je pourrai mettre le smoking de mon cousin", cette époque-là, dis-je, est passée. L'imparfait situe la conception de l'hypothèse en un temps (passé) où cette dernière était sensée. »

Mais pour les énoncés suivants :

(19) a. *Si j'étais riche*, j'achèterais une voiture (L. Gosselin 1999 : 29 ; ex.
presque identique dans M. Wilmet 1996 : 202 ; 1997 : 384)
     b. *Si je gagnais au loto*, j'achèterais une voiture (L. Gosselin 1999 : 29)
(25)   *Si je partais*, je te proposerais de m'accompagner (mais comme je reste
ici...) (L. Gosselin 1999 : 40)
(26)   *Si j'étais fonctionnaire*, je voudrais être enseignant (L. Gosselin 1999 : 43)

ce n'est certes pas la seule analyse possible. Est-il certain que les locuteurs
de (19), (25) et (26) situent l'éventualité d'être riche, de gagner au loto, de
partir ou d'être fonctionnaire dans le passé ? Rien n'empêche un locuteur
d'énoncer (19), (25) ou (26) s'il est né dans la misère et n'est jamais
parvenu à en sortir (19a), s'il n'a jamais joué au loto (19b), s'il n'avait pas
l'intention de sortir (25), ou s'il n'avait jamais envisagé de devenir
fonctionnaire (26). Certains seraient sans doute tentés de me répondre que
même si la possibilité n'a jamais été réelle, le locuteur la présente comme si
elle l'avait été a un certain moment du passé. Or une telle tentative de
récupérer coûte que coûte le sens passé de l'imparfait se heurte aux énoncés
suivants que l'on a appelés conditionnelles irréelles logiquement impossibles
(cf. J.-M. Adam 1992 : 151) :

(27) a. *Si j'étais un oiseau*, j'aimerais être un cormoran
     b. *Si j'étais un cormoran*, je n'aurais plus besoin de travailler (a. et b. : L.
Gosselin 1999 : 44)
(28) a. Evidemment, avec des si... Tenez, *si ma tante avait deux roues*, ce serait
une bicyclette (Krasucki)
     b. *Si ma grand-mère en avait*, on l'appellerait mon grand-père (Jacques
Chirac ; a. et b. : ex. cités par J.-M. Adam 1992 : 163-164)
(29) a. *Si un cercle était à la fois rond et carré*, ...
     b. *Si le pape était à la fois célibataire et marié*, ... (a. et b. : J.-M. Adam
1992 : 151)
     c. *Si la coupole de Berkeley était carrée*, Quine aurait mangé la barbe qu'il
n'a pas [=15a]

Difficile de maintenir que les locuteurs de ces énoncés font comme si les
situations présentées dans les protases de (27), (28) et (29) ont été possibles
à un moment du passé. De même, face aux énoncés de (24) qui ne posent
aucun problème pour la théorie de L. Gosselin parce *p* n'a pas seulement été
possible dans le passé, mais y a réellement été le cas, on trouve des énoncés
où *p* ne concerne clairement pas le passé – éventuellement l'avenir de m_0 –
et où il est difficile d'envisager que le locuteur localise la possibilité que *p* se
réalise dans le passé de m_0 :

(24') a. Si j'*étais* à la retraite, j'achèterais un VTT
      b. /Dit par quelqu'un qui mesure, par exemple, 1m60/
         Si je mesurais un mètre quatre-vingts, je pourrais mettre le smoking de
         mon cousin

La conception de l'imparfait proposée au § 2, permet d'éviter cette analyse : l'imparfait ne fait rien d'autre que de garder le méta-prédicat en dehors du présent de m_0[16]. La question de savoir si le locuteur situe la possibilité que p soit vrai dans le passé de m_0 ou en dehors de m_0 est subsidiaire : la valeur fondamentale de l'imparfait prévoit les deux. J'admets que l'analyse de L. Gosselin est correcte pour certains de ses exemples, mais on ne peux pas en faire une règle générale, valable pour toutes les propositions du type *Si p (imparfait), q*. Si on admet que l'imparfait a sa valeur normale dans les phrases hypothétiques introduites par si, il est logique d'y retrouver les deux emplois qu'il a ailleurs : référence au passé de m_0 et référence à un monde non futur autre que m_0.

3.3. Le temps de l'apodose

Après celui de la protase, analysons à présent le temps de l'apodose. Je traiterai d'abord le cas où la protase est au présent et ensuite celui où la protase est à l'imparfait.

L'hypothèse que le temps de l'apodose exprime la postériorité par rapport au méta-prédicat et non pas par rapport à p permet d'avancer que le futur simple y a sa valeur modalo-temporelle normale[17], comme on peut le constater dans (30) :

(30) a. S'il vient tout à l'heure, comme c'est probable, nous lui *dirons* que... (L. Gosselin 1999 : 41)
      b. Si je dis oui, elle *dira* non
      c. Si tu viens, elle *partira* (GMF 312)
      d. Si tu vas au cinéma, j'*irai* avec toi (C. Vet 1981 : 121)

On évite ainsi les problèmes que rencontrent les approches traditionnelles face à (30d). C. Vet (1981 : 121) signale à juste titre que q n'est pas postérieur à p, mais simultané ; ce qui met en question la temporalité du

---

[16]   Rappelons que le caractère non futur de l'imparfait et la nature de *si* excluent la localisation du méta-prédicat dans le futur (cf. le § 3.1 ci-dessus et D. Leeman, à paraître).
[17]   Pour une analyse de la valeur modalo-temporelle du futur, v. C. Vetters (1996) et C. Vetters & E. Skibinska (1998).

futur simple dans les apodoses. Or, si on admet que q est postérieur à la possibilité que p se réalise, et non pas à p, l'objection est levée.

Vu que, en dehors du système hypothétique, le futur simple entre en concurrence avec le futur proche et avec le présent *de dicto*, on s'attend à ce que ce soit également le cas dans les apodoses, ce que confirment les exemples suivants :

(30') b. Si je dis oui, elle *dit* / *va dire* non
     c. Si tu viens, elle *part* / *va partir*
(31) Si vous aimez la souplesse, vous *allez* beaucoup m'*aimer* (publicité pour l'assouplissant Carolin, ex. cité par J.-M. Adam 1992 : 148)
(32) Si tu fais un pas de plus, je *tire* (J.-P. Desclés 1994 : 65)

On peut d'ailleurs observer que la substitution du présent par le futur simple dans (32) est difficile car elle enlèverait toute force à la menace :

(32') ??Si tu fais un pas de plus, je *tirerai*

On retrouve également le futur conjectural , simple (33b) ou antérieur (34b) :

(33) a. Si c'est beau naturellement, c'*est* beau sur un Grundig (J.-M. Adam 1992 : 148)
    b. Si c'est beau naturellement, ce *sera* / ça doit être beau sur un Grundig
(34) a. Si Pierre a vu Marie, il *a dû* lui raconter son aventure (L. Gosselin 1999 : 38)
    b. Si Pierre a vu Marie, il lui *aura raconté* son aventure

Bref, l'emploi du futur dans les apodoses avec protase au présent n'a rien de particulier. Il reste cependant un problème. L'emploi du futur dans l'apodose de (35) ne va pas de soi :

(35) a. Si Pierre croit cela, c'*est* un imbécile
    b. *Si Pierre croit cela, ce *sera* un imbécile (a. et b. : C. Vet 1981 : 121)

Pour C. Vet (1981 : 121), il est exclu, pour M. Wilmet (commentaires sur une version antérieure de cet article) il s'interprète comme « il aura fait la preuve de son imbécillité ». De toute façon, le présent est plus naturel. La difficulté d'employer le futur dans (35)[18], est due au fait qu'*être un imbécile*

---

[18] On pourrait se demander pourquoi il est difficile d'interpréter *sera* comme futur conjectural dans (35), alors que *devoir* conjectural passe sans difficulté (cf. *Si Pierre croit cela, cela doit être un imbécile*). Cela tient sans doute au fait que le futur simple conjectural est, à l'opposé du futur antérieur

Carl Vetters

est un prédicat gnomique (cf. A.-M. Berthoneau & G. Kleiber 1996 : 121), c'est-à-dire une caractéristique stable, non transitoire (mais pas forcément permanente – cf. la note 9 de A.-M. Berthonneau & G. Kleiber 1996). En cela, il se distingue des états occasionnels qui admettent le futur simple dans l'apodose :

(36)   Si tu admets cette opinion, tu *as* / *auras* tort

En fait, (35) ne fait que confirmer la temporalité du futur simple dans les apodoses : si on ne peut pas l'employer – en dehors de l'interprétation non gnomique, dynamique signalée par M. Wilmet – c'est parce qu'*être un imbécile (Pierre)* n'est pas postérieur à la possibilité que croire cela (Pierre) se réalise. (35) est, de même que (37), un cas particulier de la structure hypothétique *[Si p, q]*, que l'on appelle parfois le *si explicatif* (cf. J.-M. Adam 1992 : 153), et qui se distingue du cas ordinaire, entre autres, par le fait que q n'est pas postérieur au méta-prédicat :

(37) a. Si vous avez déjà mangé une salade plus légère, c'est que vous l'avez
          mangée nature (J.-M. Adam 1992 : 149)
      b. Si Jacob Hlasek et la Volvo 480 turbo font fureur lorsqu'ils jouent en
          double, cela tient à leurs performances qui se complètent (J.-M. Adam
          1992 : 153)

Le conditionnel dans les apodoses exprime la postériorité de *q* par rapport au méta-prédicat, que celui-ci soit situé dans le passé de m_0 ou dans un monde imaginaire :

(19) a. Si j'étais riche, j'*achèterais* une voiture (L. Gosselin 1999 : 29 ; ex.
          presque identique dans M. Wilmet 1996 : 202 ; 1997 : 384)
      b. Si je gagnais au loto, j'*achèterais* une voiture (L. Gosselin 1999 : 29)
(20) b. Si Luc était malade lundi prochain, ça *serait* ennuyeux
(38) a. Ah ! si j'avais un journal ou une tribune, comme je vous *secouerais* tout
          cela (Flaubert, GFC 357)
      b. Ces maisons nous *diraient* des choses à pleurer et à rire, si les pierres
          parlaient (France, BU 847 & 1374)

Si le présent *de dicto* apparaît dans les apodoses avec protase au présent, il est logique que l'imparfait apparaisse dans les apodoses avec protase à l'imparfait. Les grammairiens lui attribuent une causalité plus stricte (cf. M. Riegel & al. 1994 : 309) :

---

conjectural, d'un usage rare dans le discours oral courant (cf. M. Riegel & al. 1994 : 315).

(39)   S'il avait de l'argent, il *achetait* une Mercedes 560 SEL (GMF 309 - cf. (19a))
(40) a. Si vous le vouliez, vous le *faisiez* (GFC : 343)
     b. S'il n'avait pas plu dans la nuit du 17 au 18 juin 1815, l'avenir de l'Europe *était* changé (Hugo)
     c. Si vous n'étiez pas venu, je vous *faisais* appeler (France)
     d. Si c'était le vieil empereur qui avait été tué, la guerre *éclatait* aujourd'hui (Dorgelès ; b., c. et d. : BU 1374)

4. Les protases parataxiques sans *si*

On a vu au § 1 ci-dessus que l'imparfait des protases introduites par *si* peut être remplacé par un conditionnel sans *si* :

(1)   Si j'*étais* riche, je m'achèterais une Rolls
(3)   Je *serais* riche, je m'achèterais une Rolls
(41)   J'*aurais* un peu d'argent, je m'achèterais l'intégrale de Mozart (GMF 318)

J'avancerai l'hypothèse que la différence avec les protases introduites par *si* est que l'emploi du conditionnel s'explique ici par le fait que le tiroir ne porte pas sur le méta-prédicat, mais sur la proposition *p*, qui, d'après L. Gosselin (1999 : 37), est postérieure au méta-prédicat. Rappelons que j'ai suggéré au § 3.2 ci-dessus, en me fondant sur D. Leeman (à paraître), que le conditionnel est exclu des protases avec *si* parce qu'il crée une distance incompatible avec la prise en charge de *p* par le locuteur, inhérente à l'emploi de *si*. Le conditionnel convient donc pour exprimer la distance que prend l'énonciateur par rapport au méta-prédicat dans les protases sans *si*, qui d'après D. Leeman (à paraître) ne supposent pas la prise en charge de *p* par le locuteur dans son actualité. On trouve une explication semblable chez A. Borillo (à paraître) : « la présence du conditionnel dans la protase restreint les possibilités qu'avait l'apodose en proposition principale de rester assertive ». La même analyse s'applique aux protases introduites par d'autres conjonctions que *si* :

(42) a. Quand (même) il *reviendrait*, je ne le recevrais pas (GMF 318)
     b. Au cas où Luc *serait* absent, laisse le paquet à la concierge (D. Leeman, à paraître)

5. Quand l'apodose n'admet pas l'imparfait

Reste cependant un cas à première vue réfractaire. On a vu au § 3.3 ci-dessus que les prédicats gnomiques admettent difficilement le futur simple dans les apodoses avec protase au présent (excepté l'interprétation « ...il aura fait la preuve de son imbécillité ») :

(35) a. Si Pierre croit cela, c'*est* un imbécile
      b. *Si Pierre croit cela, ce *sera* un imbécile (a. et b. : C. Vet 1981 : 121)

J'ai expliqué ce phénomène en avançant que q n'est pas postérieur au métaprédicat dans ce genre de construction que l'on appelle parfois *si explicatif*. Or, si l'on met la protase à l'imparfait, le conditionnel est plus naturel que l'imparfait dans l'apodose :

(35) c. ?Si Pierre croyait cela, c'*était* un imbécile (très marqué selon C. Vet 1981)
      d. Si Pierre croyait cela, ce *serait* un imbécile

L'imparfait passe difficilement parce que le caractère gnomique de q lève l'implicature que la situation est uniquement valable pour son antécédent, (cf. 43) :

(43) a. Paul a dit qu'il *était* un spécialiste de la choucroute à la bière [= il l'est encore à t_0]
      b. Galilée a dit que la terre *tournait* autour du soleil [= elle tourne encore à t_0] (a. et b. : A.-M. Berthonneau & G. Kleiber 1996 : 119)

La levée de l'implicature étend la validité d'*être un imbécile (Paul)* à t_0 de m_0, ce qui est évidemment en contradiction avec le caractère fictionnel, ou irréel en ce cas, de la condition. Le conditionnel n'a pas la même implicature que l'imparfait, mais crée un décrochage par rapport au présent de m_0. En effet, le conditionnel présent se distingue du futur simple dans la mesure où – sans l'aide de compléments de temps ou d'autres indices contextuels – il n'est pas capable de spécifier la relation entre E et S. Pour s'en rendre compte, il suffit de comparer (44a) à (44b) :

(44) a. Paul a dit qu'il *viendrait* (hier / maintenant / demain)
      b. *Paul a dit qu'il *viendra* hier

Ce phénomène – que F. De Jong et H. Verkuyl (1981) appellent « opacité temporelle » et qui a été observé par bien d'autres (cf. M. Wilmet, à paraître : « [...] le COND recrée à l'indicatif l'indiscrimination des époques inhérente au subjonctif ») – empêche la situation *être un imbécile (Paul)* d'« envahir » le présent de m_0, ce qui était le but recherché.

6. Conclusion

Pour montrer que l'imparfait des protases introduites par *si* n'a rien
d'exceptionnel, je me suis fondé sur l'analyse de L. Gosselin (1999) qui a
avancé l'idée que le temps de la protase ne porte pas sur *p*, mais sur un
méta-prédicat, à savoir la possibilité que *p* se réalise. Si on admet cette
hypothèse, on ne rencontre aucune difficulté pour expliquer l'emploi de
l'imparfait après *si* : il localise le méta-prédicat dans le non-présent du non
futur, c'est-à-dire dans le passé de m_0 ou dans un monde non futur autre que
m_0. On peut en même temps expliquer l'impossibilité d'avoir le futur ou le
conditionnel après *si* : la prise en charge du méta-prédicat est incompatible
avec la distance que créent ces tiroirs. Cette prise en charge est spécifique
pour *si* et son absence explique pourquoi la construction parataxique et
d'autres conjonctions comme *quand (même)* ou *au cas où* admettent le
conditionnel.

Références

Adam, J.-M. (1992). « Si » hypothétique et l'imparfait. Une approche
    linguistique de la fictionalité, *Etudes littéraires* 25.1-2 : 147-166.
Berthonneau, A.-M. & Kleiber, G. (1994). Imparfaits de politesse : rupture
    ou cohésion ?, *Travaux de linguistique* 29 : 59-92.
Berthonneau, A.-M. & Kleiber, G. (1996). Subordination et temps
    grammaticaux : pour une conception nouvelle de l'imparfait en
    discours indirect, in : C. Muller, (éd), *Dépendance et intégration
    syntaxique. Subordination, coordination, connexion*, Tübingen :
    Niemeyer, 115-126.
Bonnard, H. (1981). *Code du français courant*, Paris : Magnard.
Borillo, A. (à paraître). Le conditionnel dans la corrélation hypothétique en
    français, in : P. Dendale & L. Tasmowski, (éds).
Cappello, S. (1986). L'imparfait de fiction, in : P. Le Goffic, (éd), 31-41.
Chevalier, J.-C., Blanche-Benveniste, C., Arrivé, M. & Peytard, J. (1994).
    Grammaire du français contemporain, Paris : Larousse, [¹1964].
Coseriu, E. (1980). Aspect verbal ou aspects verbaux? Quelques questions de
    théorie et de méthode, in : J. David & R. Martin, (éds), 13-25.
Damourette, J. & Pichon, E. (1911-40). *Des mots à la pensée*, Paris :
    d'Artrey.
David, J. & Martin, R., (éds), (1980). *La notion d'aspect*, Paris :
    Klincksieck.
De Jong, F. & Verkuyl, H. (1981). Opacity and tense, *Scandinavian
    Conference on Linguistics Papers* 6 : 177-190.

Dendale, P. & Tasmowski, L., (éds), (à paraître). *Le conditionnel*, Actes de la journée de travail à l'Université d'Anvers, le 14 décembre 1998.

Desclés, J.-P. (1994). Quelques concepts relatifs au temps et à l'aspect pour l'analyse des textes, *Etudes cognitives* 1 : 57-88.

Faucher, E. (1967). Une lecture monosémique des temps français, *Etudes de linguistique appliquée* 5 : 40-60.

Gosselin, L. (1999). Les valeurs de l'imparfait et du conditionnel dans les systèmes hypothétiques, *Cahiers Chronos* 4 : 29-51.

Gosselin, L. (à paraître). Relations temporelles et modales dans le « conditionnel journalistique », in : P. Dendale & L. Tasmowski, (éds).

Grevisse, M. (1980^{11}). *Le bon usage*, Gembloux : Duculot.

Imbs, P. (1960). *L'emploi des temps verbaux en français moderne*, Paris : Klincksieck.

Korzen, H. & Nølke, H. (à paraître). Le conditionnel : niveaux de modalisation, in : P. Dendale & L. Tasmowski, (éds).

Kronning, H. (à paraître). Nécessité et hypothèse : 'devoir' non déontique au conditionnel, in : P. Dendale & L. Tasmowski, (éds).

Le Goffic, P. (1986). Que l'imparfait n'est pas un temps du passé, in : P. Le Goffic, (éd), 55-70.

Le Goffic, P., (éd), (1986). *Points de vue sur l'imparfait*, Caen : Centre de Publications de l'Université de Caen.

Le Goffic, P. (1995). La double incomplétude de l'imparfait, *Modèles linguistiques* 16.1 : 133-148.

Leeman, D. (à paraître). Pourquoi ne peut-on combiner *si* et le conditionnel ?, in : P. Dendale & L. Tasmowski, (éds).

Martin, R. (1987). *Langage et croyance. Les « univers de croyance dans la théorie sémantique »*, Bruxelles : Mardaga.

Martin, R. (1991). Types de procès et systèmes hypothétiques ; de l'aspect « de re » à l'aspect « de dicto », *Travaux de linguistique et de philologie* 22 : 87-95.

Martin, R. (1992^2). *Pour une logique du sens*, Paris : P.U.F., [^{1}1983].

Molendijk, A. (1990). *Le passé simple et l'imparfait : une approche reichenbachienne*, Amsterdam : Rodopi.

Moeschler, J. & Reboul, A. (à paraître). Conditionnel et assertion conditionnelle, in : P. Dendale & L. Tasmowski, (éds).

Muller, C. (1966). Pour une étude diachronique de l'imparfait narratif, in : *Mélanges de grammaire française offerts à M. Maurice Grevisse*, Gembloux : Duculot, 253-269.

Riegel, M., Pellat, J.-C. & Rioul, R. (1994). *Grammaire méthodique du français*, Paris : P.U.F.

Sechehaye, A. (1906). L'imparfait du subjonctif et ses concurrents dans les hypothétiques normales en français, *Romanische Forschungen* 19.2 : 321-406.

Tasmowski-De Ryck, L. (1985). L'imparfait avec et sans rupture, *Langue française* 67 : 59-77.

Tasmowski, L. (à paraître). Le conditionnel dans la question, in : P. Dendale & L. Tasmowski, (éds).

Touratier, C. (1996). *Le système verbal français. Description morphologique et morphématique*, Paris : A. Colin.

Touratier, C. (1998). L'imparfait, temps du passé non marqué, *Cahiers Chronos* 2 : 21-28.

Vet, C. (1981). La notion de « monde possible » et le système temporel et aspectuel du français, *Langages* 64 : 109-124.

Vetters, C. (1989). Grammaticalité au passé récent, *Lingvisticae Investigationes* 13 : 369-386.

Vetters, C. (1996). *Temps, aspect et narration*, Amsterdam : Rodopi.

Vetters, C. (à paraître). Le conditionnel : futur du non-présent, in : P. Dendale & L. Tasmowski, (éds).

Vetters, C. & Skibinska, E. (1998). Le futur : une question de temps ou de mode ? Remarques générales et analyse du « présent-futur » perfectif polonais, *Cahiers Chronos* 2 : 247-266.

Vuillaume, M. (à paraître). L'expression du futur du passé en français et en allemand, in : P. Dendale & L. Tasmowski, (éds).

Wagner, R.-L. (1939). *Les phrases hypothétiques commençant par « si » dans la langue française des origines à la fin du XVIe siècle*, Paris : Droz.

Wilmet, M. (1980). Aspect grammatical, aspect sémantique, aspect lexical : un problème de limites, in : J. David & R. Martin, (éds), 167-180.

Wilmet, M. (1996). L'imparfait, le temps des anaphores ?, *Cahiers Chronos* 1 : 199-215.

Wilmet, M. (1997). *Grammaire critique du français*, Louvain-la-Neuve : Duculot-Hachette.

Wilmet, M. (à paraître). L'architectonique du « conditionnel », in : P. Dendale & L. Tasmowski, (éds).